Daniela und Volker Effenberger

Einmal verrückt sein

Zweieinhalb Jahre Weltreise

Dieses Buch ist unsere ganz persönliche Reisegeschichte. Es erzählt von unseren Erlebnissen, Eindrücken und Erfahrungen, von den Menschen, die wir getroffen und den Beobachtungen, die wir gemacht haben. Manch einer mag aus demselben Land ganz andere Dinge berichten, weil er vielleicht anders gereist ist, zu einer anderen Zeit da war oder andere Menschen getroffen hat. Wir erheben keinen Anspruch auf „Vollständigkeit" oder „Richtigkeit", denn auch wenn wir uns immer um Objektivität bemüht und viele Dinge mithilfe unterschiedlicher Quellen nachrecherchiert haben, unterliegt doch alles unserer subjektiven Wahrnehmung.
Unser Buch soll Lust machen aufs Reisen, auf das Entdecken anderer Länder und Kulturen mit all ihren Vor- und Nachteilen. Und es soll Mut machen, sich seinen eigenen, ganz persönlichen Traum im Leben zu erfüllen.

Für Liliana

Inhalt

Südamerika

Zurück nach Deutschland

Anhang

Vorwort

Wir sind schon immer gerne gereist. Europa, Lateinamerika, Afrika... Immer mit dem Rucksack und immer mit kleinstem Budget. Und immer zu kurz. Drei Wochen Jahresurlaub reichten nie aus, um wirklich Land und Leute kennen zu lernen. Selbst nach einem sechswöchigen Aufenthalt in Südafrika hatten wir das Gefühl, doch gerade erst losgefahren zu sein. Und bei der Anzahl der Länder, die noch auf unserer Liste standen, würden wir bis ins Rentenalter brauchen, um alles zu sehen. Solange wollten wir nicht warten. Ende 2002 gab es für uns nur eine Alternative - wir machen eine Weltreise! Damit wir unseren Traum nicht aus den Augen verlieren, setzten wir uns selbst ein Datum: "Im Januar 2007 geht es los!“ Bis dahin sollten wir das Geld zusammen und auch den Letzten in unserer Familie schonend auf unser Vorhaben vorbereitet haben. Vier Jahre haben wir eisern gespart, jeden einzelnen Cent zur Seite gelegt, bis am Ende rund 50.000 Euro zusammen gekommen sind. Das ist eine Menge Geld. Aber bei genauerem Hinsehen wird schnell klar, dass damit noch lange keine Luxusreise drin ist. Wir planen ca. 500,- € pro Person und Monat für die Lebenshaltungskosten ein. Da wir nur in Low-Budget-Unterkünften (Zimmer in der untersten Preiskategorie) schlafen und möglichst viel mit öffentlichen Verkehrsmitteln fahren wollen, werden wir wohl vor allem in Südostasien und Teilen Südamerikas deutlich darunter liegen. Das dadurch gesparte Geld soll dann wiederum die Mehrkosten für etwas teurere Länder (z.B. Neuseeland) oder Extra-Touren (z.B. geführte Ausflüge) decken. Der Rest des Geldes (ca. 20.000,- €) ist für die Kontinentalflüge und Zusatzausgaben (z.B. Auslandskrankenversicherung) eingeplant. Zweieinhalb Jahre wollen wir so um die Welt kommen. Um unsere Kosten immer im Auge zu behalten, werden wir ein Haushaltsbuch führen, in das wir täglich all unsere Ausgaben eintragen werden.
Bei unseren Recherchen auf den zahlreichen Internetseiten anderer Weltreisender hatten wir zwischenzeitlich das Gefühl, eigentlich gar nichts Besonderes zu machen. Tausende von Deutschen starten jedes Jahr eine kleinere oder größere Tour um den Globus. Viele packen während ihres Studiums oder zwischen zwei Jobs für ein paar Monate ihren Rucksack. Manche haben sogar das Glück, ein bezahltes Sabbatjahr nehmen zu können. Die Reiseveranstalter haben diesen Trend längst erkannt. Es gibt Round-the-World-Tickets in allen Varianten, die es auch dem Reisenden mit kleinem Budget möglich machen, in einem Jahr um die ganze Welt zu fliegen. Warum konnten dennoch Einige aus unserem Verwandten- und Bekanntenkreis bis zum Schluss nicht glauben, dass wir es ernst meinen? Das lag vermutlich an zwei Dingen – der geplanten Länge unserer Reise und unserem Alter oder besser dem, was man damit verbindet. Wir sind Anfang 30 und haben alles, was

man sich in dieser Lebensphase wünschen kann – einen gut bezahlten Job inklusive Karriereaussichten, eine tolle Wohnung und einen großen Freundeskreis. Der nächste logische Schritt wäre doch jetzt, ein Haus zu kaufen und eine Familie zu gründen. Oder nicht? Wir haben unsere Jobs an den Nagel gehängt, die Wohnung aufgelöst, das Auto verkauft, überflüssige Versicherungen gekündigt, Sparfonds stillgelegt. Unser gesichertes Wohlstandsleben im Tausch gegen zweieinhalb Jahre Abenteuer. „Ihr seid ja verrückt!", sagt meine Freundin zu mir, als sie begreift, dass wir unser Vorhaben wirklich umsetzen. „Na und?", antworte ich ihr und lache, „lass uns doch ein Mal verrückt sein!"

Malaysia

Kuala Lumpur

Es ist schwül-heiß bei gefühlten 60 Grad. Auch die gelegentlichen Regenschauer am Nachmittag scheinen nur dafür da zu sein, die Luftfeuchtigkeit noch weiter zu erhöhen. Ganz Kuala Lumpur ist ein einziger Dampfkessel. Der Smog legt sich wie eine graue Glocke über die Hauptstadt Malaysias. Die Sachen kleben am Körper und wir haben mit dem Jetlag zu kämpfen. Vor zwei Tagen waren wir noch in Deutschland. Jetzt stehen wir vor den Petronas Towers, dem riesigen Wolkenkratzerpaar und Wahrzeichen Kuala Lumpurs. Wir sind überwältigt. „Volker, kneif mich mal", sage ich, bevor ich begreife: Wir haben's wirklich getan. Wir sind einfach weg.

Montag, 15. Januar 2007, 16.50 Uhr, Bahnhof Köln. Völlig abgehetzt stehen wir auf dem Bahnsteig. Gerade noch geschafft - in fünf Minuten fährt unser Zug Richtung Frankfurt Flughafen. Auf den letzten Metern sind wir nochmal richtig in Stress gekommen. Wohnung geputzt, Müll entsorgt, mit der Familie telefoniert, die letzten Pakete mit persönlichen Sachen zum Versand gebracht, Schlüsselübergabe beim Vermieter und auf einmal - schon 16.15 Uhr! Verdammt, und kein Cash mehr fürs Taxi! Noch schnell zur Bank und dann ab zum Bahnhof… Der Taxifahrer schaut uns etwas entgeistert an, als wir im Eilverfahren unser Gepäck aus dem Kofferraum zerren. Er wünscht uns einen schönen Urlaub. Urlaub? Wenn der wüsste! Aufgeregt wie kleine Kinder stehen wir am Bahnsteig und beobachten die Leute, die aus den Regionalexpressen steigen. Es ist noch gar nicht so lange her, da sind wir selbst tagein tagaus auf dem Streckennetz der Deutschen Bahn zu unseren Jobs gefahren. Wir schauen uns an und können noch gar nicht so richtig fassen, dass wir kurz davor stehen, uns unseren großen Traum zu erfüllen. Da kommt auch schon unser Zug. Gedankenversunken lassen wir die Landschaft an uns vorbeiziehen. Alles scheint irgendwie unwirklich. Wir reden kaum, lächeln uns nur an, wenn sich unsere Blicke treffen. Jeder hängt seinen eigenen Gedanken nach. Sechs Jahre kennen wir uns. Seit einem halben Jahr sind wir verheiratet. Und jetzt starten wir in das größte Abenteuer unseres Lebens.
„In Kürze erreichen wir Frankfurt Flughafen". Die Ansage reißt mich aus meinen Gedanken. Mit unseren Rucksäcken machen wir uns auf in Richtung Hotel. Eine Nacht werden wir noch in Frankfurt schlafen, bevor es endlich losgeht. Ich schaue Volker an und muss an unseren letzten großen Test zur Reisevorbereitung denken. Drei Wochen Senegal auf eigene Faust und das mit nur ein paar Brocken Französischkenntnissen. „Wenn wir dort reisen können, ohne uns in die Haare zu kriegen, dann schaffen wir es überall",

hatten wir damals gesagt. Es klappte super, auch wenn wir im staubigen Inland auf der Suche nach Nahrung fast an unsere Grenzen stießen. Aber drei Wochen Urlaub sind noch lange keine Weltreise. Zweieinhalb Jahre 24 Stunden am Tag auf engstem Raum zusammen sein? Sind wir wirklich dafür gemacht? Volker scheint keine Bedenken zu haben. Er ist von uns beiden der Optimist vom Dienst. So ist er dann auch der Erste, der abends im Flughafenhotel einschläft, während ich noch lange wach liege. Am nächsten Morgen stehen wir überpünktlich am Frankfurter Flughafen. Eine deutsche Tugend, die wir bald ablegen werden. Mit einem One-Way-Ticket in der Hand betreten wir den Flieger der Qatar Airways. Wir haben uns für eine lange Zeit von unseren Freunden und Familien verabschiedet. Wehmütig schauen wir aus den Fenstern. Dann wird alles ganz klein, die Häuser verschwinden und wir sehen nur noch die graue Wolkendecke, die Deutschland an diesem Wintertag umgibt. Komisch, in diesem Moment sind alle meine Zweifel wie weggeblasen und ich bin mir sicher, dass wir die beste Zeit unseres Lebens vor uns haben. Nach einem Zwischenstopp in Doha landen wir 14 Stunden später in Kuala Lumpur, Malaysia.

Überall steigen uns die Gerüche der kleinen Garküchen in die Nase. Es duftet nach exotischen Gewürzen, Limonen, Fisch und Hühnchen. Die Schilder über den Straßenständen können wir nicht lesen und so bestellen wir auf gut Glück unsere ersten malayischen Gerichte. Volker hat mit seinem genau das richtige gewählt. Er bekommt eine leckere Nudelsuppe mit Garnelen serviert. Auf meiner Seite des Tisches landet ein undefinierbares Gericht, das wie eine Mischung aus saurem Brathering, Sellerie und Minze schmeckt, das Ganze scharf gewürzt… Aber weil wir ja echte Traveller sein wollen, esse ich tapfer auf. Alkohol ist im muslimischen Malaysia zwar nicht verboten, aber ziemlich teuer. Dennoch stoßen wir an unserem ersten Abend mit zwei „Tiger Beer“ auf den Beginn unserer Reise an. Schließlich hatte mein ehemaliger Chef mir für genau diesen Anlass ein kleines Dollar-Scheinchen mit auf den Weg gegeben. Komischerweise ist das Gefühl, eine Weltreise zu machen, bei uns noch gar nicht so präsent. Im Moment fühlt es sich noch an wie ein ganz normaler Urlaub.

Pulau Penang und das Thaipusam
(aus Volkers Tagebuch)

Pulau Penang, eine Insel im Nordwesten Malaysias. Hier soll heute ein regionales Festival stattfinden – das Thaipusam. Es ist das größte hinduistische Fest außerhalb Indiens und findet zu Ehren des Geburtstags von Lord Murugan, dem jüngsten Sohn des hinduistischen Gottes Shiva und seiner

Frau Parvati, statt. Unter anderem wird daran erinnert, dass Parvati ihrem Sohn einst eine Lanze (Vel) schenkte, um den Dämonen Soorapadman zu besiegen. Da in Malaysia rund zwei Millionen Inder wohnen, erwarten wir ein Riesenspektakel. Wir werden nicht enttäuscht. Unzählige Räucherstäbchen vor und in den Tempeln ‚Little Indias' schaffen eine mystische Atmosphäre. Vor den Altaren liegen Opfergaben und die Hindus versetzen sich mit der Hilfe von Priestern mit Gebeten und Gesängen in Trance. Ihre Gesichter wirken weltfern, entrückt. Zunge und Wangen sind von kleinen silbernen Spießen, dem Symbol des Vel, durchbohrt. Menschen mit grotesk verzerrten Gesichtern, halb schwankenden, halb tanzenden Körpern, ziehen an uns vorbei. Die Formen der Selbstkasteiung zu Ehren Murugans sind grenzenlos. Viele hinduistische Pilger sind von Haken durchstochen, an denen Zitronen oder Orangen hängen. Andere wiederum schleifen ganze Wagen hinter sich her, die nur mittels Metallhaken und Fäden an ihren nackten Rücken befestigt sind. Aus den klaffenden Wunden fließt kein Blut. Manchmal weiß ich nicht, ob ich vor Staunen den Mund aufreißen oder mich angewidert wegdrehen soll. Aber genau das ist es, weshalb wir um die Welt wollten – andere Kulturen erleben! Und so sauge ich alles auf, was ich in diesem Moment sehen kann. Die beeindruckende Prozession zieht in Richtung Waterfalltempel an uns vorbei, wo bereits am Tag zuvor eine heilige Statue von Murugan aufgestellt wurde. Dort sollen sich alle Gläubigen aus den verschiedenen Tempeln vereinigen. Als wir am Nachmittag dort ankommen, hat sich das Ganze zu einem riesigen Volksfest ausgeweitet. Wir sind begeistert von diesem spektakulären Ereignis und der offensichtlichen Fähigkeit der Malayen, neben der eigenen, muslimischen Kultur auch Raum für andere Traditionen zu lassen. Von dieser Toleranz können sich andere Länder eine dicke Scheibe abschneiden!

Vorbereitung auf den Dschungel

Den ganzen Tag hat mir Volker damit in den Ohren gelegen. "Du kommst jetzt mit!" Immer wieder hatte ich versucht, mit allerhand Ausreden den Zeitpunkt des Zusammentreffens zwischen meinen speziellen Freunden und mir nach hinten zu verschieben. Aber es nützt ja nichts. Wenn ich im Taman Negara (dem Regenwald Malaysias) beim Anblick einer Schlange nicht auf der Stelle tot umfallen wollte, müsste ich mich allmählich mal an diese Tiere gewöhnen. "Als Belohnung gibt's heute Abend ein großes Bier." Damit hatte er mich. Mit zittrigen Knien und schweißnassen Händen stehe ich nun vorm Eingang der Schlangenfarm. Allein das Wort lässt meinen Puls rasen. "Sie sind alle hinter Glas", versichert die nette Dame am Einlass. Klar, und deshalb sehe ich auch als erstes, wie der Tierpfleger ein besonders schönes, giftgrünes Exemplar aus dem Terrarium hebt. Um sie - was? - zu duschen! "Das haben sie gerne", sagt er und grinst. Ich gehe in sicherem Abstand weiter. Hinter uns wird es auf einmal laut. Eine vierköpfige, englisch sprechende Familie macht Krach für zwanzig. Die Töchter schieben ihre Gucci-Sonnenbrillen ins Haar und fangen an, wie wild gegen die Scheiben zu klopfen. Je stärker die Reaktion der Königskobra, desto größer das Gekreische. Auf einmal tun mir die Schlangen leid. Nicht nur, dass sie zur Gewinnung von Antiserum für den Menschen in einem winzigen Glaskasten gehalten werden, jetzt werden sie auch noch unnötig gereizt. Den Höhepunkt erreicht das Ganze, als wir an einem Käfig mit zwei Riesenpythons von je sechs Metern Länge vorbei kommen. Jedes einzelne Familienmitglied steigt hinein, tippt auf die offensichtlich schlafenden Schlangen und lässt sich dabei fotografieren. Als eine Python den Kopf hebt, rennen sie schreiend wieder raus. Das ist ja toll! Als der Tierpfleger mich fragt, ob ich auch mal rein will, lehne ich dankend ab. Mein Puls ist zwar inzwischen wieder im Normalbereich, aber irgendwie denke ich, dass man auch diese Tiere mit Respekt behandeln sollte. Der Beginn einer wunderbaren Freundschaft? Wohl kaum. Schlangen müssen mir wirklich nicht zu nahe kommen. Aber der Besuch der Farm nimmt mir ein wenig den Schrecken. Für Volker ist das natürlich alles nichts Besonders und darum stiefelt er gleich noch in den benachbarten Schlangentempel, wo Vipern und andere Schlangen frei in den Tempelhallen hängen. Zwar sind sie durch die Räucherstäbchen ziemlich benebelt und träge, aber auf dem Eingangsschild steht dennoch "Betreten auf eigene Gefahr". Da warte ich lieber draußen vor der Tür!

Malaysias Dschungel – der Taman Negara

Stürzen wir uns ins Abenteuer Regenwald! Die Hinfahrt zum Taman Negara, dem mit 130 Millionen Jahren ältesten Urwald der Welt, ist allerdings alles andere als abenteuerlich. Pünktlich morgens 10.30 Uhr werden wir vom Shuttlebus direkt von unserem Hostel abgeholt. Eigentlich wollten wir organisierte Fahrten vermeiden, weil sie meistens ein kleines Vermögen kosten. Aber es scheint unmöglich zu sein, auf halbwegs vernünftigem Wege mit öffentlichen Verkehrsmitteln von den Cameron Highlands, wo wir gerade ein paar Tage verbracht haben, zum Taman Negara zu kommen. Die verschiedenen Busse und Züge, die man benutzen müsste, sind zeitlich überhaupt nicht aufeinander abgestimmt. Wenn der eine Bus ankommt, ist der andere gerade weg und man müsste zwischendurch übernachten, um weiter zu kommen. Ein Schelm, wer Böses dabei denkt. So beißen wir in den sauren Apfel und zahlen die teure Busfahrt, für die wir uns umgerechnet auch 200 Roti hätten kaufen können (ein Roti ist ein indischer Pfannkuchen, den wir morgens immer zum Frühstück essen). Wir hoffen, es lohnt sich! Wir sind offenbar nicht die Einzigen, die in den Dschungel wollen. Hunderte von Touristen tummeln sich auf dem kleinen Gebiet, das mit Gästehäusern, Backpackern und Restaurants bebaut ist. Wir hatten uns schon gefragt, wo sie alle sind! Hinter dem Fluss beginnt der Urwald. Elefanten, Panther und sogar Tiger sollen zu seinen Bewohnern gehören. So voll wie es hier ist, sehen wir bei unserer ersten kleinen Rundtour jedoch noch nicht mal einen Affen. Leider scheint sich im Taman Negara zu wiederholen, was mit der Busfahrt begonnen hatte. Es gibt nur organisierte Touren, bei denen man mit zehn Leuten durch ausgetretene Regenwaldpfade stapft oder, als Alternative, die Möglichkeit, einen Guide zu engagieren. Volker möchte am liebsten einen Zwei-Tages-Trip mit Übernachtung in einem Hide (Holzhütte auf Stelzen zum Beobachten von nachaktiven Tieren) machen. Der Trip für zwei Personen nebst Guide würde schlappe 400 Ringgit (fast 100 Euro) kosten. Bei einem Drei-Wochen-Urlaub hätten wir uns das vielleicht überlegt, aber in Anbetracht unserer Situation und des recht engen Budgets kommt auch das für uns nicht in Frage. Wir beschließen, am nächsten Tag zu versuchen, vielleicht noch zwei bis drei andere Leute zu finden, mit denen wir uns die Kosten für den Guide teilen können. Im Laufe des Tages stoßen wir auf eine Gruppe von drei Kanadiern und einer Deutschen, die die gleiche Route gehen wollen wie Volker. Nur ohne Guide. Ich bin zunächst skeptisch, aber da die Kanadier mir versichern, dass sie erfahrene Wanderer sind und das Wildlife-Departement bestätigt, dass die Route gut ausgeschildert ist, stimme ich zu. Mitgehen werde ich allerdings nicht. Allein der Hinweg - sieben Stunden quer durch den Dschungel bei über 30 Grad und einer Luftfeuchtigkeit von 90 Prozent! Das ist mir doch ein wenig zu heftig. Außerdem finde ich es gar nicht so schlecht, wenn wir ab und zu auch mal was ohne den anderen machen. Wir sind 24 Stunden am Tag zusammen, sieben Tage die Woche. Da tun zwei Tage Abstand mal ganz gut.

Der nächste Morgen. Volker ist schon früh aufgebrochen, um mit den Kanadiern quer durch den Dschungel zu trekken. Ich schlafe erstmal aus und gehe dann gemütlich frühstücken. Beim Frühstück komme ich mit Uli und Geli ins Gespräch, zwei Mädels aus Deutschland, die ihren Jahresurlaub in Malaysia verbringen. Die beiden fragen mich, ob ich nachmittags mit zu einer kleinen Badestelle komme. Klingt verlockend bei den Temperaturen, aber ich lehne nach kurzem Überlegen dennoch ab. Irgendwie habe ich mich auf meinen "freien Tag" gefreut. Ich werde faulenzen, lesen, vielleicht etwas Wäsche waschen und Tagebuch schreiben. Abends wird es mir dann doch etwas langweilig und ich beschließe spontan an einem einstündigen Nachtgang durch den Dschungel teilzunehmen. Uli und Geli hatten das am Abend zuvor gemacht und waren begeistert. Sie hatten Recht. Es war wirklich mal was

ganz Anderes, nachts in den Dschungel zu gehen. Die Tiere, die wir tagsüber nicht sehen konnten, waren so wenigstens zu hören. Die Geräuschkulisse hat allemal ausgereicht, um eine Gänsehaut zu bekommen.
Völlig verschwitzt aber glücklich kommt Volker zwei Tage später von seinem Trip zurück. Auch er hat außer einem Tapir keine wilden Tiere gesehen, schwärmt aber noch sehr lange davon, wie schön es war, stundenlang durch so unberührte Natur zu wandern. Ich bin froh, dass er wohlbehalten zurück gekommen ist und wir wieder zu zweit weiterziehen können. Es sind für lange Zeit die einzigen zwei Tage, die wir getrennt voneinander verbringen.

Post von daheim

Internetcafé Kota Bahru. Wir haben die ersten E-Mails im Postkasten. Deutschland liegt im Schnee und die Menschen hoffen auf einen baldigen Frühling. Ich sitze trotz luftiger Kleidung schweißnass vor dem Computer, weil die Klimaanlage ausgefallen ist. Eigentlich sollten wir jetzt lieber ein kühles Getränk in einer einheimischen Bar zu uns nehmen, aber ich bin zu neugierig, was in der Zwischenzeit in Deutschland passiert ist. Meine Freundinnen versorgen mich mit Details über eine bestehende Schwangerschaft, neue Projekte im Job und die geplante Eröffnung eines eigenen Fotoateliers. Der Mail meiner Mutter nach zu urteilen, macht meine Nichte gute Fortschritte in der Schule. Der Oma geht's auch prima. Fein. Zwei Stunden schreibe ich fleißig Antworten. Danach habe ich einen Hitzekoller. Abends frage ich mich, ob es nicht schöner wäre, wenn es weder Handy noch Internet gäbe. Das waren noch Zeiten, als Reisende ihre Briefe nur auf den Hauptpostämtern der Hauptstädte oder in den Botschaften der jeweiligen Länder abholen konnten. Oder monatelang warten mussten, bis sie an ein Telefon kamen, mit dem sie nach Hause telefonieren konnten. Da war man wirklich weg! Aber wenn ich ehrlich bin, freue ich mich über den Fortschritt der Technik, durch den ich auch 10.000 Kilometer entfernt noch am Leben in Deutschland teilhaben kann.

Pulau Perhentian – Trauminsel vor der Küste Malaysias

Wir sind im Paradies! Zumindest stelle ich es mir genau so vor. Weißer Strand, türkisblaues Wasser und nur ein paar Holzhütten mit kleiner Veranda zum Meer. Wir sind auf der Insel Kecil, eine der zwei Perhentian Islands. Da die Monsunzeit gerade erst vorbei ist, haben erst wenige Backpacker und Restaurants geöffnet. Das bedeutet Tiefstpreise bei den Übernachtungen, kein Internet, kein Telefon und Handyempfang nur, wenn der Wind gut steht. Aber wozu brauchen wir das alles, wenn wir traumhafte Strände haben können, die wir uns mit nur wenigen Leuten teilen müssen. Eigentlich gut, dass

es auch keine Wechselstuben, geschweige denn einen Geldautomaten gibt, sonst wären wir wahrscheinlich heute noch da. Unsere Verpflegung holen wir uns aus dem Minimarkt des eineinhalb Stunden entfernten, einzigen Fischerdorfes der Insel. Zu erreichen ist das Dorf nur durch einen schmalen Dschungelpfad, vorbei an einsamen Buchten und verlassenen, noch nicht wieder geöffneten Backpackern. An einem sind wir eine ganze Weile hängen geblieben. Es sah aus, als hätte sich schon lange niemand mehr um die fünf kleinen Bungalows und den Bootssteg, der zu einer Terrasse mitten ins Meer führte, gekümmert. Hier und da ein paar Hammerschläge, dort etwas Farbe - das wär's doch! Wir träumen noch eine Weile und gehen dann weiter… Im Dorf angekommen, weist uns eine nette kleine Malayin den Weg und wir erstehen drei Toastbrote, Marmelade, Kokosnusscreme, Obst und jede Menge Wasser. Dann den ganzen Weg wieder zurück. Eine Tagesaufgabe! Umso größer das Entsetzen, als wir am nächsten Morgen feststellen, dass sich ein Waldeichhörnchen durch zwei Plastiktüten gefressen und unser Toastbrot angeknabbert hat. Hätte ich es erwischt, hätte ich es eigenhändig erwürgt! Ansonsten haben wir keine Sorgen. Wir verbringen die Tage am Strand und die Abende mit Paul und Asa aus Schweden, Mohammed aus Pakistan, Chee aus Argentinien und Jo und Chris aus Berlin. An Asas Geburtstag gesellen sich kurzzeitig auch noch ein Australier, ein Engländer und ein Amerikaner zu uns. Hier ist die Welt in Ordnung. Ein echtes Travellerparadies.
Nach einer Woche - wir kommen gerade von einem unglaublichen Schnorcheltrip zurück, bei dem es neben vielen bunten Fischen auch Riesenschildkröten und Riffhaie zu sehen gab - ruft irgendwer von hinten Volkers Namen. Keine zwei Sekunden später tanzen vier Leute um Volker herum und singen dabei lautstark kanadische Sommer-Camp-Lieder! Jetzt weiß ich, was Volker meinte, als er sagte, dass die drei Kanadier und das deutsche Mädel, mit denen er im Taman Negara unterwegs war, ziemlich verrückt seien. Als dann auch noch Tanja und Markus auf uns zukommen, die wir aus Pulau Penang kennen, war die Wiedersehensfreude perfekt!
Zehn Tage später. Der Abschied von den Perhentian Islands fällt uns nicht leicht. Aber Jo und Chris haben uns so viele gute Tipps für Thailand gegeben, dass wir uns auf unser nächstes Reiseziel freuen. Bei einem Blick auf den Kalender wird uns bewusst, dass wir bei einem normalen Jahresurlaub längst wieder zu Hause wären. Ein tolles Gefühl, einfach weiter zu fahren…

Thailand

Zu Fuß über die Grenze

Der Grenzübergang von Malaysia nach Thailand war ganz einfach und völlig unspektakulär. Von den Perhentian Islands ging's via Speedboot zurück ans 20 Kilometer entfernte Festland, dann mit dem Sammeltaxi anderthalb Stunden bis zur Grenze. Ausreisestempel Malaysia - 500 Meter laufen - Einreisestempel Thailand. Geld abheben, zur ein Kilometer entfernten Zugstation laufen, den komfortablen 3. Klasse Zug nehmen und schwups - schon sind wir in Hat Yai, der ersten Anlauf- und Umsteigestation für Reisende im Süden Thailands. Viel zu sehen gibt es hier nicht, daher fahren die meisten Traveller auch direkt am nächsten Morgen nach Bangkok oder auf die Inseln im Süden. Wir schieben allerdings einen Tag ein. Unsere Wäsche muss mal wieder zu einer richtigen Reinigung und die Internetseite wartet auf ein Update. Außerdem haben wir so etwas Zeit, uns an die neue Währung und die neuen Schriftzeichen zu gewöhnen sowie uns zu überlegen, wo wir in Thailand überall hin wollen. Wir haben eine 30-Tage-Aufenthaltsberechtigung, da heißt es Prioritäten setzen.
Abends machen wir unsere erste einschneidende Erfahrung mit der thailändischen Küche. Wir bestellen etwas, von dem die Kellnerin sagt, es sei "only little spicy" (nur ein bisschen scharf). Drei Löffel später tränen uns die Augen und wir verbrauchen die ganze Kleenex-Packung, die auf dem Tisch steht. Mann, war das scharf! Unsere Kehlen brennen eine halbe Stunde später immer noch. Zum Glück ist in Thailand die nächste Bar mit einem eiskalten Chang-Bier nicht weit. Im Laufe des Abends kommen wir dort mit einem Mitarbeiter (um genau zu sein, dem Director South Asia) der deutschen Hanns-Seidel-Stiftung ins Gespräch. Wie sich herausstellt ist er ein waschechter Rheinländer! Wir legen eine "Karneval-ist-gerade-vorbei"-Gedächtnisminute ein und widmen uns dann wieder den hiesigen Themen. Er arbeitet im Moment in den Provinzen um Narathiwat, Yala und Pattani im Südosten Thailands, die in jüngster Zeit Schlagzeilen durch Unruhen und Bombenanschläge auf Regierungsgebäude gemacht haben. In den Provinzen leben überwiegend Muslime. Sie streben die Unabhängigkeit von Thailand an oder alternativ die Angliederung ans islamisch geprägte, nördliche Malaysia. "Schwierig, schwierig...", sagt er und schüttelt den Kopf. Wir finden es auch traurig, zumal uns die freundlichen Muslimen in Malaysia ein ganz anderes Bild vermittelt haben. Wir lassen uns dennoch nicht die Reiselust verderben und beschließen, als erstes in den Khao Sok National Park zu fahren, ein heißer Tipp von Jo und Chris. Danach geht's auf die kleine Insel Ko Pha Yam im Westen des Landes und dann ab in den Dschungel von Bangkok.

Bangkok

"One night in Bangkok..." Gar nicht so einfach wie gedacht. Völlig übernächtigt steigen wir nach neun Stunden Fahrt aus dem Bus in der guten Hoffnung, einfach nur ins nächste Hostel fallen zu müssen. Die gibt's ja hier wie Sand am Meer. Was es hier allerdings auch wie Sand am Meer gibt, sind andere Backpacker, die mit verschiedenen Nachtbussen ankommen und die alle eine billige Unterkunft suchen. Es ist 5 Uhr morgens, stockdunkel, aber schon so heiß wie im Hochsommer in Köln. Der Run auf die besten Plätze beginnt. Laufen, schwitzen, fragen. "Full, full, full..." Überall die gleiche Antwort. Klar, wer verlässt denn auch um die Uhrzeit sein Zimmer? Check out time ist um 12. Frei sind nur noch die richtigen Absteigen. Wir sind ja nun wirklich nicht anspruchsvoll, aber ich muss nicht die Flecken vom Vorgänger auf meinem Bettlaken haben. Irgendwie sehne ich mich zurück auf die kleine Insel, von der wir gerade kommen. Nach einer Stunde findet sich dann doch noch ein Zimmerchen, das ich liebevoll "Gefängniszelle" taufe. Egal, es ist im 4. Stock, billig, kühl und sauber. Jetzt nur noch eine kalte Dusche... Gegen 7 Uhr morgens legen wir uns erschöpft ins Bett. Volker schläft sofort ein. Ich halte es mal gerade eine Stunde aus, dann stehe ich wieder auf. Ich bin zu neugierig, wie Bangkok im Hellen aussieht. Ich lege Volker einen Zettel hin und gehe auf Erkundungstour. Als erstes sehe ich, dass wir in unserem Hostel einen wirklich süßen Innenhof haben. Und eine schöne Frühstücksbar im Freien. Ist doch gar nicht so schlecht hier. Zufrieden bestelle ich meine erste Tasse Kaffee. Bangkok kann kommen!
Gegen Mittag finde ich, dass Volker genug geschlafen hat und wecke ihn. Er knurrt zwar noch ein bisschen, aber da muss er jetzt durch. Mitgehangen, mitgefangen! So machen wir einen ersten Streifzug durch unser Viertel, die Backpacker-Hochburg Banglamphu. Weit kommen wir allerdings nicht, da wir an jeder Ecke halten, um uns die Bäuche vollzuschlagen. Milchshakes, Früchte, Pancakes, frischgepresste Säfte, Nudeln, Reis, Gemüse in allen Variationen... Bangkok ist ein richtiges Fressparadies! Zum Glück fahren wir so schnell nicht mehr zum Strand, da ist die Bikini-Figur erstmal Nebensache. Mittlerweile knallt die Sonne vom Himmel und unsere verschwitzten Körper schreien nach Aircondition. Da kommt das nächste Visa-Büro gerade recht. Als wir dort erfahren, dass wir hier sowohl das Visum für Laos als auch für Kambodscha beantragen können, holen wir sofort unsere Pässe. Die Wartezeit beträgt zusammen eine Woche und es ist kaum teurer, als würden wir selbst zu jeder einzelnen Botschaft laufen. Das nehmen wir natürlich gerne an. Nun müssen wir uns um die Formalitäten keine Sorgen mehr machen und haben genügend Zeit, die ganze Stadt zu erkunden. Wir wollen zuerst Richtung Fluss, zum Chao Phraya River, der quer durch Bangkok fließt und von

dem links und rechts viele kleine Kanäle, die Khlongs, abgehen. Auf dem Weg dorthin kommen wir an einem riesigen Supermarkt vorbei und davor ist - wir reiben uns zwei Mal die Augen - eine Wursttheke!! Fast zwei Monate lang haben wir auf Salami, Mortadella, Schinken & Co. verzichten müssen und nun, genau vor uns: Deutsche Wurst! Uns läuft das Wasser im Mund zusammen. Was es zum Abendessen gibt, ist klar. Schnell noch ein Toastbrot dazu und fertig ist das Picknick im Park.
Etwas später am Fluss werden wir leicht wehmütig. Es sieht hier aus wie an den Kölner Rheinbrücken. Was unsere Lieben zu Hause jetzt wohl machen? Wir werden aus unseren Gedanken gerissen, als sich immer mehr Menschen vor unserer Nase in mehreren Reihen positionieren. Was geht ab? Als erstes hören wir die thailändische Nationalhymne. Alles steht stramm. Wir auch. Dann kommt wie aus dem Nichts ein hochmotivierter Animateur, der pausenlos in sein Mikro schreit. Auf Kommando bewegt sich alles zu auf High-Speed gedrehter Dance-Musik. Freiluft-Aerobic! Wir müssen aufpassen, dass wir nicht laut loslachen. Es ist aber auch wirklich zum Schießen! Ob jung, ob alt, alles macht mit. Und fast alle tragen sie gelbe T-Shirts. Gelb ist die Farbe des Königshauses und schließlich ist heute Montag - Tag des Königs. Zurück in unserem Viertel, erwartet uns ein ganz anderes Bild. Cool, cooler, Banglamphu! Die Backpacker-Szene hat sich zurecht gemacht. Dunkle Sonnenbrillen sind auch abends ein Muss. Aus jeder Bar ertönen groovige Sounds und wer jetzt noch Sorgen hat, trinkt einfach noch ein Bier und lässt sich dann mitreißen. Das Leben ist eine große Party!
In Bangkok kommt auch die Kultur nicht zu kurz. Viele beeindruckende Tempel (Wats) und Buddhastatuen verteilen sich über die ganze Stadt. Von den meisten Thailändern wird der Buddhismus aktiv gelebt. Das können wir vor allem in den kleinen Tempeln der Stadt beobachten, in denen die Einheimischen, oft mit einer Lotusblume in der Hand, nieder knien und beten. Viel wissen wir nicht über diese Religion und so lesen wir in unserem Reiseführer nach. Der Buddhismus geht zurück auf Siddhartha Gautama, geboren im 6. Jahrhundert vor unserer Zeitrechnung im Norden Indiens (heutiges Nepal). Er kam aus wohlhabendem Hause und hatte eine unbeschwerte Jugend, in der Geld keine Rolle spielte. Mit 29 Jahren verlässt er zum ersten Mal seine Palastmauern und muss erkennen, dass nicht alle Menschen auf dieser Welt mit Glück, Reichtum und Gesundheit gesegnet sind. Von da an werden seine materiellen Güter für ihn wertlos und er beschließt, das wahre, unvergängliche Glück zu suchen. Nach sechs Jahren der Meditation und Askese lässt er sich unter einem Feigenbaum nieder, wo er schließlich die Erleuchtung erlangt. Er erkennt, dass das Leid zum Leben gehört und die Ursache des Leidens meist in Hass, Gier und Verblendung liegt. Ein Ende des Leidens kann nur durch die Beseitigung der Ursachen erreicht werden. Aus Siddhartha wird

Buddha („der Erwachte"). Laut Buddha geht der Weg aus dem Leiden über den Achtfachen Pfad (rechte Einsicht, rechtes Denken, rechte Rede, rechtes Handeln, rechter Lebenserwerb, rechtes Streben, rechte Achtsamkeit, rechte Konzentration). Weder übertriebener Luxus noch reine Askese seien erstrebenswert. Vielmehr solle man den Weg der Mitte gehen und Verantwortung für sein eigenes Leben übernehmen. Buddhas Lehren verbreiten sich im gesamten asiatischen Raum. Kurz vor seinem Tod rät Buddha seinen Anhängern, seinen Anschauungen nicht blind zu folgen, sondern sie immer anhand der eigenen Erfahrungen zu überprüfen. Der Buddhismus kennt keine Dogmen und steht für Toleranz und Gewaltlosigkeit. Die Lotusblume, erfahren wir später, hat eine besondere Bedeutung, weil, der Überlieferung nach, Siddhartha kurz nach seiner Geburt sieben Schritte in jede Himmelsrichtung gemacht haben soll und aus jedem seiner Fußabdrücke eine Lotusblume wuchs. Ich bin kein religiöser Mensch, aber die Anschauungen des Buddhismus gefallen mir. Sollte ich mich jemals einer Religionsgemeinschaft zuwenden, wäre es vermutlich diese.

Heute haben wir einen richtigen Wellness-Tag gemacht. Jetzt mag der geneigte Leser denken: Wieso Wellness, die machen doch seit zwei Monaten Urlaub! Pustekuchen. Außerhalb der Inseln hat unsere Art zu reisen nicht wirklich viel mit Urlaub zu tun. Da heißt es recherchieren, wie, wo und zu welchem Preis die öffentlichen Verkehrsmittel fahren. Ist es besser den Zug oder den Bus zu nehmen? Und wie kommen wir in der Stadt vorwärts? Mal eben ins Taxi steigen ist nicht drin. Auch Tuk-Tuks (die in Asien typischen Autorikschas) müssen die Ausnahme bleiben. Unser Gesamt-Südostasien-Reiseführer kann uns bezüglich lokaler Fortbewegungsmittel nur Anhaltspunkte geben. Da heißt es fragen, laufen, fragen… Lustig wird es immer dann, wenn fünf Thailänder in sechs verschiedene Richtungen zeigen. Natürlich kann man das auch alles einfacher haben. An jeder Ecke wartet ein Reisebüro, das einem gerne dabei behilflich ist, schnell und unkompliziert von A nach B zu kommen. Nur leider nicht für unser Budget. So kommt es eben, dass wir auch in unserer neugewonnenen Freiheit abends manchmal so erschlagen sind, als hätten wir einen zwölfstündigen Arbeitstag hinter uns. Nach drei Tagen Dauer-Sightseeing in Bangkok ist heute also Entspannung angesagt. Wir schlafen erstmal richtig aus, frühstücken gemütlich, bringen unsere Wäsche weg und genießen am Nachmittag eine einstündige Khlong-Tour (eine Fahrt mit einem kleinen Boot durch die Seitenkanäle des Chao Phraya River), bei der wir Bangkok Noi, ein etwas abgelegenes Viertel der Stadt kennenlernen. Zum Abschluss des Tages gönnen wir uns etwas, was in Thailand auf keinen Fall fehlen darf - eine Massage! Während Volker eine fast knochenbrecherische Thai-Massage bekommt, sitze ich in einem Riesensessel auf dem Balkon und genieße eine 1a-Fußmassage. Die groovigen

Sounds von Banglamphu im Hintergrund und die gezielten Griffe der Masseurin lassen mich vergessen, wie viel ich in der letzten Zeit gelaufen bin. Bangkok – you love it or you hate it! Für die einen ist es schlicht eine dreckige, versmogte Millionenstadt und billige Vergnügungsmeile (beides lässt sich in der Tat schwer weg reden) oder einfach An- oder Abflugort, den man spätestens am zweiten Tag wieder verlassen sollte. Für die anderen hat Bangkok ein besonderes Flair. Der ständige Wechsel zwischen der hektischen Betriebsamkeit auf den Straßen und der Ruhe und Stille in den Wats, die Offenheit der Menschen, wenn man sie mit einem "Sawadikaa" (Guten Tag) begrüßt und die täglich neuen Erlebnisse für Augen, Ohren und Gaumen machen die Stadt zu etwas ganz Besonderem. Wir gehören eindeutig zu den Fans!

Nach einer Woche in dieser gigantischen Stadt ist es heute an der Zeit, die nächsten Reiseschritte zu planen. Morgen bekommen wir unsere Pässe mit den Visa für Laos und Kambodscha zurück, dann können wir weiter ziehen. Die Auswahl auf unserer Route gen Norden ist groß. Auf der Strecke liegen Ayuthaya (die ehemalige Hauptstadt), Lopburi (Ort der Erinnerung an die Khmer-Herrschaft über Thailand) und Sukhothai (die eigentliche Wiege des Landes, von wo aus das Königreich Thailand vor über 750 Jahren gegründet wurde). Damit wir keinen Überdruss an "alten Steinen" bekommen, entscheiden wir uns für nur zwei Reiseziele - Lopburi und Sukhothai, bevor es zu unserer letzten großen Station in Thailand geht: Chiang Mai.

Im Norden Thailands - Chiang Mai

Wir haben eine aufregende Fahrt hinter uns. Um von Sukhothai nach Chiang Mai zu kommen, haben wir den Nachtzug von Phitsanulok genommen. 01.30 Uhr sollte er kommen, 02.20 Uhr kam er. Macht nichts, die Bahnhofsbänke sind ja auch sehr bequem. An diese "tropical delays" (tropische Verspätungen) wie die Einheimischen sie schmunzelnd nennen, sind wir inzwischen schon gewöhnt, daher haben wir uns auch nicht weiter aufgeregt. Schließlich sollten uns weiche Betten und eine kaum zu merkende Fahrt für unser Warten entschädigen… Dass man in Nachtzügen aber nicht immer schlafen kann, weil der Zug mit lautem Getute an jeder Milchkanne hält, während der Fahrt rumpelt und schuckelt, dass man fast aus dem Bett fällt und einem in der oberen Etage die Klimaanlage ins Gesicht bläst, sollten wir erst später erfahren. Als wir dann endlich in den Zug einstiegen, konnten wir uns ein kurzes Lachen nicht verkneifen. Eben hatte ich noch laut darüber nachgedacht, ob wir wohl zu zweit oder zu viert im Abteil sind, dann sahen wir, dass in der kasernenähnlichen Anordnung 20 Leute lagen. Morgens um zehn kamen wir schließlich mehr oder weniger ausgeschlafen in Chiang Mai an. Mit uns stie-

gen hunderte von anderen Backpackern aus, die zum größten Teil direkt von Bangkok durchgefahren sind.
Chiang Mai ist eines der beliebtesten Reiseziele in Thailand und daher wundert es nicht, dass die Stadt voller Touristen ist. Wenn man jedoch eine Weile sucht, findet man (entgegen gängiger Meinung) auch hier noch entspannte Plätze und typisches thailändisches Leben. Der äußere Teil von Chiang Mai wirkt wie Klein-Bangkok. Hektik, Straßenlärm und Garküchen bestimmen das Bild. Der Stadtkern, der von einer kleinen Mauer umgeben ist, wirkt hingegen ganz anders. Süße Gässchen, Obststände und kleine Cafés erinnern eher an südeuropäische Städte. Chiang Mai hat um die 300 Tempel, fast genauso viele wie Bangkok. Es heißt, dass man keine 500 Meter gehen kann, ohne in einen Tempel zu fallen. Stimmt. Neben der Vielzahl an Sehenswürdigkeiten ist Chiang Mai aber vor allem für seine Trekkingtouren in die umliegenden Wälder und Nationalparks bekannt. Auch wir wollen auf jeden Fall eine Tour machen. Wir hätten allerdings nicht gedacht, dass wir zwei Tage brauchen, um uns für eine zu entscheiden.
Das Angebot an Tour-Veranstaltern erschlägt einen förmlich. An jeder Straßenecke können Tagesausflüge, Zwei-, Drei- oder Vier-Tages-Touren gebucht werden. Im Grunde machen sie alle das Gleiche: Wanderungen zu einem oder mehreren Bergdörfern, Übernachtungen in Camps oder Dorffamilien, Elefantenreiten, Floßfahrten, Rafting. Man kann einzelne "Bausteine" dazu nehmen oder weglassen. Alles eine Frage des Preises. Letztlich haben wir uns für eine Drei-Tages-Tour bei einem Anbieter entschieden, den uns andere Backpacker empfohlen haben und bei dem wir selbst ein gutes Bauchgefühl hatten. Uns war wichtig, dass wir eine kleine Gruppe sind, in möglichst unberührter Natur wandern und ein "richtiges" Bergdorf kennenlernen. Viele Touren, vor allem Tagesausflüge, gehen in sogenannte Touristendörfer, in die die "Einwohner" nur tagsüber hinkommen, sich ihre traditionellen Gewänder anziehen und Souvenire verkaufen. Natürlich war uns klar, dass Chiang Mai nicht der richtige Ort ist, um komplett unerschlossene Gebiete zu entdecken. Und sicher waren wir auch nicht die ersten und nicht die letzten, die in "unser Dorf" wandern. Aber die Tatsache, dass ein Teil der Einnahmen den Dörfern zu Gute kommt, die vielerorts um ihre Existenz kämpfen, und dass die Guides die Sprache der Bergstämme sprechen, ließ uns darauf schließen, dass sich der Veranstalter seiner Verantwortung bewusst ist. Am nächsten Morgen wurden wir wie versprochen um halb zehn von unserem Hostel abgeholt. Rauf auf den Pickup und erstmal zum Tour-Veranstalter, wo wir die anderen Teilnehmer kennenlernen sollten. Mit uns sollten wir sechs Personen sein. Beim Treffpunkt angekommen, waren wir auf einmal zehn. Vier Leute hatten sich für eine Zwei-Tagestour angemeldet und da die Mindestteilnehmerzahl sechs war, hatte man sie kurzerhand für

den ersten Tag mit unserer Tour zusammengelegt. Da wir schnell gemerkt haben, dass wir alle auf einer Wellenlänge liegen, war das aber nicht weiter dramatisch. Unsere Gruppe setzte sich aus zwei Holländern, zwei Amerikanern, drei Franzosen und einem Italiener zusammen, alle im Alter zwischen Mitte 20 und Anfang 30. Mit dem Pickup ging's erstmal Richtung Markt, wo die Guides den Proviant für die drei Tage gekauft haben und wir uns mit genügend Wasser eindeckten. Eine weitere halbe Stunde später waren wir dann an unserem Ausgangspunkt angekommen. Von hier aus jetzt nur noch zu Fuß. Drei Tage lang. Und jeder mit seinem Gepäck für die Zeit auf dem Rücken.

Die erste Stunde des Trekkings werde ich nie vergessen. Es ging sofort steil bergauf und unser Guide legte ein Tempo vor, als wäre es die Tour de France, nur zu Fuß. Alle keuchten, aber keiner sagte ein Wort. Offensichtlich wollte sich niemand die Blöße geben und nach einer Pause rufen. Auf der Spitze des Berges stoppte dann unser Guide irgendwann von alleine. Es dauerte einige Minuten, bis wir wieder Luft bekamen und sprechen konnten. Irgendjemand sagte kleinlaut: "Maybe we can go a little bit slower" (vielleicht können wir etwas langsamer gehen). Die ganze Gruppe nickte energisch mit dem Kopf. Unser Guide grinste und meinte, er ginge so schnell, um mögliche Tiere wie z.B. Schlangen vor uns zu verscheuchen und um in unwegsamen Gelände den Weg für uns frei zu machen. Wir müssten ihm dabei aber nicht immer unbedingt auf den Fersen bleiben. Der zweite Guide in der Mitte und der dritte Guide am Ende der Gruppe würden dafür Sorge tragen, dass jeder sein eigenes Tempo gehen könnte und trotzdem niemand verloren geht. Wir müssen später oft an unsere "erste große Tour" zurückdenken. Im Laufe unserer Weltreise werden wir immer fitter und machen die meisten Trekkingtouren ohne Gruppe und Guide. Aber hier, am Anfang unserer Reise waren wir froh, an die Hand genommen zu werden. Mit einigen kurzen Pausen ging's bis zum späten Nachmittag weiter über Stock und Stein, bis wir schließlich an unserem Camp für die erste Übernachtung ankamen. Unsere Beine waren schwarz vom Staub und jeder wollte nur eins - eine kalte Dusche! Abends saßen wir alle erschöpft, aber glücklich am gedeckten Tisch. Unsere Guides hatten lecker gekocht. Ihr glaubt gar nicht, wie gut eine Suppe und eine eiskalte Cola nach so einem Tag schmecken!

Am anschließenden Tag hat sich unsere Gruppe geteilt. Vier Leute machten sich langsam wieder auf den Heimweg und wir verbleibenden sechs gingen bergauf, bergab Richtung Bergdorf. Der harte Weg dorthin wurde uns versüßt durch frisch geernteten Honig, einen Fluss, an dem wir uns abkühlen konnten, einem Wasserfall und Mittagessen in der Wildnis. Unsere Guides haben für letzteres nicht etwa Kochgeschirr mitgenommen. Nein, es wurde einfach mit der Machete etwas Bambus gefällt und daraus flink Töpfe, Schüsseln und

Stäbchen geschnitzt. Da haben wir Stadtmenschen mal nicht schlecht geguckt. Ach ja, und ganz nebenbei erwähnt, habe ich auf dem Weg meine erste Schlange in freier Wildnis gesehen! Und den Anblick überlebt. Unser Ziel am Abend war das Lahu-Village, ein Dorf dessen Einwohner vom Stamm der Lahu ursprünglich aus Tibet nach Thailand eingewandert sind. Sie leben unter einfachsten Bedingungen und verdienen ihr Geld mit Mais- und Reisanbau. Wir haben uns gefragt, was die Dorfbewohner wohl denken, wenn regelmäßig Touristen bei ihnen vorbeischauen. Wir wussten zwar, dass das Geld, das sie von den Touren bekommen, dabei hilft, das Dorfleben aufrecht zu erhalten, dennoch waren wir unsicher, wie sie auf uns reagieren. Abends im Dorf angekommen, wurden wir freundlich empfangen. Die Dorfbewohner, vor allem die Kinder, schienen genauso neugierig auf uns, wie wir auf sie. Freundlich zurückhaltend haben wir versucht, mit ein paar Worten Thai und mit Händen und Füßen zu kommunizieren. Wir haben ein extra Hüttchen zum Übernachten bekommen und ein leckeres Abendessen. Am Ende des Tages dachten wir, dass es eigentlich nicht viel anders ist wie bei jedem anderen Besuch, den man macht. Wer nur kommt, um überall herumzuschnüffeln und ungefragt Fotos schießt, wird wohl keinen guten Eindruck hinterlassen. Wer aber wirklich Interesse zeigt und sein Gegenüber ernst nimmt, wird immer wieder gern gesehen sein.

Laos

Über den Mekong nach Luang Prabang

Nach Luang Prabang, Weltkulturerbestadt und einer der wenigen nennenswerten Touristenorte in Laos, kann man von Thailand aus fliegen oder - standesgemäß für Backpacker - mit dem Boot über den Mekong schippern. Das hört sich doch gut an! Zwei Tage in einer Nussschale mit harten Holzbänken zu sitzen, ist dann aber doch nicht ganz so romantisch wie gedacht. Die Sonne prallt mit voller Wucht auf das Land. Die wenigen Dörfer, die wir am Ufer sehen, liegen wie ausgestorben da und die Wasserbüffel gucken nur noch mit den Nasen aus dem Wasser. Im Boot ist die Hitze halbwegs erträglich. Wir haben etwas Schatten und den Fahrtwind. Dennoch zerrt es an unseren Nerven mit rund hundert Leuten auf engstem Raum zu sein. Zumal die meisten sich die Zeit mit viel Beer Lao vertreiben, was eine vernünftige Unterhaltung so gut wie unmöglich macht. Zum Glück sind Harm und Darlene mit an Bord, zwei Holländer, mit denen wir zusammen in Thailand auf der Trekkingtour waren. Darlene ist gebürtig aus Aruba, eine kleine Insel im karibischen Meer 25 Kilometer nördlich von Venezuela, die Teil des Königreiches der Niederlande ist. Aus diesem Grund kann sie auch ohne Weiteres in den

Niederlanden studieren, wo sie Harm kennengelernt hat. Die beiden haben drei Monate lang in einer kaum von Touristen frequentierten Provinz im Osten Thailands Englischunterricht gegeben. Sie erzählen viele lustige Geschichten, unter anderem wie ihre Ankunft in dem thailändischen Ort per Lautsprecher auf einem Wagen in allen Nachbardörfern verbreitet wurde. Sie waren schließlich die Sensation des Jahres! Harm und Darlene träumen beide von einem Altersruhesitz in der Karibik, genau wie wir. So haben wir eine breite Basis, auf der unsere Spinnereien von Stunde zu Stunde größer werden. Wir genießen die Gesellschaft von den beiden sehr. Man lernt unterwegs viele Reisende kennen. Aber es ist etwas anderes, sich auch mal mit jemandem richtig unterhalten zu können, anstatt nur die üblichen Fragen „Woher seid ihr?“, „Wie lange seid ihr schon unterwegs?“ und „Was habt ihr alles schon gesehen?“ zu beantworten. Mitten in unsere Unterhaltung platzt ein schon leicht angetrunkener Australier rein. Gespiegelte Sonnenbrille und Oberkörper frei. In acht Monaten hätte er die ganze Welt gesehen, sei an den tollsten Orten und auf den coolsten Partys gewesen. Was wir denn noch so vorhätten, will er wissen. „Ach, ein bisschen Südostasien und dann mal schauen“, antworte ich. „Wie viel Zeit habt ihr denn?“, ist seine nächste Frage, während er uns lässig über seinen Sonnenbrillenrand anschaut. „Hmm, ich denke noch so ungefähr zwei Jahre.“ Damit hat er offensichtlich nicht gerechnet. Dem Australier hat’s die Sprache verschlagen. Leicht irritiert tritt er den Rückzug an. „Well, see you...“ und weg ist er. Darlene grient.
In Luang Prabang vergessen wir fast, dass wir in Asien sind. Die Häuser sehen aus wie in Südfrankreich und die Einwohner spielen an jeder Ecke Boule. An den Straßenständen gibt es Baguettes, Käse und Wein. Ein Überbleibsel aus französischen Kolonialzeiten. Am schönsten ist der nur von Kerzen beleuchtete Nachtmarkt. Stundenlang schlendern wir hier mit Darlene und Harm. Leider müssen wir nach ein paar Tagen Abschied voneinander nehmen. Die beiden müssen wieder zurück nach Thailand, um von dort ihren Flug nach Hause zu nehmen. Wir werden noch sehr oft Leute kennenlernen, die uns ans Herz wachsen und von denen wir uns früher oder später wieder verabschieden müssen, ohne zu wissen, ob man sich irgendwann nochmal wieder sieht. Richtig daran gewöhnen werde ich mich nie.

Phonsavan

Mit dem Local Bus (einheimischer Bus) geht es weiter ins Landesinnere. Unser Ziel ist Phonsavan, eine kleine Provinzhauptstadt mit rund 60.000 Einwohnern. Von dort aus wollen wir einen Ausflug zur “Ebene der Tonkrüge” machen, die vor allem Volker aufgrund ihrer unklaren Entstehungsgeschichte fasziniert. Obwohl nur ein Mal am Tag ein Bus nach Phonsavan fährt, ist er nicht ausgebucht. So können Volker und ich uns auf zwei Bänken lang machen und entspannen. Es geht bergauf, bergab, Kurve um Kurve, acht Stunden lang, zum Teil mit ohrenbetäubender asiatischer Musik. Die Fahrt finden längst nicht alle so lustig. Vor uns üben sich mindestens drei Passagiere im Dauer-Übergeben. In Phonsavan angekommen, buchen wir direkt eine Tour für den nächsten Tag. Da sich die "Ebene der Tonkrüge" in drei Areale aufteilt, sehr weitläufig ist und sich zudem nur vergleichsweise wenig Leute auf den Weg hierher machen, brauchen wir keine Angst zu haben, dass man sich hier auf die Füße tritt. Die "Ebene der Tonkrüge" ist eine Riesenansammlung verschieden förmiger und unterschiedlich großer Steintöpfe, die nach ersten wissenschaftlichen Annahmen mindestens 2000 Jahre alt sein sollen. Das Mysteriöse an der Sache ist, dass niemand genau weiß, wann und zu welchem Zweck diese Krüge erschaffen worden sind. Eine Theorie besagt, dass sie zu früheren Zeiten als Urnen benutzt wurden. Aber bewiesen ist das bislang nicht. Der Weg durch die verschiedenen Areale ist schmal und weiß markiert. Das hat einen traurigen Grund. Laos ist (nicht zuletzt durch den Vietnamkrieg) eines der meist bombardierten Länder der Welt und noch immer verunglücken viele Menschen, vor allen Farmer und Kinder, tödlich durch Minen oder Blindgänger. Nach Schätzungen der British Mines Advisory Group wird es noch an die hundert Jahre dauern, bis alle nicht explodierten Objekte aufgespürt sind und das Land wieder sicher ist. Bis dahin tut man gut daran, auf den gekennzeichneten Wegen zu bleiben.

Die Fahrt von Phonsavan nach Paksan – das ganz normale Chaos
(aus Volkers Tagebuch)

Wer wissen möchte, wie eine typische laotische Busfahrt aussieht, sollte sich folgendes ganz genau durchlesen:

7.40 Uhr: Wir sind auf dem Weg zur Busstation. Noch 20 Minuten bis zur Abfahrt. Warum kommt uns dann der Bus mit der Aufschrift 'Paksan' schon entgegen??? Wir springen schnell rein. Der Bus ist fast leer. Also gemütlich Beine ausstrecken und durchs Land chauffieren lassen.

7.50 Uhr: Aha, nach zehn Minuten Fahrt drehen wir auf offener Strecke um und fahren zurück in die Stadt. Fünf Fahrräder müssen noch auf den Bus drauf.

8.10 Uhr: Wir kurven immer noch durch die Straßen von Phonsavan. Anschließend stehen wir mitten auf dem Markt und laden Zucker- und Reissäcke aufs Dach. Langsam füllt sich der Bus. Nur neben uns Ausländern traut sich keiner so recht zu sitzen.

8.20 Uhr: Es tut sich nichts. Wenn wir schon mal auf dem Markt sind, kann ich auch gleich ein bisschen Verpflegung für die Fahrt besorgen. Sich über meine drei Worte Laotisch amüsierend nimmt mich der Ticketkontrolleur mit zurück zum Bus. Sollte es tatsächlich losgehen?

8.30 Uhr: Wir haben es geschafft. Nach einer Stunde haben wir Phonsavan verlassen und machen uns auf in Richtung Paksan. Noch ist der Zustand der Straße in Ordnung.

9.30 Uhr: Wir halten an jeder Milchkanne. Jedes Mal wenn jemand einsteigt, kommt das ganze Dorf zur Verabschiedung und das dauert...

10.30 Uhr: Wir sind schon 30 Kilometer gefahren und das in nur zwei Stunden! Mittlerweile ist jeder Platz besetzt, sogar neben uns hat jemand hin getraut. Wir sind mal wieder die einzigen Weißen im Bus. Die Kinder betrachten uns aus sicherer Entfernung, hinter Mamas Rücken kann ja nichts passieren. Mit im Bus ist auch ein Hahn, der in regelmäßigen Abständen seinen Unmut mit lautem "Kikeriki" bekundet.

10.50 Uhr: Seit 20 Minuten Stillstand ohne jegliche Ansage. Wir stehen mitten in den Bergen auf einer schmalen Schotterpiste. Ich stecke den Kopf durchs Fenster. Aha, Öl läuft aus. Der Busfahrer liegt unter unserem Ratterkasten und flickt irgendwas. Die männlichen Insassen nutzen die Gunst der Stunde und stellen sich, fachmännisch die Arme vor der Brust verschränkt, neben ihn und geben Tipps.

13.00 Uhr: Die Sonne glüht vom Himmel. Keiner der Laoten hat Wasser mit an Bord. Die Kinder sind völlig überhitzt. Dani kann es nicht länger mit ansehen und verteilt unser Wasser an sie.

14.00 Uhr: Bis jetzt ist es ein All-Inklusive-Paket. Gerade steigt eine Dame aus, die den halben Bus und fast auch unsere Klamotten vollgekotzt hat. Ein Erlebnis für Nase, Auge und Ohr. Dem Hahn gefällt's auch nicht, er krakeelt, dass die Wände wackeln.

14.30 Uhr: Pause. Am Kiosk eines Dorfes mitten in der Pampa kommen uns drei andere Weiße entgegen, die uns eröffnen, dass wir erst die Hälfte der Strecke geschafft hätten. Na super!

18.00 Uhr: Jetzt sollten wir eigentlich in Paksan sein. Es ist allerdings weit und breit keine Spur von der Stadt, dem Mekong oder wenigstens einer Teerstraße zu sehen. Der Staub ist uns mittlerweile in jede Pore gedrungen.

21.00 Uhr: Endlich kommen wir in Paksan an. 13 ½ Stunden für 280 Kilometer. Nicht schlecht. Unser Busfahrer ist so nett und bringt uns bis vor ein Hotel, damit wir nicht im Dunkeln durch die Stadt irren müssen. Dani ist fertig für den Tag und schläft direkt im Zimmer ein. Ich will erst noch etwas essen. Allerdings haben alle Restaurants und Straßenstände schon geschlossen. Ein Einheimischer sieht mich durch die Stadt wandern und lädt mich zum Essen zu sich nach Hause ein. Überraschenderweise kann er fließend Englisch, so dass wir uns noch ewig lange auf seiner Terrasse unterhalten. Er ist gleichzeitig erstaunt und erfreut darüber, dass sich mal wieder ein Tourist in seine Gegend verirrt hat. Sein letzter Besuch war eine Australierin, vor einem Jahr!

Zwischenstopp in Savannakhet

Heute ist es mal wieder Zeit für einen kleinen Kassensturz. Nach knapp zwei Wochen Laos wollen wir wissen, ob wir mit unseren Ausgaben noch im Budget liegen. Wir haben ein Buch, in dem wir alles was wir ausgeben penibelst aufschreiben. Dann der Schock - es fehlen 600.000 Kip! Wie kann das sein? Wir wühlen alle Taschen und Kleidungsstücke durch in der Hoffnung, irgendwo noch etwas Geld zu finden. Nichts. Verdammt. Wir gehen alle Eintragungen nochmal durch. Uns fällt nichts ein. Alle größeren Ausgaben wie Bustickets, Übernachtungen und Touren sind drin. Ein paar Kip können uns vielleicht mal durchgehen, aber 600.000 (rund 50 Euro)?? Unmöglich. Wir überlegen hin und her. Volker spricht zuerst aus, was wir beide denken. Luang Prabang. Wir haben dort eine Menge Geld abgehoben, um für den Rest des Landes genug Bares zu haben. Und jetzt, wo wir darüber nachdenken, können wir nicht mehr die Hand dafür ins Feuer legen, dass wir immer die Tür abgeschlossen haben, wenn wir auf dem Gemeinschaftsbalkon saßen. Volker gibt kleinlaut zu, dass er sein Portemonnaie auch öfter mal auf dem Bett liegen gelassen hat. So ein Mist. Im Grunde hätte jeder (ob Personal oder Gast) in unser Zimmer gehen können, um ein paar Scheine zu entwenden. Es fällt ja auch kaum auf, wenn man nicht gleich alles nimmt. Aber kann das wirklich sein? Wir zweifeln noch, haben aber letztlich keine andere Erklärung. Wir ärgern uns über unsere eigene Nachlässigkeit und darüber, dass sie offensichtlich jemand ausgenutzt hat. 50 Euro sind auf den ersten Blick zwar nicht "die Welt", aber für uns bedeutet es rund 15 Übernachtungen oder 40 Mahlzeiten oder 6 Langstreckenfahrten - futsch. Jetzt brauchen wir erstmal beide ein Bier.

Tadlo

Tadlo ist ein kleines Dorf am Rande des Bolaven Plateaus, berühmt vor allem für seine umliegenden Wasserfälle und für klare, frische Luft. Letzteres haben wir dringend nötig. Ich habe in meinem ganzen Leben noch nie so viel Staub eingeatmet wie in Laos. Einige Traveller meinen, das wäre noch gar nichts gegen Kambodscha. Aber mir reicht's auch so fürs Erste. Volker freut sich aus einem anderen Grund auf ein paar Tage ruhiges Dorfleben. Die letzten Nächte in den Städten waren doch eher kurz. Die Laoten haben (ähnlich wie in anderen warmen Ländern) ihren ganz eigenen Tag-Nacht-Rhythmus. Spätestens 7 Uhr früh wird aufgestanden, Fernseher oder Musikanlage angeschmissen, lautstark Lao-Kaffee gekocht und die Zimmer hergerichtet. Gegen Mittag verfallen alle in einen Tiefschlaf (wer ein Geschäft hat, macht es sich im Liegestuhl bequem) und man hört nur noch den Straßenlärm, der aber gegenüber morgens auch deutlich abnimmt. Am Abend wird's dann wieder quicklebendig. Laut, lauter, am lautesten heißt die Devise. Jede noch so dürftig zusammengehämmerte Musikbox wird Richtung Straße gestellt. Wer die größte hat, hat gewonnen. Und nachdem die Jugend abends den Eltern im Restaurant geholfen hat, wird sich gegen 22 Uhr getroffen und bis morgens um eins gefeiert. Angesichts der Temperaturen ist das eine recht vernünftige Tageseinteilung, der wir uns auch schon anzupassen versucht haben. Praktisch ist das für uns nur leider nicht immer möglich, weil wir tagsüber oft unterwegs sind, um uns irgendetwas anzuschauen oder aber ein Aufenthalt über die Mittagszeit im Zimmer aufgrund von Stromausfall (und damit Ausfall des Ventilators) alles andere als angenehm ist. Aber jetzt sind wir ja auf dem Dorf. Was für eine Ruhe. Herrlich. Gestern Abend sind wir nach mehrstündiger, mal wieder sehr unterhaltsamer Fahrt mit dem Local Bus in Tadlo angekommen. Wir haben einen schönen Bungalow direkt am Fluss mit Schaukelstuhl auf der Veranda und somit ist natürlich klar, wo wir die nächsten Tage verbringen werden.

Fahrt nach Si Phan Don oder „Four Thousand Islands“

Über die Busfahrten in Laos könnte man ganze Bücher schreiben. Eine Kuriosität jagt die nächste. Heute sind wir nach Si Pha Don („4000 Inseln“), unserer letzten Station in Laos, unterwegs. Gemütlich gehen wir morgens um sieben aus unserem Backpacker Richtung Busstation (oder besser gesagt: Richtung Kreuzung, wo der Bus abfahren soll). Von weitem hören wir schon das Hupsignal. Kann das sein? Es sind doch noch mindestens 10 Minuten bis zur Abfahrt. Aber tatsächlich - es ist das erste Mal, dass ein Bus in Laos pünktlich ist! Wir sind die Letzten, die einsteigen und kriegen gerade noch

unsere Füße in den Gang, so voll ist es. Gefahren wird mit offenen Türen, damit die Kassiererin auch noch reinpasst. Das ist bei einer rasenden Geschwindigkeit von 30 Kilometern pro Stunde aber auch egal.
Wie immer werden wir neugierig beäugt. Die Dame vor mir ist ganz fasziniert von meinen Haaren. "Gold" sagt sie und lächelt. Dann organisiert sie von irgendwo her einen kleinen Plastikstuhl, auf den ich mich mitten im Gang setzen kann. Mit Händen und Füßen fangen wir eine Unterhaltung an. Sie schaut auf unsere Ringe und fragt, ob wir verheiratet sind. Sie freut sich, als ich ihre Frage bejahe. In meinem kleinen Rucksack habe ich ein Foto von unserer Hochzeit und ein Foto von der Familie. Die werden sofort unter großem Staunen im halben Bus herumgezeigt. Dann fragt uns die Frau, wie alt wir sind. Die Zahlen können wir und so sage ich auf Laotisch "31" und Volker "30". Auf einmal fängt der ganze Bus an zu lachen und die Frau klopft sich auf die Schenkel. Nein, sowas gibt es in Laos nicht. Da ist der Mann immer älter als die Frau, sagt sie und grinst. Jemand anderes will wissen, wo wir denn herkommen und ich zeige voller Stolz eine Postkarte aus Köln, die ich auch im Gepäck habe. "Ah, New York." "No, Germany!" "Germany?" Keiner scheint dieses Wort zu kennen. "Allemagne" versuche ich es nochmal auf Französisch. Wieder nur ratlose Gesichter. Dann weiß es jemand: "Paris, Paris!" Ich versuche zu erklären, dass das auf dem Bild nicht der Eiffelturm, sondern der Kölner Dom ist. Zwecklos. Der Junge ist überzeugt, dass wir aus Paris sind. Dann sind wir auch schon in Pakse, wo wir umsteigen müssen. Beim Aussteigen sieht Volker, dass in der hinteren Reihe jemand eine Fußballzeitschrift aus dem Jahr 2006 liest. 'Beckenbauer'. Das wär's gewesen! Dann hätte jeder gewusst, wo wir herkommen. Vielleicht bei der nächsten Busfahrt…
Si Phan Don (die „4000 Inseln") im Süden von Laos sollen zu den schönsten Plätzen des Landes zählen. Der Mekong ist hier bis zu vierzehn Kilometer breit und teilt sich ähnlich wie in einem Flussdelta in viele schmale und breite Arme. Zwischen den riesigen Wassermassen erheben sich kleine Inseln und Inselchen, von denen nur einige wenige bewohnt sind. Wir wollen uns hier ein gemütliches Hüttchen nehmen und eine Weile die Seele baumeln lassen. Nachdem uns ein kleines Holzboot am Ufer der Insel Don Det abgesetzt hat, machen wir uns gleich auf die Suche nach einer passenden Unterkunft. Andere Reisende hatten uns empfohlen, den lauten Nordteil der Insel zu meiden und so gehen wir schnurstracks Richtung Süden. Was uns dort erwartet, ist allerdings alles andere als schön. Die Hütten sind schäbig und voller Spinnennetze. Als ich in einer die Matratzen testen will, wirbelt links und rechts der Staub neben mir auf. Da die Sonne bald unter geht und es auf der Insel keinen Strom gibt, bleiben wir dennoch für eine Nacht. Die Mücken piesacken trotz Moskitonetz und als wir nach Sonnenuntergang unsere Ker-

zen anzünden, fliegt uns ein Schwarm Motten direkt ins Gesicht. Das hatten wir uns irgendwie anders vorgestellt. Am nächsten Tag begebe ich mich nochmal auf die Suche. Im Westteil der Insel werde ich dann endlich fündig. Eine nett hergerichtete Hütte, sauber, mit Balkon und Blick auf den Mekong. Dazu zwei Hängematten und den Sonnenuntergang. Herrlich kitschig. Unsere Tagesaufgabe beschränkt sich im Allgemeinen auf faulenzen und im Mekong schwimmen. Ach, fast hätte ich es vergessen. Wir üben uns auch regelmäßig in einer neuen Sportart: Hängemattensynchronschaukeln.

Kambodscha

Kratie

Unser viertes Land in Südostasien liegt vor uns. Wir haben unterwegs viel von anderen Reisenden über Kambodscha gehört. "Genau wie Laos" sagen die einen, "einzigartig" sagen die anderen, "a mix of heaven and hell" schreibt unser Reiseführer. Wir sind gespannt. Der Grenzübergang von Laos nach Kambodscha fällt schon mal etwas aus dem Rahmen. Ein kleines Holzhüttchen mitten im Wald, dann ein paar Meter zu Fuß und schon ist man im Land. Auf kambodschanischer Seite bringt uns ein Minibus zur nächstgrößeren Stadt Kratie. Der Empfang hier ist überwältigend. Soviel Aufmerksamkeit sind wir gar nicht mehr gewohnt! Auf der Suche nach einer passenden Unterkunft fragt mich ein ca. 16 Jahre alter Junge in fließendem Englisch, ob er mich auf dem Moped durch die Stadt fahren soll, damit ich nicht so viel laufen muss. Ich zögere und sage ihm, dass ich ganz gut zu Fuß bin. Aber er besteht darauf. Na gut, ein paar Dollar habe ich ja in der Tasche. Er fährt mich, nachdem ich mir zwei Unterkünfte angeschaut habe, wieder zu Volker zurück, der in einem kleinen Restaurant mit dem Gepäck wartet. Geld möchte der Junge nicht haben. Er lächelt, wünscht uns noch einen schönen Tag und fährt wieder ab. Auch die Leute im Hostel und in den Restaurants sind unglaublich nett und zuvorkommend. Wir fühlen uns hier auf Anhieb wohl.
19. April 2007: Heute ist mein 32. Geburtstag. Hätte mir vor zehn Jahren jemand gesagt, dass ich den in Kambodscha feiern werde, ich hätte ihn für verrückt erklärt. Zur Feier des Tages habe ich mir gewünscht, mal wieder in einem richtig schönen Hotel zu übernachten. Volker hat natürlich keinen Moment gezögert und statt der bisherigen zwei Dollar jetzt ganze fünf Dollar pro Nacht auf den Tisch gelegt. Und voilà - ein großes Zimmer, saubere Wände, ein eigenes Bad und Kabel-TV. Gleich nach dem Aufstehen schaue ich auf mein Handy. Was eigentlich überflüssig ist. Wer sollte jetzt schreiben. In Deutschland ist es mitten in der Nacht. Gegen Mittag kommen dann die ersten Glückwünsche per SMS. Bei jedem Handypiepsen freue ich mich

wie eine kleine Schneekönigin. Diese kleine technische Errungenschaft lässt das Zuhause nicht ganz so weit weg erscheinen. Zur Feier des Tages gehen wir nachmittags auf eine Bootstour, um die selten gewordenen Süßwasserdelphine zu sehen. Und siehe da, sie zeigen sich einer nach dem anderen, manche keine 20 Meter von uns entfernt! Was für ein Erlebnis! Zum krönenden Abschluss gibt's noch einen Geburtstagscocktail. Ein schöner Tag. Der einzige Wermutstropfen: Mir fehlen meine Freunde zum Anstoßen. Aber in Gedanken sind sie dabei.

Phnom Penh

Die Hitze in der Hauptstadt Kambodschas ist unerträglich. Die heißeste Zeit des Jahres hat begonnen mit Temperaturen bis zu 42 Grad am Tage und noch über 30 Grad in der Nacht. Um wieder halbwegs schlafen zu können, wechseln wir am zweiten Tag in unserem Guesthouse in ein Zimmer mit Aircondition. Der Preis ist doppelt so hoch, aber die Investition lohnt sich. Das Zimmer wird zu unserer kleinen Oase in einer Stadt, die einen bleibenden Eindruck hinterlässt.
Wir haben gedacht, in Bangkok ist der Verkehr so chaotisch wie nirgendwo sonst. Aber da waren wir noch nicht in Phnom Penh. Während es in Bangkok noch Ampeln gab (an denen die Autos bei Rot auch stehen blieben), fährt in Phnom Penh wirklich jeder wie er will. Zweispurige Straßen werden sechsspurig, Fußgänger werden grundsätzlich ignoriert und wenn mal wieder alle gleichzeitig gefahren sind und sich mitten auf der Kreuzung ein Riesenknäuel aus Autos, Mopeds und Rikschas gebildet hat, wird einfach so lange gehupt, bis irgendjemand kurz den Rückwärtsgang einlegt und damit die anderen motiviert, den kurzzeitigen Verkehrsstau wieder aufzulösen. Nach einem Tag in diesem Wirrwarr haben wir raus, wie man auch als Fußgänger unbeschadet die Straße überqueren kann. Der Trick ist, einfach so langsam zu gehen, dass alle um einen herumfahren können. Zugegeben, der Puls geht jedes Mal etwas nach oben, aber gefährlich wird es ja nur, wenn man rennt oder stehen bleibt. Für längere Strecken tun wir's den Einheimischen gleich und steigen auf eines der vielen Mopedtaxis. Der Begriff "Taxi" ist dabei allerdings relativ. Im Grunde kann man jeden x-beliebigen Mopedfahrer an der Straße anhalten. Für ein paar Riel nimmt jeder gerne jeden mit. Es ist Usus, dass mindestens zwei Personen hinten auf die Rückbank gehen. Bei Familien mit Kindern nehmen dann auch schon mal vier Personen inklusive Reissack Platz.
Wir sind gerne unter Einheimischen, daher gehen wir zum Essen immer auf die Märkte. Dort sind wir mitunter die einzigen Touristen. Trotzdem fühlen wir uns nicht fremd. Die Kambodschaner sind unglaublich nett und aufge-

schlossen, so dass sich fast jeden Abend ein Gespräch ergibt oder uns zumindest freundlich zugenickt wird. Aber gerade hier, auf den Märkten, werden wir auch mit der knallharten Realität des kambodschanischen Alltags konfrontiert. Während wir mit mehreren hundert Leuten frittierten Reis mit Shrimps essen, warten bettelnde Kinder auf die Reste. Wer es vor Hunger nicht mehr aushält, durchwühlt vor uns den Müll nach etwas Essbarem. Als ich das zum ersten Mal sehe, krampft sich mein Magen zusammen. Ich kriege keinen Bissen mehr runter. Neben mir steht ein kleiner Junge und guckt mich mit großen Augen an. In seiner Plastiktüte hat er schon etwas Reis vom Nebentisch, ich gebe ihm meinen dazu. Das Elend der Kinder treibt mir die Tränen in die Augen. Am liebsten würde ich wegrennen. Aber was ist die Alternative? Wegschauen? Ab morgen nur noch in abgeschirmten Restaurants essen? Wir wollten die Welt sehen und erleben wie sie ist und nicht nur die Sehenswürdigkeiten abklappern. Jetzt müssen wir auch mit den Schattenseiten klar kommen. Darum gehen wir auch an den darauffolgenden Tagen wieder auf den Märkten essen und geben wie viele Einheimische mal eine halbe Flasche Wasser, mal etwas Reis oder Nudeln an Kinder ab, die das Pech haben, zur falschen Zeit am falschen Ort geboren zu sein.

Anhaltende Armut für einen Großteil der Bevölkerung ist nicht das Einzige, womit die Kambodschaner zu kämpfen haben. Mit einem flauen Gefühl im Magen machen wir uns auf den Weg, das dunkelste Kapitel der kambodschanischen Geschichte zu besichtigen. Mich schaudert's ein wenig, als wir das Tuol Sleng Museum oder auch „Museum des Völkermordes" betreten. Das ehemalige Gymnasium wurde nach der Machtübernahme der Roten Khmer im Jahre 1975 zu einem Sicherheitsgefängnis umfunktioniert, das der grausamen Folterung von Regimegegnern diente. Wer der Folter standhielt, wurde zu den „Killing Fields" in Choeung Ek, einem nahe gelegenen Ort, gebracht und dort erschossen. Nur sieben von rund 20.000 Insassen überlebten. Insgesamt ließen fast zwei Millionen Menschen unter diesem Regime ihr Leben. Die Roten Khmer hatten es vor allem auf „bürgerliche Intellektuelle" abgesehen, wobei ein Anzug oder eine Brille schon als „intellektuell" galt. Die meisten wurden einfach mit Hacken oder Spaten erschlagen, um Munition zu sparen. Mehr als ein Viertel der Bevölkerung wurde so ausgerottet. Die Gräueltaten der Roten Khmer wurden von der Weltöffentlichkeit kaum zur Kenntnis genommen. Ein Ende fanden sie nach dem Einmarsch der Vietnamesen im Jahr 1979. Bis heute ist nur der ehemalige Gefängnisleiter des Toul Sleng zur Rechenschaft gezogen worden. Die führenden Köpfe der Roten Khmer blieben unbehelligt. Einige von ihnen leben sogar heute noch in Kambodscha.

Zwei Tage später sprechen wir mit jemandem, der diese grausame Zeit miterlebt hat. Phat ist Dozent an der Universität von Phnom Phen. Seine Frau führt ein kleines Restaurant, in dem wir zufällig frühstücken. So kommen wir ins Gespräch. Phat erzählt, dass er seine Großeltern und sechs seiner Cousins durch das Regime der Roten Khmer verloren hat. Durch seine Tätigkeit als Dozent der Universität muss er gelegentlich an wichtigen Geschäftsessen teilnehmen. Irgendwann saß er dabei auch dem ehemaligen Außenminister der Roten Khmer, Ieng Sary, gegenüber. Einer der schlimmsten Tage seines Lebens, so Phat. Er musste seine Wut runterschlucken, es hätte ihn sonst den Job gekostet, wenn nicht gar mehr. Er setzt ein trauriges, resigniertes Lächeln auf. „Was soll man machen, wenn die UN nach dreißig Jahren noch nicht in der Lage ist, die Verantwortlichen vor Gericht zu stellen." Trotz ihrer furchtbaren Vergangenheit und ihrer immer noch schwierigen Gegenwart, geprägt durch Armut und Korruption, sind die meisten Kambodschaner sehr freundliche Menschen, die optimistisch in die Zukunft blicken. „Ich glaube, wir sind alle froh, dass wir Frieden haben", erklärt Phat, „es kann nur besser werden." Wir gehen auch die nächsten Tage ins Frühstückslokal von Phat und seiner Frau. Zwei Mal noch treffen wir den Dozenten und hören seinen manchmal lustigen, manchmal traurigen Geschichten zu.

Angkor

(aus Volkers Tagebuch)

Ladies and Gentlemen, fasten your seat belts! Angkor, die weltgrößte zusammenhängende Tempelanlage und Inbegriff der Khmer-Kultur liegt in greifbarer Nähe!

Morgens um 4 Uhr klingelt der Wecker. Wir wollen den Sonnenaufgang auf einem Hügel in der Tempelanlage erleben. Eine halbe Stunde brauchen wir mit dem Fahrrad von dem kleinen Örtchen Siem Reap bis zum Eingang der Anlage. Wir haben kein Licht an den Rädern und schicken jedes Mal ein kleines Stoßgebet zum Himmel, wenn uns einer der vielen Reisebusse überholt. Obwohl Angkor der Touristenmagnet schlechthin ist, sind wir auf dem Hügel fast allein. Die meisten stehen vor dem berühmten Haupttempel Angkor Wat, die Fotoapparate gezückt. Leider warten wir umsonst auf die aufgehende Sonne. Die Regenzeit ist da und der Himmel hängt voller Wolken. So genießen wir einfach die Stille und den Ausblick auf den Dschungel, aus dem die Türme des Angkor Wat herausragen. Von hier oben bekommen wir einen ersten Eindruck davon, wie groß der gesamte Komplex ist. Da erwartet uns ein mächtiges Stück Arbeit. Also machen wir uns auf und erkunden einen Tempel nach dem anderen, drei Tage lang. Schließlich besteht Angkor nicht nur aus dem weltbekannten Haupttempel Angkor Wat oder dem Ta Phrom, bekannt aus dem Film Tomb Raider mit Angelina Jolie, sondern aus vielen großen und kleinen Tempeln, die weit verstreut im Dschungel oder

am Fluss liegen. Zu den kleinen oder weiter entfernten Punkten verirren sich nicht viele Leute und wir können die ganze Szenerie und Atmosphäre in Ruhe genießen. In den drei Tagen radeln wir an die einhundert Kilometer und sehen trotzdem längst nicht alles. In Erinnerung bleibt uns eine niedliche Begegnung am Tempel Ta Som. Nachdem wir an einem kleinen Stand eine Cola gekauft hatten (wir mussten knallhart mit einer Sechsjährigen verhandeln!), waren wir auf einmal von drei kleinen Mädchen umringt, die alle auf einmal redeten und uns Postkarten, Armreifen oder Souvenire verkaufen wollten. Wie nebenbei präsentierten sie uns stolz ihr Wissen: Deutschland hat 83 Millionen Einwohner und Berlin ist die Hauptstadt! Dani fragte sie, ob sie sie fotografieren könne. Alle drei nickten begeistert und kicherten um die Wette, als sie die Fotos auf unserer Digitalkamera sahen. Eine halbe Stunde verging, dann wurden wir auf einmal uninteressant. Eine japanische Reisegruppe kam an und wir hörten, dass die Kleinen ihr Wissen nicht nur auf Englisch präsentieren können! Nicht schlecht. Aber wir hatten schon davon gehört, dass die Kinder in Siem Reap die Zahlen und die wichtigsten Infos der Touristenländer in verschiedenen Sprachen beherrschen. Wenn man bedenkt, dass eine kleine Straßenverkäuferin in der Hochsaison pro Woche um die 100 US Dollar Einnahmen hat (zum Vergleich: ein Dozent an der Universität in Phnom Penh verdient rund 50 US Dollar im Monat), ist das eine durchaus lohnende Investition. Wir hoffen nur, dass die Kinder trotzdem noch regelmäßig zur Schule geschickt werden.
Nach dem Besuch der Tempelanlagen sitzen wir bei einem kalten Angkor-Bier in unserem süßen Guesthouse. Hier wird zwar noch viel gebaut (der Besitzer hat es erst vor sieben Monaten übernommen), aber die Atmosphäre ist jetzt schon sehr entspannt. Nettes Häuschen im Khmer-Stil, kleine Gartenanlage drum rum, Hängematten… Was will man mehr? Der Preis ist zudem unschlagbar. Fünf Dollar pro Nacht inklusive Frühstück, zwei Fahrräder und einmal Wäsche. So einen Service hatten wir bislang noch nicht. Heute Morgen beim Frühstück haben wir überraschend alte Bekannte wiedergetroffen - Lisa und Florian, mit denen wir schon in Laos unterwegs waren. Ich glaube, hier können wir's ein paar Tage aushalten. Wir haben's eh nicht mehr so eilig und sind inzwischen an einem Punkt angekommen, wo wir lieber ein paar Stationen weniger anfahren und dann länger bleiben. Alles andere schlaucht auf die Dauer ganz schön.
In Siem Reap besuchen wir auch das Cello-Konzert eines Schweizer Arztes. Er spielt jeden Samstagabend "for free" und wirbt damit um Spenden ("Geld oder Blut") für seine inzwischen drei Krankenhäuser. Seit 15 Jahren behandelt und operiert er unentgeltlich Kinder in Kambodscha. Unterstützung von der Regierung bekommt er dabei nicht. Am Ende des Konzertes geben auch wir etwas aus unserer Reisekasse in den Spendentopf.

Oben: 15. Januar 2007, Bahnhof Köln
Unten: erste Begegnung mit der malayischen Küche

Oben rechts: Perhentian Kecil, Malaysia, Oben Mitte: Thailänder beim Gebet vor einer Buddha-Statue in Bangkok, Thailand, Unten links: Schnorcheln in Malaysia, Perhentian Kecil, Unten rechts: Relaxen in einer einfachen Hütte am Strand auf Ko Pha Yam, Thailand

Oben und rechts: Angkor, Kambodscha

Links: Kambodschanisches Mädchen

Links: Lieferwagen in Phnom Penh, Kambodscha

Rechts: Exotische Snacks, Phnom Penh

Zurück in Phnom Penh
(aus Volkers Tagebuch)

Nachdem wir eine Weile durchs kambodschanische Hinterland getourt sind, kommen wir wieder in der Hauptstadt des Landes an. Diesmal wollen wir zur Abwechslung in das Backpackergebiet rund um den See Boeng Kak im Norden der Stadt. Bei unserem ersten Aufenthalt in Phnom Penh waren wir nur einen Nachmittag hier. Vorsichtshalber haben wir im Vorfeld bei einem Guesthouse ein Zimmer reserviert. Die Regenzeit hat jetzt voll eingesetzt, der Bus kommt nur schleppend voran und wir haben über zwei Stunden Verspätung. Zu allem Überfluss stellen wir beim Ausstieg fest, dass aufgrund eines undichten Kartons über unseren Rucksäcken unser gesamtes Gepäck mit Fischsauce übergossen wurde. Unsere Sachen stinken wie alter fauliger Mekongfisch. Widerlich! Damit nicht genug, auf unserer Fahrt von der Busstation zum Guesthouse kracht es. Ein Unfall, unser Erster! Da hier niemand nach hinten schaut, hat unser Fahrer den Kleinlaster übersehen, als er von rechts außen nach links abbiegen wollte. Dem Himmel sei Dank, dass wir in einem Tuktuk und nicht, wie sonst immer, auf einem Mopedtaxi saßen! So war außer einem Blechschaden nichts weiter passiert. Im Guesthouse angekommen, ist trotz Reservierung kein Zimmer frei. Super. Nach einer Stunde suchen, finden wir schließlich eine kleine Karnickelbucht für uns. Zum krönenden Abschluss dieses überaus gelungenen Tages hat das Restaurant, wegen dem wir eigentlich in diesen Stadtteil zurückgekommen sind, nix für uns… kein Buffet, keine Karte, keine Lust. Wir sind bedient. Aber Reisen ist eben nicht immer nur Zuckerschlecken.
Als wir am nächsten Morgen, wir hatten die Hoffnung noch nicht ganz aufgegeben, wieder in dem Guesthouse nach einem Zimmer fragen, soll der Preis plötzlich 15 Dollar statt der angegebenen 10 Dollar betragen. Das reicht. Wir hatten bislang so einen guten Eindruck von dem Land, den wollen wir uns nicht in den letzten Tagen in diesem Tourinepp-Backpackerghetto vermiesen lassen. Also rein ins Tuktuk, ab in die Stadtmitte und in das Guesthouse, in dem wir bei unserem ersten Aufenthalt waren und alles ist gut. Der Markt ist nah, das Café hat faire Preise und die Leute sind wie immer - freundlich, offen, herzlich.

Vietnam

Ho Chi Minh City (Saigon)

Pick up pünktlich 7 Uhr 30 von unserem Guesthouse in Phnom Penh. Es ist eine vietnamesische Busgesellschaft, die uns direkt von Kambodscha nach

Saigon, der ehemaligen Hauptstadt von Vietnam und jetzt mit Namen "Ho Chi Minh City", bringen soll. Ho Chi Minh führte Vietnam zur Unabhängigkeit von den Franzosen. Er ist noch heute in Form von Plakaten und Statuen allgegenwärtig. Die meisten Vietnamesen nennen ihre Stadt allerdings nach wie vor Saigon. Wir brauchen zwei Stunden für die ersten 50 Kilometer Richtung Grenze. Der moderne Reisebus quält sich über die Dörfer und versucht, so vielen Schlaglöchern wie möglich auszuweichen. Nicht immer mit Erfolg. Links und rechts von uns sind die Kambodschaner aber schon eifrig dabei, die Straße zu verbreitern und zu teeren. Nächstes Jahr schafft man die Strecke wahrscheinlich in einer halben Stunde. Die Grenzformalitäten gestalten sich unkompliziert. Alles aussteigen, Pässe abgeben, Stempel rein, namentliches Aufrufen und Fotokontrolle, wieder einsteigen, weiter geht's. Ach ja, ein halber Dollar für ein ominöses Gesundheitszeugnis ist noch abzudrücken. Aber irgendeine "Grenzgebühr" gibt's ja immer. Auf vietnamesischer Seite wird die Straße besser und ich schlummere ein. Als ich wieder aufwache, traue ich meinen Augen kaum. Das ist Ho Chi Minh City?? Man hat ja so seine Vorstellungen, wenn man an ein bestimmtes Land oder eine bestimmte Stadt denkt. Ich für meinen Teil hatte die Bilder aus den alten Saigon- und amerikanischen Antikriegsfilmen im Kopf. Seit der Zeit hat sich offensichtlich einiges getan. Eine fünfspurige Straße führt uns mitten ins Zentrum, vorbei an modernsten Häusern, neuen Autos und - vier Millionen Mopeds! Naja, man darf hier im Gegensatz zu Kambodscha auch nur zu zweit auf den Maschinchen sitzen, da braucht man schon ein paar mehr. Der Verkehr ist chaotisch wie gehabt. Aber eins fällt sofort ins Auge. Ho Chi Minh City ist, im Vergleich zu anderen asiatischen Großstädten, unglaublich sauber. Selbst auf dem Markt und an den Straßenständen liegt kaum Müll. Wir finden ein kleines gemütliches Zimmer über den Dächern der Stadt und strecken bei gut klimatisierter Aircon-Luft die Füße aus. Eigentlich haben wir ja Regenzeit, aber davon ist in Ho Chi Minh City nichts zu merken.
Am nächsten Tag machen wir eine kleine Sightseeing-Tour. Volker hat schon brav Vokabeln gelernt und kann den Preis für die Fahrradrikscha auf ein Drittel runterhandeln. Unser erstes Ziel ist das War Remnants Museum. Dort erwarten uns erschreckende Informationen, Dokumente, Fotos und Ausstellungsstücke aus dem Indochinakrieg gegen die französische Kolonialmacht und dem Vietnamkrieg. Natürlich sind die Geschehnisse dort nur aus Sicht der Vietnamesen dargestellt. Die Meinung über die "Historical truths" (historische Wahrheiten), wie sie die Vietnamesen nennen, bildet man sich besser selbst. Nur eines ist hier im Lande offensichtlich: Die Folgen des Vietnamkrieges und des Einsatzes chemischer Waffen durch die Amerikaner kann man noch heute an den Kindern und Enkelkindern der Menschen aus den verseuchten Gebieten sehen, die zum Teil mit schweren körperlichen und

geistigen Behinderungen auf die Welt kommen.
Nach dem Besuch des Museums geht's zu Fuß weiter durch die City. Wir bewundern die Kathedrale und die mondäne Hauptpost der Stadt. Zwischendurch ein Kaffee im Park und zum Schluss gemütliches Schlendern über den zentralen Markt. Wir haben ja schon gemerkt, dass wir einen Faible für quirlige Großstädte haben, aber von Ho Chi Minh City sind wir wirklich begeistert! Und das, wo wir vorher so viel Schlechtes über Vietnam gehört haben. Kaum ein Reisender, dem wir begegnet sind, der nicht über dieses Land und deren Einwohner gewettert hat. Bis jetzt können wir das nicht bestätigen. Aber auch wir sollen noch unsere Erfahrungen machen.

Das Mekong-Delta

Das Mekong-Delta bildet die südliche Reiskammer Vietnams und ist vor allem für seine Floating Markets (schwimmende Märkte) bekannt. Von Ho Chi Minh City aus buchen wir eine Zwei-Tagestour mit Übernachtung in Cantho. Wir haben gelesen und gehört, dass es in Vietnam sehr nerven- und zeitraubend sein soll, Ausflüge auf eigene Faust zu organisieren. Der Preis für die Tour liegt zudem kaum über dem, was wir selbst auch zahlen müssten um hinzukommen, daher entscheiden wir uns dieses Mal für den einfachen Weg. Ist ja auch mal ganz schön, sich nicht kümmern zu müssen. Unser großes Gepäck lassen wir sicher verstaut im Touren-Office. Wir nehmen nur einen Tagesrucksack mit. Im klimatisierten Kleinbus geht's mit zwölf Leuten nach Mytho, von wo aus wir ein Boot über den Mekong und dann durch verschiedene kleine Kanäle nehmen. Sehr entspannend. Wir kommen mit einer Französin ins Gespräch, die uns diverse Reisetipps für unser nächstes Reiseland China gibt und mit einem Kolumbianer, der uns von seiner Heimat vorschwärmt. Sollen wir Kolumbien mit in die Route aufnehmen? Bis jetzt steht das Land nicht auf unserem Plan. Wir werden sehen. Nach diversen Zwischenstopps auf kleinen Inseln innerhalb des Mekong-Deltas werden wir mit frisch hergestellten Kokosnusstoffees, tropischen Früchten und Bananenlikör verköstigt. Jeder einen. Außer Volker. Der nimmt sich gleich vier Gläschen und steckt sich bei Abfahrt noch die übrig gebliebenen Bananen in die Hosentaschen. Man weiß ja nie, was kommt. Zum Mittagessen gibt's dann eine ganz besondere Überraschung. So schnell können meine Tischnachbarn gar nicht gucken, wie ich aufgesprungen bin. Zwei mittelgroße Pythons werden rumgereicht und jeder der mag, kann sie sich für ein Foto um die Schulter legen lassen. Was soll denn der Quatsch? Bringt die Tiere wieder zurück in den Dschungel! Jetzt fällt mir wieder ein, warum ich diese organisierten Touren eigentlich nicht mag. Im Anschluss werden die traditionellen vietnamesischen Strohhüte für den nächsten Bootstrip herumgereicht. Unser Boot (der Kolumbianer, ein Israeli, Volker und ich) sind geschlossen der Meinung, dass diese Hüte nur bei Einheimischen gut aussehen und setzen sie nach der obligatorischen Höflichkeitsminute wieder ab. Wir genießen die Landschaft lieber unbehütet. Nach dem letzten Stopp, bei dem wir klassischen vietnamesischen Klängen nebst Gesang lauschen dürfen, neigt sich der erste Tag auch schon dem Ende entgegen. Glutrot geht die Sonne über dem Mekong-Delta unter als wir mit der Fähre zu unserem Übernachtungsort Cantho fahren.

Kampf um die Nudelsuppe
Aus Volkers Tagebuch:

Der Vorteil von so einer organisierten Tour ist ja der, dass man sich keine Unterkunft suchen muss, die ist mit inbegriffen. So können wir uns also bequem in das Nachtleben von Cantho stürzen und uns die Bäuche vollschlagen. Es geht von Stand zu Stand, mal deftig, mal zuckersüß. Zwischendurch flanieren wir an der Uferpromenade entlang und bestaunen die riesige, silberne Statue von Ho Chi Minh. Den Abschluss unseres Gelages quer durch die Stadt soll ein Nudelsüppchen in direkter Nachbarschaft von unserem Guesthouse bilden. Leider haben wir einen entscheidenden Fehler gemacht, den man in Vietnam niemals begehen sollte: Wir haben vergessen, vorher nach dem Preis zu fragen. Da wir aber gesehen haben, dass jeder Einheimische 6.000 Dong pro Person bezahlt haben, kam es uns nicht in den Sinn, dass man von uns etwas anderes verlangen würde. Als wir nach dem Essen unsere zwei Suppen mit 12.000 Dong bezahlen wollen, ernten wir von der Kassiererin nur ein müdes Lächeln. Der Preis sei 16.000 Dong - pro Person. Zack! Abgezogen wird er, der Westler. Da hatten die Damen aber die Rechnung ohne den Wirt gemacht. Wir bestehen auf die 6.000 Dong pro Suppe mit dem Argument, genau gesehen zu haben, dass das der Preis ist, den jeder vor uns an der Kasse gezahlt hat. Ein vietnamesischer Wortschwall ergießt sich über uns, begleitet durch zusätzliches Gezeter zwei weiterer Angestellter um uns herum. Nach zehn Minuten Theater kommt Dani auf die brilliante Idee einfach zu gehen. Wir legen die 12.000 Dong auf den Tisch, drehen uns um und verlassen das Etablissement. Aber so schnell gibt sich eine zeternde Vietnamesin mit Gefolge nicht geschlagen! Mit entschlossenem Gesichtsausdruck auf beiden Seiten kommt es in der Lobby unseres Hotels zum großen Showdown. Der hinzueilende Rezeptionist ergreift Partei für seine Landsleute, bekommt aber dann von Dani ordentlich den Kopf gewaschen. Daraufhin sagt er einen Satz zu den Damen, die sich bereits als Siegerinnen wähnten, und sie ziehen grummelnd ab. Gewonnen! Wir haben uns erfolgreich gegen die Ladies und ihren Abzockversuch gewehrt. Aber es ist uns eine Lehre. Ab sofort fragen wir immer erst nach dem Preis.

Am nächsten Tag sind wir wieder versöhnt und machen uns zusammen mit unserer Tourgruppe auf den Weg, den Floating Market von Cantho zu erkunden. Dafür sind wir früh aufgestanden. 6 Uhr kam der Weckruf vom Hotel, 7 Uhr sitzen wir alle Mann abfahrbereit im Boot. Drei Stunden können wir dem munteren Markttreiben beiwohnen. Die Zeit vergeht wie im Fluge. Mit unserem Boot schlängeln wir uns durch die vielen "schwimmenden Verkaufsstände" und beobachten, wie mit Früchten, Gemüse und Getränken gehandelt wird. Die Vietnamesen nehmen eigentlich kaum Notiz von uns. Sie sind zu sehr damit beschäftigt, zu kaufen und zu verkaufen. Jeder hat seine Produkte an Deck gestapelt, damit zu sehen ist, was er anbietet. Die großen Boote verkaufen ihre Waren, die sie von Frucht- und Gemüsefarmen beziehen an kleinere Händler, die wiederum die erworbenen Produkte in den Läden der Städte und Dörfer oder am Straßenrand verkaufen. Der Floating Market von Cantho ist der zweitgrößte im Land. Früher war er die einzige Möglichkeit, die Leute im Mekong-Delta mit Nahrung zu versorgen. Inzwischen gibt es auch hier viele ausgebaute Straßen und der "schwimmende Markt" könnte eigentlich durch einen "normalen" ersetzt werden. Der vietnamesischen Regierung ist die Verschmutzung des Mekongs durch Abgase und Müll, verursacht durch den Floating Market, längst ein Dorn im Auge. Aber die Region wehrt sich, da mit der Aufgabe des Floating Markets der größte Touristenmagnet im Mekong-Delta wegfallen würde und die zahlreichen Hotels rund um Cantho umsonst gebaut worden wären.

Mui Ne

Willkommen im Pauschaltourismus für Backpacker! Nachdem wir unser Ticket für den "Open-Tour"-Bus quer durchs Land inklusive frei wählbaren Zwischenstopps gebucht haben (die wirklich günstigste Variante, sich in Vietnam fortzubewegen), stellen wir fest, dass wir uns ab sofort um rein gar nichts mehr kümmern brauchen. Unser in Saigon gebuchter Bus setzt uns in Mui Ne direkt vor dem zur Busgesellschaft gehörenden Hotelresort ab, wo natürlich auch schon unverbindlich Zimmer für uns bereitgehalten werden. Da in Mui Ne eh Resort neben Resort steht, macht es keinen großen Unterschied, wo wir hingehen, daher bleiben wir gleich da. Die Anlage ist recht niedlich. Einzelne Bungalows zu unterschiedlichen Preisen, nett bepflanzt und mit angeschlossenem Restaurant und Wäscheservice. Fehlt eigentlich nur noch das allabendliche Animationsprogramm. Der eigens zum Hotel gehörende Strand ist mit Liegen und Sonnenschirmen bestückt. Kaffee und Bier können direkt von der Bar mit zum Strand genommen werden. Was will man mehr? Lehnen wir uns also zurück und machen ein bisschen Urlaub vom Reisen.

Wir sind überrascht, wie günstig es in Vietnam trotz des hohen Standards noch ist. Für unseren geräumigen, sauberen, nett möblierten Bungalow mit eigenem Bad und Veranda zahlen wir hier genauso viel wie für unser Holzhüttchen ohne Strom auf Ko Pha Yam in Thailand. Zum Glück reisen wir in der Nebensaison, da ist es trotz der hohen Hoteldichte hier alles andere als überlaufen. Der Strand kann sich auch sehen lassen. Je nachdem, welchem Reiseführer man glaubt, ist er zwischen 11 und 22 Kilometer lang, weiß, sauber und mit Palmen gesäumt. Davor das Südchinesische Meer. Ein herrlicher Platz zum Entspannen.

Hanoi

Nach den Weltkulturerbe-Städtchen Hoi An und Hue kommen wir schließlich in Hanoi, der Hauptstadt von Vietnam an. Ich bin fix und fertig. Seit 34 Stunden sind wir jetzt auf den Beinen. Nur noch ein paar Zeilen schreiben und dann schlafen… Aber mal von vorne:
Gestern Abend 18 Uhr haben wir den Nachtbus von Hue nach Hanoi genommen. Nachtbusse sind ja eigentlich dafür da, dass man in ihnen schlafen kann. Im Grunde war unser Bus auch sehr bequem, nur haben wir trotzdem irgendwie kein Auge zugekriegt. Mal war die Klimaanlage zu stark, dann wieder zu schwach, dann hat wieder irgendjemand Licht angemacht und wenn wir kurz davor waren einzuschlummern, gab's einen völlig überflüssigen Stopp an einem Restaurant. Wer will denn nachts um zwei Nudelsuppe essen?? Niemand! Es sei denn, man kommt gerade von einer durchzechten Nacht. Kamen wir aber nicht. Wir saßen seit Stunden im Reisebus und wollten einfach nur schnellstmöglich nach Hanoi.
Kaum aus dem Bus gestiegen, werden wir von mehreren Vietnamesen gleichzeitig animiert, in ihr 'zentral gelegenes, günstiges Hotel' zu kommen. Wir sind völlig übernächtigt und unsere Willenskraft ein wenig geschwächt und so finden wir uns keine zwei Minuten später in einem Taxi wieder. Mit uns sitzt ein englisches Pärchen drin, das aber auch nicht so genau weiß, wohin wir eigentlich fahren. Der Taxifahrer signalisiert, dass er zu einem Hotel ins "Old Quarter" (Altstadt von Hanoi) fährt, also zumindest in die Richtung, in die wir auch wollen. Das Hotel ist eigentlich ganz nett, nur gibt es keine acht Dollar Zimmer (wie versprochen), sondern nur zehn Dollar aufwärts. Bei der Anzahl der Tage, die wir in Hanoi bleiben wollen und unserem Budget ist das keine passende Alternative. Maulig stiefel ich wieder die Treppen runter. Wir wollen schon fast gehen, da zieht mich der Rezeptionist zur Seite und sagt leise, er kann uns das Zimmer auch für acht Dollar geben, wir dürfen es nur keinem weitersagen. Ok, kein Problem! Jetzt bleiben wir doch. Das Frühstück kommt prompt, ist nämlich inklusive. Ich bekomme

mein Käffchen und alles wird gut. Glauben wir zumindest. Als wir nach dem Frühstück unser Zimmer beziehen wollen, heißt es, aus 'unserem' ist noch keiner ausgezogen. Bis zum Check Out in zwei Stunden können wir uns aber in einem 25 Dollar Zimmer ausruhen und dann später wechseln. Also gut. Wir schmeißen Klimaanlage und Fernseher an und legen die Füße hoch. Das Glück währt eine halbe Stunde. Dann fängt ein Presslufthammer im Nebengebäude an, uns den letzten Nerv zu rauben. Ich schaue vom Balkon aus um die Ecke und sehe, dass direkt neben uns eine Baustelle ist. Oh nein, das haben wir vorher nicht gesehen. Zu der Zeit ist es halb 12 mittags und wir sind seit 28 Stunden wach. Inzwischen frage ich mich, ob wir wohl jemals in das ominöse acht Dollar Zimmer umziehen können und auch Volker hat seine Zweifel, ob wir am Ende nicht doch in dem teuren Zimmer bleiben müssen. Und dann der Krach… Kurzentschlossen nehmen wir unsere Rucksäcke und machen uns daran, das Hotel wieder zu verlassen. Der Rezeptionist hält uns nicht auf, er ist zu sehr mit neu eingetroffenen Gästen beschäftigt.
In brütender Mittagshitze suchen wir ein neues Hotel. Die nächsten Gästehäuser sind alle nicht der Hit und so machen wir nach einer weiteren halben Stunde eine Pause in einem Cafe. Besser, es geht wieder nur einer los und der andere bleibt beim Gepäck. Ich bin dran. Mist... Kaum bin ich aus dem Cafe wieder raus, hängt sich ein Mopedfahrer an meine Fersen. Er kennt ein gutes Hotel für acht Dollar pro Nacht. Jaja, danke, das hatten wir schon. "Nein wirklich", sagt er und drückt mir den Flyer in die Hand. Unbeeindruckt lege ich den in meinen Reiseführer und gehe weiter. Da er mir nicht von der Pelle rücken will, verspreche ich ihm, dass ich mir noch zwei, drei Sachen in dieser Straße anschaue und wenn die nichts sind, zu seinem Hotel gehe. Das scheint zu wirken, er geht zu seinem Moped zurück und zieht von dannen. Denkste! Als ich aus dem 3. Hotel wieder rauskomme, das auch zu teuer war, steht er an der Ecke und grinst. So schnell gibt ein Vietnamese nicht auf. Also gut. Im Eiltempo fährt er wie ein Verrückter mit mir durch die Straßen Hanois (ich weiß nicht, ob er Angst hat, dass ich unterwegs wieder abspringe), bis wir vor seinem Hotel stehen, das tatsächlich richtig schöne Zimmer für acht Dollar hat. Wir holen Volker nebst Gepäck ab. Später stellen wir fest, dass wir letztendlich genau in dem Hotel gelandet sind, dass uns schon in Hue empfohlen wurde, dessen Straße wir nur nicht in unserem Reiseführer gefunden haben. Na so ein Zufall. Unser Zimmer können wir erst um 17 Uhr beziehen, aber das ist mir inzwischen egal. Wir können uns die verbleibenden drei Stunden in einem anderen Zimmer hinlegen und das werden wir auch tun. Volker will nur noch kurz ins Reisebüro nebenan und ein paar Infos bezüglich Visa-Formalitäten für China einholen. Ich schließe schon mal die Augen…

Ich bin fast eingeschlafen, da kommt Volker völlig zerknirscht zurück: "Wir müssen uns heute noch um unser Visum für China kümmern." Neeeiiin!!!!! Das hat doch nun wirklich bis morgen Zeit! "Hat es nicht", sagt er und erzählt mir, dass die Dame im Reisebüro gesagt hätte, dass chinesische Visa mit mehr als einem Monat Aufenthaltsberechtigung sieben Arbeitstage dauern, d.h. wenn wir unser Visum für Vietnam nicht überziehen wollen, muss der Antrag heute noch raus. Im Reiseführer und im Internet steht aber, dass es nur vier Werktage dauert, halte ich dagegen. Was folgt, ist eine fünfzehnminütige Diskussion, in der ich mich mit Händen und Füßen dagegen wehre, schon wieder aufzustehen, während Volker darauf beharrt, dass die Info stimmt und wir los müssen. Am Ende gebe ich nach und wir ziehen los. Es ist halb drei, wir sind seit 31 Stunden wach. Draußen sind es an die 40 Grad. Der Lärm von ca. einer Million hupenden Mopeds trägt auch nicht gerade zur Verbesserung meiner Laune bei. Aber ich sage nichts mehr. Volker kann ja auch nichts dafür, wenn die Information stimmt. Als erstes fragen wir in unserem Hotel nach, das auch Visa arrangiert. Hier bekommen wir die Auskunft, dass es nur einen Monat Visum gibt, das man dann eventuell verlängern kann (keiner weiß allerdings wie lange und wie oft). Das ist uns zu unsicher. Das Reisebüro von vorhin macht nur Business-Visa für sechs Monate. Das wiederum ist nicht so prickelnd, weil wir dann "intensiven Fragen" seitens der chinesischen Regierung ausgesetzt wären, wenn wir nach Tibet einreisen wollen, wie uns mehrere Leute bestätigen. Also weiter. Schließlich landen wir in einem Guesthouse, das seit Jahren Visa für Ausländer beschafft. Aber auch hier die gleiche Info – entweder einen Monat Touristenvisum oder sechs Monate Business-Visum. Das Drei-Monats-Touristenvisum, das wir wollen, gibt es seit kurzem nur noch für Vietnamesen. Warum, weiß die nette Dame vom Guesthouse auch nicht. "Die Chinesen ändern eben öfter mal ihre Regelungen." Aber eine Möglichkeit hat sie vielleicht doch noch. Sie kennt jemanden bei der chinesischen Botschaft, den sie direkt anwählt. Es folgt ein vietnamesischer Wortschwall und auch wenn wir nicht wirklich verstehen, was sie sagt, ist doch zu merken, dass sie offensichtlich ihren gesamten weiblichen Charme einsetzt. Als sie auflegt, sagt sie mit einem Lächeln: "Ok, wir nehmen euch 'pro forma' in eine vietnamesische Reisegruppe mit auf und dann bekommt ihr den Stempel fürs dreimonatige Touristenvisum." Juchuuu!!!!!!! "Das macht dann zusammen 300 Dollar." Was??? Ich fühle mich gerade wie eine dieser Zeichentrickfiguren, die mit einem Riesenhammer eins übergezogen bekommen. Ich rechne nochmal nach: 80 Dollar kostet das Ein-Monats-Visum für zwei Personen, das würde dann für drei Monate 240 Dollar machen, oder nicht? Das ist dann wohl der spezielle „unter der Hand Preis". Was soll's. Bevor wir diese Chance vertun, holen wir schnell unsere Pässe und das Geld. Ein paar Minuten später kommt auch schon der Kurier, der unsere Ausweise zur Botschaft bringt. Das hätten wir geschafft! Jetzt aber schnell zurück zum Hotel, es ist schon 17 Uhr und wir sollen ja jetzt das Zimmer wechseln. Im Hotel ist schon alles arrangiert, unser Zimmer ist frei und wir atmen einmal tief durch.

Um Hanoi zu mögen, muss man schon ein eingefleischter Großstadtfan sein. Obwohl die Stadt kleiner ist als Saigon, scheint es hier wesentlich hektischer zuzugehen. Nie enden wollende Mopedschlangen quetschen sich laut hupend durch die Straßen. Auch im Old Quarter, der Altstadt von Hanoi mit vielen süßen Gässchen, ist es nicht wirklich ruhig. Ich kann verstehen, dass viele Leute nicht lange bleiben, denn auch die Freundlichkeit der Menschen, wie wir sie in den Küstenstädten und im Süden des Landes erlebt haben, weicht hier eher dem typischen "Hauptstadtcharme". Business ist das, was zählt. Nicht lange quatschen, kaufen! Natürlich gab es auch Ausnahmen und nette Begegnungen, die uns in Erinnerung bleiben werden. Dennoch wird Hanoi wohl nicht die "Top 5" der asiatischen Großstädte erreichen. Der unglaubliche Lärm, die Luftverschmutzung und die etwas humorlosen Hoteliers können auf die Dauer ganz schön anstrengend sein. Wir müssen sieben Tage auf unser Visum für China warten und so vertreiben wir uns die Zeit mit etwas Sightseeing. Am beeindruckendsten war dabei der Besuch des Ho Chi Minh Mausoleums. Etwas gruselig war es schon, jemanden aufgebahrt zu sehen, der seit fast 40 Jahren tot ist. Zumal es Ho Chi Minhs letzter Wunsch war, verbrannt zu werden. Das hat man nun davon, wenn man ein Volksheld ist, da kann man sich nicht einfach in eine Urne verziehen.

Halong Bay

Den Abschluss unserer Vietnam-Reise bildet eine dreitägige, sehr erholsame Schiffsfahrt durch die Halong Bay. Die Bucht erstreckt sich über 1.500 Quadratkilometer im Golf von Tonkin und ist als Weltnaturerbe durch seine Felsen und Grotten über die Landesgrenzen hinaus bekannt. Außer dem Tuckern des Schiffsmotors ist nicht viel zu hören, kein Mopedlärm, kein lästiges Hupen. Wir liegen gemütlich an Deck, während die Dschunke langsam an den imposanten Felsformationen aus Kalkstein vorbeizieht. Zusammen mit Edu, einem Finnen, den wir schon in Kambodscha kennengelernt und unterwegs in Vietnam immer wieder getroffen haben und einem belgischen Pärchen genießen wir das Cruising, das Trekking an Land und die Höhlen, die alle bisher besuchten in den Schatten stellen. Frisch erholt fahren wir zurück nach Hanoi. Dort warten schon unsere Pässe mit dem begehrten Drei-Monats-Visum. China, wir kommen!

China

Fahrt nach Kunming

(aus Volkers Tagebuch)

Zum Abschluss unseres Vietnamaufenthaltes bekamen wir zu spüren, dass die Organisation von Fahrten durch Agenturen nicht immer reibungslos klappt, wenn die Mitarbeiter vor Ort versuchen, ein Geschäft auf eigene Kasse zu machen. Der Nachtzug von Hanoi hatte uns zunächst ohne Verspätung nach Lao Cai, einem schmucklosen Grenzort, gebracht. Dort mussten wir jedoch zehn Stunden auf unseren Bus nach Kunming/China warten. Wir hatten die gesamte Fahrt bis Kunming bereits bei unserer Agentur in Hanoi bezahlt. Unsere Weiterfahrttickets sollten wir in Lao Cai direkt nach unserer Ankunft in einem Restaurant abholen. Als wir 8 Uhr morgens im vereinbarten Treffpunkt auftauchten, hieß es, dass die Tickets erst gegen 11 Uhr gebracht würden, allerdings erst auf chinesischer Seite gelten und wir das Zwischenstück mit dem Taxi fahren müssten. Unser Protest, dass wir ein durchgehendes Busticket von Hanoi bis Kunming gebucht haben, verhallte ungehört. Plötzlich war jemand anderes zuständig und niemand verstand mehr Englisch. Auch das Telefon konnte nicht benutzt werden, um das Ticketoffice in Hanoi zu kontaktieren. Im Telefonshop gegenüber erreichten wir die Leute dann, die uns versprachen, ihren Partner in Lao Cai anzurufen und uns den Transport zur Grenze organisieren. Wieder warten. Gegen 12 Uhr riss uns der Geduldsfaden und wir forderten unsere Tickets ein. Eine halbe Stunde später erschien ein extrem unmotivierter, stinkstiefeliger Vietnamese, der uns davon in Kenntnis setzen wollte, dass 1. die Tickets erst gegen 15 Uhr kämen, 2. der Bus von Hekou/China abfährt und 3. er keinen Bock hat, uns for free zur Grenze zu fahren. Als er sich dann umdrehte und das Lokal verlassen wollte, während Dani noch sprach, durfte er erleben, wie man von zwei wütenden Europäern in die Mangel genommen wird. Da wir uns inzwischen nochmals bei seinen Auftragsgebern in Hanoi beschwert hatten, musste er einlenken und seiner Verpflichtung nachkommen und uns zur Grenze bringen, wo jemand Anderes die Tickets von chinesischer Seite mitbringen sollte, was allerdings auch wieder einige Zeit dauern sollte. Zwischenzeitlich wollte der Gute sich an der Grenze zu seinem Moped davonstehlen… Er hat es nicht geschafft und bis zum Eintreffen der Tickets bin ich ihm nicht mehr von der Seite gewichen. Für Außenstehende sah das sicherlich befremdlich aus, aber ich wollte mir den Abschluss unseres Vietnamaufenthaltes nicht dadurch verderben, dass wir am letzten Tag unseres Visums ohne Tickets an der Grenze festsitzen. Irgendwann hielten wir dann tatsächlich unsere Fahrscheine in der Hand und konnten in Ruhe nach China einreisen.

Und dann waren wir in China. Keinen Yuan in der Tasche, keine Ahnung, wo die Busstation sein könnte und auch sonst keinen Plan. Eine dreiviertel Stunde saßen wir, an die Scheibe des Grenzüberganges gelehnt, einfach nur da. Bargeld wäre gut, denn US Dollar werden hier, im Gegensatz zu Südostasien, in den Shops nicht akzeptiert. Zum Glück haben wir ja eine Kreditkarte, die uns weltweit mit Bargeld aus dem Automaten versorgt. Also ignorierte ich den Zettel mit dem englischen Hinweis, dass dieser Automat keine ausländischen Karten akzeptiert. Schwups war die Karte drin. Just in diesem Moment gab die Maschine ihren Geist auf. Was tun? Warten. Nach 10 Minuten immer noch keine Regung. "Vorgang wird bearbeitet". Also habe ich wie früher zu Hause am Rechner einfach mal alle Knöpfe gedrückt. Irgendeiner war wohl richtig, denn meine Karte kam wieder raus, Geld natürlich nicht. Stand ja auch dran… Auf der Suche nach einem anderen Automaten fanden wir durch Zufall die Busstation. Viel Zeit bis zur Abfahrt blieb nicht mehr. Uns knurrte bereits der Magen. Aber kein Geld, kein Essen.
Damit wir unterwegs ein wenig schlafen können, hatten wir im Nachtbus zwei Liegen reserviert. Dummerweise waren die nur 1,20 Meter lang. Ich sah, dass es auch welche mit 1,60 Meter Länge gab. Mit Hilfe von Zeichensprache habe ich daraufhin ein (deutlich kleiner gewachsenes) chinesisches Pärchen, gefragt, ob wir mit ihren größeren Liegen tauschen könnten. Und tatsächlich, sie tauschten mit uns. Supernett! Kaum lagen wir, ging's auch schon los. Unterwegs, mitten in der Nacht, irgendwo in China, durften wir einen ersten Blick auf die berüchtigten sanitären Anlagen des Landes werfen. Offene Grube, vier Balken drüber, fertig. Keine Wände, nichts zum Sitzen, einfach nur Löcher und maßloser Gestank. Aber wenigstens gab's ein Loch für die Herren und eins für die Damen.
Kunming selbst ist wenig spektakulär. Mit ihren vier Millionen Einwohnern gilt die Stadt in China als mittelgroß. Kaum jemand nimmt Notiz von uns, obwohl wir fast die einzigen Ausländer sind. Sehr angenehm nach den doch zum Teil sehr aufdringlichen Straßenverkäufern, Taxi- und Rikschafahrern in Hanoi. Auch das Klima ist eine Erholung. Luftige 25 Grad statt der zuletzt stickigen 39. Wir bummeln ein paar Tage und warten, bis es Dani gesundheitlich etwas besser geht, bevor wir starten, das Reich der Mitte zu erkunden.

Dali

Mein Einstieg in China war nicht gerade der beste. Durch den ständigen Wechsel von Hitze und klimatisierten Räumen in Hanoi hatte ich mir eine dicke Erkältung zugezogen, die durch die 24 Stunden Fahrt nach Kunming auch nicht gerade besser wurde. Zudem hatte ich eine Woche mit einer geschwollenen, schmerzenden Hand zu kämpfen, das Resultat einer Infektion mit verunreinigtem Wasser. Da lag ich nun, im Reich der Mitte, das Tigerbalsam immer in greifbarer Nähe. Die Tage in Kunming fand ich nicht sonderlich berauschend, wobei mein Eindruck durch meine subjektive Befindlichkeit natürlich etwas getrübt sein kann. Aber ich muss zugeben, dass es mich am Anfang ziemlich genervt hat, nichts lesen und nichts verstehen zu können. Außerdem hat es an meiner Traveller-Ehre gekratzt, ins Taxi zu steigen, um von A nach B zu kommen. Aber was soll man machen, wenn sogar die Busabfahrtzeiten aus chinesischen Schriftzeichen bestehen? Wieder einmal musste ich feststellen, dass es gut ist, dass wir zu zweit unterwegs sind. Volker war voller Tatendrang und nachdem wir einen chinesischen Sprachführer gekauft und Kunming verlassen haben, ging es auch mit mir langsam wieder bergauf.

Inzwischen sind wir in Dali, einem kleinen Örtchen fünf Busstunden nördlich von Kunming. Wir sitzen im sonnigen Innenhof unseres Hostels, von irgendwoher dudelt eine Art Jazz und die Chinesen gehen ihrer Lieblingsbeschäftigung nach – sie spielen Karten oder Mahjong. Die Region wird vor allem vom Volk der Bai bewohnt, deren Vorfahren sich hier vor rund 3000 Jahren niedergelassen haben. Dali liegt wie Kunming auf 2000 Meter Höhe und ist umringt von 4000 Meter hohen Bergen auf der einen Seite und dem 250 Quadratkilometer großen See Erhai Hu auf der anderen Seite. Die angenehmen Temperaturen, die frische Bergluft und die entspannte Atmosphäre des Ortes lassen uns hier schon eine Woche lang verweilen. Obwohl Dali einen vergleichsweise hohen Strom an in- und ausländischen Touristen zu verzeichnen hat, gibt es (neben den obligatorischen Touri-Shop- und Café-Straßen) noch viele Ecken, in denen man am chinesischen Leben teilhaben kann. Volker probiert direkt am ersten Tag unseren chinesischen Sprachführer aus und ersteht ein halbes Kilo leckerster Litschis. Auf Chinesisch fragt er, was es kostet und verhandelt dann mit der Dame, dass er nicht sechs sondern drei Yuan dafür zahlen möchte. Es hat geklappt! Ein chinesisches "danke" und das Geschäft ist abgewickelt. Ich bin schwer beeindruckt.

Bei einem Ausflug mit dem Fahrrad stellen wir allerdings fest, dass längst nicht jedes Dorf in der Umgebung so schön ist wie Dali. Dort wo kein Tourist mehr hinkommt, tragen die Bai-Frauen zwar noch ihre farbenfrohen Kopfbedeckungen, ansonsten sieht es in den Orten aber eher trostlos aus. In unserem Reiseführer steht, dass nach neusten Untersuchungen in China die Schere zwischen Arm und Reich so groß ist wie nirgendwo sonst auf der Welt. Ich dachte immer, dass das in Ländern wie Indien der Fall wäre. Aber wenn ich die Leute in Kunming mit den Einwohnern dieses Dorfes am Rande des Erhai Hu vergleiche, ist es durchaus vorstellbar, dass die Einschätzung in unserem Reiseführer stimmt.

Zurück in Dali warten noch zwei Sehenswürdigkeiten auf ihre Erkundung - der Zhonghe Tempel auf 3000 Meter Höhe und die drei Pagoden (San Ta Si) etwas außerhalb der Stadt. Da meine Erkältung noch nicht ganz abgeklungen ist, wählen wir den einfachen Weg und lassen uns mit der Seilbahn zum Tempel hochfahren. Oben angekommen muss Volker erstmal eine asiatische Familie fotografieren. Erst jeden einzelnen, dann alle zusammen und zum Abschluss soll er auch noch mit aufs Bild. Es ist uns schon öfter in Asien passiert, dass wir zusammen mit wildfremden Einheimischen aufs Foto sollten, manchmal haben sie auch einfach nur uns fotografiert. Mal nach vorherigem Fragen, mal heimlich. Wenn wir's dann gemerkt haben, haben sie sich meist mit einem verschämten Lächeln weggedreht. Es geht den Einheimischen also ähnlich wie uns - was anders aussieht, wird geknipst. Die Aussicht vom Zhonghe Tempel ist beeindruckend. Wir laufen noch eine Weile in den Bergen rum und merken, dass die Luft hier schon ziemlich dünn ist. Wie es dann wohl erst in Tibet wird auf 5000 Meter Höhe? Die zweite Sehenswürdigkeit auf unserer Liste, die drei Pagoden nahe Dali, sollen ein ganz besonderes Bild abgeben, wenn sie sich im davor liegenden kleinen See spiegeln. Das muss natürlich fotografiert werden! Unser Reiseführer (von 2005, die aktuellste Version, die wir in Vietnam kaufen konnten) verspricht freien Eintritt. Umso besser. Als wir bei den Pagoden ankommen, müssen wir feststellen, dass man offensichtlich eine Mauer um das Areal gezogen hat und nun sportliche 120 Yuan (12 Euro) pro Person verlangt. Studenten zahlen die Hälfte. Hätten wir uns mal in der Khao San Road in Bangkok einen Ausweis gekauft. 24 Euro - fast unser Tagesbudget - das ist uns zu viel. Da kaufe ich mir doch lieber 'ne Postkarte. So sitzen wir noch eine Weile vor dem Tor und genießen von außen den Blick auf die Pagoden.
Nach drei Tagen in Dali wollen wir mit dem Bus ins 30 Kilometer entfernte Dorf Shaping zum wöchentlichen Markt. Nicht mit dem Minibus, der von fast jedem Hostel für 25 Yuan abfährt, sondern mit dem richtigen, einheimischen Bus. Dafür lassen wir uns vom Reisebüro um die Ecke die Namen und Busnummern auf Chinesisch aufschreiben. Ein sehr hilfsbereiter Junge aus dem Buero, der ganz gut englisch spricht, zeigt uns dann, wo die Busse abfahren. Mit unserem Zettel bewaffnet gehen wir zur Busstation, gleichen die Schriftzeichen ab und siehe da - schon sitzen wir für sechs Yuan im Bus nach Shaping! Wir sind die einzigen Fahrgäste, erst unterwegs steigen ein paar Leute zu, die uns etwas verwundert anschauen. Wir sind stolz wie Oskar als wir am Markt ankommen. Gemütlich schlendern wir an den einzelnen Ständen vorbei, betrachten das bunte Treiben und die farbenfroh gekleideten Einheimischen. An einem Stand für Alleskleber bleiben wir stehen. Die Vorführung des chinesischen Verkäufers ist sehr überzeugend. Wir wissen nicht, was da aus der Tube kommt (und beim Zusammentreffen mit Gummi gele-

gentlich qualmt), aber offensichtlich scheint es wirklich alles nachhaltig zusammenzukleben. Wie viele Einheimische erstehen auch wir zwei Tuben, die uns bei der Reparatur unserer Sandalen sicher behilflich sein können. In Asien sind die Sachen zwar alle sehr billig, aber was die Haltbarkeit angeht... Da muss man doch öfter mal mit Nadel und Faden oder mit Alleskleber nachhelfen.
Abends gehen wir zu unseren Lieblings-Barbecue-Ständen. Leckerste Spieße mit Fleisch, Pilzen, Kartoffeln, Fisch und verschiedenen Gemüsesorten werden auf den Grill gelegt. Zu uns setzt sich ein Chinese aus Hong Kong, der fließend Englisch spricht. Wir plaudern eine Weile und fragen ihn dann irgendwann, ob sich für die Einwohner Hong Kongs eigentlich irgendetwas geändert hat, seitdem die Stadt wieder zu China gehört. Auf einmal wird seine Stimme leise und er schaut hektisch um sich. Wir können nicht so richtig verstehen, was er sagt. Er nuschelt was von korrupter Regierung, dann redet er wieder lauter und meint, es sei eigentlich alles wie immer. Dann wechseln wir das Thema. Eine merkwürdige Situation. Im idyllischen Dali hatten wir fast vergessen, dass mit diesem Land einiges im Argen liegt. Selbst Touristen wird dringendst empfohlen, sich in keinster Weise kritisch zum System zu äußern, Einheimische haben in solchen Fällen mit härtesten Strafen zu rechnen. An unserem Abreisetag in Hanoi hatten wir noch einen Bericht auf Deutsche Welle TV über die Entdeckung eines illegalen chinesischen Arbeitslagers im Nordosten des Landes gesehen. Menschen aus verarmten ländlichen Regionen wurden entführt oder mit falschen Versprechungen angelockt und dann unter übelsten Bedingungen zu schwerer körperlicher Arbeit in einem Steinbruch gezwungen. Flucht unmöglich. Die Verantwortlichen: Mitglieder der lokalen Regierung. Man vermutet noch viele weitere dieser illegalen Lager in China. Andere Arbeitslager sind dagegen durchaus bekannt und von der chinesischen Regierung gewollt. Zu den Häftlingen sollen vor allem Regimegegner gehören sowie Angehörige von ethnischen und religiösen Minderheiten. Keine besonders gute Werbung für ein Land, das im Jahr 2008 die olympischen Spiele ausrichten will. Der Bundestag hat die chinesischen Arbeitslager trotz Protest aus Peking verurteilt. Ob's was nützt?

Guilin

Laut Reiseführer und auch laut den schwärmenden Ausführungen eines Chinesen, der mit uns im Zugabteil sitzt, sind wir auf dem Weg zum besten Ort in China überhaupt. Guilin! Man könne da so viel machen. Der Fluss, die Berge, die Höhlen, die Stadt an sich. Nun denn, wir müssen nur noch die 18 Stunden im Zug rumbringen. Aber im Softsleeper, also im Schlafwagen mit

weichen Matratzen, lässt es sich aushalten, zumal die Landschaft wirklich schön ist. Wir fahren 1.250 Kilometer in eine Richtung, von 2.000 Meter auf fast Meeresspiegelniveau.
Guilin selbst ist allerdings alles andere als schön. Wir vergessen immer noch ganz gerne, dass wir in China sind. Was sich im Reiseführer wie ein nettes, beschauliches Städtchen anhört, wo der Chinese gerne Urlaub macht, ist dann eine 1,3 Millionen Einwohner Stadt, die nervt. Ich habe mittlerweile das Gefühl, dass wir als Europäer doch eine komplett andere Vorstellung von Urlaub und Erholung haben. Die Lieblingsbeschäftigung der Chinesen scheint Shoppen oder 'in Technobars und Spielhöllen gehen' zu sein und das durch fast alle Altersgruppen hinweg. Außerdem war das Stadtbild von Guilin nicht so, wie wir es uns vorgestellt haben. Alles zugepflastert und mit geschmacklosen Blink-Blink-Anlagen versehen. Ein Weg, auf dem man vielleicht mal direkt am Fluss langgehen kann? Fehlanzeige.
Den ersten Tag haben wir damit zu tun, was halbwegs Angemessenes zu Essen zu finden. Das im Reiseführer empfohlene Restaurant hat zu, an den Straßenständen kann man nichts lesen und die Leute reagieren abweisend auf unsere Versuche, chinesisch zu sprechen. Die Bars mit englisch sprachigen Karten sind gnadenlos überteuert, was dazu führt, dass wir am Ende bei McDonalds landen! Voller Frust beschließen wir, am nächsten Tag nach Yangshuo zu fahren. Aber dann hat Volker abends auf einmal Fieber. Auch das noch! Da es am nächsten Tag nicht besser ist, entscheide ich, dass wir noch einen Tag bleiben, damit er sich erstmal in Ruhe erholt. Wenigstens nutzen wir so unser für unsere Verhältnisse nicht gerade billiges 130 Yuan Zimmer aus. Am Morgen des zweiten Tages fühlt sich Volker etwas besser und wir hauen ab.

Yangshuo

Kaum in Yangshuo, einem "300.000-Seelendorf" angekommen, geht's Volker wieder schlechter. Er hat nach zwischenzeitlicher Besserung wieder Fieber und ich verordne ihm sofortige Bettruhe. Leider dringen nach einer halben Stunde die Bässe einer Technobar in der Hauptvergnügungsstraße Yangshuos bis zu uns ins Zimmer, so dass von Ruhe keine Rede mehr sein kann. Die Besitzerin hatte doch gesagt, dass man davon im 5. Stock nichts mehr hört! Der Krach hält noch die halbe Nacht an, so dass wir kaum schlafen können. Vor allem für Volker ist das natürlich kein Zustand und so mache ich mich am nächsten Morgen auf, ein neues Zimmer zu suchen. Unsere Hostelbesitzerin ist sehr freundlich und hilfsbereit und empfiehlt mir als erstes ein Gebäude am Fluss mit ruhig gelegenen Zimmern, die allerdings auch etwas teurer sind. Ich verbringe noch eine ganze Weile damit, in sen-

gender Hitze nach Alternativen zu suchen, aber die Zimmer sind entweder in direkter Barnaehe oder zu teuer. Also nehme ich am Ende das erste Zimmer, das ich gesehen hatte. Es gelingt mir sogar noch, es etwas runter zu handeln. Wir wollen schließlich eine ganze Weile bleiben. Volker ist zu schwach, um sein Gepäck zu tragen und schlurft mit unseren zwei Schlafsäcken neben mir her. Ich nehme unsere beiden kleinen Rucksäcke und die Besitzerin von unserem ersten Hostel veranlasst, dass ein Angestellter unsere zwei großen Rucksäcke hinterher bringt. Beim Gehen sagt sie mir noch, dass sie uns einen englischsprachigen Arzt vermitteln kann, wenn wir einen brauchen. Volker schüttelt den Kopf, aber ich gebe ihm noch maximal einen Tag, wenn dann das Fieber nicht runter geht, kommt der Arzt , ob er will oder nicht.
Als wir in unserem neuen Zuhause ankommen, huscht ein Lächeln über Volkers Gesicht. Von der Dachterrasse kann man direkt auf den Fluss und die Berge gucken. Jetzt geht's aber erstmal ab ins Bett und für den Rest des Tages gibt's kalte Wickel. Ich mache einen ersten Streifzug durch Yangshuo, besorge Unmengen von Wasser und muss feststellen, dass ich meine vor ein paar Tagen gebildete Meinung bezüglich der Chinesen wieder etwas zurücknehmen muss. Im Gegensatz zu Guilin sind alle sehr freundlich und entspannt, viele sprechen Englisch und helfen einem gerne weiter. Etwas später werden wir noch feststellen, dass das Essen hier so gut ist, dass wir lieber ein paar Fahrradtouren mehr einplanen sollten. Gegen Abend lässt das Fieber bei Volker deutlich nach und am nächsten Morgen ist es ganz weg. Gott sei Dank! In Asien macht man sich ja doch schon mal seine Gedanken... Malaria, Vogelgrippe? Aber alles ist gut und ich werde zur Krankenschwester des Jahres gekürt.
Ein paar Tage später. Wir sind auf dem Weg zum Hügel Xilang Shan ("Man Hill"). Von dort oben soll man einen wunderschönen Blick auf die ganze Stadt haben. Um dort hinzugelangen, müssen wir erst durch einen kleinen Park, in dem sich offensichtlich alle männlichen Einwohner des Ortes, vorzugsweise ältere Semester, versammelt haben, um Karten zu zocken. Hier herrscht eine nette Stimmung und auch der Blick von oben lässt keine Wünsche offen. Beschwingt gehe ich wieder die Treppen runter, bis eine Ameisenstraße meine Aufmerksamkeit erregt. "Guck mal, die gehen richtige Schleifen an der Wand", sage ich zu Volker, der gar nicht so richtig zu reagieren scheint. "Soo, jetzt gehst du mal gaanz langsam einen Schritt nach rechts", sagt er stattdessen mit ungewohnt sachlicher Stimme, während er mich zur Seite schiebt. "Wieso, sind doch nur Ameisen!" Dann sehe ich gleichzeitig einen kleinen braunen Schwanz im Gebüsch verschwinden. Ach so, fast hätte ich eine Eidechse um ein paar Zentimeter kürzer gemacht. "Volki der Tierschützer" gackere ich, bis wir auf der unteren Plattform des Berges sind. Dann sagt Volker: "Das war keine Eidechse, das war eine

Schlange!” “Iiiiiihhhhh!!!” Ein entsetzter Schrei hallt über ganz Yangshuo, gefolgt von mehrmaligem Schütteln. Die drei Chinesen um uns rum gucken etwas irritiert. Und dann erfahre ich, dass ich um ein Haar auf eine ca. 30 Zentimeter lange, bräunliche Schlange getreten wäre, die sich in einer Steinritze versteckt hatte. Ich war auf Zehenspitzen stehen geblieben, um die Ameisen zu beobachten und das Tier lag unter meinem Hacken. Ein Schlangenbiss in China, das hätte gerade noch gefehlt! Keine Ahnung, ob sie giftig war, will ich eigentlich auch gar nicht wissen. Allein die Vorstellung, dass ich fast drauf gelatscht wäre… Ich hätte wahrscheinlich eine Herzattacke bekommen! Aber Volker hat mit seinem besonnenen Verhalten das Schlimmste verhindert. Den Rest der Treppen muss er vorgehen und ich bin auf Zehenspitzen hinterher.
Die Tage streichen dahin. Seit fast zwei Wochen sind wir in Yangshuo und unser kleines 15 Quadratmeter Zimmer inklusive Bad wird zu unserer Wohnung. Viel machen wir nicht. Ein wenig mit dem Fahrrad durch die Umgebung radeln, lesen, E-Mails schreiben und abends DVDs gucken. Ich bin zurzeit etwas unmotiviert, weiterzureisen. Wir sind inzwischen seit fast sechs Monaten unterwegs, haben so viel gesehen und erlebt. Das muss ich jetzt erstmal alles sacken lassen, bevor ich Neues aufnehmen kann. Die kleine Auszeit in Yangshuo tut gut. Wir haben unsere Lieblings-Frühstücksplätze und in unserer Stammkneipe - die einzige mit richtig guter Rockmusik - kennt man uns schon. Vermutlich, weil wir die Einzigen sind, die fast jeden Abend Vegetable Curry bestellen. Ein bisschen Routine im Leben ist auch mal wieder schön.
Irgendwann stellt sich die Reiselust wieder ein. Wir wollen weiter. An der Rezeption unseres Hostels kann man gegen eine kleine Gebühr seine Zugtickets bestellen. Ein Service, den wir gerne in Anspruch nehmen. Dann müssen wir uns nicht mit dem komplizierten chinesischen Buchungssystem auseinandersetzen. Wohlwissend, dass man in der Ferienzeit (die gerade begonnen hat), besser ein paar Tage im Voraus bucht, bitten wir die Hotelangestellte, uns zwei Plätze in dem begehrten "Softsleeper" nach Peking zu buchen. Der Expresszug ist heiß begehrt, darum geben wir ihr vier Alternativtermine zur Auswahl. Trotz Ferien werden schon noch an einem der Tage zwei Plätzchen frei sein. Aber nicht in China. Die wirklich sehr nette Hotelangestellte sagt uns, dass wir für diesen Zug - egal an welchem Tag - nur Hardsleeper und keine Softsleeper bekommen können. Diese Plätze seien alle für die “Leader” reserviert. Bitte für wen? Unser Gehirn braucht ‘ne Sekunde, um die Information zu verarbeiten, da wir es uns auch schon erklärt. In der Ferienzeit werden pro Tag nur vier Tickets für Softsleeperplätze nach Peking in den Verkauf gegeben und an die sei so gut wie nicht zu kommen. Alle anderen Plätze werden für höhere Parteifunktionäre reserviert, die eventuell auch

an dem Tag fahren wollen und nur, wenn sich einen Tag vor Abfahrt herausstellt, dass dem nicht so ist, werden die Tickets an die Allgemeinheit verkauft. Toll! Wir wollen aber jetzt unser Ticket sicher haben. Aber es bleibt uns nichts anderes übrig, als es zu nehmen, wie es ist. Wenn wir auf einem Softsleeperplatz fahren wollen (also in einem Vierer-Abteil, in dem man die Tür schließen kann, damit man bei 26 Stunden Fahrt auch etwas Schlaf bekommt), müssen wir auf einen anderen Zug ausweichen, der auf der Fahrt nach Peking 22 Mal statt 8 Mal hält und zu einer unkomfortablen Zeit (22 Uhr abends) ankommt. Zerknirscht gehen wir in unsere Lieblingskneipe und entdecken zu unserer großen Zufriedenheit einen kleinen Aufkleber an der Tür: "Politicians and diapers needed to be changed - for the same reason" (Politiker und Windeln sollten gewechselt werden - aus demselben Grund). Grinsend bestellen wir unser Vegetable Curry.
Wir wollen noch nicht aufgeben und fahren am nächsten Tag selbst zum Bahnhof nach Guilin, um unsere gewünschten Zugtickets zu bekommen. Wir müssen auf unserem Weg zu den Longji-Reiseterrassen in Dazhai sowieso durch die Stadt und so versuchen wir unser Glück am Schalter. Als wir dran sind, eröffnet uns der Schalterbeamte, dass es für unseren Reisetermin und unseren Zug keine Plätze mehr gibt. Auch der Ausweichzug hätte nur noch Hardsleepertickets (offene Sechser-Abteile mit dünnen Matratzen) zu vergeben. Macht nichts, nehmen wir einen anderen Tag, wir haben doch Zeit. Erstaunlicherweise gibt es auch für die anderen Tage keine Softsleepertickets. Das Interessante hierbei ist, dass der Schalterbeamte nicht mal die Tastatur berührt, um nachzusehen. Kurze Zeit später erklärt er uns sogar, dass er sich versehen hätte. Für unseren ursprünglichen Reisetermin gäbe es auch keine Hardsleeper mehr, nur noch Hard*seats* (Holzstühle!).
Hätten wir nicht am Vorabend einen alten deutschen Reiseführer gelesen, der uns im Hostel in die Hände gefallen ist und in dem chinesische Denk- und Verhaltensweisen erklärt wurden, wären wir jetzt an dieser Stelle frustriert wieder abgezogen. So aber wussten wir über folgendes Bescheid: Das Schlimmste, was einem Chinesen passieren kann, ist, sein Gesicht zu verlieren. So macht man in einer unsicheren oder ungewohnten Situation lieber nichts, als dass man etwas falsch macht. Diese Einstellung erstreckt sich über weite Teile des beruflichen und privaten Lebens. Beispiel: Der Ausländer oder ein 'normaler' Chinese will einen Schlafplatz im Zug buchen. Was passiert, wenn man als Ticketverkäufer das letzte Ticket gerade an eine eher unbedeutende Person verkauft hat und dann kommt irgendein Parteifunktionär und will genau mit dem Zug fahren? Dann hat man hat einen Riesenfehler gemacht, kriegt eins auf den Deckel und verliert sein Gesicht. Wie vermeidet man das? Man verkauft am besten erst gar keine Tickets an 'Ottonormalos' und 'Langnasen', dann kann auch nichts passieren. Eine Einstellung, an die

man sich als Ausländer erstmal gewöhnen muss. Glücklicherweise wurde in besagtem Reiseführer der Lösungsvorschlag gleich mitgeliefert. Für die Situation "Zugtickets kaufen" hieß es dort: Bleibt am Schalter stehen und macht den Leuten freundlich aber unmissverständlich klar, dass ihr auf jeden Fall diese Tickets wollt. Im zweiten Schritt bittet darum, den Chef sprechen zu wollen. Gesagt, getan! Und tatsächlich, in dem Moment, wo wir eine andere Hierarchieebene ansprechen, wird der Schalterbeamte sichtlich nervös und stammelt auf Englisch "Please wait". Nach zwei Minuten kommt er zurück, wirft uns zwei Softsleepertickets für unseren ursprünglichen Reisetermin auf den Tresen und verlangt die Bezahlung. Den Chef haben wir nie zu Gesicht bekommen und der auf dem Ticket aufgedruckte Preis war auf den Yuan genau was wir erwarteten. Stolz halten wir unsere Tickets in den Händen, bedanken uns und suchen nach dem Bus Richtung Dazhai.

Dazhai und die Longji-Reisterrassen

Die größte Herausforderung in China sind Fahrten abseits der Hauptrouten. Wie schaffen wir es, den richtigen Bus zu nehmen? Um von Guilin nach Dazhai zu kommen, müssen wir mitten in der Walachai umsteigen. An einer Kreuzung im Nirgendwo können wir zwei verschiedene Busse mit unterschiedlichen Aufschriften nehmen. Entweder: 平安 "Männchen mit Hut, das vor einem Strommast wegläuft" oder: 龙胜 "Sprungschanze, durchgestrichenes T, Leiter, abgenadelter Tannenbaum". Dank dieser Eselsbrücken entdecken wir irgendwann das richtige Gefährt. Der Fahrer und die bereits im Bus sitzenden Fahrgäste sehen uns zwar etwas ungläubig an, nehmen uns aber in dem völlig überfüllten Klapperbus mit. Zwischen Eiern, Küken und Dünger suchen wir uns einen Platz. Die Straße ist eine einzige Katastrophe. Lieber nicht aus dem Fenster gucken. Die Holperpiste schlängelt sich zwischen nacktem Fels und tiefer Schlucht hindurch. Links und rechts sind noch die Reste der letzten Erdrutsche zu sehen. Nach einer knappen Stunde hält der Bus mitten in den Bergen auf einem Parkplatz an. Wir sind am Ziel. Aber wo ist das Dorf? Die paar Leute, die aussteigen, verstauen ihr Gepäck auf Pferden. Da wir es nicht besser wissen, laufen wir ihnen hinterher. Eine Viertelstunde Fußmarsch um den Berg herum dauert es noch, bis wir im Dorf ankommen. Der kleine Ort besteht aus insgesamt zehn Holzhäusern. Es ist sehr idyllisch mit einem Bach, der sich mitten durch schlängelt und Bergen mit Reisterrassen soweit das Auge reicht. Unser Zimmer im Guesthouse können wir uns frei aussuchen, wir sind die einzigen Gäste. Keine Autos, keine Musik, keine bunten Lichterketten... Natur pur.

Die Reisterrassen sind überwältigend. Jeder Quadratmeter Berg ist genutzt. Fast überall hat ein kleiner Bach seine Quelle und die speist dann das Bewässerungssystem eines ganzen Hanges, damit der Reis keine trockenen Füße kriegt. Richtig schön ist der Blick von oben. Einige Male müssen wir Platz machen, weil Bauern mit ihren, mit Reissäcken beladenen Pferden an uns vorbei wollen. Manche der Wege führen einfach ins Nichts. So stehen wir mehrmals mitten in einem matschigen Reisfeld und unser nur-mal-für-ne-Stunde-Spaziergang wird zum Tagestrek. Unterwegs treffen wir drei Yao-Frauen, von denen wir glauben, dass sie immer dort stehen in der Hoffnung auf Touristen. Ihre tradionellen bunten Kleider leuchten vor dem Hintergrund der grünen Reisterrassen. Sie zeigen uns, warum ihr Dorf im Guinnessbuch der Rekorde steht. Sie haben Haare bis zum Boden! Die Älteste der drei Frauen hat zusätzlich noch zwei abgeschnittene Zöpfe von sich dabei. Ihre Haare wurden irgendwann zu lang zum Aufwickeln. Zurück in unserem Guesthouse gibt's hausgemachten Fried Rice. Der Tag endet früh, nach Einbruch der Dunkelheit herrscht Totenstille. Nur hier und da hört man noch das Bellen eines Hundes. Was für eine Ruhe! Genau das Richtige zum Kraft tanken für Peking.

Peking

Nach 28 Stunden Zugfahrt haben wir die Hauptstadt von China erreicht. Peking - rund 12 Millionen Einwohner auf einer Fläche so groß wie Thüringen (wo, zum Vergleich, nur 2,3 Millionen Einwohner leben). Kein Wunder, dass es hier so voll ist. Diese Masse an Menschen ist das Erste, was uns auffällt, als wir in Peking eintreffen. Abends um 11 ist es am Bahnhof (von einer Größe wie anderenorts die Flughäfen) noch so voll, dass man kaum treten kann. Wir versuchen gar nicht erst, in dem Gewühl den richtigen Bus zu erwischen und fahren gleich mit dem Taxi zu unserem Hostel. Via Internet haben wir eines der billigsten Zimmer reserviert. "Traditional chinese style". Bedeutet, dass unser Bett eigentlich mehr einer Holzkiste gleicht und von den Matratzen in unserem Softsleeper-Abteil können wir auch nur noch träumen. Aber egal, für ein paar Tage wird es schon gehen. Dafür liegt unsere Unterkunft in einem der ruhigen Hutong-Viertel mit kleinen alten chinesischen Gassen und hat einen süßen Innenhof, in dem wir an den folgenden Abenden unser Bierchen mit anderen Reisenden teilen und bis tief in die Nacht Geschichten austauschen.
Unsere erste Tour führt uns in die Innenstadt. Shopping-Center an Shopping-Center, geschmückt mit Unmengen von Werbeplakaten, eines größer als das andere. Wir suchen erstmal einen Supermarkt, da wir uns aufgrund der höheren Preise in Peking überwiegend selbst verpflegen wollen. Es dauert den halben Tag, bis wir alle Nahrungsmittel zusammen haben. Dort gibt's nur Brot, hier nur Getränke und da nur Gemüse… Vermutlich hätten wir doch in

ein anderes Viertel fahren müssen? Der Einkauf hat hungrig gemacht, uns knurrt der Magen. Der Fahrstuhl im Shopping-Center hat neben dem Knopf für den 8. Stock ein Zeichen mit Messer und Gabel. Also hoch. Hmmm, riecht das gut. Überall brodelt auf den Tischen Suppe in kleinen Töpfen. Daneben stehen leckerste Köstlichkeiten, die die Gäste nach und nach in der Suppe garen lassen. Wir sind die einzigen Ausländer auf der Etage und werden angeguckt als kämen wir vom Mond. Aber wir lassen uns nicht einschüchtern und setzen uns tapfer an einen freien Platz. Jetzt kommt wieder das Spiel, das wir schon kennen. Die Angestellten schauen weg oder putzen eifrig die Tische. Wir winken und irgendwann traut sich tatsächlich jemand mit dem Menü zu uns. Eine englische Karte! Uns fällt ein Stein vom Herzen. Aber was heißt jetzt "Mutton special"? Und gelten die Preise für alle in den Blöcken aufgelisteten Gemüsesorten oder für jedes einzeln? Wir fragen und bekommen als Antwort einen Blick, der sagt 'Hätte ich mal bloß den Tisch weiter geputzt'. Aus Angst, die Bedienung könnte gleich wieder gehen, zeige ich schnell auf den Nachbartisch und sage: "Wir wollen genau das, was die haben!" Wieder nur verständnisloses Gucken, aber immerhin fängt sie schon an zu grinsen. Dann die erlösende Frage unserer englisch sprechenden Tischnachbarin, ob sie uns helfen kann - "Yes, please!" - und sie erklärt der Bedienung auf Chinesisch, dass wir vermutlich das Gleiche haben wollen wie sie. Mittlerweile sorgen wir für das Amüsement des gesamten Saales, aber wir bekommen, was wir wollen und essen genüsslich zwei Stunden lang bis wir fast platzen. Wieder zurück auf der Straße kommen wir an einem Eisstand vorbei. Oja, lecker Nachtisch! Mein Schokoeis ist ganz ok, aber als Volker sein "Vanilleeis mit Früchten" aus der Packung zieht, muss er feststellen, dass er sich für gefrorene Soja-Milch mit roten Bohnen entschieden hat. Stand doch bestimmt auf der Packung…

Abends wollen wir einen ersten Blick auf eines der Wahrzeichen Pekings werfen - den "Platz des himmlischen Friedens". Eine lange Stop-and-go-Busfahrt und diverse Straßenüber- und -unterquerungen später stehen wir dann auf dem größten öffentlichen Platz der Welt. Hier herrscht ein munteres Treiben. Familien mit Kindern lassen massenweise Drachen steigen, Touristen flanieren über den Platz und Straßenverkäufer versuchen, das letzte Geschäft des Tages zu machen. Kaum vorstellbar, dass hier zur selben Zeit, als im Osten der eiserne Vorhang fiel, eine Demonstration von mehreren hunderttausend Studenten mit der Forderung nach politischen Reformen blutig niedergeschlagen wurde. Am nächsten Tag schauen wir uns den Platz des himmlischen Friedens nochmal bei Tageslicht an. Es ist genauso viel los wie abends, nur dass die Familien von in- und ausländischen Touristen abgelöst wurden. Sie haben alle ein Ziel: über den Platz des himmlischen Friedens, durch das Tor, über dem immer noch Mao trohnt (in Form eines riesigen

Porträts), rein in die Verbotene Stadt. Auch wir wollen in die 'Forbidden City' und so laufen wir den Massen hinterher. Unglücklicherweise sind viele Tempel und Säle aufgrund von Restaurierungsarbeiten für Olympia 2008 durch Baugerüste verdeckt, dennoch ist es ein schönes Erlebnis, durch die Stadt zu gehen, in der einst der letzte Kaiser lebte. Nach drei Stunden machen wir eine kurze Pause und setzen uns gemütlich auf eine Bank. Lange währt die Ruhe allerdings nicht. Zum wiederholten Mal an diesem Tag werden wir gefragt, ob man ein Foto mit uns machen kann. Ich weiß nicht, in wie vielen chinesischen Fotoalben wir schon glänzen, aber so nett, wie wir immer gefragt werden, können wir auch schlecht Nein sagen. Eine Mutter schickt ihre kleine Tochter vor, die ein paar Worte englisch spricht. Schwups sitzen auch Kinder anderer Mütter neben uns und einer der Väter knipst. Ein kurzes Winken und "bye, bye"! Wir stehen auch lieber schnell auf, bevor noch andere auf die Idee kommen, sich mit uns ablichten zu lassen und schauen uns den Rest der Anlage an.
Die Tage in Peking vergehen schnell. Tagsüber Sightseeing und abends gemütliches Beisammensein mit anderen Reisenden. Viele schimpfen über das Land, vor allem darüber, wie sie als Ausländer hier behandelt werden. Uns ist noch nichts wirklich Schlimmes in China passiert. Doch dann kam der Abend, an dem wir ein Zugticket für die Weiterfahrt nach Xian kaufen wollten.

Was einen in Peking fast den Kragen platzen lässt

Wenn ich an unsere Drei-Stunden-Odyssee denke, um an ein Zugticket für die 1.200 Kilometer entfernte Stadt Xian zu kommen, stellen sich mir jetzt noch die Nackenhaare auf. Man hatte uns gewarnt. Der Osten heißt nicht umsonst "Rotchina" und wenn anderenorts die Regeln nur auf dem Papier zu stehen scheinen, werden sie hier gnadenlos durchgezogen. Das scheint unter anderem auch für den Kauf einer ganz normalen Fahrkarte zu gelten.
Wir stehen im überfüllten Pekinger Hauptbahnhof in der Schlange. Es gibt nur einen Schalter für Ausländer. Ganz vorne steht ein englischsprachiges Mädel, das verzweifelt versucht, ein Zugticket umzutauschen. Was wir mitbekommen ist, dass man ihr offensichtlich eine Fahrt im "Hardseat" (Holzsitz) verkauft hat, obwohl sie "Hardsleeper" (Schlafplatz) wollte. Dummerweise stehen die Zeichen nur auf Chinesisch auf dem Ticket. Pampig gibt der Schalterbeamte ihr zu verstehen, dass er nichts machen kann und jetzt der Nächste an der Reihe ist. Das Mädel bricht in Tränen aus. Die Reaktion des Schalterbeamten? Er geht vor allen Leuten zu seinem Kollegen am Nachbarschalter und die beiden fangen an zu lachen, während sie auf die Ausländerin zeigen. Unerhört! Wir überlegen gerade, ob wir nicht irgendwie helfen soll-

ten, da stellt sich ihr ein englisch sprechender Chinese zur Seite und versucht zu vermitteln. Nach weiteren zehn Minuten wird das Mädel nach hinten gebeten. Vermutlich wird hinter verschlossenen Türen eine Lösung gefunden und das Ticket am Ende umgetauscht. Kopfschütteln oder betretenes Weggucken in der ganzen Reihe. Irgendwann sind wir dran. "Zwei Softsleeper-Tickets nach Xian bitte." - "No tickets." Er hat noch nicht mal in seinen Computer geschaut!! Ok, wir wissen, dass die Chance, um diese Zeit in Peking die begehrten Softsleeper zu bekommen, gleich Null ist, also starten wir einen neuen Versuch. "Dann Hardsleeper bitte." Unmotiviert fängt der Schalterbeamte an, auf seiner Tastatur zu klimpern mit dem Ergebnis: "No tickets, only Hardseats." Wir geben nicht auf. "Dann an einem anderen Tag oder in einem der anderen Züge irgendwann in der nächsten Woche." Klimper, klimper, klimper... "No tickets." Wir wissen, das ist glatt gelogen, da wir seine Eingaben auf dem Bildschirm verfolgen und nicht ein Mal die Zahl Null auf dem Display erscheint. Ich finde die Situation irgendwie absurd und muss anfangen zu grinsen, Volker wird allerdings sauer. In einem sehr bestimmten Ton fordert er zwei Tickets für Hardsleeper, wann auch immer. Mit unserem hartnäckigen Auftreten haben wir inzwischen die Aufmerksamkeit der Leute neben und hinter uns. Einige fangen an zu lachen, einige diskutieren und einige schauen uns einfach mit großen Augen an. Von ganz hinten kommt ein pakistanisch aussehender Mann auf uns zu und sagt in fließendem Englisch: "Ich weiß nicht, wo ihr herkommt und wie lange ihr schon in China seid, aber ich kann euch sagen, dass ich in der ganzen Zeit, die ich hier bin, noch nie das Zugticket bekommen habe, das ich wollte. Es lohnt sich nicht, mit diesen Leuten zu diskutieren." Ich erwidere ihm, dass wir aus Deutschland sind und solange hier stehen bleiben, bis wir unser Zugticket haben und wenn es die halbe Nacht dauert. Langsam werde ich auch sauer. Nicht, dass man uns falsch versteht - wir haben kein Problem damit, auch auf den billigen Holzplätzen zu fahren, wenn es nichts anderes gibt. Das haben wir in Laos gemacht und werden es sicher auch noch in anderen Ländern tun. Aber was wir nicht einsehen ist, dass wenn es freie Plätze gibt, uns diese einfach nicht verkauft werden, obwohl wir eine Woche im Voraus am Schalter stehen. Es könnte ja noch jemand "Wichtigeres" kommen. Und am Ende bleiben die Plätze leer und man hat keine Möglichkeit mehr, im Zug zu tauschen.
Langsam merkt der Schalterbeamte, dass wir es ernst meinen. Aber er hat noch einen Trumpf in der Hand: "Die Züge nach Xian fahren in Peking-West ab und nicht vom Pekinger Hauptbahnhof, und für Peking-West kann ich hier leider keine Tickets verkaufen." Wir wissen auch, wo unser Zug abfährt. Wir wissen aber ebenso, dass es völlig egal ist, wo man sein Zugticket kauft, weil alle Zugriff auf das gleiche System haben. Bei unserer ersten Fahrt haben wir das Ticket sogar in einer anderen Stadt gekauft! Peking Hauptbahnhof lag

eben einfach näher an unserem Hostel und wir haben keine Lust, jetzt noch nach Peking-West zu fahren, was von uns aus gesehen am A.... der Welt liegt. Ist dem Schalterbeamten egal. Jetzt verlangen wir, seinen Chef zu sprechen. "Der sitzt am Schalter 1 gegenüber." Irgendwie glaube ich das nicht so ganz, aber wir scheinen hier gerade nicht weiter zu kommen, also machen wir uns auf den Weg zur anderen Seite der Bahnhofshalle.
Am Schalter 1 ist ein Riesenspektakel. Ein ganzer Pulk von Menschen hält wütend seine Fahrkarten hoch. Hinter uns taucht der englisch sprechende Chinese auf. "Ja, ich habe auch kein Ticket bekommen. Ich soll es am Schalter 1 versuchen." Während wir uns nach vorne kämpfen, erfahren wir, dass er in China geboren ist, aber seit mehreren Jahren in England lebt und im Moment auf Heimatbesuch ist. Er scheint die ganze Situation mit Humor zu nehmen und bietet uns an, am Schalter für uns zu übersetzen. Wir fragen ihn, warum die Leute so aufgebracht sind. Er fragt die Frau ganz vorne, die von allen am lautesten schreit und wir kriegen den Mund nicht mehr zu, als er uns erklärt: "Sie hat heute Morgen vier Tickets im Wert von je 411 Yuan gekauft und dann erfahren, dass die Tickets im Laufe des Tages immer billiger werden und am Nachmittag nur noch für die Hälfte des Preises verkauft werden. Es ist wohl üblich, die begehrten Plätze vormittags für den doppelten Preis rauszugeben. Die Frau wusste es nicht und verlangt nun, wie einige andere offensichtlich auch, das Geld zurück, das sie zu viel bezahlt hat." Jetzt können wir ihre Aufregung verstehen. Vier mal 200 Yuan zu viel bezahlt, macht 800 Yuan (= 80 Euro). Viel Geld für einen Chinesen. Und die Frau macht nicht gerade den Eindruck, als könnte sie mal eben zum nächsten Automaten gehen und sich neues Geld ziehen. Aber die Schalterbeamtin bleibt hart. Nichts zu machen. Den Tränen nahe verlässt die Frau den Bahnhof. Wir sind dran. "Sind Sie der Boss von dem Mitarbeiter an Schalter 106?" - "Häh?" Ok, sie versteht kein Englisch. Der freundliche Chinese neben uns hilft und übersetzt. Sie hat keine Ahnung, wovon wir sprechen und ist auch nicht bereit, sich weiter mit uns auseinander zu setzen. Sie winkt einen jungen Angestellten heran, der die zwei wichtigsten Worte auf Englisch schon gelernt hat: "No tickets." Hier kommen wir also auch nicht weiter. Wir verabschieden uns von dem Chinesen, der jetzt versucht, sein eigenes Problem zu lösen und stapfen wütend wieder zum ersten Schalter.
Der Schalterbeamte scheint etwas überrascht zu sein, uns wieder zu sehen. Vermutlich hatte er gehofft, wir würden spätestens am Schalter 1 aufgeben. Grinsend sagen wir: "Wir sind wieder da und wir lassen uns bestimmt kein zweites Mal verarschen. Wir bleiben jetzt so lange hier stehen, bis wir Ihren Boss gesprochen haben!" Widerwillig steht er auf und holt tatsächlich seinen Chef! Zumindest jemanden, der zwei Streifen auf seinem Schulterstück hat. Dieser erklärt uns dann in bestem Englisch, dass er hier leider keine Tickets

für die Schlafplätze verkaufen kann, aber dass draußen an Schalter 83 noch entsprechende Resttickets für Züge ab Peking-West zu haben sind. Ich weiß nicht, ob ich lachen oder schreien soll. Über eine Stunde ist bereits vergangen und jetzt erfahren wir, dass wir eigentlich an einen Schalter müssen, der außerhalb des Bahnhofsgebäudes liegt?? So leicht lasse ich mich nicht noch mal abwimmeln. Das will ich jetzt schwarz auf weiß haben. Ich schiebe dem "Chef" ein Blatt Papier und einen Stift durch die Glasöffnung und verlange, dass er mir mögliche Zugnummern, den dazu gehörenden Schalter und seinen Namen aufschreibt. Ich weiß nicht, ob Mr. Lu Yi Giao wirklich sein richtiger Name ist, aber egal, vielleicht kann ich ja jemanden an Schalter 83 damit beeindrucken. Wir gehen raus und - Schalter 83 hat seit einer halben Stunde geschlossen! Wir schlagen die Hände über dem Kopf zusammen und fangen an zu lachen. Das gibt es doch alles gar nicht. Draußen läuft auf einer Riesenleinwand Werbung für Olympia 2008. Sehr schön. Wir können nur hoffen, dass die ausländischen Gäste nicht versuchen werden, mit dem Zug zu fahren. Wir starten einen letzten Versuch. Zwei Busfahrten später stehen wir am "English-speaking Counter" des Bahnhofs Peking-West. "Zwei Hardsleeper-Tickets nach Xian bitte." - "No tickets, only hardseats." Angeblich wieder nur die Holzsitze. Ich setze das bedeutungsvollste Gesicht auf, das ich machen kann und hole meinen Zettel hervor. "Wir haben vor einer knappen Stunde mit Mr. Lu Yi Giao gesprochen. Er ist der Chef des Pekinger Hauptbahnhofes und hat uns höchstpersönlich versichert, dass wir hier Hardsleeper-Tickets bekommen werden. Soll das heißen, dass er lügt?" Die Schalterbeamtin starrt auf den Zettel und ist offensichtlich unsicher, was sie tun soll. Dann geht sie nach hinten und hält mit einem Kollegen Rücksprache. Der verschwindet ins Hinterzimmer und kommt zurück mit - ich glaub's nicht - zwei Tickets, Hardsleeper, genau an dem Tag, an dem wir fahren wollten!! Die Schalterbeamtin überreicht uns die Tickets, wir zahlen und sagen brav danke. "You are welcome", bekommen wir als Antwort. Wirklich?

Die Tage in Peking werden uns nachhaltig in Erinnerung bleiben. Mal ganz abgesehen vom absurden Zugticketverkauf (wie wir später im Hostel erfahren haben, wurden einigen Travellern sogar nur Stehplätze verkauft!), war Peking keine Stadt, in der wir uns rundum wohlgefühlt haben. An allen Straßen und Plätzen stehen Überwachungskameras (selbst unser Backpacker war voll davon) und die Polizei ist allseits präsent. Zudem wird die Stadt vom Smog erdrückt. Von den 20 am stärksten verschmutzten Städten der Welt liegen 16 in China. An manchen Tagen konnte man die benachbarten Hochhäuser nur noch schemenhaft erkennen, so sehr war alles vom Drecknebel eingehüllt. Das einzige Mal, dass wir hier den blauen Himmel gesehen haben, war bei

Oben: Suche nach dem Weg, nahe Yangshuo, China, Unten: Auf der Großen Mauer, nahe Peking, China

unserem Ausflug zur Großen Mauer. Bis auf wenige Ausnahmen empfanden wir die Menschen in der Hauptstadt als kühl und wenig hilfsbereit. Und an das ewige auf die Straße spucken kann ich mich bis zum Schluss unseres Aufenthaltes nicht gewöhnen. Aber das Unangenehmste hier ist die Willkür der offiziellen Behörden. Ein holländisches Pärchen aus unserem Hostel musste erleben, dass es noch schlimmer geht, als nur einen Stehplatz im Zug zu bekommen. Wir sitzen am Abend gemütlich beim Bier, als sie uns eröffnen, dass sie innerhalb von zwei Tagen das Land zu verlassen haben. Warum? Sie haben den "Fehler" begangen, die Autonome Region Tibet zu bereisen. Alles mit offizieller Genehmigung und organisierter Tour wie es Vorschrift ist. Trotzdem wurde jetzt überraschenderweise ihr Visum nicht verlängert, obwohl eine einmalige Verlängerung normalerweise überhaupt kein Problem ist. Mit einem speziellen Genehmigungsschreiben des staatlichen Tourismusbüros könnten sie aber eventuell noch eine Verlängerung bekommen. Nur komisch, dass jenes Tourismusbuero noch nie etwas von einer derartigen Genehmigung gehört hat. Die beiden haben beschlossen, ihre Zeit nicht länger in Peking zu vergeuden und wollen versuchen, am nächsten Tag mit dem Zug nach Hong Kong zu fahren, um dort ein neues Visum zu bekommen. Wir hoffen, sie waren erfolgreich.

Chengdu

Mit unserer letzten großen Zugfahrt in China kommen wir nach Chengdu. Diesmal war alles ganz einfach. Die Jungs in unserem Guesthouse in Xian hatten uns nur gefragt, ob wir Hard- oder Softsleeper wollen und im Handumdrehen hatten sie gegen ein paar Yuan Aufschlag zwei Tickets besorgt. Entweder hatten sie gute Beziehungen oder wir waren einfach nur weit genug entfernt von der Hauptstadt. Wir waren auf jeden Fall erleichtert, nicht nochmal so einen Kampf wie in Peking über uns ergehen lassen zu müssen.
In Chengdu angekommen, freuen wir uns schon auf unser im Voraus reserviertes Doppelzimmer. Wir wollen rund eine Woche bleiben. Die Rezeptionistin teilt uns freudig mit, dass das Zimmer für die heutige Nacht bereits hergerichtet sei. Nur um sicher zu gehen, frage ich nochmal, ob es klar sei, dass wir eine Woche bleiben. Schweigen. Ok, offensichtlich nicht. Nachdem die Angestellte nervös im Reservierungsbuch hin- und hergeblättert hat und auch nochmal meine Mail von vor zwei Tagen aufgerufen hat, sagt sie uns, wir hätten ja nur geschrieben, dass wir am 1. August kommen und daher hat sie natürlich das Zimmer an den darauffolgenden Tagen bereits anderweitig vergeben. "Ja", sage ich ihr, "aber im Satz dahinter steht, dass wir eine Woche bleiben wollen." Das sei missverständlich, erwidert die Rezeptionistin, dann hätte ich schreiben sollen, dass wir das Zimmer am 1.,

2., 3., 4., 5., 6. und 7. August haben wollen. Ahja. Ich habe keine Lust, mich nach 16 Stunden Zugfahrt über solche Kleinigkeiten zu streiten und frage sie, ob wir dann morgen nicht einfach in eines der anderen Doppelzimmer umziehen können. "Alles voll." Aber wir könnten morgen in ein Dorm (Mehrbettzimmer mit Doppelstockbetten) umziehen. Dort könnten wir dann auch so lange bleiben, wie wir wollen. Enttäuscht lassen wir uns auf das Sofa vor der Rezeption fallen. Das war jetzt nicht unbedingt das, was wir wollten. Auf die Suche nach einem anderen Guesthouse wollen wir uns aber auch nicht begeben, denn erstens ist uns dieses Hostel von zwei Reisenden in Peking wärmstens empfohlen worden und zweitens sind Matthias und Dawn, ein deutsch-irisches Pärchen, das wir in Xian kennen gelernt haben, auch schon hier. Zufällig bekommt der Besitzer des Hostels die Situation mit. Er entschuldigt sich für den Fehler, der seitens der Rezeption gemacht wurde und bietet uns an, dass wir nach einer Nacht im Doppelzimmer die nächsten sechs Nächte in einem 4-Bett-Dorm umsonst bekommen. Wow. Wir sind schwer beeindruckt. Sowas ist uns in China bislang noch nicht passiert. Ein Fehler wird (vor versammelter Mannschaft!) eingestanden und es wird auch noch der Versuch unternommen, uns unter allen Umständen zufrieden zu stellen. Das Geheimnis ist schnell gelüftet - der Besitzer ist aus Singapur. Wir nehmen sein Angebot an und überlegen direkt, was für Leckereien wir uns für das gesparte Geld kaufen können. Die Entscheidung ist schnell gefällt. Zusammen mit Matthias und Dawn schlagen wir uns in einem noblen Restaurant den Bauch mit Sushi voll. All you can eat! Schließlich haben wir heute, am 05.08.2007, was zu feiern - unseren ersten Hochzeitstag und fast sieben Monate Reisen!

In Chengdu darf natürlich eins nicht fehlen: Ein Ausflug zur "Giant Panda Breeding Research Base" - der Aufzuchtstation für Pandabären. Nur noch um die tausend Pandabären sollen in freier Wildbahn leben, hoch in den Bergen nördlich von Chengdu. Sie sind extreme Einzelgänger und nur selten aufzuspüren. Die Zerstörung ihres Lebensraumes ist der Hauptgrund für die immer kleiner werdende Zahl. Ein Problem ist aber auch hausgemacht. Der Pandabär ernährt sich fast ausschließlich von Bambus, bis zu 20 Kilogramm pro Tag! Zwischen 10 und 16 Stunden täglich ist er mit dem Essen beschäftigt. Und dabei ist er auch noch ein Gourmet. Nur 20 der rund 300 in China vorkommenden Bambussorten schmecken ihm. So kam es in der Vergangenheit leider auch vor, dass Pandas schlicht verhungert sind, wenn die von ihnen verzehrte Nahrung nicht mehr vorhanden war. Mit der Aufzuchtstation nahe Chengdu versucht man, die Zahl der Pandas wieder zu steigern. Die niedrigen "Reproduktionsrate" der Tiere ist dabei nicht gerade hilfreich. Sie paaren sich nur im Frühling und sind dann auch noch sehr wählerisch. Einfach mal eben Männchen und Weibchen in einen Käfig sperren, funktioniert da nicht. Und

war man erfolgreich, bringt das Weibchen nur ein, in seltenen Fällen zwei Junge zur Welt. Die Ärzte und Helfer in der Aufzuchtstation tun alles, um die Kleinen am Leben zu halten. Bei der Geburt wiegen sie um die 150 Gramm, nicht mehr als ein Apfel. Wir haben zwei Neugeborene gesehen. Was da in einer Art Wärmebettchen lag, sah bei Weitem noch nicht aus wie ein Panda. Wenn sie etwas größer sind, halten sie die Pfleger anderweitig auf Trab. Es war schon lustig mit anzusehen, wie man sich im "Panda-Kindergarten" teils vergeblich bemühte, die Kleinen zum Füttern von ihren gemütlichen Baumplätzen herunterzulocken. Was für putzige Tiere, so gutmütig und so süß.
Von Chengdu wollen wir zu unserer letzten großen Station in China - nach Tibet. Der Plan war, mit dem Zug zu fahren, der knapp drei Tage braucht und den Vorteil gehabt hätte, dass man sich langsam an die Höhe gewöhnt und natürlich nebenbei noch die unglaublich schönen Landschaften sieht. Aber - welch Überraschung - es gibt keine Zugtickets. In unserem Hostel hat man uns gesagt, dass man selbst als Einheimischer an den neuen "Himmelszug" nicht rankommt. Die Tickets werden zehn Tage im Voraus verkauft, sind aber an jedem Tag bereits nach einer Minute ausverkauft. Heißt, sie gehen alle unter der Hand weg… Wir haben dann versucht, eine Tour über Land zu organisieren. Aber man darf sich bereits vor Tibet nicht wirklich frei bewegen, sondern muss eine sogenannte "Privattour" buchen mit eigenem Guide und die kostet dann schlappe 10.000 Yuan (=1.000 Euro) pro Person! Das haben wir dankend abgelehnt. Versucht man den 'offiziellen Weg' zu umgehen und mietet sich selbst ein Auto, kann es sein, dass man am Kontrollposten kurz vor Tibet wieder zurück geschickt wird. Noch unerquicklicher ist es, wenn man unterwegs vom Militär angehalten und der 'Spionage' verdächtigt wird. Unser Chinesisch ist leider nicht so fließend, als das wir erklären könnten, dass wir einfach nur Reisende sind, die die Landschaft sehen wollen. Wir haben Geschichten gehört, dass es Leute vereinzelt trotzdem gewagt haben und erfolgreich waren, aber uns ist das dennoch zu risikoreich. Es bleibt uns also nichts anderes übrig, als das zu tun, was wir eigentlich vermeiden wollten: ein von hier aus organisiertes "Package" zu nehmen, das einen Flug von Chengdu nach Lhasa enthält inklusive Flughafentransport, Einreisegenehmigung und eine Übernachtung im Mehrbettzimmer. Das kostet uns zusammen rund 400 Euro. Mit diesem "Reise-Paket" haben wir erstmal nur die Möglichkeit, uns in Lhasa aufzuhalten. Wollen wir Touren außerhalb der Stadt machen, brauchen wir wieder eine Extra-Genehmigung und einen Guide. Aber das alles kann unsere Vorfreude auf das geheimnisvolle Land am Fuße des Himalayas nicht nehmen.

Tibet – Das Dach der Welt

Lhasa

(aus Volkers Tagebuch)

Tibet, endlich! Während des Fluges konnten wir schon die ersten Gipfel durch die Wolkendecke stoßen sehen. Nach knapp zwei Stunden kündigte der Pilot den Landeanflug und 16 Grad Außentemperatur an. In den vergangenen sieben Monaten gab es keinen Tag mit solchen, für uns schon arktischen Temperaturen. Daran müssen wir uns erst wieder gewöhnen. Wir waren froh, die dicken Klamotten dabeizuhaben. Kurzatmig, aber überwältigt von der Tatsache in Tibet zu sein, standen wir vorm Flughafengebäude. Um uns herum die riesigen, kahlen Berge. Lhasa teilt sich in ein chinesisches und ein tibetisches Viertel. Die alten Häuser im tibetischen Teil und die vielen Gebetsmühlen wirkten auf uns wie aus einer anderen Welt. Wir sahen Mönche und Nonnen in ihren Gewändern, die häufig Gebete murmelten. Der andere Teil Lhasas sah aus wie irgendeine x-beliebige chinesische Stadt. Ohne Charme und Flair, mit einem großen Shoppingcenter und grauen Betonhäusern. Über allem aber thronte das Wahrzeichen Lhasas - der riesige Potala Palast. Er war früher der Regierungssitz der tibetischen Regierung und der Winterwohnsitz des Dalai Lamas. Heute ist er nur noch ein Museum. Um an die begehrten Eintrittskarten für den Palast zu kommen, gab es zwei Möglichkeiten. Man konnte sich entweder schon morgens um 4.30 Uhr anstellen, in der Hoffnung dann ab 7.30 Uhr, wenn der Verkaufsschalter aufmachte, eins der begehrten Tickets zu bekommen. Oder man konnte von einem der Einheimischen, die oft vor den Schaltern schliefen, einen Platz ganz vorne in der Reihe abkaufen. Eine eigentlich nicht erlaubte, aber geduldete Methode. Aber selbst das war keine Garantie, ein Ticket zu bekommen, denn das größte Kontingent wurde über Tourismusbüros für teuer Geld verkauft. Nach diesen Neuigkeiten haben wir unseren Besuch zunächst auf unbestimmte Zeit verschoben. Da wir noch nicht an die Höhe gewöhnt waren (3.700 Meter sind nicht ohne) und zudem eine Menge Zeit hatten (stolze fünf Wochen), ließen wir es sehr langsam angehen. Wir schlenderten durch den tibetischen Teil der Stadt, bewunderten die vielen im Wind wehenden Gebetsflaggen und rochen den typischen Geruch von Yakbutter auf den Märkten. Am dritten Tag wollten wir dem wichtigsten Heiligtum Tibets einen Besuch abstatten, dem Jokhang Tempel. Dani schlug vor, bereits 6:30 Uhr dort zu sein, um die Mönche beim Beten zu sehen. Zum Glück hatten wir nochmal in den Reiseführer geschaut und festgestellt, dass hinter der Uhrzeit ‘pm’ also ‘abends’ stand. Anderthalb Stunden Schlaf gerettet. So waren wir erst zum Sonnenaufgang um 8 Uhr dort. Den Mönchen und Nonnen schien die Kälte zu die-

ser frühen Stunde nichts auszumachen. Sie trugen nur ihre aus einfachem Baumwollstoff genähten roten Roben. Die Atmosphäre vor, um und in dem Tempel ist nur schwer in Worte zu fassen. Jokhang ist einzigartig, die Mystik fast greifbar. Dutzende Pilger waren vor den Toren des Heiligtums. Sie sprachen ihre Gebete, knieten sich hin und legten sich danach flach auf den Boden, das Gesicht nach unten gepresst. Ein paar Sekunden später erhoben sie sich wieder. Irgendjemand hatte uns erzählt, dass dieses Ritual von einigen Pilgern bis zu 5000 Mal auf ein und derselben Stelle wiederholt wird. Andere Pilger gingen die Kora, den Pilgerweg um den Tempel herum. Sie hatten ihre kleinen oder großen Handgebetsmühlen dabei, die sie unaufhörlich drehten. Die Luft war erfüllt von gemurmelten Gebeten. Ein paar Pilger beobachteten wir dabei, wie sie sich im Gehen niederwarfen. Sie gingen drei Schritte, beteten und warfen sich flach in den Staub, erhoben sich und gingen wieder drei Schritte. Am Ende des Pilgerweges, den auch wir als Fremde und Nichtbuddhisten gehen konnten, ging jeder in den Tempel. Jede noch so kleine Kapelle war voller Menschen. Die Tibeter hatten alle eine Kanne Buttertee oder reine Yakbutter dabei. Die flüssige Butter wurde in die auf den Altaren stehenden Wannen gegossen, um die Kerzen, die in der Butter schwammen, weiter brennen zu lassen. Hier im Jokhang Tempel konnten wir sehen, wie sehr die tibetischen Traditionen noch gelebt werden, auch wenn sich draußen vor den Tempelmauern das 21. Jahrhundert seinen Weg bahnt. Drinnen im Tempel war die Zeit stehen geblieben.
Während unseres Aufenthaltes in Lhasa besuchten wir auch die etwas außerhalb gelegenen Klöster, wie das Drepung Monastery. Ursprünglich lebten hier 7000 Mönche. Es war das größte Kloster Tibets. Heute leben hier nur noch ca. 700 Mönche. Wir hatten das Glück, dass während unserer Zeit in Lhasa das Shoetun Festival stattfand, eines der wichtigsten Feste in Tibet. Die jährlichen Termine des Shoetun richten sich nach dem Mondkalender und gehen auf eine alte Tradition zurück. Den Mönchen war im 4. bis 6. Monat des Mondkalenders untersagt, das Kloster zu verlassen, um sich ausschließlich der Lehre und der Meditation zu widmen. In der ersten Woche des 7. Mondes öffneten sich die Pforten der Klöster wieder und im ersten Sonnenlicht wurden die Buddha-Statuen herausgebracht. Die Mönche wurden draußen von Pilgern mit Geschenken und Speisen empfangen. Da sie in den vergangenen Monaten eine strenge Fastenzeit hatten, bestanden die dargebotenen Speisen fast nur aus Joghurt. 'Shoe' bedeutet Joghurt, 'tun' anbieten, reichen. Die heutige Version des Festes ist ein wenig abgewandelt. Anstatt Buddha-Statuen herauszutragen, wird beim ersten Sonnenstrahl ein riesiges Thangka entrollt. Ein Thangka ist ein Gemälde, manchmal auch eine Art Stickarbeit, die Schlüsselszenen aus der buddhistischen Lehre enthält. Um bei dem Entrollen dabei zu sein, hatten wir uns schon frühmorgens zusam-

men mit 25.000 Tibetern auf den Weg gemacht. Vom Busstop liefen wir eine Stunde durch die Dunkelheit bis zum Kloster. Je näher wir kamen, umso intensiver wurden die Gerüche. Am Straßenrand wurden Yakbutter, Buttertee und ein Kraut verkauft, das über den ganzen Weg verteilt angezündet wurde und einen beißenden Rauch erzeugte. Viele Pilger hielten ihre weißen Seidenschals in diesen Rauch und legten sie sich danach wieder um. Auf dem Klostergelände angekommen, ging das große Gedränge los. Jeder suchte sich einen Platz, um besonders gut sehen zu können. Interessanterweise schaute dabei jeder in eine andere Richtung. Es war offensichtlich nicht klar, wo das Tangka entrollt werden sollte. Einige betrachteten das Kloster, andere die Berge rechts und wieder andere die Berge links von uns. Im Tal der Stadt Lhasa waren schon die ersten Sonnenstrahlen zu sehen. Es kristallisierte sich heraus, dass ein am linken Abhang angebrachtes Metallgerüst wohl der Ort des Geschehens sein würde. Und dann kam sie endlich auch am Drepung Monastery - die Sonne. Mit ihrem Erscheinen kamen die Mönche aus dem Kloster und trugen ein langes, eingerolltes Tuch den Berg hinauf. Das Entrollen des ca. 20x30 Meter großen Thangkas wurde von lauten Jubelrufen begleitet. Als es komplett zu sehen war, warfen viele der Pilger ihre weißen Schals auf das Bild. Wir vermuteten, dass sie, wie im historischen Vorbild, als Geschenke für die Mönche gedacht waren. Aufgrund unserer fehlenden Tibetischkenntnisse konnten wir jedoch niemanden fragen. Zum Abschluss des Festivals gab es abends ein riesiges Feuerwerk. Zu der Zeit waren wir schon wieder in Lhasa und haben uns die traumhafte Kulisse von der Dachterrasse unseres Hostels angeschaut.
Nicht immer erscheint Tibet in derart romantischem Licht. Wer hierher kommt, sollte nicht die Augen vor der politischen Situation des Landes verschließen.

Zur Geschichte und aktuellen Situation Tibets

Die Meinungen darüber, was eigentlich hinter der "Autonomen Region Tibet" steht, gehen weit auseinander. Gehört das Land nun zu China oder nicht? Und ist es wirklich autonom? Mithilfe unseres Reiseführers und einigen Internetseiten, die auf dem Computer im Internetcafé nicht gesperrt sind, bekommen wir ein paar Informationen.
Erst seit dem 7. Jahrhundert, nach der Einführung einer eigenen Schrift, gibt es Aufzeichnungen über die Herkunft des tibetischen Volkes. Damals war Tibet ein buddhistisches Königreich unter der Herrschaft von König Songsten Gampo, das neben den heutigen Ländereien auch Teile von Nepal,

Oben links: Ganden Monastery, nahe Lhasa, Tibet

Oben rechts: Gebetsmühlen am Jokhang Tempel in Lhasa

Mitte: Samye Monastery, Geburtsort der tibetischen Kultur

Unten links: Tashilhunpo Monastery in Shigatse, Tibet

Oben links: entrollte Thangka beim Shötun-Festival nahe Lhasa, Tibet

Oben rechts: Tibeterin am Namtso-See

Mitte links: Mount Everest, Tibet

Mitte rechts: Yak-Rind, Drolma Valley, Tibet

Unten links: „Hotel" am Fuße des Mount Everest

Unten rechts: tibetischer Buttertee

der Seidenstraße (Kashgar) und dem heutigen Yunnan (südchinesische Provinz) einnahm. Im Jahr 842 zerfiel Tibet nach der Ermordung des Königs in verschiedene kleine "Reiche", es entstanden mehrere Klöster und das Land wandelte sich in einen Feudalstaat. Der Buddhismus spielte eine immer größere Rolle. Zu dieser Zeit gab es zwei konkurrierende Gruppen, die sogenannten "Gelbkappen" und die "Rotkappen". Mit Hilfe der mongolischen Buddhisten gewannen die Gelbkappen die Überhand und 1641 gaben die Mongolen deren Führer den Namen Dalai Lama (übersetzt: Ozean der Weisheit). Zu dieser Zeit wurde auch mit dem Bau des Potala Palastes begonnen und Lhasa wurde zum Zentrum der Macht mit dem Dalai Lama an der Spitze. In der Zukunft ist jeder Dalai Lama die Reinkarnation seines Vorgängers (d.h. nach dem Tod des Dalai Lama suchen die Mönche nach einem Neugeborenen, der in irgendeiner Form Zeichen des Geistes des Verstorbenen zeigt). Zu Beginn des 20. Jahrhunderts begannen sich Großmächte wie Russland, Großbritannien und China für Tibet zu interessieren. Es kam zu Kriegshandlungen und Besetzungen, doch mit dem Fall des chinesischen Kaiserreiches 1911 erlangte Tibet wieder seine Unabhängigkeit. Nach der Machtergreifung Maos und der Umwandlung Chinas zur sozialistischen Volksrepublik rückten 1950 chinesische Truppen in Tibet ein. 1951 wurde die Hauptstadt Lhasa besetzt. In den darauffolgenden Jahren kam es immer wieder zu offenen Aufständen der Tibeter gegen die chinesischen Besatzer, die jedoch allesamt blutig niedergeschlagen wurden. Zahlen sprechen von bis zu einer Million getöteter Tibeter. Auch Verhandlungen seitens des Dalai Lamas mit der chinesischen Regierung brachten keinerlei Verbesserungen für das tibetische Volk oder gar annehmbare Vereinbarungen für die Zukunft. Ein letzter großer Aufstand 1959 endete mit der Flucht des Dalai Lamas ins Exil nach Indien, wo er eine Exilregierung gründete. Hunderttausende Anhänger folgten ihm ins Ausland. Bis Mitte der 60er Jahre haben die Chinesen fast 90% aller Klöster, Tempel und Kulturdenkmäler Tibets zerstört. 1965 wurde die sogenannte "Autonome Region Tibet" gegründet und im selben Atemzug die Hälfte des früheren Staatsgebietes Tibets chinesischen Provinzen zugesprochen. Von einer tatsächlichen autonomen Region können die Tibeter nur träumen. Während der chinesischen "Kulturrevolution" 1966-76 wurden durch Festnahmen, Folterungen und Vergewaltigungen Angst und Schrecken im besetzten Land verbreitet. Aber nicht nur Tibet war betroffen. In ganz China wurden Systemgegner, Intellektuelle, Schriftsteller und Künstler verschleppt, eingesperrt oder ermordet. Mitte der 80er Jahre gelangten durch westliche Touristen wiederholt Informationen über die Situation in Tibet an die Öffentlichkeit. Es wurden Vereine und Initiativen gegründet, die bis heute versuchen, auf die Unterdrückung der Tibeter aufmerksam zu machen. Allerdings ohne großen Erfolg. China ist ein zu starker Handelspartner, als dass westliche Regierungen ernsthaft den Versuch unternehmen würden, sich für die Unabhängigkeit der Tibeter einzusetzen. Selbst der Dalai Lama, längst Friedensnobelpreisträger, hat nach jahrzehntelangen Bemühungen eingeräumt, dass inzwischen die Autonomie des Landes anstelle der Unabhängigkeit das realistischere Ziel sei. Aber auch das scheint nach wie vor ein Traum zu sein.

Wie sehen die Chinesen eigentlich die Situation? Wir können sie schlecht fragen. Zum einen sprechen wir kein Chinesisch und zum zweiten ist das Thema hier absolut tabu. In unserem Reiseführer steht, dass neben der chinesischen Regierung auch ein Großteil der Bevölkerung die ganze Aufregung um Tibet nicht versteht. In ihren Augen seien die Tibeter geradezu undankbar. Schließlich habe man sie vom Feudalismus befreit, ihnen neue Straßen und Schulen gebaut und ihnen eine boomende Tourismusindustrie beschert. Und die zerstörten Klöster seien ja auch fast alle wieder aufgebaut. Die Tibeter hingegen können weder begreifen noch vergeben, dass man fast ihre gesamte Kultur zerstört hat, Bilder vom amtierenden Dalai Lama verboten sind, die chinesischen Polizisten gruppenweise und mit Schlagstöckern in der Hand abends in Lhasa Patrouille ziehen und selbst an den Gebetsmühlen Polizei oder Militär steht.

Trotz aller Repressalien halten die Tibeter unerschütterlich an ihren Traditionen fest. Es ist beeindruckend zu sehen, wie sie kilometerlange Wege zurücklegen, um zu einem bestimmten Tempel zu pilgern und trotz der Herrscharen von Touristen tief versunken ihre Gebete murmeln. Der Dalai Lama ist zwar nicht mehr im Land, aber seine Verehrung ist ungebrochen. Die von den Chinesen inzwischen auch in Lhasa errichteten Shopping-Center scheinen die Tibeter nicht zu interessieren. Nach wie vor kleiden sie sich in ihren traditionellen Gewändern und tragen den für ihre Region typischen Schmuck nebst dazu gehörenden Frisuren. Bei den jüngeren Leuten ist jedoch eine Veränderung zu merken. Dort steht die Tradition nicht mehr ganz so hoch im Kurs. Jeans, T-Shirt und Gameboys sind bei ihnen das vorherrschende Bild. Ist es gut oder schlecht, dass sie sich scheinbar ans chinesische System angepasst haben? Ich mag nicht darüber urteilen. Aber ich werde traurig, wenn ich daran denke, dass irgendwann vom eigentlichen Tibet nicht mehr viel übrig bleiben wird. Die Situation der Tibeter ist nach wie vor alles andere als rosig. Es ist keine zwei Wochen her, dass in der Region Sichuan beim traditionellen Pferdefestival ein Tibeter namens Runggye Adak vor versammelter Menge die Rückkehr des Dalai Lamas forderte. Hunderte von Tibetern jubelten ihm zu. Desweiteren forderte er die Freilassung des inzwischen 18jaehrigen Gendun Choekyi Nyima. Dieser war 1995 als Sechsjähriger vom Dalai Lama als 11. Panchen Lama (zweithöchster tibetischer Führer) ausgewählt worden. Kurz danach wurden der Junge und seine Familie von chinesischen Truppen

verschleppt. Stattdessen hat die chinesische Regierung einfach einen anderen Jungen ausgesucht – natürlich aufgewachsen und ausgebildet in Peking. Kurz nachdem Adak seine Meinung auf der Festivalbühne kundgetan hatte, rückte das Militär an, nahm den Redensführer fest und 200 Tibeter gleich dazu. Von offizieller Seite heißt es, der tibetische Redner hätte versucht, das Land zu spalten. Ansonsten kein weiterer Kommentar. Nur eins von vielen Beispielen, das uns, wenn wir es hören oder lesen, ungeheuer wütend macht.
Sicher kann man die Chinesen nur sehr eingeschränkt für die Machenschaften ihrer Regierung verantwortlich machen. Wenn sie Kritik äußern, geht es ihnen ja selbst an den Kragen. Aber wofür sie sehr wohl etwas können, ist ihr Verhalten den Tibetern gegenüber. Wir haben es in unserer ersten Woche in Lhasa oft genug beobachtet, dass sich chinesische Touristen wie der "Elefant im Porzellanladen" verhalten. In Restaurants und Shops treten sie unfreundlich bis arrogant auf und was die tibetische Kultur angeht, scheinen sie wenig Respekt (oder sagen wir Zugang) zu haben. Natürlich möchte jeder gern ein Foto von farbenfrohen Pilgern und fesselnden Zeremonien als Erinnerung mit nach Hause nehmen. Aber muss man sich vor dem Jokhang Tempel mitten in die betende Pilgermenge stellen und das "Victory"-Zeichen machen? Viele Chinesen werden derzeit von der Regierung ermuntert, Gebiete in und um Lhasa zu besiedeln. Wir hoffen, dass die Tibeter ihre Traditionen auch in Zukunft aufrecht erhalten können und nicht zur Minderheit in ihrem eigenen Land werden.
Nach unseren ersten, sehr intensiven Eindrücken in Tibet kehren wir Lhasa vorerst den Rücken und machen uns auf zu einem 5-Tages-Trip durch die tibetischen Berge.

Fünf Tage Trekkingtour: Drolma Valley und Namtso-See

Schon in Chengdu hatten wir erfahren, dass es kaum möglich ist, sich als ausländischer Tourist außerhalb von Lhasa frei zu bewegen. In Lhasa selbst bekommen wir diese Vorwarnung bestätigt. Es gibt keine detaillierten englischsprachigen Karten von Tibet zu kaufen, geschweige denn, dass man sich als Ausländer ein Auto mieten darf, um damit durch die Gegend zu fahren. Selbst mit Mountainbike und Bus stößt man schnell an seine (bzw. an die von der chinesischen Polizei errichteten) Grenzen. Kontrollen und Permits (Genehmigungen) wohin man sich dreht. Aufgrund eines Vorfalls im April dieses Jahres (drei Ausländer hatten im Mount Everest Base Camp die chinesische Flagge verbrannt und die tibetische gehisst) sind die chinesischen Behörden mehr als sensibel geworden. Im Zuge der Vorbereitungen für Olympia 2008 und der damit verbundenen Aufmerksamkeit der Weltöffentlichkeit möchte man sich keine weiteren Pannen leisten. Neuregelungen scheinen wie

Pilze aus dem Boden zu schießen. So war es zum Beispiel noch vor zwei Wochen möglich, mit dem lokalen Bus für 40 Yuan zum 170 Kilometer entfernten Samye Monastery, dem Geburtsort der tibetischen Kultur, zu fahren. Als wir das tun wollten, hieß es, seit Neustem braucht man jetzt auch hierfür ein Permit. Das wiederum bekommt man nur in Verbindung mit einer Tour, d.h. mit einem Jeep und Guide für schlappe 2.000 Yuan! Warum schreibe ich das alles? Und was hat das mit unserer Trekkingtour zu tun? Nun, zum einen möchte ich verdeutlichen, dass unsere Reise in dieses atemberaubende Land auch mit einer Menge Frust verbunden ist und zum anderen kann man sich vorstellen, dass unter diesen Voraussetzungen eine Trekkingtour fernab vom Tourismus nicht ganz so leicht zu finden war. Schließlich stoßen wir bei unserer Suche aber doch noch auf einen Touranbieter, der neben den üblichen Ausflugszielen ein noch recht unberührtes Gebiet anfährt - das Drolma Valley. Wir müssen für diesen Trip tief in die Tasche greifen. Aber wir haben in den ersten fünf Monaten unserer Reise gut gespart und wann hat man schon mal wieder diese Chance? Am Abend sind wir uns einig - auf geht's in die tibetischen Berge!
Noch etwas unausgeschlafen stehen wir morgens um acht an unserem Treffpunkt vor dem tibetischen Reisebüro. Ein erster Blick in die Runde ergibt, dass unsere Gruppe aus neun Leuten besteht. Außer uns sind noch drei Amerikaner, zwei Franzosen, eine Australierin und eine Japanerin dabei. Dazu kommen ein amerikanischer und ein tibetischer Guide, ein Koch, ein Fahrer fürs Equipment und ein Fahrer für den Bus, ein altes klappriges 70er Jahre Modell. Vor Ort stoßen dann noch lokale Guides mit Pferden zu uns, die bei längeren Treks unser Gepäck tragen werden. Die Fahrt ins Drolma Valley, nordöstlich von Lhasa, dauert fünf Stunden. Zeit genug, bei einem Käffchen schon mal die ersten Bekanntschaften zu schließen. Im Tal angekommen, heißt es erstmal Zelte aufbauen. Unser Schlafplatz liegt bereits auf 4800 Meter Höhe. Es weht ein eisiger Wind und ich bin froh, dass ich mir einen Tag vorher in einem kleinen tibetischen Laden noch eine dicke Winterjacke und Handschuhe gekauft habe. Um uns herum gibt es nichts als Berge, ein paar Yaks, die friedlich grasen und ein einsames Nonnenkloster ein paar Meter weiter bergauf. Ja, so habe ich mir das vorgestellt. Voller Vorfreude begeben wir uns auf unsere erste kleine Wanderung rund um das Kloster. Für die Nonnen scheinen wir eine willkommene Abwechslung zu sein, sie laden uns direkt zum Buttertee ein. Alle werden in einen großen Raum geführt, in dem ein paar Bänke und ein kleiner tibetischer Schrein stehen. Ich habe etwas getrödelt und will gerade als Letzte in den Raum, als mich eine Nonne zur Seite zieht und mich ins Nebengebäude führt, in dem vier Schlafpritschen und ein großer Kohleherd in der Mitte stehen. Ganz aufgeregt redet sie tibetisch mit mir, während ich verdattert auf der Pritsche sitze und versuche her-

auszufinden, was sie wohl meinen könnte. Eine zweite Nonne kommt dazu und abwechselnd werden mir grüner Tee (zum Glück!) und gebackene Kartoffeln angeboten. Es ist wohlig warm. Die Nonnen legen immer wieder Kohle, ich korrigiere - getrockneten Yak-Mist - in den Herd. An den Wänden hängen viele bunte buddhistische Gemälde und es riecht nach Räucherstäbchen im ganzen Raum. Schade, dass ich kein Tibetisch kann, ich hätte mich gerne mit den beiden Nonnen unterhalten. So kommunizieren wir nonverbal. Die Nonnen bewundern meine Haare und meinen Ring und ich signalisiere ihnen, dass mir ihre Bilder gefallen. Nach etlichen Tassen Tee und viel Gekicher gehen wir zusammen zu den anderen in den großen Raum. Dort wird gerade die 3. Runde Buttertee serviert, was ganz offensichtlich nicht jedermanns Sache ist. Zurück in unserem Zeltlager hat unser Koch schon mit dem Abendessen begonnen. Es duftet nach frischem Gemüse und Curry. Mit gut gefüllten Bäuchen kuscheln wir uns wenig später in unsere Schlafsäcke.
Der nächste Tag. Frühmorgens werden unsere Sachen auf die Pferde gepackt und wir wandern gut drei Stunden durch das Tal zu unserer nächsten Campingstation. Das Drolma Valley ist so unberührt, dass die Tiere, denen wir unterwegs begegnen, keinerlei Scheu vor uns haben. So können wir in aller Gemütlichkeit Yaks, Vögel und eine Art Klippschliefer beobachten. Die Nachmittagswanderung muss allerdings ausfallen. Nachdem gestern schon ein Amerikaner und die Japanerin über Kopfschmerzen geklagt hatten, dröhnt uns heute auch der Schädel. Wir ruhen uns im Zelt etwas aus und trinken bis zum Abend drei Liter Wasser. Da es trotzdem nicht besser wird, greife ich vorsichtshalber zu den Tabletten, die uns ein Kanadier in Peking gegen akute Höhenkrankheit gegeben hatte. Volker weigert sich. Er will noch versuchen, sich ohne Medikamente zu akklimatisieren.
Am dritten Tag steht die größte Herausforderung unserer Trekkingtour an. Wir wollen zum auf über 5000 Meter gelegenen Yamtso-See wandern, den Pilgerweg um den See gehen und wieder zurück. Insgesamt sieben Stunden sind angesetzt. Dumm nur, dass es ausgerechnet heute in Strömen regnet! Wir schauen alle etwas bedröppelt aus unseren Zelten und beschließen, noch eine Weile mit dem Aufbruch zu warten. Und tatsächlich - gegen 12 Uhr mittags klart es auf und wir marschieren los.
Das wird kein leichter Trip, so viel steht bereits nach einer halben Stunde und 100 Höhenmetern fest. Einen richtigen Weg gibt es nicht, es geht über Stock und Stein, steil bergauf. Der Amerikaner Craig und die Japanerin Shihokou, beide eigentlich sehr sportliche Typen, haben immer noch mit der Höhe zu kämpfen und auch bei Volker kommen die Kopfschmerzen zurück. Wir bilden eine etwas langsamere Viererkette, hinter uns ist nur noch der amerikanische Guide, der fleißig Fotos schießt. Die zwei Amerikanerinnen und die Australierin, die alle drei schon seit mehreren Monaten in Hilfsprojekten in

Tibet arbeiten, eilen uns voraus und die beiden Franzosen? Nun, die sind gar nicht erst mitgekommen. Wie sich herausstellte, sind beide passionierte Bergsteiger. Sie wollen den Tag gemütlich angehen lassen und dann nachkommen... Nach einer weiteren Viertelstunde, unsere beiden Mitstreiter sitzen längst auf den Pferden unserer Guides, lassen wir uns erschöpft auf einem Stein nieder. Volker will wieder umdrehen, seine Kopfschmerzen werden immer stärker. Kommt überhaupt nicht in Frage! Ich drücke ihm die Wasserflasche in die Hand, er soll mehr trinken, dann geht es schon wieder. Die nächsten Meter folgen, Schritt für Schritt. Mannomann, so anstrengend hab ich mir das nicht vorgestellt. Die Luft ist verdammt dünn hier oben. An der nächsten Bergkuppe steigen Craig und Shihokou von den Pferden. Sie wollen es nochmal zu Fuß versuchen. Das ist unsere Chance! Unter weniger Protest als erwartet, nimmt Volker den Vorschlag, ein Stück auf den Pferden zu reiten, an. ‚Nicht gerade heldenhaft von uns', denke ich, aber besser eine Pause vom Laufen machen als wieder umdrehen. Nach einigen hundert Metern sehen wir Craig und Shihokou verzweifelt um jeden Schritt kämpfen. Na gut, dann wollen wir mal nicht so sein. Wir steigen wieder ab und überlassen ihnen die Pferde. Ganz langsam gehen wir unserem Ziel entgegen. Inzwischen denkt auch Volker nicht mehr ans Aufgeben. Nach zweieinhalb Stunden haben wir's geschafft. Wir sind am Yamtso! Ein kleiner See, umringt von hohen Bergen, in der Ferne ein Gletscher und am Rande wehende Gebetsflaggen... Weit und breit kein Mensch, einsame Stille, nur der Wind, der uns kalt um die Ohren pfeift. Eine so karge Landschaft und doch so schön! Ich bin hin und weg. Das war es, was ich in Tibet sehen und erleben wollte! Egal, was jetzt noch kommt auf der Tour, für mich hat es sich jetzt schon gelohnt. Nach einem kurzen Lunch starten wir unseren Pilgerweg um den See. Unser Ziel: Einmal den Gletscher am anderen Ende des Ufers anfassen. Wir sind noch nicht ganz da, als hinter uns - wir können es nicht fassen - Christoph und Bruno, die beiden Franzosen, kommen. Leichtfüßig und im T-Shirt als wären es 25 Grad im Schatten! Bruno grinst uns an und schaut stolz auf seine Uhr: "1 Stunde 43 Minuten". Wir kriegen den Mund nicht mehr zu. Wir haben für dieselbe Strecke - die Pause mal abgezogen - über drei Stunden gebraucht. Aber dann schafft es Bruno, auch uns glücklich zu machen. Ein Blick auf sein GPS-Gerät verrät: Wir sind auf 5267 Meter Höhe. Nicht schlecht! Die letzten Schritte bis zum Gletscher sind dann ein Kinderspiel. Leider haben wir uns etwas zu lange an diesem Teil des Sees aufgehalten und nicht bemerkt, wie sich über uns die Wolken zusammen zogen. Auf einmal fing es an, in Strömen zu regnen. "Wo ist das Taxi, in das ich springen kann?" Nein, kein Taxi, keine Straßenbahn, noch nicht mal ein Baum, unter den man sich stellen könnte. Nur unsere Füße, die uns jetzt den gleichen Weg wieder zurück zu unseren Zelten tragen müssen. Unsere Hosen sind komplett durchnässt und die gefühlten Temperaturen liegen im Minusbereich. Ich fühle mich unwillkürlich an ein Buch erinnert, das ich kürzlich gelesen hatte, in dem zwei Menschen versuchten, im Schneesturm einen der höchsten Pässe Afghanistans zu überqueren. Zugegeben, ganz so schlimm war es nicht und im Tal schien auch wieder die Sonne, so dass wir unsere Sachen zum Trocknen aufhängen konnten. Volker nahm freiwillig eine Tablette und das Thema Kopfschmerzen hatte sich erledigt. Abends beim Essen hat selbst Bruno dann noch einen Rekord zu vermelden. Es sei das erste Mal, dass er in 4800 Meter Höhe sein Abendbrot bei Sonnenschein und im T-Shirt einnehmen kann. Na also!

Am vorletzten Tag unserer Tour packen wir ein letztes Mal unsere Sachen für die Pferde und wandern zurück zu unserer Ausgangsstation im Drolma Valley, vorbei am Nonnenkloster und hin zur Straße, wo schon unser Bus auf uns wartet. Wir wollen zum drei Stunden entfernten Namtso-Lake, dem wohl größten höchstgelegenen Salzsee der Welt. Abfahrbereit sitzen wir im Bus. Aber wer denkt, unser Fahrer müsste jetzt nur noch den Gang einlegen, der hat die Rechnung ohne das örtliche PSB (= Public Security Bureau = Büro für öffentliche Sicherheit) gemacht. Wo kommen die denn auf einmal her? Wir sind hier mitten in der Pampa, Stunden von der nächsten Stadt entfernt. Und wir werden an der Weiterfahrt gehindert. Warum? Angeblich hätten wir keine gültigen Permits für das Gebiet. Nun hat unser tibetischer Trekking-Veranstalter diese Tour nicht zum ersten Mal gemacht und noch nie waren Permits nötig, auch nicht bei unserer Abfahrt. Und die für das "Naturschutzgebiet" erforderlichen Eintrittsgelder hat er bezahlt, wie die Tickets unseres tibetischen Reiseführers belegen. Interessiert die Herren vom PSB aber nicht, wenn wir keine Permits haben, müssen wir 5.000 Yuan (500 Euro!) Strafe zahlen. Alternativ könnten wir auch den Bus da lassen. Witzig! Was folgt, ist eine zweistündige Verhandlung, an deren Ende unser Reiseveranstalter dazu verdonnert wird, 1.100 Yuan zu zahlen. Ohne Quittung natürlich. Aber wir dürfen fahren. Im Bus entbrennt eine heftige Diskussion darüber, wie das passieren konnte. Unser Guide zuckt mit den Schultern: "Regelungen ändern sich hier wie der Wind". Vermutungen werden laut, dass uns Leute aus dem nahe gelegenen Dorf für ein paar Yuan ans PSB verraten haben. Naomi, eine Amerikanerin, die seit sechs Jahren in China lebt, gibt zu bedenken, dass es in unserem Fall besser gewesen wäre, wenn die Leute vom PSB Chinesen (und keine - zu unserer Überraschung - Tibeter) gewesen wären. Chinesische Mitarbeiter des PSB hätten uns eine weitaus geringere Strafe aufgebrummt. Die Tibeter hingegen, die die Seiten wechseln und für die chinesische Regierung arbeiten, seien die Schlimmsten und sehr viel skrupelloser, was Geldforderungen anbelangt. Wir können nur den Kopf schütteln und froh sein, dass wir das Geld nicht aus eigener Tasche zahlen mussten.

Als wir am Namtso-See ankommen, hat sich die Aufregung wieder gelegt. Die Sonne strahlt und der See erscheint in wunderschönem Türkisblau. An einem ruhig gelegenen Ufer des Sees schlagen wir unsere Zelte auf, unternehmen einen ersten Spaziergang und halten für den Rest des Nachmittags unsere Nasen in die Sonne. Nicht weit von uns stehen ein paar Nomadenzelte und ab und zu kommt einer der Bewohner zu uns, um die "neuen Nachbarn" zu beäugen. Es herrscht eine friedliche Atmosphäre. Zufrieden kriechen wir abends in unsere Schlafsäcke, nicht ahnend, dass wir die halbe Nacht kein Auge zukriegen werden. Um 1 Uhr nachts werden wir wach, weil es in unserem Zelt unangenehm kalt ist. Schnell merken wir, dass draußen ein heftiger Sturm tobt und es wie aus Eimern gießt. Das Geräusch ist unglaublich laut, es muss Eisregen sein. Unser Zelt hat auch schon ersten Schaden genommen. Mit Taschenlampe und Handtüchern bewaffnet, versuchen wir, die undichten Stellen abzudecken. Auf einmal heftiges Hundekläffen überall. Das ganze Zelt scheint von Hunden umzingelt zu sein. Vielleicht kommen sie von den Nomadenzelten, vielleicht sind sie wild streunend. Auf jeden Fall machen sie einen Höllenlärm. Nach einer halben Stunde entfernen sie sich und wir schlafen erleichtert wieder ein. Plötzlich gibt es einen Riesenknall begleitet von ohrenbetäubendem Gekläffe. Mindestens zwei Hunde müssen gegen die Kopfseite unseres Zeltes gesprungen sein. Die Leine ist aus dem Haken gerissen und das Außenzelt flackert im Sturm. Wir sitzen beide senkrecht im Zelt vor Schreck. Mein Herz schlägt bis zum Hals. Sekundenlang trauen wir uns kein Wort zu sagen. Vor meinem inneren Auge sehe ich die Hunde schon ein zweites Mal Anlauf nehmen und unser ganzes Zelt zerfetzen, da flüstert Volker: "Das war bestimmt keine Absicht. Die Hunde sind vermutlich beim Rennen in Richtung Essenszelt über unsere Schnur gestolpert." Das beruhigt mich ein wenig. Aber das Kläffen hört einfach nicht auf. Im Zelt nebenan leuchtet eine Taschenlampe. Na wenigstens sind wir nicht die Einzigen, die wach sind. Stundenlang ziehen die Hunde ihre Runden, mal mehr, mal weniger nah an unserem Zelt. Ich liege in meinem Schlafsack und bete, dass die Nacht so schnell wie möglich vorbei gehen möge. Es ist 3 Uhr morgens und ich habe ein weiteres Problem. Ich müsste mal dringendst auf die Toilette! Bis zu unserem Zeltklo sind es nur ein paar Meter. Eine unüberwindliche Hürde angesichts der Bestien da draußen. So liege ich bis 7 Uhr morgens wach. Dann wird es langsam ruhig. Ich wage einen kurzen Blick nach draußen - die Luft ist rein. Endlich! Mit klappernden Zähnen wage ich mich vors Zelt. Wir haben Eiszapfen an den Außenwänden! Aber das stört mich herzlich wenig. Hauptsache keine Hunde mehr! Eine Stunde später sitzen wir alle beim Frühstück. Ich weiß nicht, worüber wir mehr gelacht haben - über unsere Augenringe oder über unsere jeweiligen "Hundegeschichten". Am witzigsten finde ich, dass morgens zwischen unseren Schlafsäcken ein Schweizer

Taschenmesser lag. Damit hätte Volker im Notfall also unsere Leben retten wollen!
Nach mehreren Tassen starken Kaffees machen wir uns auf zur anderen Seite des Sees. Es ist morgens um 9 und die Verkaufsstände am Anfang des Pilgerweges haben noch zu, bis auf einen kleinen tibetischen Butterteeladen, in dem wir uns kurz aufwärmen. Bruno bittet um etwas heißes Wasser für sein aus Frankreich mitgebrachtes Fertigkartoffelpüree. Wir kriegen einen halben Lachanfall, als er nach und nach diverse Reagenzgläschen, gefüllt u.a. mit Salz ("Meeressalz von einer Insel vor Frankreich"), Olivenöl und Balsamico-Essig sowie eine kleine Pfeffermühle aus der Innentasche seiner Jacke zaubert, um damit seine Speise zu verfeinern. Ein Franzose ist eben auch auf 5000 Meter Höhe ein Gourmet. Das Wasser im See ist herrlich klar, die Berge im Hintergrund schneebedeckt. Eine phantastische Aussicht, die wir den ganzen Vormittag genießen. Um uns herum beginnt das Leben. Pilger nehmen ihren Weg auf, geschmückte Yaks ziehen an uns vorbei, die tibetischen Frauen reden munter durcheinander, während sie ihre Stände füllen und die tibetischen Männer vertreiben sich die Zeit mit Billard spielen. Ich könnte ewig zuschauen. Aber irgendwann ist auch die schönste Tour zu Ende. Unser Busfahrer hupt, wir müssen zurück nach Lhasa. Auf der Rückfahrt halten wir zum Lunch in einem kleinen Ort, in dem gerade eine Kirmes in Vorbereitung auf ein Pferdefestival gefeiert wird. Ein letztes Mal kommen wir an Nomadenzelten und mittelalterlich anmutenden Steinhütten vorbei, bevor wir sieben Uhr abends Lhasa erreichen. Fünf Tage lang haben wir die rauhe Natur Tibets erlebt, abgekochtes Gletscherwasser getrunken und uns mit eiskaltem Wasser gewaschen. Was heute Abend auf uns wartet, empfinden wir als reinen Luxus - ein eigenes Bad und eine lange heiße Dusche!

Zurück in Lhasa
(aus Volkers Tagebuch)

Die Hauptsaison ist vorbei und wir kommen doch noch an Karten für den Potala Palast. Auch wenn der einstige Wintersitz des Dalai Lama heute nur noch als Museum fungiert, hat er nichts von seiner Anziehungskraft und Einzigartigkeit verloren. Wir sehen neben den ehemaligen Regierungs- und Gebetsräumen auch einige der Privatgemächer des Dalai Lama. Es ist beeindruckend, an derselben Stelle zu stehen, an der 1946 der österreichische Bergsteiger Heinrich Harrer vom damals elfjährigen Dalai Lama empfangen wurde (verfilmt in „Sieben Jahre in Tibet"). Der Wohnbereich des Dalai Lama, vor dem wir stehen, soll noch genauso sein wie in den 50er Jahren, als er in diesen Räumen lebte. Schade, dass er nach seiner Flucht bislang nicht hierher zurückkehren konnte.

Während unserer letzten Tage in Lhasa planen wir unsere Tour Richtung Nepal. Da wir nur mit einer gebuchten Jeeptour zur Grenze fahren dürfen, haben wir uns zwei Mitreisende gesucht, um die Kosten zu teilen. Auf unseren Aushang an diversen Hostels haben sich unter anderem zwei Brasilianer gemeldet, die nach einem siebenjährigen Aufenthalt in London ganz langsam auf dem Weg nach Hause sind. Einen Teil des Weges werden wir nun gemeinsam reisen.

In sieben Tagen von Lhasa nach Kathmandu

Zusammen mit den Brasilianern Angela und Jorge und unserem Guide machen wir zunächst einen Abstecher Richtung Südosten des Landes, zum "Geburtsort" der tibetischen Kultur. Yumbulagang ist der Name für das allererste Gebäude in Tibet. Zwar nicht mehr im Original, sondern frisch restauriert, thront es auf der Spitze eines Berges und eröffnet wunderschöne Blicke ins Tal. Drumherum wehen Gebetsflaggen und in der Ferne weiden friedlich ein paar Yaks. Es ist ein Ort der Ruhe, an dem man sich gut vorstellen kann, wie es in Tibet vor einigen hundert Jahren ausgesehen hat. Allerdings nur solange, bis der nächste Reisebus kommt. Wir springen wieder in unseren Jeep und fahren weiter zum Samye Monastery, dem ersten Kloster des Landes. Das im Jahr 775 gegründete Kloster liegt so weit ab vom Schuss, dass sich dort kaum Touristen hin verirren. Nachdem wir die Hauptstraße verlassen haben, fahren wir noch zwei Stunden über eine staubige Schotterpiste, bis wir am Ziel ankommen. Außerhalb des Klosters erwartet uns Dorfleben pur: Hunde, Enten und Yaks auf der Straße, einfaches Essen und schlichte Unterkünfte. Für die Nacht schlafen wir im Haus einer tibetischen Familie. Während wir unseren Jasmintee schlürfen, machen die Kinder am Nachbartisch Hausaufgaben. Auf Chinesisch. Tibetisch wird nur noch zu Hause gesprochen. Wir versuchen zu kommunizieren, aber mit unserem Englisch kommen wir nicht weit. Unser Guide hilft bei der Übersetzung, aber ein flüssiges Gespräch kommt nicht zustande. Wir haben das Gefühl, dass unsere Gastgeber sehr zögerlich sind mit ihren Antworten. Vielleicht misstrauen sie unserem Guide, der zwar Tibeter ist, aber letztlich doch von der chinesischen Regierung für die Touristenbetreuung eingestellt ist. Im Samye Monastery haben wir am nächsten Tag die Gelegenheit, den Mönchen beim Debattieren zuzusehen. Sie sitzen in verschiedenen Gruppen im Hof des Klosters und jeweils ein Mönch steht in der Mitte. Er übernimmt die Funktion des Lehrers und stellt Fragen zu religiösen Themen an seine im Kreis sitzenden Schüler. Gibt der Schüler eine in seinen Augen falsche Antwort, klatscht der Lehrer in die Hände und fragt erneut. Dabei kann es zu unserer Überraschung richtig laut zugehen. Nichts mehr mit andächtigem Beten. Es wird geschrien, gelacht,

geklatscht, bis der entsprechende Mönch die richtige Antwort weiß. Wir sitzen am Rand und schauen amüsiert zu. Die Mönche scheint unsere Anwesenheit nicht zu stören, ab und zu schauen sie grinsend zu uns rüber.
Der zweite Tag unserer Reise führt uns am Yamdroktso See vorbei. Dafür geht's nochmal richtig hoch. Vom 4794 Meter hohen Kambala-Pass können wir den auf knapp 4500 Meter liegenden, strahlend blauen See bewundern. Der Yamdroktso ist einer der vier heiligen Seen in Tibet. Der See ist so weit verzweigt, dass die Tibeter sagen, er habe die Form eines Skorpions. Überprüfen konnten wir das leider nicht, da wir den See aufgrund von Straßenschäden nur von einer Stelle aus anschauen konnten. Trotzdem fiel es nicht schwer zu verstehen, warum dieser See eine so hohe Anziehungskraft für Pilger aus dem ganzen Land hat. Leider ist, was dem Tibeter teuer und wichtig ist, dem Chinesen noch lange nicht heilig. So haben chinesische Ingenieure 1997 trotz Einspruches des damaligen Panchen Lamas (zweithöchster tibetischer Führer) ein Wasserkraftwerk in Betrieb genommen, das langsam aber sicher das Wasser aus dem See pumpt. Der Yamdroktso ist ein stehender See ohne jegliche Zuflüsse und Umweltschützer befürchten, dass er, wenn es so bleibt, in spätestens 20 Jahren ausgetrocknet ist. Tatsächlich ist der kleine Ort Nangartse, der einst am Wasser lag, bereits vom See abgeschnitten. Die Tibeter prangern zudem an, dass die Energie, die aus dem Wasserkraftwerk gewonnen wird, vor allem zur Versorgung der immer mehr nach Lhasa ziehenden Chinesen genutzt wird. Unser tibetischer Guide hält sich auf Nachfrage bedeckt. Wir wissen nicht, ob aus Angst vor einem politischen Statement oder weil er nicht die passenden englischen Worte findet. Er gibt nur einen einzigen Kommentar: "Leider wird der See immer kleiner."
Auf unserer Fahrt Richtung Süden wird klar, warum es eine gute Idee war, die Touren von Lhasa nach Kathmandu mit Jeeps auszustatten. Mehrere Stunden geht es durch die Berge, querfeldein, wenn wir Glück haben, ab und zu über eine befestigte Sandstraße. Zwischendurch halten wir in einem kleinen tibetischen Restaurant mitten im Nichts. Die beiden Töchter des Inhabers beäugen uns neugierig. Es dauert nicht lange, da zieht die kleinere von beiden an meinen Haaren. Alles lacht. "Hey, guck mal, die Brasilianerin hat auch lange Haare", versuche ich die Kleine auf Angela aufmerksam zu machen. Keine Chance, blonde Haare sind offensichtlich interessanter. Kurz darauf kommt auch die Große an den Tisch, bewaffnet mit einem Heft voller englischer Wörter. Wie das alles ausgesprochen wird, möchte sie wissen. Alles?? Das Heft hat an die 50 Seiten. Na dann man los. "Tisch, Stuhl, Hund, Katze, Arme, Beine…" Inzwischen kommt mein Essen. Zwischen zwei Löffeln Fried Rice geht's weiter: "Foto, Kamera, Film, Licht, heute, morgen, gestern…" Eifrig spricht sie alles nach und notiert sich dann die Lautsprache auf dem Papier. Sie ist sichtlich enttäuscht, als wir wieder los müssen, schließlich

sind wir noch nicht mal bis zur Hälfte gekommen. Aber immerhin kann sie mit ein paar neuen Vokabeln in der Schule glänzen. Mit deutschem Akzent, versteht sich. Wir stoppen in Gyantse, einem kleinen Ort, der berühmt ist für seine "Kumbum Choerten", eine Neun-Etagen-Stupa mit 108 kleinen Kapellen, die außen reihum angeordnet sind. Viel zu gucken. Nach der 50. Kapelle verspüre ich eine Riesenlust, nach oben aufs Dach zu gehen und den Ausblick auf Gyantse zu genießen. Innerhalb der Stupa gibt es eine Holztreppe direkt nach oben. Allerdings hab ich die Rechnung ohne die tibetischen Pilger gemacht. Auf dem vorletzten Treppenabschnitt kommt mir ein alter Mann entgegen, der mir freundlich, aber bestimmt verdeutlicht, dass man hier im Kreis zu gehen hat. Schön langsam und im Uhrzeigersinn. Na gut, er hat ja Recht. Im Buddhismus nimmt man eben nicht die Abkürzung.
Inzwischen sind wir in Shigatse, der nach Lhasa zweitgrößten Stadt Tibets, angekommen. Das dortige Tashilhunpo Monastery ist der einstige Sitz des Panchen Lamas. Das muss natürlich gesehen werden! Die Reisebusse fahren zum Haupteingang und die Tibeter gehen hinten rum. Nanu? Wir gehen den Tibetern hinterher. Auf einem Platz neben dem Kloster haben sich rund einhundert Mönche versammelt. Die Tibeter sitzen am Rande des Platzes oder auf der Wiese. Wir setzen uns dazu. Jetzt sind wir gespannt. Keine zwei Minuten später fangen einige der Mönche an, auf alphornähnlichen Instrumenten zu spielen. Wir sind fasziniert. Nach und nach führen andere Mönche zu dieser Musik Tänze auf, die aussehen, als würden sie verschiedene Figuren darstellen. Mal benutzen sie dafür ihre Hände, dann wieder Tücher oder Schwerter. Leider haben wir nicht herausbekommen, welche Bedeutung dahinter steht, weil unser Guide es nicht wusste und die Tibeter um uns herum es mangels Englischkenntnisse nicht erklären konnten. Nach einer Stunde wollen unsere brasilianischen Mitreisenden Angela und Jorge ins Kloster rein. Eine riesige Buddha-Statue von 27 Metern Höhe und das Grab des 4. Panchen Lamas warten auf den Besuch. Und wir? Wir lassen die Statue "Statue" sein und genießen es einfach, den ganzen Nachmittag zwischen den Tibetern zu sitzen, mit Händen und Füßen zu kommunizieren und den Mönchen zuzuhören. Später lesen wir im Internet, dass das Tashilhunpo Kloster eine traurige, aber für die momentane Situation bezeichnende Geschichte zu erzählen hat. Der 10. Panchen Lama (geb. 1938), der in diesem Kloster lebte, hatte in den ersten Jahren seines Lebens eine sehr gute Verbindung zur chinesischen Regierung, weshalb er von seinen eigenen Leuten mit großem Misstrauen betrachtet wurde. Man munkelt, dass er 1949 Mao in einem Brief darum gebeten hat, Tibet zu "befreien", wobei es schwer vorstellbar ist, dass er das im Alter von elf Jahren aus freien Stücken gemacht hat. Nach dem Einmarsch der chinesischen Truppen in Tibet und der Flucht des Dalai Lamas ins Exil schien sich die Einstellung des Panchen Lamas gegenüber seiner

"Förderer" zu ändern. Im Alter von 23 Jahren lehnte er die Aufforderung Maos, den Dalai Lama als Reaktionär zu denunzieren und selbst den Platz des spirituellen Führers einzunehmen, ab. Drei Jahre später verkündete er zehntausenden Tibetern auf dem Moenlam-Festival in Lhasa, dass er daran glaubt, dass Tibet eines Tages wieder frei sein wird und der Dalai Lama als ihr Oberhaupt ins Land zurückkehrt. Die Reaktion der chinesischen Regierung war mehr als vorhersehbar: Vierzehn Jahre verbrachte der Panchen Lama daraufhin im Gefängnis. Bei seiner Freilassung wurde er von den Tibetern als Held gefeiert. Kurz bevor er 1989 an einer Herzattacke starb, warf er der chinesischen Regierung vor, seinem Volk nur Unglück und Missstände gebracht zu haben. Viele Tibeter glauben nicht an seinen natürlichen Tod. Die Funktion des Panchen Lamas gibt es noch heute. Aber wo sitzt er, wenn nicht mehr im Tashilhunpo Monastery in Shigatse? Der derzeit amtierende, von der chinesischen Regierung ausgesuchte, sitzt in Peking. Der "richtige", vom Dalai Lama auserkorene 11. Panchen Lama wurde 1995 im Alter von sechs Jahren an einen nicht bekannten Ort verschleppt und unter Hausarrest gestellt. Er hält seitdem den traurigen Rekord als jüngster politischer Gefangener der Welt.

Aus Volkers Tagebuch:

Die Landschaft wird immer rauer, die kleinen tibetischen Dörfer seltener. Irgendwann hört die Straße ganz auf und macht einer ausgewaschenen Schotterpiste Platz. Dort am Ende des Tales soll er sein, der Mount Everest. Sein tibetischer Name ist Chomolongma, was so viel heißt wie 'Muttergottheit des Universums'. Der höchste Berg der Erde. Wir sind aufgeregt, ihn bald in voller Pracht zu sehen. Als wir im Mount Everest Base Camp ankommen, ist es bereits dunkel. Der Wind pfeift uns um die Ohren. Auf 5.000 Meter Höhe sind es nur noch ein paar Grad über Null. Die Unterkünfte mit den vielversprechenden Namen wie „Snowland Guesthouse" oder „Everest Leopard Hotel" sind große einfache Zelte, ausgestattet mit ein paar Schlafbänken, dicken Decken und einem warmen Ofen in der Mitte, der mit Yakmist beheizt wird. Noch eine Tasse heißen Tee, dann schließen wir die Augen.
Früh halb acht. Der Wecker klingelt. Eigentlich wollen wir sofort los. Leider liegt die Besitzerin unseres Zeltes noch eingemummelt unter ihrer Decke. Mit fast stoischer Gemütlichkeit macht sie irgendwann unser Frühstück. Viel später als geplant kommen wir am Fuße des Berges an. Die begeisterten Gesichter anderer Reisender verraten uns, dass sich der Mount Everest heute schon gezeigt haben muss. Nur wo? Wir sehen nur eine dicke Wolkendecke. Nicht ein einziger Bergzipfel weit und breit. Wir machen erstmal ein Foto vor dem berühmten Stein mit der Inschrift „EBC (Everest Base Camp) 5.200m",

damit man uns auch glaubt, dass wir hier gewesen sind. Dann warten wir, dass sich der Berg aus den Wolken schält. Und warten. Und warten. Nach drei Stunden geben wir uns geschlagen. Vielleicht versuchen wir es am späten Nachmittag nochmal. Wir gehen wieder zurück ins warme Zelt, wo Reis und Nudelsuppe warten. Vier Uhr nachmittags. Wir laufen die fünf Kilometer bergauf nochmal. Auf 5.000 Meter Höhe ist das ziemlich anstrengend. Aber wir wollen auf keinen Fall abfahren, ohne den berühmten Mount Everest gesehen zu haben! Der Wind ist noch stärker geworden und die Temperaturen sind weiter gesunken. Wir sind mit fast allem bekleidet, was unsere Rucksäcke hergeben. Und was sehen wir, als wir oben angekommen? Dieselbe Szenerie wie mittags: eine weißgraue Wolkenwand, sonst nichts. Gegen 7 Uhr abends sind meine Finger fast eingefroren. Wir müssen aufgeben. Mit hängenden Köpfen gehen wir langsam zu den Zelten. Immer wieder schauen wir zum Berg. Nichts. Dann auf einmal! Die Wolken reißen auf und der höchste Berg der Welt kommt zum Vorschein. Was für ein Anblick! 8.848 Meter Eis und Schnee. Wir stehen wie angewurzelt da und können einfach nur staunen. Der Chomolangma im Sonnenuntergang. Ein Wunder der Natur und für mich eines der beeindruckendsten Erlebnisse auf unserer Reise! Zurück im Zelt müssen wir feststellen, dass man schon fast dabei war, einen Suchtrupp nach uns zu schicken. Es ist abends halb 9 und stockdunkel. Unser Guide, Angela und Jorge hatten sich ernsthaft Sorgen um uns gemacht. Aber unsere Begeisterung über den Anblick des Mount Everest konnte den leichten Anflug von Ärger schnell wieder wett machen.
Mit dem Abschied vom Mount Everest verabschieden wir uns auch von Tibet. Unsere fünfwöchige Reise durch ein beeindruckendes Land geht zu Ende. Auf der Fahrt zur nepalesischen Grenze verlieren wir über 2.000 Höhenmeter. Langsam wird es wieder wärmer. Eben fuhren wir noch auf Schotterpisten durch nackte Felslandschaften, jetzt kommen wir an grünen Wäldern und riesigen Wasserfällen vorbei. Wir müssen die Fahrt immer wieder unterbrechen, weil Erdrutsche, Steinschläge oder Überflutungen die Straßen nur schwer passierbar machen. Mitten in der Nacht kommen wir schließlich im Grenzort an. Zusammen mit Angela und Jorge trinken wir ein letztes Lhasabier und sagen leise “Free Tibet!”.

Nepal

Kathmandu

Eine Woche sind wir jetzt schon in Kathmandu. Wir haben uns - wie so viele Reisende - ins Backpackerviertel Thamel zurückgezogen. Man könnte beinahe sagen "versteckt". Nach der Ruhe der tibetischen Berge kommt es uns vor,

als hätte man uns in einen 4000 Meter tiefer gelegenen Hexenkessel geworfen. Es ist laut, dreckig, voller Smog und mal mehr, mal weniger wohlriechenden Düften. Gleichzeitig tragen die Frauen der Stadt die farbenfrohsten Gewänder, die man sich vorstellen kann. Die Menschen lachen, reden viel und lassen sich gerne fotografieren. Ein Unterschied wie Tag und Nacht zur zurückhaltenden tibetischen Mentalität. Das muss erstmal verkraftet werden. Wir hängen noch etwas dem Land und den Leuten auf dem tibetischen Hochplateau nach und leiden gleichzeitig an einer gehörigen Portion Reizüberflutung. “Sir, do you want to go trekking?” “Mam, T-Shirt? Bananas? Beautiful sunglasses??” “Maaam!!!” Quiiietsch, huuup, schreiii. T-Shirts, CD’s, Trekkingtouren, Rafting, Kayaking… Alles wird lautstark angepriesen. Ein einfaches ‘Nein danke’ hilft meistens nicht. Einige besonders penetrante Zeitgenossen schaffen es sogar, uns bis zum Eingang unseres Hostels nicht von der Seite zu weichen. Schnell durch die Pforten und einmal tief durchatmen.
Wir nächtigen im Kathmandu Guesthouse, mit 120 Zimmern das größte am Platz. Hier kann man von 4 bis 65 Dollar pro Nacht schlafen. Angesichts der Tatsache, dass wir unser Budget in China etwas überzogen haben, musste nicht lange überlegt werden, welche Kategorie wir nehmen. In unserem Zimmerchen kann man sich zwar kaum drehen, dafür können wir die gesamte Anlage inklusive Hinterhofgarten mit beleuchtetem Buddha nutzen. Abends wird das Eingangstor von zwei Sicherheitsleuten bewacht und dann gibt’s auch für Billigheimer ein freundliches “Good night, madam.” Hier können wir die Beine langmachen, die letzten Reiseberichte aus Tibet schreiben, ausspannen und natürlich unsere Tour durch Nepal planen. Wir haben uns gerade erst einen Reiseführer gekauft. Die Auswahl ist groß, die Durchführbarkeit leider begrenzt. Aufgrund bevorstehender Wahlen gibt es in einigen Regionen leichte Unruhen, Demonstrationen und andere Aktionen von Maoisten, was unsere Reiseplanung etwas durcheinander wirft. Noch ist nicht klar, ob wir über Land nach Indien können oder einen Flug von Kathmandu nach Delhi nehmen müssen. Und in welchem Gebiet können wir noch unbehelligt trekken, ohne uns gleich mit den Massen auf die Füße zu treten? Wir müssen noch einige Informationen einholen, bevor wir uns entscheiden. So vergehen die Tage…
Gegen Ende der Woche dann unser erster großer Ausflug außerhalb von Thamel. Es geht zu Nepals heiligster hinduistischer Pilgerstätte - den Pashupatinath Tempeln. Wir haben Glück, denn ausgerechnet heute findet hier ein großes Festival statt. Es ist der zweite Tag des insgesamt dreitägigen Tij-Festivals, an dem sich alle Frauen in Rot kleiden und singend und tanzend durch die Straßen ziehen. An den Pashupatinath Tempeln stehen sie in langen Schlangen an, um dem hinduistischen Gott Shiva zu huldigen, wobei verheiratete Frauen sich dabei für ihre Männer Glück und Gesundheit wünschen

und unverheiratete Frauen um einen guten Partner bitten. Anschließend nehmen sie ein rituelles Bad im Bagmati-Fluss, der durch die gesamte Tempelanlage fließt und brechen damit ihre eintägige Fastenzeit. Fast 90 Prozent aller Nepalesen und Nepalesinnen sind Hindus, da kann man sich vorstellen, was auf dem Festival los war. Rote Kleider soweit das Auge reicht. Es herrscht eine fröhliche, ausgelassene Stimmung. Nepalesische Männer sind allerdings nicht zugelassen. Wer versucht, zu den Frauen in den Tempeln zu gelangen, wird von Polizisten freundlich, aber bestimmt zurück gebeten. Volker darf bleiben, Touristen sind erlaubt. Ab und zu ziehen dicke Rauchschwaden über den Fluss und die am Rand stehenden Tempel. Allerdings handelt es sich nicht wie in Tibet um Kräuter, die verbrannt werden, sondern um die Leichen Verstorbener. Wir müssen zweimal hingucken, um zu glauben, dass am Rande des Flusses tatsächlich öffentliche Verbrennungen stattfinden. Eine Leiche nach der anderen wird in Begleitung der Angehörigen herangetragen, auf mehreren Holzscheiten aufgebahrt, mit Stroh bedeckt und vor den Augen aller verbrannt. Niemand scheint sich daran zu stören, dass sich ein fröhliches Festival und trauernde Familienmitglieder auf ein- und demselben Tempelkomplex befinden. Es ist völlig normal - auf dem Subkontinent gehört der Tod zum Leben.
An einem der folgenden Tage finden wir uns inmitten einer tibetischen Gemeinschaft wieder. Wir sind zu der größten buddhistischen Stupa des Landes gefahren, fünf Kilometer außerhalb von Kathmandu. Die Bouddha-Stupa zählt gleichzeitig zu den bedeutendsten Monumenten des tibetischen Buddhismus außerhalb Tibets und ist seit 1959 zu einer Art Mekka für im Exil lebende Tibeter geworden. Hier finden wir alles wieder, was wir schon vom tibetischen Hochplateau kennen: Gebetsmühlen, Pilger, Mönche… Sogar der Duft von Kräutern und Yak-Butter hängt in der Luft. Nur eins ist anders - an jeder Ecke stehen Postkarten vom 14. Dalai Lama zum Verkauf und in den Klöstern ringsum steht sein Bild, eingerahmt in einen weißen oder grünen Schal. Bilder vom jetzigen Dalai Lama sind in Tibet verboten. Es ist schön zu sehen, dass die Tibeter wenigstens hier ihre Religion frei ausüben können. Wir fühlen uns gleich ein bisschen "zu Hause", hören den Mönchen beim Beten zu und genießen bis abends die Ruhe des Platzes, während außerhalb der Häusermauern das nepalesische Leben tobt.
Nach zehn Tagen beenden wir unseren Aufenthalt in Kathmandu. Wir haben zwar längst noch nicht alles gesehen, aber die Informationen verdichten sich, dass es hier im Tal und in der Stadt im Besonderen zu Ausschreitungen zwischen Maoisten und gegnerischen Parteien kommen kann. Die Demonstrationen können wir von unserem Guesthouse aus schon sehen. An einem unserer letzten Abende treffen wir uns mit einem UN-Mitarbeiter, den wir auf der Fahrt nach Kathmandu kennen gelernt haben. Er hat uns geraten, unsere Zeit

lieber in der Annapurna-Region zu verbringen und dann über den Süden nach Indien auszureisen. Allzu lange warten sollten wir damit nicht mehr. Zwar sind Touristen bislang nicht Ziele von Angriffen gewesen und es sei auch nicht zu erwarten, dass das passieren wird. Was uns allerdings blühen kann, sind Ausgangssperren und geschlossene Grenzen. Er erzählt, dass es 2005 schon einmal eine Ausgangssperre für Touristen wegen drohender Ausschreitungen gab. Neunzig Tage lang durfte niemand das Land verlassen.

Pokhara

Nach Kathmandu erscheint uns Pokhara wie das Paradies auf Erden. Die Stadt liegt direkt am See, umgeben von wunderschöner Natur. In der Ferne erstrecken sich die Gipfel des Himalayas, die man sogar von unserem Guesthouse aus sehen kann. Ein Traum. Es sind noch kaum Touristen hier, was sich auch in den Preisen niederschlägt. Für umgerechnet drei Euro haben wir ein großes, gemütliches Zimmer mit eigenem Bad und Dachterrasse. Wir erkundigen uns nach der aktuellen politischen Situation. Jeder versichert uns - von Maoisten hier keine Spur. Umso besser.

Unser erster Ausflug führt uns auf einen Berg zur Weißen Pagode (auch Pagode des Weltfriedens genannt). Von dort aus soll man einen besonders schönen Blick aufs Tal haben. Also früh aufgestanden und losmarschiert. Den Weg zu finden war soweit kein Problem, bis wir in den Wald kommen. Jetzt gibt es mehrere Abzweigungen. Welche nehmen? Wir haben wohl zwei Minuten zu lange dort gestanden und gegrübelt. Längst hat uns ein kleiner Junge aus dem anliegenden Dorf erspäht, der nun lauthals seine ganzen Kumpels zusammen trommelt. Er ruft immer nur ein Wort, von dem wir vermuten, dass es "Tourist" oder "Weißer" oder "Rupies abzugreifen" bedeutet. In Null komma Nix hat sich eine ganze Zwergenmannschaft um uns herum versammelt, die uns allesamt den richtigen Weg zeigen wollen. Einer hat sogar seine Flöte mitgebracht. Er könne uns ein Lied vorspielen, wenn wir wollen. Äh, nein. Die Kleinen sind zwar sehr süß, wir wollen dann aber doch lieber alleine weiter und schlagen schnell einen der Wege ein. Sie führen ja alle irgendwie nach oben. Auf der Spitze des Berges angekommen, gibt es doch tatsächlich mehrere Hinweisschilder, die einen den Weg zur Pagode zeigen. Wieso stand unten an der Abzweigung keins? Ein Schelm, wer Böses dabei denkt… Der frühe Aufstieg hat sich gelohnt. Von der Pagode aus kann man fast das ganze Tal mit dem See, Pokhara und die umliegenden Berge inklusive Annapurna I (dem mit 8091 Meter Höhe bekanntesten Berg Nepals) überblicken. Bei der Aussicht bekommen wir richtig Lust, nochmal in die Berge zu gehen. Beim Frühstück beschließen wir, uns in den nächsten Tagen in Pokhara nach verschiedenen Trekkingtouren zu erkundigen.

Am zweiten Tag in Pokhara treffen wir Angela und Jorge, unsere beiden Brasilianer, wieder. Auch sie wollen eine Trekkingtour machen. Super, also wieder zu viert? Leider haben sie sich schon eine Tour ausgeguckt, bei der sie sich mit dem Flieger in Jomsom, einem kleinen Ort im Himalaya absetzen lassen und von da aus ca. acht Tage bergab wieder zurück nach Pokhara gehen. Hmm, bergab klingt verlockend. Aber mit so ‘ner kleinen Propellermaschine über den Himalaya? Ich weiß nicht… Außerdem ist es ziemlich teuer. Wir entscheiden uns dagegen und wollen stattdessen zu Fuß zum Annapurna Base Camp. Der Trip soll auch acht Tage dauern und wir verabreden mit Angela und Jorge, uns danach wieder in Pokhara zu treffen. In einem der vielen kleinen Reisebüros bietet man uns an, ein All-inclusive-Paket zu nehmen oder einfach nur mit einem einheimischen Guide zu gehen und Unterkunft und Verpflegung vor Ort selbst zu organisieren. Wir nehmen Variante zwei. Wenn man zu zweit mit einem Einheimischen geht, nimmt man normalerweise entweder einen Porter oder einen Guide. Ein Porter ist jemand, der das Gepäck beim Trekking trägt. Er kennt den Weg, spricht aber in der Regel kein Wort Englisch. Ein Guide widerum spricht sehr gut Englisch, trägt allerdings nicht das Gepäck. Grundsätzlich kann man bekannte Trekkingrouten (wie z.B. zum Annapurna Base Camp) auch alleine gehen. Es erschwert allerdings die Kommunikation unterwegs (es sei denn, man spricht Nepali) und ist zudem unter den Einheimischen nicht so gern gesehen. In unserem Reiseführer lesen wir, dass das Ansehen eines Trekkers unter den Nepalesen steigt, wenn er bereit ist, etwas Geld aus seiner Reisekasse beim “kleinen Mann” zu lassen. Für Nepalesen aus der Region sind Trekkingtouren oft die einzige Möglichkeit, den Lebensunterhalt für ihre Familien zu verdienen. Teuer ist es nicht, für umgerechnet sechs Euro am Tag kann man einen Porter engagieren. Es hat also nichts mit Dekadenz zu tun (wie einem manche Backpacker weismachen wollen), wenn man sein Gepäck für acht Tage von jemand anderem die Berge rauftragen lässt. Wir haben noch Vorsaison und so kann uns unsere Agentur einen Guide vermitteln, der außerhalb der Haupt-Touristen-Zeiten auch als Porter arbeitet. Ein wahrer Glücksfall. Wir lernen ihn zwei Tage vor Abmarsch kennen und sind uns sofort sympathisch. Gubinda, so heißt unser Guide, ist ein kleiner, drahtiger Nepalese, der - wie sich später herausstellt - neben jedem Stein auch jeden Einheimischen unterwegs kennt.
Bevor es auf den großen Trip geht, machen wir aber noch einen Ausflug in Pokhara. Wir mieten uns wieder ein Mountainbike und ab geht’s durch die Mitte. Unser Ziel ist das Dorf Tashi Palikiehl, einst ein Flüchtlingslager für Exil-Tibeter, inzwischen eine eigenständige tibetische Siedlung. Auf dem Weg dorthin müssen wir durch Pokhara-City. Hier geht es schon etwas hektischer zu als in der gemütlichen Lake Side, wo wir wohnen. Wir fahren gerade

auf den Marktplatz, als um uns herum auf einmal alle Geschäfte geschlossen werden. Was ist denn nun los? Mittagspause? Wir fragen einen herumstehenden Einheimischen. “Maoisten” ist das Einzige, was er hervorbringt. Wie jetzt? Was? Wo? Ich denke, hier in der Region gibt’s keine Maoisten-Aktionen? Wir fragen nochmal nach. In seinem Wortgewirr verstehen wir irgendwas von “Zwischenfall vor einer Schule”, “45 Verletzte”, “Straße gesperrt”, “Geschäfte vorsichtshalber geschlossen”, “nehmt anderen Weg”. Schluck. Wir machen uns dann mal vom Acker. Über einen Umweg kommen wir nachmittags endlich in Tashi Palikhiel an. Uns hängt der Magen in den Kniekehlen und daher machen wir erstmal im nahe gelegenen “Pool-Restaurant” halt. Der Name ist Programm. Wir müssen grinsen, als wir sehen, dass es sich um ein kleines Freibad mit Snackbar handelt. Noch kurioser finden wir allerdings die Tatsache, dass sich die eben noch im Pool planschenden Jungs feixend neben uns abtrocknen und sich dann ihre tibetischen Mönchskutten überwerfen! 16 Uhr, das Nachmittagsgebet ruft. So ziehen sie einer nach dem anderen aus dem Freibad ab, die in Plastiktüten gehüllten Badeklamotten lässig über die Schulter geworfen. Als wir durchs Dorf gehen, stellen wir fest, dass Mönche in Badehosen nicht das Einzige sind, was die Tibeter hier von den Einwohnern in Tibet unterscheidet. Die Straßen sind sauber, die Häuser modern und die Mönche haben Fernseher in den Zimmern. Fast wäre ich mit einem kleinen Jungen mit Spiderman-Maske zusammengestoßen. Hier ist man definitiv schon im 21. Jahrhundert angekommen.
Zurück in Pokhara kehren wir zum wiederholten Male im Asia Teahouse ein, ein kleines familienbetriebenes Restaurant mit nur zwei Tischen in einer Hofeinfahrt, aber den leckersten Gemüse-Käse-Makkaroni, die man sich vorstellen kann. Man kann ja nicht immer nur Reis essen. Hier gibt’s vom Hausherrn, Koch und Ladenbesitzer die letzten Tipps für den Trek zum Annapurna Base Camp. Allerdings hat er nicht erwähnt, dass wir uns Regenhosen kaufen sollten. Wir kommen auch nicht auf die Idee, obwohl es gerade angefangen hat, in Strömen zu regnen. Warum auch? Morgen wird bestimmt wieder die Sonne scheinen!

Trekkingtour zum Annapurna Base Camp

Unsere nächste große Trekkingtour steht an. In acht Tagen wollen wir zum auf 4.120 Meter hoch gelegenen Annapurna Base Camp laufen. Am Abend bevor es losgeht, müssen wir an die Worte eines Freundes in Deutschland denken, der nicht verstehen kann, warum wir wegen der Berge um die halbe Welt fahren. „In Europa gibt es auch schöne Ecken“, hatte er immer wieder gesagt. Und damit war er nicht der Einzige. Oft haben wir im Freundeskreis

Aussagen gehört wie „Ihr reist um die ganze Welt und kennt noch nicht mal die Provence“. Wir werden nachdenklich. Warum zieht es uns eigentlich so weit weg? Europa ist schön und landschaftlich und kulturell sehr abwechslungsreich. Man kann bequem mit dem Auto überall hinfahren und es ist sicher. Unbestritten. Aber: Europa ist auch sehr teuer. Würden wir in Europa reisen, wären wir spätestens nach einem Jahr wieder zu Hause. Aber das ist nicht der Hauptgrund. In Europa ändern sich die Dinge nicht mehr so schnell wie in anderen Teilen dieser Welt. Frankreich, Italien oder die Schweiz werden vermutlich auch in zehn Jahren nicht viel anders aussehen als jetzt – Laos, Indonesien oder Mexiko hingegen schon. In Europa ist im Großen und Ganzen alles so, wie man es von zu Hause kennt, große Überraschungen gibt es kaum. Uns reizen die „anderen Welten“, die kulturellen, kulinarischen und gesellschaftlichen Unterschiede. Wir lieben die exotischen Düfte der Garküchen, die uns nach dem Abstieg aus den Bergen um die Nase wehen. Wir mögen es, uns Brocken der ausgefallensten Sprachen anzueignen. Und wir möchten jetzt die Länder sehen, in die wir vielleicht in ein paar Jahren nicht mehr fahren würden. Europa können wir jederzeit auch mit Kind noch bereisen, aber würden wir es so ohne weiteres mit nach Indien nehmen? In die österreichischen Alpen können wir auch noch als Rentner fahren, aber kraxeln wir dann noch auf 5.000 Meter Höhe zum Mount Everest Base Camp? Vielleicht. Vielleicht aber auch nicht. Jetzt, wo wir unabhängig und bei bester Gesundheit sind, ist die Zeit, die fernen Welten auf den eigenen zwei Beinen und mit dem Rucksack auf dem Rücken zu erkunden! Europa kann warten.

Aus Volkers Tagebuch:

Irgendwann auf der Reise habe ich schon mal den guten Forrest Gump zitiert: “…und dann kam der Regen…” Das was hier an Wasser runterkommt, verlangt eigentlich eine neue Bezeichnung. Wir sind seit fünf Tagen auf unserer Trekkingtour, es gießt nahezu nonstop wie aus Eimern und wir hängen mal wieder fest. Aber fangen wir von vorne an.

Tag 1 - Pokhara bis Gandruk

Alles was man so braucht, haben wir in einem Rucksack verstaut, den ganzen Rest lassen wir in Pokhara im Hostel. Unser Guide ist mehr als pünktlich. Wir fahren gemeinsam nach Nayapul, dem Startpunkt unserer Tour. Weit kommen wir nicht. Es gießt in Strömen und auch nach diversen Tassen Tee klart der Himmel nicht auf. In Pokhara gibt‘s an jeder Ecke Outdoorklamotten. Auf die Idee, dort vielleicht mal zwei Regenhosen zu kaufen, sind wir aus irgendeinem, mir unerfindlichen Grunde nicht gekommen. Dani hat Glück, Gubinda besteht darauf, dass sie seine Regenhose anzieht. Ich muss mir was überlegen. Aus Mülltüten und Stricken versuchen wir, eine Regenhose für mich zu kreieren. Am Ende sehe ich aus wie ein Hippie in Pink. Naja, der Hippietrail ging ja damals auch durch Nepal... Gubinda tauscht seine Turnschuhe gegen FlipFlops ein und los geht's. In den nächsten Stunden kommen wir ganz gut voran. Irgendwann bleibt Gubinda im Wald stehen und lauscht in den Regen. Jetzt hören auch wir das Rumpeln. "Hm, ein Erdrutsch. Irgendwo links vor uns", sagt er und geht langsam weiter ins Tal hinab. Unten rauscht ein Fluss, der von einem großen Wasserfall gespeist wird. Dort sehen wir die weggespülte Erde. Ein paar Nepali stehen vor einer Brücke, die über selbigen Fluss geht und seltsam verformt aussieht. Aufgeregt reden die Leute mit unserem Guide. Gubindas Entscheidung – wir müssen die Brücke überqueren und zwar schnell. Wie jetzt? Über die halb überflutete Brücke? Aber Gubinda bleibt dabei: „Wir dürfen keine Zeit verlieren." Also Augen zu und durch. Am anderen Ufer geht's zügig weiter. Der Erdrutsch war sehr breit und hat den Weg komplett verschüttet. Alles ist lose, an eine Pause ist hier nicht zu denken. Später erfahren wir, dass die Brücke noch am selben Abend weggespült wurde. Bei einer Rast gut eine Stunde später bekommt Dani zu spüren, was es heißt, im Regen durch den Dschungel zu wandern. Blutegel! Dick, schwarz und glitschig. An den Schuhen, an den Klamotten und leider auch an den Beinen. Danis Laune ist nicht gerade auf einem Hoch und wir sind heilfroh, als wir nach zwei weiteren Stunden das Ziel unseres ersten Tages erreichen.

Tag 2 - Gandruk – Warten auf das Ende des Regens

Leider sind unsere Klamotten und Schuhe über Nacht nicht getrocknet. Weitergehen unmöglich. Wir müssen in der Hütte bleiben und sitzen fast den ganzen Tag ums Feuer oder beobachten die Affen, die über das Reisfeld des Nachbarn herfallen. Am Abend kommen die Männer des Dorfes zurück. Sie haben heute eine neue Brücke gebaut. In unserer Hütte fühlen wir uns wie ins Mittelalter zurückversetzt. Während unsere Schuhe über dem Feuer hängen und wir unsere Hosen trocknen, gesellt sich eine junge Mutter mit ihrem neugeborenen Baby zu uns, füttert es und reibt es mit Ghee, eine Art Butterschmalz, ein. Damit es dem Baby nicht zu kalt wird, erhitzt sie ihre Hände am Feuer und wärmt das Kind mit den heißen Händen. Der Rest der Familie schaut ab und zu mal vorbei. Die Blicke werden jedes Mal glasiger, die Schritte wackliger... Es gibt hier oben nicht viel zu tun. Wir sind die einzigen Gäste.

Tag 3 - Gandruk bis Chomrong

Der Regen macht Pause und die Sonne traut sich ein bisschen hervor. Eine tolle Landschaft liegt vor uns. In der Ferne sehen wir schon die Gipfel von Annapurna III, Annapurna Süd und vom Machhapuchhre, dem "Fischschwanz". Es geht von Dorf zu Dorf, durch den Wald und über fette Wiesen. Auf der Mitte der Strecke tritt Gubinda aus Versehen auf eine kleine Schlange. Zum Glück hat er heute mal seine Turnschuhe an. Mit einem Stein erlöst er das schwerverletzte Tier und bereitet dem Spuk ein Ende. Auf Nachfrage nickt er: “giftig, sehr gefährlich”. Der dritte Tag unserer Trekkingtour endet nach acht Stunden mit einem super Ausblick auf die Berge inklusive Regenbogen und einer schönen heißen Dusche.

Tag 4 - Chomrong bis Dovan

Seit gestern Abend regnet es wieder. Dafür kommt kein Wasser mehr aus dem Hahn. Weiter oben in den Bergen hat ein Erdrutsch die Wasserleitung zerfetzt. Dann fällt das Waschen eben aus. Gegen 9 Uhr gibt es ein Wolkenloch und wir brechen auf. Der Annapurna Süd zeigt sich und weist uns den Weg. Gubinda, der diesen Weg schon 46 Mal vorher gegangen ist, kennt natürlich von Zeit zu Zeit Abkürzungen, die uns vom normalen Weg weg und durch alle möglichen Felder führen. Neben Reis und überdimensional großen Gurken steht auch immer mal wieder büscheweise Ganja (Marihuana) rum. Die Dorfbewohner bauen es hier an und verkaufen es an die Touristen. Der bescheidene Wohlstand ist aber noch lange nicht in jedem Dorf oder Teehaus angekommen. Unterwegs machen wir Rast im möglicherweise ärmsten Dörfchen Nepals. Halb zerfallene Hütten, die Kinder in Lumpen, die Stimmung am Boden. Das Wasser zum Toilettenspülen enthielt kleine weiße Würmer. Katastrophale hygienische Bedingungen unter denen die Menschen hier leben müssen. Wieder einmal merken wir, wie gut es uns Deutschen geht, auch wenn wir immer meckern.
Wir sind kurz vor Bamboo, dem Dorf wo wir Mittagspause machen wollen, als um ein Haar ein schreckliches Unglück passiert. Dani sucht nach dem Passieren einer Baumstammbrücke ihre Schuhe und Hosenbeine nach Blutegeln ab und verliert auf einmal den Halt. Ich kann gar nicht so schnell gucken, wie sie über den Rand des rund 100 Meter tiefen Abhanges rutscht und sich gerade noch an einem Grasbüschel festkrallt. Ich bin zwar nur wenige Meter hinter ihr, aber als ich zur Hilfe eilen will, achte ich nicht auf meine Schritte und lege mich der Länge nach hin. Gubinda, der ein Stückchen vorausgegangen war, hört Danis Hilfeschrei, kommt in Windeseile angespurtet

und reißt sie mit großem Schwung zurück auf sicheren Boden. Mann, das hätte ins Auge gehen können! Dani nimmt's mit Humor und fragt, ob wir denn die Abenteuertour gebucht haben. Ich finde es nicht so witzig und bin froh, als sich mein Puls irgendwann wieder verlangsamt. Alles was danach kommt, ist nur noch Kleinkram, zwei Stunden Laufen im wieder einsetzenden Regen. Für die Nacht brauchen wir jeder zwei Decken, in den kargen Hütten zieht es wie Hechtsuppe und es ist saukalt, eine Heizung gibt es nicht.

Tag 5 - Dovan – Regentag

6:30 Uhr, der Wecker klingelt. Der Sturm draußen übertönt ihn aber fast. Also wieder Zwangspause. Eigentlich ist die Monsunzeit seit vier Wochen vorbei, aber den Regen stört das wenig. Gubinda ist auch ratlos. Normalerweise startet Ende September die Hochsaison, aber momentan ist davon noch nichts zu spüren. Wir verbringen den Tag zwangsweise mit Karten spielen und der Hoffnung auf morgen. Der Kerosinkocher fungiert als Wärmequelle, unsere Sachen und Schuhe trocknen unter dem Tisch.

Tag 6 - Dovan bis Annapurna Basecamp

Sonnenschein! Aufbruch zum großen Aufstieg. Das heutige Ziel ist der höchste Punkt unseres Treks, das Basislager des Annapurna, kurz ABC genannt, auf 4.120 Meter. Fünfzehn Kilometer und 1.600 Höhenmeter liegen vor uns. Was für ein herrlicher Tag. Es geht durch verwunschene Märchenwälder, Reis- und Hirsefelder. In einem Tal können wir sogar die abgebrochene Zunge eines Gletschers bewundern. Das letzte Stück zum Basecamp müssen wir im dichten Nebel zurücklegen. Plötzlich sieht es nicht mehr aus wie in Nepal, sondern eher wie in den schottischen Highlands. Aus dem Dunst dringt das Blöken von Schafen. Bäche tauchen auf und verschwinden wieder. Das ABC selbst ist bis kurz vor der Ankunft nur schemenhaft zu erkennen. Aber kaum haben wir unser Zimmer bezogen und heißen Tee geordert, beginnen sich die Wolken zu verflüchtigen. Nach und nach kommen die Berge zum Vorschein und pünktlich zum Sonnenuntergang ist der Großteil des Panoramas sichtbar. Ein kaum zu beschreibender Anblick. Fast im 360 Grad Winkel haben wir Sicht auf mehrere Sechs-, Sieben- und einen Achttausender! Dafür haben sich die Mühen der letzten Tage gelohnt. Gubinda erzählt, dass der Sonnenaufgang aber noch viel schöner sei. Das Aufstehen früh um fünf am nächsten Tag fällt nicht schwer, denn es gibt weder warmes Wasser zum Duschen noch Strom und so liegen wir schon um 20 Uhr in dicke Decken gekuschelt auf den Holzbetten des Camps.

Oben: nepalesische Frauen auf dem Tij-Festival, Kathmandu

Oben rechts: Affe auf einem der Pashupatinath Tempel, Kathmandu

Darunter: Sadhus - die Anhaenger Shivas, Pashupatinath Tempel

Links: nepalesische Männer beim Nachmittagsplausch, Patan

Unten links: auf dem Weg zum Annapurna Basecamp, Nepal

Unten rechts: Geschafft!

Tag 7 bis 9 – Annapurna Basecamp und der Abstieg

Raus aus dem kalten Bett und alles anziehen, was der Rucksack hergibt. Über Nacht gab's Frost! Kein Wunder, es war ja auch sternenklar. Unser Guide hatte Recht, der Sonnenaufgang über den Bergen ist unglaublich schön. Die Spitzen der Achttausender scheinen zu glühen in der Morgenröte. Ein gigantischer Anblick! Wir sind sprachlos, überwältigt von dieser beeindruckenden Berglandschaft. Da fällt es schwer, wieder mit dem Abstieg zu beginnen. Bevor wir uns auf den Rückweg machen, gibt uns ein alter Nepali eine Erklärung für den abrupten Wetterumschwung: "Eine Expeditionsgruppe hat auf einem der heiligen Berge getrocknetes Rindfleisch gegessen und ein Huhn geschlachtet. Fleisch auf den Bergen zu essen ist ein großer Frevel und hat die Götter erzürnt. Die haben zur Strafe starken Regen geschickt. Erst als die Gruppe weg war, konnten viele Gebete und gutes Verhalten anderer Bergsteiger die Götter wieder besänftigen." Die Berggötter sind fair und werfen uns auf unserem Rückweg keine Steine mehr in den Weg. Über die Dörfer Sinuwa und Jinhu geht's zurück ins Tal und mit einem Tag Verspätung kommen wir nach neun Tagen wieder in Pokhara an. Angela und Jorge haben wir leider nicht wieder gesehen. Vermutlich sind sie bereits auf dem Weg nach Indien. Zurück in unserem Guesthouse entscheide ich mich, noch eine dreitägige Rafting-Tour zu machen. Dani hat da nicht so viel Lust drauf und legt in der Zwischenzeit lieber die Füße hoch. Zudem kümmert sie sich schon mal um unsere Reiseplanung für Indien. Drei Wochen haben wir Zeit, bevor wir unsere Freunde Brit und Dieter in Mumbai vom Flughafen abholen.

Indien

Auf nach Delhi
(aus Volkers Tagebuch)

Wir sind an diesem Tag offensichtlich die Einzigen, die südlich von Lumbini in Nepal über die Grenze nach Indien wollen. Inmitten des Gewusels aus Straßenständen und fliegenden Händlern sind keine anderen Reisenden zu sehen. Es dauert eine Weile, bis wir das Immigrationsbüro auf indischer Seite finden, eine windschiefe Bretterbude mit verwitterter Coca Cola-Werbung. Im Erdgeschoss sitzt ein Uniformierter und wartet auf Kundschaft. Sichtlich erfreut, zwei Reisende zu sehen, nimmt er sich extra viel Zeit, uns unsere Stempel zu geben. Vor dem Immigrationsbüro steht ein Sammeltaxi nach Gorakhpur, unsere erste Anlaufstelle auf dem Weg nach Delhi. Wir erkundigen uns gerade nach dem Preis, da fragt ein Inder neben uns, ob wir nach Delhi wollen. Ja, warum? Der Inder sagt, dass ein Freund von ihm heute dort

hinfährt und uns mitnehmen könnte. Aha, genau davor warnt jeder Reiseführer! Du zahlst und kommst nicht da an, wo du hinwillst oder es sind noch andere "Freunde" im Auto, was im Extremfall sehr unangenehm werden kann oder am Zielort gibt's Diskussionen über den Preis. Nein danke, wir fahren nach Gorakhpur und dann mit dem Nachtzug weiter nach Delhi. Der dazu gehörende Fahrer taucht auf und nennt uns einen unschlagbaren Preis für die Tour. Ich fange an zu überlegen. Dani bleibt skeptisch. Der Fahrer garantiert, dass er allein ist und es auch bleibt. Er sagt, dass er aus Delhi kommt und gerade zwei Touristen zur nepalesischen Grenze gebracht hat. Er fährt so oder so wieder zurück, mit oder ohne uns. Irgendwie macht er einen ehrlichen Eindruck. Kurzes Beratschlagen und Durchrechnen. Er spricht von 16 Stunden Fahrt und 500 Rupien pro Person. Mit Jeep und Zug wäre es teurer und würde länger dauern. OK, Versuch macht klug. Auf geht's!
Die Fahrt ist abenteuerlich. Regeln scheint es im indischen Straßenverkehr nicht zu geben, soviel steht fest. Vor allem nachts stockt uns der Atem. Die Trucks sind alle unbeleuchtet, fahren im Schneckentempo oder parken mitten auf der Fahrbahn. Auf der indischen Autobahn überholen wir Fahrradfahrer. Natürlich ohne Licht. Als besonderes Bonbon kommen uns diverse Geisterfahrer entgegen (oder sind wir falsch?) und irgendwann endet die Straße abrupt ohne vorherige Ankündigung. Wir haben Glück, dass wir nicht in einen Graben geschlittert sind. Dani ist bedient. Zu unserer halsbrecherischen Tour hat sie auch noch Durchfall bekommen. Weiß wie eine Kalkwand sitzt sie neben mir. Ich bin heilfroh, als unser Fahrer vorschlägt, eine Pause zu machen und wir den größten Teil der Nacht schlafend im Auto auf einem Parkplatz verbringen. Es stellt sich bald heraus, dass die angekündigten 16 Stunden eine sehr optimistische Einschätzung unseres Fahrers waren. Genau 24 Stunden nach unserem Aufbruch kommen wir in Delhi an. Unser Fahrer ist so nett und fährt uns zum nächsten Krankenhaus, wo Dani Medikamente gegen ihre immer noch anhaltenden Magenprobleme bekommt. Hello India!

Am nächsten Tag. Was für ein Chaos! Es ist laut, dreckig und voll. Die indischen Männer, die fast ausschließlich in Gruppen unterwegs zu sein scheinen, sind aufdringlich und schrecken auch vor Grapschereien nicht zurück. Dani ist mehrfach auf 180. Leider sind wir nie schnell genug, um zu sehen, wer so dreist war und so bleibt uns nichts anderes übrig, als genervt von dannen zu ziehen. Dani möchte das Sightseeing am liebsten sofort abbrechen, aber ich kann sie davon überzeugen, eine der größten Moscheen Indiens, die Jama Masjid anzuschauen. Vielleicht ist es ja da ein wenig ruhiger. Fehlanzeige! Zwar gibt es hier keine Grabscher mehr, aber fast jeder will ein Foto mit uns machen. Die ersten zehn machen wir noch gerne, aber dann wird es irgendwann anstrengend. Völlig fertig landen wir auf unseren Hostelbetten. Zum

Glück fahren wir morgen erstmal in den Norden nach Dharamsala, einer Siedlung von Exil-Tibetern und dem Sitz des Dalai Lama.

Dharamsala und Mc Leod Ganj

Gott sei Dank, wir sind in Dharamsala! Vierzehn Stunden Busfahrt haben uns gerade weit genug weg gebracht von der schrecklichsten Stadt, die ich in den letzten neun Monaten Asien gesehen habe. Das Chaos von Delhi steckt mir noch in den Knochen und ich verkünde, dass ich den Rest unseres Indienaufenthaltes bei den Tibetern verbringen werde. Volker grinst und wendet sich neugierig dem gerade erworbenen indischen Zugfahrplan zu, der so dick ist wie ein Versandhauskatalog. Ich will davon erstmal nichts wissen und verzieh mich auf den Balkon mein Buch in der Hand. Der Blick geht direkt ins Tal. Wälder soweit das Auge reicht, Affen, die in den Bäumen toben, Greifvögel, die in der Luft kreisen und weiter unten auf der Terrasse unseres Hostels Mönche, die Café Latte trinken… Café Latte?? Wo ist der Buttertee?! Bei all den Erinnerungen, die Dharamsala hervorruft, merken wir doch schnell, dass der Ort längst nicht das Flair des Mutterlandes hat. Wie auch? Hier gibt es keine Yaks und demzufolge keine Yak-Butter. Butterkerzen in den Tempeln und Buttertee sucht man also vergeblich. Kein Kräuterverbrennen, keine Pilger. Gebetsmühlen liegen nur an den Souvenirständen für die Touristen. Man lebt hier eben in einem anderen Land unter anderen Umständen. Aber eins ist gleich – die Ruhe und Herzlichkeit der Tibeter und deren ungebrochene Verehrung des Dalai Lama. Sein Wohn- und Regierungssitz befindet sich am Rande des Ortes, ein moderner, aber recht bescheiden ausgestatteter kleiner Tempelkomplex. Durch ein bewachtes Tor können wir den Weg zu seinen Privaträumen erspähen. Draußen hängt ein offizieller Brief, in dem darum gebeten wird, Privataudienzen und Interviews mindestens einen Monat vorher anzumelden. Und in Anbetracht des engen Terminkalenders des inzwischen 72jährigen Dalai Lama solle man zusätzlich einen ausführlichen Grund angeben, weshalb man ihn sprechen möchte. Wir schätzen dass, ‘ihm einfach mal die Hand schütteln’, als Grund wohl nicht ausreichen wird. Er ist eh gerade nicht da. Ihm wird morgen in Washington die "US Congressional Gold Medal" für seine Friedensbemühungen verliehen. Ein Event, das in Dharamsala auf Großbildleinwand live übertragen wird und das wir nach Aussage unseres Hostelbesitzers auf keinen Fall verpassen dürfen. Die Auszeichnung ist in der Tat nicht ohne. Es ist das erste Mal, dass ein amerikanischer Präsident den Dalai Lama offiziell empfängt (bislang fanden Treffen zwischen dem Dalai Lama und amerikanischen Präsidenten nur auf privater Ebene bzw. nach ihrer Amtszeit statt). Zudem ist die "US Congressional Gold Medal" die höchste Auszeichnung, die man in Amerika als Zivilist bekommen kann. Die Chinesen sind darüber 'not amused', drohen den USA mit ernsthaften Konsequenzen und bezeichnen den Dalai Lama als Reaktionär, der das Land spaltet. Diese Aussagen rufen bei uns nur noch ein müdes Lächeln hervor. Die Reaktion des Dalai Lama: "That always happens" ("Jedes Mal dasselbe"). Am nächsten Tag sind die Tibeter völlig aus dem Häuschen. Sie feiern den ganzen Tag, amüsieren sich königlich beim Nachmittags-Tauziehen und stehen abends ehrfürchtig und erwartungsvoll vor der Großbildleinwand. Jubel bricht aus, als der Dalai Lama auf dem Bildschirm erscheint. Dann wird es auf einmal mucksmäuschenstill. Man könnte eine Stecknadel fallen hören. Gespannt hören alle ihrem obersten geistigen Führer zu, der einmal mehr für Frieden und Verständigung untereinander wirbt. Der Tag endet mit einem Riesenfeuerwerk. Ein Ereignis, dass uns immer in Erinnerung bleiben wird. Ich mache keinen Hehl daraus, dass ich gerne noch länger in Dharamsala bleiben würde (kann man nicht einen Flug von Delhi nach Mumbai nehmen?), aber Volker besteht darauf, dass wir uns wenigstens noch ein paar Orte im Norden von Indien anschauen. Er hat ja Recht. Wollen wir mal nicht von einer Stadt auf das ganze Land schließen. Indien soll seine Chance bekommen.

Amritsar

Die Abendsonne lässt den Goldenen Tempel von Amritsar wie aus einem Märchen aus Tausend und einer Nacht erscheinen. Die glitzernden Tempelmauern spiegeln sich im Wasser, aus den Lautsprechern erklingen religiöse Gesänge. Das Heiligtum der Sikhs ist eine Oase inmitten der hektischen Stadt. Wir sind fasziniert. Stundenlang sitzen wir einfach nur da und beobachten die Menschen, die uns wie aus einer anderen Welt erscheinen. Die indischen Männer haben die für das Volk der Sikhs typischen Turbane auf dem Kopf. Sie nehmen kaum Notiz von uns. Eine Seltenheit. Sie sind viel zu sehr im Gebet vertieft oder im Gespräch mit anderen Pilgern. Die indischen Frauen tragen farbenfrohe Gewänder und schreiten anmutig die weißen Marmorwege entlang. Hier zeigt sich Indien von seiner romantischen Seite. Unser Zimmer für die Nacht ist deutlich weniger romantisch. Weiß geflieste Wände, ein durchgelegenes Bett und der Bahnhof direkt vor der Tür. Jede Stunde werden wir durch das Vorbeifahren hupender Züge geweckt. Trotz des beeindruckenden Goldenen Tempels lassen sich in Amritsar nur wenige Touristen blicken. Entsprechend gering ist die Auswahl an Hostelzimmern. Wir waren froh, nach zwei Stunden überhaupt etwas gefunden zu haben. Aber wir können sowieso nicht lange bleiben, denn durch die Ankunft unserer Freunde aus Deutschland in knapp zwei Wochen ist unser Reisetempo deutlich schneller als sonst.

Jodhpur

Unsere erste große Zugfahrt in Indien steht an. Leider waren die Plätze, die man uns empfohlen hat, schon ausgebucht und so müssen wir mit der "Sleeper Class" Vorlieb nehmen, die, wie uns andere Reisende erzählt haben, ihren Namen nicht unbedingt verdient. Ich bin gespannt. Siebzehn Stunden soll die Fahrt dauern für rund 800 Kilometer. Ein Expresszug in Indien. Vorher müssen wir allerdings erst noch zur entsprechenden Bahnstation kommen. Die liegt leider nicht in Amritsar, sondern in Jalandhar, anderthalb Stunden Busfahrt entfernt. Da es sich um einen "local bus" handelt, planen wir lieber etwas mehr Zeit ein. Mit der Fahrradrikscha geht's zum Busbahnhof und dank hilfsbereitem Rikschafahrer auch gleich in den richtigen Bus. An dieser Stelle wünschte ich, ich hätte weniger Gepäck. Wegen der zusätzlichen Winterklamotten für Tibet und Nepal ist mein großer Rucksack schwer wie nie, mein kleiner Tagesrucksack prall gefüllt (wir haben mal wieder an Büchern aufgestockt) und der Schlafsack baumelt an meiner linken Hand. Ich schaffe es gerade so, mich samt Gepäck in den Bus zu hieven, wo wir versuchen, alles so platzsparend wie möglich zu verstauen. Erfahrungsgemäß wird der Bus rappelvoll. Schwitz. Es ist heiß und staubig. Im Nordwesten des Landes herrscht trockenes Wüstenklima. Die Fahrt bringt zwar etwas Kühlung, aber auch jede Menge Dreck durch die offenen Fenster. In Jalandhar angekommen, sehen wir aus, als hätten wir drei Tage lang nicht geduscht. Noch vom Bus aus organisiert der Fahrer eine Rikscha für uns, die uns zum Bahnhof bringt. Eine wirklich nette Geste. Er winkt zum Abschied und ruft "bye bye". Im Bahnhof selbst dann wieder das gewohnte Bild – alle starren uns an. Na gut, wir sind die einzigen Ausländer weit und breit. Trotzdem kann ich mich nur schwer daran gewöhnen, sofort die ungewollte Aufmerksamkeit des gesamten Bahnhofes zu haben. Wir waren schon an vielen Orten auf der Welt, wo wir die einzigen Weißen waren und neugierige Blicke gab's überall, aber dieses aufdringliche Gestarre der indischen Männer toppt wirklich alles. Ich tröste mich damit, dass es diesbezüglich im Süden von Indien etwas entspannter zugehen soll als im Norden und versuche, das Gegaffe, Gefeixe und "unauffällige" Handygeknipse zu ignorieren.
Der Zug rollt ein und wir suchen unsere Plätze. Super, wir teilen unser Abteil mit einer ganzen Armeeeinheit! Das kann ja heiter werden. Die Soldaten kommentieren sofort lautstark jeden einzelnen Schritt von uns. Wer uns noch nicht bemerkt hat, wird herbeigerufen, um die Neuankömmlinge zu betrachten. Zum Glück dauert es nur ein paar Minuten, bis ein Vorgesetzter kommt und zwei, drei deutliche Worte spricht. Ich weiß nicht, was er gesagt hat, aber für den Rest der Fahrt herrscht Ruhe. Die Jungs werden sogar zu richtigen Gentlemen, entsorgen unseren Müll (sie schmeißen ihn aus dem Fenster) und

reparieren das flackernde Licht über unseren Liegen. So war die Zugfahrt gar nicht so schlecht und hätten wir nicht unser gesamtes Gepäck mit auf die obersten Liegen nehmen müssen (zum einen aus Platzmangel, zum anderen aus Sicherheitsgründen), hätten wir vermutlich richtig gut schlafen können. So mussten wir uns auf dem verbleibenden knappen Meter regelmäßig drehen, um keine Krämpfe in den Beinen zu bekommen. Aber irgendwann geht auch diese Zugfahrt zu Ende und wir rollen mit nur einer halben Stunde Verspätung 7 Uhr morgens in Jodhpur ein.

"Wenn ihr nach Indien fahrt, müsst ihr auf jeden Fall Jodhpur, die blaue Stadt, besuchen", hatte uns Christoph, einer der Franzosen von unserer Tibet-Trekkingtour, in seinem gebrochenen Englisch gesagt und uns von "le bleu of the city" vorgeschwärmt. Christoph hat nicht zu viel versprochen. Die blauen Häuser der Altstadt, die sich von der kargen Wüstenlandschaft der Umgebung abheben und die vielen kleinen, verwinkelten Gässchen sind wirklich wunderschön. Wir wohnen in einem ruhigen, untouristischen Viertel der Stadt bei einer Familie, die ein Guesthouse mit nur sechs Zimmern hat. Auf dem Weg zur Dachterrasse kommen wir an den Räumlichkeiten der Familie (Wohn- und Schlafzimmer, Küche, Bad und kleiner Schrein) vorbei. Drei Generationen wohnen hier und alle sind so nett, dass wir uns wie zu Hause fühlen. Vom Dach aus kann man auf das riesige Fort Meherangarh gucken, in dem einst die Maharajas von Jodhpur lebten. Indien fängt an, mir zu gefallen.

Udaipur
(aus Volkers Tagebuch)

Es heißt, dass sich zwei Drittel aller Indienreisenden während ihres Aufenthaltes einen Reisedurchfall einfangen. So war es dann wohl nur eine Frage der Zeit, bis es auch uns trifft. Aber warum ausgerechnet in Udaipur – die laut Reiseführer romantischste Stadt Indiens? So ein Ärger. Es ist die Stadt, in der aufgrund ihrer schönen Kulisse sogar schon mal ein James Bond Film gedreht wurde. Und wir verbringen die Zeit pendelnd zwischen Bett und Toilette! Zum Glück haben wir diesmal wenigstens ein schönes Zimmer. Sauber, groß und hell. Von unserem Fenster können wir auf den Stadtpalast und den Pichola-See schauen und im kleinen Restaurant auf der Dachterrasse gibt's ein romantisches Dinner für uns: trockenes Brot und Bananen. Aber immerhin bei Kerzenschein. Drei Tage brauchen wir, um uns von einer Mango-Lassi mit Eis aus "Trinkwasser" zu erholen. Das hat man nun davon, wenn man mal nicht in einheimischen Restaurants speist, sondern einem Tipp des Reiseführers folgt! Nach drei Tagen geht es uns wieder besser. Jetzt müssen wir uns spurten und schleunigst auf den Weg nach Mumbai machen.

Mumbai (Bombay)

Endlich ist es soweit! Nach fast zehn Monaten Reise bekommen wir Besuch aus Deutschland! Aufgeregt stehen wir am Flughafen und warten auf die Ankunft von Brit und Dieter, zwei unserer besten Freunde aus Köln. Nervös tripple ich von einem Fuß auf den anderen. Wie es wohl sein wird, sich nach so langer Zeit wiederzusehen? Ob es eine große Umstellung ist, zu viert zu reisen statt zu zweit? Die beiden waren noch nie in Asien und dann gleich Indien… Ach was, wird schon alles gut gehen. "Da sind sie", ruft Volker. "Wo, wo? Ich seh' nichts." Volker grinst. Dafür gibt's einen Klatscher gegen die Schulter. Solche Witze sind gerade nichts für meinen Magen. Dann aber wirklich - zwischen den ganzen indischen Reisenden erscheinen zwei weiße Köpfe. Sie sind da!!! Wir schließen die beiden in die Arme und können's kaum glauben, dass sie wirklich vor uns stehen. Sie haben lange Klamotten an. Klar, es ist Anfang November und in Deutschland herrschen herbstliche Temperaturen. Mumbai hingegen empfängt sie selbst abends noch mit schwülheißen 30 Grad. Volker organisiert ein Taxi zurück in die Stadt. Während der neunzigminütigen Fahrt bekommen Brit und Dieter einen ersten Eindruck davon, was wir meinten, als wir in unseren E-Mails von "chaotischem Verkehr" geschrieben haben. Ihr Gesichtsausdruck wechselt von ungläubig über ängstlich bis hin zu fassungslos. Das kommt uns irgendwie bekannt vor. Als wir vor zehn Monaten asiatischen Boden betraten, ging es uns nicht anders. Inzwischen sind wir daran gewöhnt. Wir versichern den beiden, dass so gut wie nie was passiert und versuchen, sie durch viel Erzählen von den zahlreichen 'Beinahe-Unfällen' auf den überfüllten Straßen, stets begleitet durch heftiges Hupen, abzulenken. Dann wird unser Taxi von zwei LKW in die Mangel genommen. Es rumst und die Stoßstange unseres Wagens sieht aus wie eine Acht. Murphys Gesetz! Unser Taxifahrer flucht, aber fährt weiter, als wäre nichts gewesen. Naja, kann ja mal passieren... Abends um 9 kommen wir im Hotel an. Brit und Dieter sind sichtlich erschöpft. Jetzt nur noch schnell was essen und dann schlafen. Freudestrahlend teilen wir den beiden mit, dass wir schon ein typisch indisches Restaurant ausfindig gemacht haben, in dem es leckere einheimische Küche gibt. Bis dahin müssen wir allerdings noch ein Stück laufen. Leider zeigt sich Mumbai abends auch im Touristenviertel von seiner unschönen Seite. Bettler wühlen im Müll und Kinder liegen zum Schlafen auf den nackten Steinen. Keinen von uns lässt das kalt, aber für Brit und Dieter, die direkt aus Deutschland kommen, ist der Schock besonders groß. Leicht bedröppelt essen sie ihr Thali-Set (ein einfaches Reisgericht mit verschiedenen Gemüsesorten und dünnem Fladenbrot), das einzige Gericht, was es um diese Uhrzeit in dem Einheimischen-Lokal noch gibt. So ganz scheint es nicht nach Brit und Dieters Geschmack zu sein.

Zurück im Hotel fragen Volker und ich uns, ob wir den beiden nicht etwas zu viel Indien auf einmal zugemutet haben und nehmen uns vor, den nächsten Tag ganz entspannt anzugehen.
Am nächsten Tag. Brit und Dieter haben nicht besonders gut geschlafen. Sie hatten ein paar Mitbewohner auf ihrem Hotelzimmer – Kakerlaken! Sie schütteln sich und es wird klar, dass das Hotel nicht das ist, was sie sich als Unterkunft vorgestellt haben. Ich kann sie verstehen, Kakerlaken auf dem Zimmer sind wirklich alles andere als schön. Dennoch versetzt es mir einen kleinen Stich, denn wir hatten uns einen ganzen Tag lang die Hacken abgerannt, um etwas Anständiges im Touristenviertel Colaba zu finden. Durch das bevorstehende Diwali-Fest war jedoch alles ausgebucht. Wir waren überzeugt, einen guten Fang gemacht zu haben, als wir noch zwei Zimmer in dem recht einfachen, aber auf den ersten Blick sauberen Hotel nahe des Gateway of India (Mumbais berühmtesten Wahrzeichen) bekommen haben. Wir hatten schon zwei Nächte vorher in dem Hotel geschlafen und keine Kakerlaken gesehen. Warum müssen die Viecher auch ausgerechnet jetzt hervorkriechen?
Nach der Aufregung gönnen wir uns erstmal ein Frühstück im Touristencafé Leopold. Wir sitzen gemütlich bei Cappuccino und Rühreiern auf Toast und quatschen und quatschen und quatschen… Wir von unseren Reiseerlebnissen und Brit und Dieter von Sachen aus Deutschland, über die wir noch nichts via E-Mail erfahren haben. Erst mittags gehen wir wieder ins Hotel zurück. Brit und Dieter wollen noch für ihr Urlaubsende in drei Wochen einen Inlandsflug von Cochin im Süden Indiens zurück nach Mumbai buchen. Die Versuche von zu Hause aus waren alle fehlgeschlagen. Parallel wollen Volker und ich im Internet nach freien Zügen für die Weiterfahrt suchen. Wir haben alle vier kein Glück. Weder online noch telefonisch lässt sich der gewünschte Flug buchen und alle Züge nach Goa und weiter Richtung Süden scheinen ausgebucht. Jetzt heißt es organisieren. Brit und Dieter gehen zu einer Travelagency in der Nähe unseres Hotels und bekommen per Fax doch noch eine Flugbestätigung. Der Travelagent bietet uns an, gegen einen gewissen Aufschlag auch Zugtickets zu besorgen. Volker und ich sind misstrauisch. Wir erinnern uns nur zu gut an den letzten smarten Travelagent, der uns den "Luxusbus" von Udaipur nach Mumbai verkauft hat. Der Bus entpuppte sich als klappriges Gestell, das zwischendurch immer wieder repariert werden musste und am Ende statt der angegebenen 16 Stunden geschlagene 25 Stunden für 790 Kilometer brauchte. Zu allem Überfluss wurden wir dann nicht - wie vereinbart - im Zentrum rausgelassen, sondern am Stadtrand von Mumbai, mitten in den Slums... Aber wir stehen ein wenig unter Zeitdruck und willigen ein, es nochmal mit einem Travelagent zu versuchen, zumindest für unsere erste große Zugfahrt von Mumbai nach Goa. Für alle anderen Strecken wollen wir selbst am Bahnhof unser Glück versuchen. Wir haben von

anderen Reisenden gehört, dass es dort einen Touristenschalter gibt, der immer noch ein paar Tickets übrig hat. Mittlerweile ist es Nachmittag und wir schaffen nur noch eine kleine Sightseeing-Runde. Wir gehen unter anderem am High Court (Hohes Gericht) und dem davor liegenden, riesigen Cricket-Spielfeld sowie dem Victoria Terminus, dem alten Bahnhof von Mumbai, vorbei. Leider haben die Schalter sonntags geschlossen und so wir verschieben unseren Ticketkauf auf morgen.
Tag zwei in Mumbai beginnt mit schlechten Nachrichten. Erstens: Dieter liegt mit Kopfschmerzen und Magenproblemen flach. Zweitens: Unser Travelagent konnte uns für die Fahrt nach Goa nur "Warteliste-Tickets" besorgen. Das heißt, erst wenn (in unserem Fall 19) Leute ihre Zugfahrt stornieren, können wir mit. Die Alternative wäre eine etwas unangenehmere Fahrt mit dem Bus. Es kann eigentlich nur noch besser werden… Brit, Volker und ich wollen erstmal frühstücken und dann in Ruhe festlegen, wann wir wo an welchem Tag sein wollen, um heute noch die restlichen Zugtickets für die nächsten drei Wochen zu kaufen. Dieter bleibt auf dem Zimmer bei Tee und Bananen. Brit führt uns mit Hilfe ihres Reiseführers in ein stylisches Cafe. Sie freut sich, dass alles nur halb so teuer ist wie in Köln. Volker und ich schlucken bei den Preisen. Wir rechnen schon lange nicht mehr in Euro um und der Vergleich mit Deutschland ist lange her. Alles, was für uns zählt, ist, dass wir für das gleiche Geld beim Inder um die Ecke drei Mal frühstücken könnten. Brit sieht unsere betretenen Gesichter und schlägt vor, woanders hinzugehen. Wir geben uns einen Ruck und bleiben. Was soll's. Nach Monaten des Nescafé-Konsums kann ein bisschen Luxus in Form von Café Latte und hauchzartem Buttercroissant nicht schaden. Frisch gestärkt geht's an die Reiseplanung. Unsere Stationen liegen in vier verschiedenen Bundesstaaten Indiens, östlich und südlich von Mumbai. Ich bin skeptisch, ob wir uns für dreieinhalb Wochen nicht ein bisschen viel vornehmen, aber es ist der Jahresurlaub von Brit und Dieter und ich kann verstehen, dass sie so viel wie möglich sehen wollen. Für Spontanität bleibt da nicht viel Platz. Besser wir buchen alle Züge im Voraus. Volker hat alle Infos, die er braucht nebst der von uns präferierten Züge und macht sich auf zum Bahnhof, um die entsprechenden Tickets zu besorgen. Wir drücken die Daumen. Dieter will sich noch ein wenig erholen. Und Brit und ich? Wir nutzen die Zeit und gehen shoppen. Endlich ein bisschen Weiberkram! Das Glück währt eine halbe Stunde. Wir haben gerade das zweite Paar Ohrringe gekauft, ein McDonalds Eis verzehrt und in einem Schuhladen gestöbert, da kommt eine SMS von Volker: "Brauche alle Pässe! Bitte schnell herkommen!" Brit und ich laufen zum Hotel, holen unsere Reisepässe, schmeißen uns in ein Taxi und stehen wenig später in der Schalterhalle des Victoria Terminus. Volker ist gleich dran. Er braucht zum Ticketkauf die Pässe aller Mitreisenden und nicht nur den eigenen. Ge-

rade noch geschafft! Zu dritt füllen wir die Formulare für unsere Zugverbindungen aus. Dafür müssen wir die jeweilige Zugnummer, die genaue Abfahrtszeit, gewünschte Klasse und die Codes für den Abfahrts- und Ankunftsbahnhof angeben. Die Schalterdame prüft einzig die Verfügbarkeit. Für unseren Zug von Goa nach Badami und zurück sind noch Plätze frei. Jipiieee! Auch der Zug nach Matheran ist kein Problem. Der Zug Richtung Süden ist fast komplett ausgebucht. Sie kann uns noch 2 mal 2 Plätze geben, aber in unterschiedlichen Wagen. Egal, nehmen wir! Jetzt muss es nur noch mit unserem Wartelisten-Ticket von Mumbai nach Goa klappen, dann ist alles paletti. Mittlerweile ist auch unser zweiter gemeinsamer Tag in Mumbai fast rum. Wenigstens zum Chowpatty-Beach (dem Stadtstrand von Mumbai) und dem Crawford Market wollen wir noch fahren. Dieter geht es wieder etwas besser und mit Proviant unterm Arm machen wir uns auf zum Beach. Zum ersten Mal an diesem Tag können wir wirklich entspannen und genießen, wie die Sonne hinter der Skyline von Mumbai unter geht. Bis wir am Crawford Market ankommen, ist dieser schon dabei zu schließen. Das hektische Treiben außerhalb ist dafür umso größer. Fast eine Stunde dauert es, bis wir von dort aus zu Fuß und mit dem Taxi wieder in der Nähe unseres Hotels sind. Irgendwie rennen wir in Mumbai der Zeit hinterher. Hoffentlich wird es in Matheran ruhiger. Verdient hätten wir's.

Matheran

In dem 95 Kilometer von Mumbai entfernten Bergdorf Matheran erholen wir uns zwei Tage von dem stressigen Einstieg unseres gemeinsamen Urlaubs. Hier im ehemaligen Ausflugziel für englische Kolonialherren sind Pferde und Handkarren die einzigen Verkehrsmittel. Entsprechend ruhig ist es bei unseren Wanderungen in und um den Ort. Unsere einzige Sorge ist, dass unsere Zugtickets nach Goa nach wie vor den Status "Warteliste" haben. Was machen wir, wenn wir zurück in Mumbai keine Plätze mehr nach Süden bekommen? Volker und ich würden in so einem Fall einfach ein paar Tage warten. Für den engen Zeitplan von Brit und Dieter hingegen wäre das fatal. Wir haben Glück. Am nächsten Tag halten wir unsere Tickets in der Hand und der Travelagent zeigt uns eigenhändig unsere Plätze im Zug. Jetzt kann eigentlich nichts mehr passieren. Oder?

Ankunft in Goa

Die Zimmersuche in Panaji, der Hauptstadt von Goa, ist eine Katastrophe. Es ist die Zeit des Diwali, ein hinduistisches Lichterfest und halb Indien scheint unterwegs zu sein. Zwar haben wir wohl wissend von Matheran aus reser-

viert, aber das "koloniale Guesthouse" erweist sich als ziemliche Bruchbude. Was nun? Brits Reiseführer enthält noch einen vielversprechenden Tipp - das Palacio Hotel. Dort haben sie genau noch ein Zimmer frei. Der Preis wäre uns mit 1000 Rupie pro Nacht eh zu teuer und daher versuchen Volker und ich die beiden zu überreden, das Zimmer zu nehmen. Wir würden uns dann was Billiges in der Nähe suchen. Wir haben längst gemerkt, dass wir reise- und budgettechnisch nicht zu hundert Prozent zusammenpassen und sprechen das jetzt zum ersten Mal auch offen an. Brit und Dieter sehen es ähnlich. Es ist eben ein Riesenunterschied, ob man drei Wochen im Urlaub ist oder auf einer Reise, auf der das angesparte Geld 2 1/2 Jahre reichen soll. Zum Glück kennen wir uns lange genug, dass getrennte Hotels nicht gleich das Ende des Urlaubs bedeuten muss. Brit und Dieter wollen das Zimmer gerade nehmen, als es ihnen jemand vor der Nase wegschnappt. Wir sind frustriert. Der Abend endet zwei Stunden später damit, dass Volker und ich in der vorreservierten Bruchbude bleiben und Brit und Dieter zwar in einem schönen, aber gnadenlos überteuerten Zimmer nächtigen. Es war so spät einfach nichts Anderes mehr frei. Wir trösten uns in einem kleinen Restaurant um die Ecke mit leckerem Essen und portugiesischem Rotwein.
Am nächsten Morgen packen wir alle Mann unsere Sachen und ziehen um. Ganz in der Nähe unserer Hotels ist eine kleine Pension mit zwei Zimmern frei geworden, die ihren Preis wert sind. Für den Tag steht ein Ausflug nach Old Goa an. Wie Panaji ist auch Old Goa stark portugiesisch beeinflusst. Zu früheren Zeiten gab es sogar einmal den Spruch "Wer Old Goa gesehen hat, braucht nicht mehr nach Lissabon zu fahren". Heute ist Old Goa ein eher verlassenes Örtchen, das nur noch durch die zahlreichen Kirchen und Bauwerke an die einstige Hoch-Zeit portugiesischer Seefahrer erinnert. Um dort hinzukommen, fahren wir mit dem local Bus. Sicher, man hätte auch ein Taxi nehmen können, aber das ist doch nur der halbe Spaß! Brit und Dieter sind etwas geschockt, wie schnell man aufspringen muss und wie voll die Busse sind, schlagen sich aber tapfer. Zum Ausgleich dafür gibt es, als wir wieder zurück in Panaji sind, Cappuccino und Schokotorte in Indiens bester Café-Kette.

Badami

Wir sind die einzigen Weißen im Dorf Badami, im Innern des Bundesstaates Karnataka. Natürlich fallen wir auf wie die bunten Hunde. Unser Besuch der Höhlentempel muss ein wenig warten, denn fast alle Kinder wollen von uns fotografiert werden. Vor allem die große Kamera von Dieter hat es ihnen angetan. Ein kleiner Junge möchte unbedingt, dass wir seine Familie kennenlernen und lädt uns in sein Haus ein. Seine Mutter und die anderen Verwandten scheint der Überraschungsbesuch nicht zu stören. Wir sind herzlich willkommen. Die Familie lebt unter einfachsten Bedingungen. Gegessen und geschlafen wird auf dem Boden. Sie sind äußerst gastfreundlich und zeigen uns Fotos von den letzten Touristen, die bei ihnen vorbeigeschaut haben. Ich zähle zehn Frauen und Kinder, die Männer sind gerade nicht im Haus. Ich frage mich, wie sie alle Platz finden in den zwei kleinen Zimmerchen und muss unweigerlich an die 120 Quadratmeter denken, auf denen wir in Deutschland gewohnt haben. Wofür haben wir jemals so viel Platz gebraucht? Nach einer Weile verabschieden wir uns höflich und machen uns langsam auf in Richtung Tempelanlage. Die zur Götterverehrung erschaffenen Tempel und Höhlen von Badami sollen aus dem 6. Jahrhundert stammen und sind direkt aus hartem, rötlichem Sandstein gehauen. Auf dem Weg dorthin sehen wir, wie die Einheimischen ihr Leben bestreiten. Mit fast mittelalterlichen Pflügen, die vor die Ochsen gespannt sind, bestellen sie ihre Felder. Auf den staubigen Sandwegen kommen uns buntgeschmückte Traktoren und Frauen mit großen Krügen oder Schüsseln voll Wäsche auf dem Kopf entgegen. Dieter, leidenschaftlicher Fotograf, weiß gar nicht, wo er seine Kamera zuerst hinhalten soll bei so vielen außergewöhnlichen Motiven. Im Schatten der Tempelanlage spielen alte Männer eine Art Würfelspiel mit Steinen, daneben waschen Frauen ihre leuchtend roten Saris im See. Ein idyllisches Bild, das ich gerade mit der Kamera einfangen möchte, als ein Makake versucht, mir meine unter den Arm geklemmte Wasserflasche zu entreißen. Ich kann sie in letzter Sekunde retten und den Affen verscheuchen, da kommen von hinten weitere Artgenossen angespurtet in der Hoffnung auf schnelle Beute. Wir verziehen uns in einen der Tempel. Aufgrund der hohen Tollwutrate nehmen wir uns vor den Affen lieber in Acht. Nach einem schönen Sonnenuntergang am See, der inmitten des Tempelkomplexes liegt, wollen wir den Tag mit einem leckeren Abendessen krönen. Viel Auswahl an Restaurants gibt es nicht in dem untouristischen Örtchen und so landen wir in einer einfachen einheimischen Pinte. Ich habe die Befürchtung, dass es nicht ganz das ist, was sich Brit und Dieter in ihrem Urlaub vorgestellt haben, aber meine Sorge ist unbegründet. Sie scheinen sich inzwischen an die indischen Verhältnisse gewöhnt zu haben und bestellen ohne mit der Wimper zu zucken die beiden Currygerichte Aloo gobi und Aloo mattar.

Palolem

Es geht wieder zurück nach Goa. Ziel: Strand!! Leider hat unser Zug morgens erstmal 2 1/2 Stunden Verspätung. Und das, wo wir extra früh um 5 aufgestanden sind, um mit dem Taxi rechtzeitig zur Zugstation zu kommen... Nachdem der Zug dann endlich da ist, fährt er so langsam, dass man unterwegs Blümchen pflücken kann. Unsere Begeisterung für die Landschaft hält sich in Grenzen, schließlich sind wir die Strecke auf dem Weg nach Badami schon mal gefahren. Mit über drei Stunden Verspätung treffen wir abends halb 6 im Bahnhof Margao ein. Aufgrund der fortgeschrittenen Zeit nehmen wir ein Taxi nach Palolem, in der Hoffnung, noch im Hellen dort anzukommen. Murphy's Gesetz: Nach zehn Kilometern gibt das Taxi seinen Geist auf. Unser Fahrer winkt zwei andere Taxis an den Straßenrand und wir werden samt Gepäck auf die (bereits besetzten) Wagen aufgeteilt. Wir sitzen nun jeweils zu sechst zusammengequetscht in den kleinen Schüsseln. Der stolze Fahrpreis von 600 Rupie (fast so teuer wie unsere vier Zugtickets zusammen) bleibt aber. Natürlich ist es längst dunkel, als wir am Strand von Palolem ankommen. Ziemlich geschafft machen sich Volker und Dieter auf die Suche nach zwei Hüttchen. Brit und ich bleiben mit dem Gepäck am Strand sitzen und lauschen dem Meeresrauschen. Wie schön... Wenn da nur nicht dieses Nebengeräusch wäre. Magenknurren. Von dem Restaurant hinter uns wehen die Düfte vom Grill zu uns herüber. Hoffentlich lassen die Jungs nicht zu lange auf sich warten. Nach einer dreiviertel Stunde sind sie wieder da. Mit der freudigen Nachricht, ein nettes Plätzchen für uns gefunden zu haben. Wir legen schnell unsere Sachen ab und dann nichts wie auf zum Essen! Statt des geplanten Sonnenuntergangs gibt es abends halb 10 die erste richtige Mahlzeit des Tages. Dafür frischen Fisch und Kalamares direkt am Strand bei Kerzenschein, die Füße im Sand. Endlich... Am nächsten Morgen frühstücken wir gemütlich im Strandrestaurant mit Blick aufs Meer, chillige Musik im Hintergrund. Entspannung macht sich breit. Um die Mittagszeit halten wir ein kleines Schwätzchen mit unserem indischen Guesthousebesitzer. Er war schon mal in Deutschland und weiß ganz genau, welche Würstchen in welchem Discounter am besten schmecken. Nachmittags ist am Strand liegen und Nichts tun angesagt. Wie auch an den folgenden drei Tagen. Ich habe das Gefühl, dass es das erste Mal ist, das wir uns alle wirklich erholen.

Fort Cochin

Wir sind im Süden Indiens, im Bundesstaat Kerala angekommen. Die letzten Tage unserer gemeinsamen Reise wollen wir auf der kleinen Halbinsel Fort Cochin verbringen, von wo aus wir noch einen Ausflug in die berühmten Backwaters machen wollen. Mit der Fähre setzen wir vom Festland über. Volker und ich checken in einem Backpackerhostel ein, Brit und Dieter haben sich zum Abschluss ein schönes Zimmer in einem Mittelklassehotel ausgesucht. Wir verabreden uns für nachmittags an einer Kirche zu einer kleinen Sightseeing-Runde. Dummerweise muss Volker feststellen, dass er sein Handy nicht mehr bei sich hat. Wir durchsuchen unsere gesamten Sa-

chen - leider nichts. Er muss es in der Hütte am Strand liegen gelassen haben. Verdammt. Die Kirche muss erstmal warten. Volker rennt ins Internetcafe und lässt seine Handykarte sperren. Natürlich kommen wir zu spät zum vereinbarten Treffpunkt. Der halbe Nachmittag ist bereits hinüber. Zusammen mit Brit und Dieter versuchen wir, den Guesthousebesitzer in Palolem anzurufen. Er hat das Handy leider auch nicht gesehen, verspricht aber, sich zu melden, wenn er es findet. Wir hinterlassen meine Handynummer und Mailadressen, haben aber nicht allzu große Hoffnungen. Das Handy ist wohl weg. Für Sightseeing ist es inzwischen zu spät und so gehen wir direkt zu den chinesischen Fischernetzen ans Ufer der Halbinsel, um den Sonnenuntergang zu sehen und uns mit frisch gepresstem Orangensaft zu trösten. Abends suchen wir eine Stunde nach einem passenden Restaurant. Die Vorstellungen gehen weit auseinander. Uns würde ein indischer Fastfoodladen reichen, Brit und Dieter möchten lieber in ein Restaurant mit nettem Ambiente. Am Ende landen wir in einer Empfehlung unseres Reiseführers, wo wir allerdings nochmal eine geschlagene Stunde auf unser Essen warten müssen. Es ist einer der Tage, die verstreichen, ohne dass man wirklich was erlebt hat. Irgendwie tut es mir leid für Brit und Dieter, denn wir hatten uns vorgenommen, unseren gemeinsamen Urlaub so schön wie möglich zu machen. Aber ich merke, dass es schwierig ist, unterschiedliche Reisegewohnheiten und Wünsche unter einen Hut zu kriegen. Erst recht, wenn man dem anderen nicht auf die Füße treten möchte. Ich erwische mich dabei, wie ich denke, dass es vielleicht besser wäre, wenn wir mal einen Tag etwas getrennt voneinander unternehmen würden, spreche es aber nicht aus.
Am nächsten Tag gehen wir zu einem Travelagent und machen unsere Tour durch die Backwaters klar. Mit einem Hausboot wollen wir durch die Lagunen und Kanäle schippern, die Landschaft Keralas genießen, auf dem Boot übernachten und natürlich eine Menge frischen Fisch essen. Morgen früh soll's losgehen. Den Rest des Tages schlendern wir gemütlich durch Fort Cochin. Wir halten in einem Atelier, kommen an einer kleinen Export-Firma für Ingwer vorbei und machen einen Abstecher in den Mattancherry Palast und das jüdische Viertel. Alles sehr entspannt hier. Die Leute sind freundlich, die Häuser herausgeputzt, der Verkehr ruhig. Mal wieder eine ganz andere Seite von Indien.

Backwaterstour
(aus Volkers Tagebuch)

Das letzte Highlight unserer gemeinsamen Reise steht an, die Tour durch die Backwaters. Das von uns gemietete Hausboot wartet im kleinen Örtchen Kumarakom auf uns. Da die Hinfahrt von Fort Cochin zum Boot inklusive ist, steht am Vormittag ein Ambassadortaxi vor der Tür und chauffiert uns gemächlich durch die Gegend. Auf dem Boot werden wir von unserer Crew mit frischen Kokosnüssen empfangen und danach zu unseren Kabinen geleitet. Schick schick! Wir erfahren, dass es am frühen Nachmittag ein Bootsrennen geben soll. Dieter ist sofort begeistert. Als Fotograf gibt es dort für ihn bestimmt gute Fotomotive. Aber zwei Stunden hier warten? Dani scheint da nicht viel von zu halten. „Ich bezahl doch nicht so viel Geld, um dann hier rumzustehen", mault sie, als wir alleine auf der Kabine sind. Irgendwie scheint ihr eine Laus über die Leber gelaufen zu sein, ihre Laune ist schon seit heute Morgen nicht die beste. Daher übernehme ich lieber die Initiative und schlage vor, in den zwei Stunden durch die ersten Kanäle zu fahren. Brit und Dieter sind einverstanden. Wir sagen dem Bootsmann Bescheid. Der fährt allerdings vorerst nur auf den See raus. Wir teilen ihm mit, dass wir in die Kanäle wollen, der See ist jetzt nicht sooo spannend. Sprachbarriere... Wir schippern munter weiter. Das ist nun wirklich nicht das, was ich mir unter der Tour vorgestellt habe und so versuche ich es noch einmal mit Händen und Füßen: „Wir wollen in die vom Dschungel überwucherten Seitenarme, in die Mangrovengebiete!" Ich ernte nur einen verständnislosen Blick. Da hatten wir wohl eindeutig falsche Vorstellungen. Das Bootsrennen soll jetzt auch um weitere zwei Stunden nach hinten verschoben sein. Hmm, komisch... Wir knicken das Ganze und fügen uns dem Kurs unseres indischen Kapitäns. Der wirft kurz vor 18 Uhr seinen Anker in den See. Danis Laune hat sich inzwischen wieder gebessert und wir genießen alle Vier unser vom Koch frisch zubereitetes Essen mit Blick auf die untergehende Sonne. Am nächsten Morgen drehen wir dann tatsächlich eine Runde in den Seitenkanälen der Backwaters. Warum nicht gleich so? Das konnte uns niemand beantworten. Am Ende war es trotz der Missverständnisse eine entspannte Tour und ein schöner Abschluss unserer gemeinsamen Indienreise.

Der Abschied naht

Zurück in Fort Cochin haben wir die letzten zwei Tage einfach vertrödelt. Ihren eigentlich geplanten Ausflug in die Westghats (die Bergkette im Südwesten Indiens) haben Brit und Dieter nicht mehr gemacht. Sie schienen es auch zu genießen, nach drei Wochen Rundreise nochmal die Füße hochzulegen. Wir haben viel gesehen in der kurzen Zeit. Manchmal kam ich mir vor wie im Zeitraffer. Das normale „Urlaubstempo" war ich nach fast einem Jahr Reisen nicht mehr gewohnt. Mit Blick auf die Fischernetze und das Meer genießen wir einen allerletzten frischgepressten Saft. Und dann ging auf einmal alles ganz schnell. Fast hätten Brit und Dieter ihre Fähre verpasst. Sie springen schnell auf und wir winken uns noch einmal kräftig zu. Weg sind

sie. Der Abschied war unfreiwillig kurz und ich bleibe mit einem Kloß im Hals zurück. In den vergangenen drei Wochen hatte ich eins, zwei Momente, in denen ich mir wünschte, wir könnten wieder in unserem eigenen Rhythmus reisen. Jetzt bin ich traurig, dass unsere Freunde schon wieder weg sind. Volker nimmt mich in die Arme. „Vielleicht kommen sie uns ja nochmal besuchen“, versucht er mich zu trösten. „Vielleicht“, antworte ich. Eine Stunde schlendern wir ziellos durch die Straßen von Fort Cochin, bis wir vor einem einfachen indischen Straßenrestaurant stehen, in dem drei alte Männer gemächlich ihren Chai trinken. An der Wand hängt ein Zettel. Dort steht in großen Buchstaben „Masala Dosai“ (indischer Pfannkuchen mit scharfer Currysauce). Wir grinsen uns an. Nichts wie rein da!
Wieder allein schmieden wir unsere nächsten Reisepläne. In jeder Himmelsrichtung gibt es Ziele, die verlockend klingen. Wir wollen es jetzt wieder etwas langsamer angehen lassen, zudem unsere Ausgaben drosseln und uns gleichzeitig ein schönes Plätzchen für Weihnachten suchen. Nicht so einfach, alles unter einen Hut zu bekommen.

Calicut

Es geht wieder die Küste hoch. Mit dem Bummelzug treffen wir gegen Mittag im Örtchen Calicut ein. Wir könnten direkt mit dem Bus in einen Nationalpark weiterfahren, entscheiden uns aber dagegen, weil wir erstens nicht erst bei Einbruch der Dunkelheit ein Zimmer suchen wollen und zweitens sich Calicut in unserem Reiseführer ganz nett anhört. Ein bis zwei Tage Zwischenstopp können also nicht schaden. Wir sehen kaum andere Touristen und sind daher frohgemut, als wir im ersten Hostel nach einem Zimmer fragen. Vor uns checkt ein Inder ein. Als wir an der Reihe sind, sagt uns der Rezeptionist: “Alles voll.” Und der Inder? Naja, vielleicht hatte er reserviert. Wir versuchen’s beim nächsten Hostel. Wieder voll. Genauso beim übernächsten… Das kann doch nicht sein! Kein Feiertag, keine Ferien, keine Ausländer und die Inder auf der Straße sehen auch nicht wie Touristen aus. Trotzdem ist alles voll? Merkwürdig ist auch, dass uns alle an ein- und dieselbe Adresse verweisen: das KY Tourist Home. Als wir dort nachfragen, gibt es - oh Wunder - doch tatsächlich ein Zimmer für uns. Der Rezeptionist ist unfreundlich, das Hotel heruntergekommen. Aber nach einer Stunde Suche in glühender Mittagshitze haben wir keine Lust mehr weiterzuziehen, zumal uns das Gefühl beschleicht, in dieser Stadt sowieso nichts anderes zu bekommen. Was für ein Empfang.
Nach einer kalten Dusche und einem Nickerchen machen wir uns auf zum Strand. Ein Highlight in dieser von Lärm und Smog durchzogenen Stadt. Wir lassen uns in den Sand fallen. Blick aufs Meer. Schön… Hatte ich schon

erwähnt, dass wir weit und breit die einzigen Ausländer waren? Was bedeutet das in Indien? Man ist nicht lange allein! Gekicher hier, Geknipse da und ungefähr hundert Mal die Frage "Where are you from?". So schön die Offenheit der Inder sein kann, so nervtötend ist sie, wenn man einfach mal fünf Minuten alleine sein und den Sonnenuntergang genießen will. Wir stiefeln zurück zum Hotel und machen das Einzige, was man an diesem Tag noch machen kann - wir gehen früh schlafen. Die Nacht hat uns den Rest gegeben. Stromausfall, kein Ventilator, schwitzen wie verrückt und Hautrötungen durch Bettwanzen. Am nächsten Morgen packen wir unsere Sachen. Bloß weg hier!

Wayanad
(aus Volkers Tagebuch)

Andere Reisende hatten uns gewarnt. Es lohne sich nicht wirklich, in die indischen Nationalparks zu fahren. Große Tiere würde man da schon lange nicht mehr sehen. Auch die Belgier, die eine Nacht vor uns im Hostel von Kalpetta am Rande des Nationalparks Wayanad eincheckten, machten uns wenig Hoffnung. Nur ein paar Vögel und ein Wildschwein haben sie gesehen. Egal, wo wir schon mal da waren, wollten wir unser Glück versuchen. Im Morgengrauen nahmen wir uns ein Taxi zum Parkeingang, wo schon ein Ranger auf uns wartete. Zusammen mit einem englischen Pärchen fuhren wir eine halbe Stunde in seinem Jeep durch den Park ohne auch nur ein Tier zu sehen. Wir hatten uns schon damit abgefunden, dass unsere Vorgänger Recht behalten, als auf einmal im Dickicht eine Elefantenherde zu sehen war! Ganz friedlich plünderten sie ein paar Büsche. Sogar ein Elefantenbaby war dabei, weshalb wir besonders leise sein sollten. Für ein paar Minuten konnten wir uns auf das Dach des Autos setzen und dem gemütlichenTreiben von oben zuschauen. Wenig später blockierte eine einzelne Elefantenkuh unseren Weg. Sie schaute interessiert zu uns herüber, hob den Rüssel und stapfte zielsicher in unsere Richtung. Unser Fahrer wendete vorsichtshalber unseren Jeep und wartete mit laufendem Motor. Die Elefantendame bog jedoch kurz vor uns ab und verschwand im Wald. Wir waren begeistert, tatsächlich das Glück gehabt zu haben, die selten gewordenen grauen Riesen zu sehen. Aber das eigentliche Highlight sollte erst noch kommen. Mitten in der Fahrt sprang Dani plötzlich von ihrem Sitz auf, zeigte aufgeregt nach draußen und rief: "TIGER!!!" Unglaublich, aber wahr! Keine 30 Meter von uns entfernt stand ein lebendiger Tiger! Vor lauter Aufregung konnte keiner von uns Beiden auf den Auslöser drücken. Zum Glück hatte das englische Pärchen neben uns die Nerven behalten und ein Foto geschossen. Sonst hätte uns wohl niemand ge-

Oben links: Inderin im Dorf Aihole, nahe Badami
Oben rechts: heilige Kühe auf den Straßen Jodhpurs, Indien
Mitte links: im Golden Temple von Amritsar, Indien
Mitte rechts: kleiner Junge in Tiruvannamalai, Indien

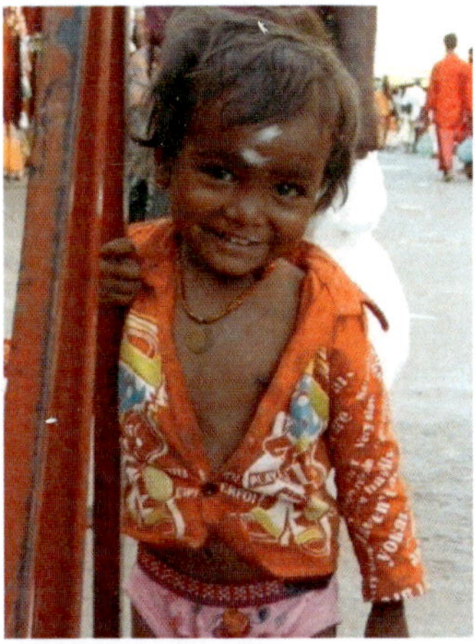

Links:
Goa, Indien – Relaxen am Strand von Palolem

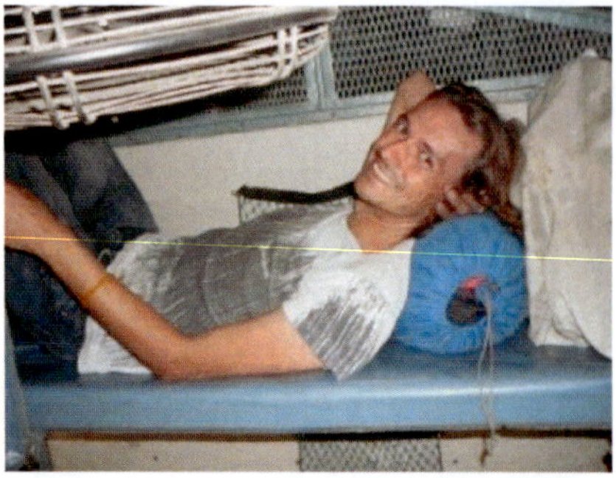

Oben links: Sadhu in Hampi, Indien, Oben rechts: unterwegs in indischen Zügen, Darunter: typisch indisches Essen, Unten: Calling Home vor Christmas – Weihnachten 2007 am Kudle Beach, Gokarna, Indien

glaubt, dass wir tatsächlich einen Tiger in freier Wildbahn gesehen haben! Unser Fahrer schüttelte ungläubig den Kopf. Er ist fast jeden Tag im Nationalpark, aber das letzte Mal, dass er einen Tiger gesehen hat, war im Jahr 1990! Am Abend wusste ganz Kalpetta von diesem Ereignis. Unsere Gruppe war die Sensation des Tages und die Engländer mussten überall, wo sie hingingen, ihr Tigerfoto zeigen.

Gokarna

Rund 600 Kilometer sind es von Kalpetta (Wayanad) bis zu den Stränden von Gokarna. Eigentlich muss man nur kurz zurück bis nach Calicut und dann die Küste hoch. Eigentlich. Nach zwei Monaten Indien wissen wir - das wird eine lange Fahrt… Ganze sechzehneinhalb Stunden dauert es, bis wir den Sand unter den Füßen spüren und nochmal eineinhalb Stunden bis wir ein passendes Hüttchen gefunden haben. Die Entschädigung für die Strapazen – ein leckeres Frühstück mit Blick aufs Meer. Ich glaube, hier können wir's eine Weile aushalten. Die ersten Tage verbringen wir am Om Beach. Der heißt so, weil seine Form von oben betrachtet wie das Om-Zeichen (die heilige Silbe der Hindus und Buddhisten) aussieht. Ein entspanntes Fleckchen, an dem einige schon zum Sonnenaufgang Yoga-Übungen machen, während andere erst gegen zehn das erste Käffchen des Tages in einer Hängematte schlürfen. Wir haben ein kleines süßes Steinhüttchen mit eigenem Bad (ein wahrer Luxus) und machen gleich am ersten Abend die Bekanntschaft mit ein paar netten Schweden. Alles perfekt. Bis auf eine kleine störende Nebenerscheinung: gaffende Inder. Offensichtlich scheint es "in" zu sein, dass sich die Pilger nach ihrem Tempelbesuch im vier Kilometer entfernten Gokarna mit Bussen und Rikschas zum Strand fahren lassen, um, vor allem weibliche, Touristen anzustarren. Scharenweise laufen sie an uns vorbei, bleiben stehen, machen ungefragt Fotos oder setzen sich so dicht neben uns, dass man sie am liebsten fragen möchte, ob sie schon mal was von "Mindestabstand" gehört haben. Das Problem scheint offensichtlich bekannt, denn am Beginn des Strandes steht ein Schild, auf dem darum gebeten wird, das Bedürfnis der hierher kommenden Touristen nach Erholung zu respektieren. Es scheint das meist ignorierte Schild des Landes zu sein. Nach zwei Tagen haben wir keine Lust mehr. Drei der vier Schweden wollen weiter nach Goa und einer geht mit uns zusammen an einen anderen Strand, der zwei Kilometer vom Om Beach entfernt ist. Der Kudle Beach. Ein traumhafter Strand mit nur ein paar Hütten und einfachen Restaurants. Der Strand ist nicht durch eine Straße zu erreichen, sondern nur durch einen halbstündigen Fußmarsch vom Om Beach oder von Gokarna aus. Das ist den indischen Männern offensichtlich zu anstrengend, zumindest ist hier weit und breit von ihnen keine Spur. Zu unserem großen Glück ergattern wir ein Hüttchen, das nur noch halb so teuer ist wie das am Om Beach. Juchuu! Jetzt kann Weihnachten kommen. Wir stellen unsere Sachen ab und gehen zum Meer. Herrlich, diese Ruhe. Der Strand ist anders. Das fällt uns sofort auf. Statt dass sich Urlauber und Reisende auf den Handtüchern rekeln und dem Sonnenbaden frönen, ist es hier tagsüber menschenleer. Nur morgens und abends füllt sich der Strand, vor allem mit Leuten, die tiefversunken ihre Yoga- und Meditationsübungen absolvieren. So etwas Profanes wie Joggen macht hier kaum jemand. Ich komme mir schon etwas komisch vor, wenn ich morgens meine Runden drehe. Auch optisch fallen wir auf. Wir sind nicht von oben bis unten in Tücher gehüllt, haben keine Dreadlocks und auch unser Körperschmuck von Ketten bis hin zu Tattoos erfüllt nicht mal das Mindestmaß. Kurz: Im Vergleich zu den Leuten hier am Strand sehen wir aus wie Club-Urlauber, die gerade zwei Wochen Mallorca gebucht haben. Hippies aller Länder vereinigt euch! Und zwar am Kudle Beach. Das Motto hier: „Wir sind alle eine große Familie". Jeder scheint jeden zu kennen und auch gerne zu umarmen. Körperliche Nähe ist hier groß im Trend, auch wenn man sich eigentlich gar nicht richtig kennt und sich ein paar Minuten später nicht mehr wirklich viel zu sagen hat. Egal, die Geste zählt. 'Alles easy, alles cool.' Wir kommen leicht ins Gespräch, aber tiefergehende Bekanntschaften wie wir sie von anderen Stränden kennen, finden wir hier nicht. In der ersten Woche bleiben wir eine kleine Dreiergruppe - Tobias (der Schwede), Volker und ich. Dann stößt Monika, eine Deutsche, zu uns. Abends beim Essen sagt sie: "Irgendwie ist dieser Strand anders." Ich muss grinsen. Langsam färbt sich die Sonne glutrot. Wer tagsüber nicht am Strand war, kommt jetzt hervor, um die Sonne mit trommeln, beten oder meditieren dazu zu bewegen, unter zu gehen. Volker, Tobias, Monika und ich beobachten das Geschehen. Eltern tanzen mit ihren Kindern am Strand, Erwachsene ohne Anhang tanzen im Wasser (d.h. eigentlich "tanzen" sie nicht wirklich, sondern machen komische Verrenkungen und Sprünge, die nahe legen, dass sie mindestens den dritten Joint hatten) und wieder andere beglücken uns mit Yoga-Positionen, die uns wirklich ins Staunen versetzen. So sehr kann man sich doch gar nicht verknoten!? Und ein Handstand aus der Hocke? Nicht schlecht! Leben und leben lassen. Jeder wie er mag. Wir schauen uns den Sonnenuntergang aus der von uns favorisierten Position an - faul und gemütlich von der Decke aus.

Wir haben den dritten Advent. Von vorweihnachtlicher Stimmung ist aber nichts zu merken. Nicht dass ich jemals sonderlich viel Tamtam um Weihnachten gemacht habe, aber jetzt fehlt es mir irgendwie. Volker und Tobias sind zusammen nach Gokarna gegangen, um frisches Obst und ein paar Drogerieartikel zu holen. Ich sitze am Strand und denke darüber nach, warum ich die Sonne heute nicht so genießen kann wie an den anderen Tagen. Letztes Jahr um diese Zeit war ich zu Hause bei meiner Familie. Die Wohnung war hübsch geschmückt und meine beiden kleinen Nichten haben sich schon auf den Weihnachtsmann gefreut. Hier gibt es nicht mal einen verdammten Weihnachtsstern zu kaufen! Seit gestern Abend bin ich maulig. Ich vermisse meine Familie. Und wenn ich die schon nicht haben kann, will ich wenigstens ein bisschen deutsche Tradition. "Das ist einfach die Region, hier gibt es kein Weihnachten", sagt Volker. In Gokarna leben fast ausschließlich Hindus und in unserem Guesthouse sind überwiegend israelische Reisende... "Trotzdem!" Mehr fällt mir als Erwiderung aber auch nicht ein. Das fällt dann wohl unter die Rubrik 'Man kann nicht alles haben'. Oder 'Wer das eine will, muss das andere mögen'. Noch so'n toller Spruch. Es ist einer der wenigen Momente auf unserer Reise, der mir die Kehrseite der Medaille zeigt. Ich versuch's von der positiven Seite zu sehen. Wäre ich nicht traurig, würde es bedeuten, dass mir die Leute zu Hause unwichtig geworden sind. Und das ist eben nicht der Fall. Kein Wunder, dass ich ausgerechnet in der Weihnachtszeit ein bisschen Heimweh habe. Volker kommt aus Gokarna zurück. In der Hand hält er eine Überraschung. Zwei Weihnachtssterne!!! Irgendwo hat er doch noch welche auftreiben können. Sie sind nicht sonderlich geschmackvoll mit ihren grün-rot-goldenen Streifen, aber das ist mir so egal. Freudestrahlend hänge ich sie in unserem Hüttchen auf. Abends sitzen wir zu viert beim Essen. Auf dem Tisch stehen drei Teelichter, die ich aus meinem Rucksack gekramt habe. Schließlich ist heute der dritte Advent!

Weihnachten 2007

Weihnachten, Heiligabend! Wir haben 30 Grad im Schatten. Schon morgens um acht steht die Sonne hoch am Himmel. Das Meer rauscht. 'Fröhöliche Weihnacht überall...' trällere ich vor mich hin. Volker grinst. Das Lied passt nun wirklich nicht so ganz hierher. Egal. Ich bin gut drauf. Heute ist Weihnachtsshopping angesagt! Wir sind extra früh aufgestanden, um nach Gokarna zu gehen. Da ich in den letzten Tagen ein wenig Heimweh hatte, hat Volker mir versprochen, dass wir uns heute gegenseitig Geschenke kaufen und ich mir aussuchen könnte, was ich wollte. Nachdem ich das siebte Tuch innerhalb einer Stunde gekauft habe, scheint er sein Versprechen nochmal überdenken zu wollen. Es kommen dann aber doch noch ein paar Ohrringe, ein Haarband und ein Kleid dazu. Für insgesamt 800 Rupien (rund 15 Euro). Welcher Mann kommt an Weihnachten schon so billig davon? Dann nehmen wir unsere Tagesaufgabe in Angriff - eine Flasche Wein besorgen. Hört sich simpel an, ist in der heiligen Stadt Gokarna, in der es eigentlich keinen Alkohol gibt, aber gar nicht so einfach. Nach mehrfachem Nachfragen landen wir schließlich in einem kleinen Büdchen hinter der Bushaltestelle. Der Besitzer

sagt, er habe in der Tat noch eine Flasche Wein, greift ganz hinten ins Regal, pustet den Staub von der Flasche, et voilà - ein Weißwein Jahrgang 2006. Wir kaufen noch eine Glitzergirlande und brechen auf dem Rückweg ein paar Zweige von einem nadelbaumähnlichen Strauch ab. Zurück im Guesthouse basteln wir aus unseren leeren Wasserflaschen kleine Windlichter. Fertig ist die Tischdekoration für den Abend. Monika und Tobias sind begeistert und im Restaurant ernten wir den einen oder anderen neugierigen Blick. Vom Nachbartisch bekommen wir ein Räucherstäbchen mit den besten Wünschen. Merry Christmas! Dann kommt das Highlight des Abends - frischer Hummer! In einem Stück. Höchst amüsant wie wir dann alle vier versuchen, den Panzer mit unseren Händen zu knacken. Aber wir haben's geschafft und lehnen uns genüsslich zurück als der Nachtisch serviert wird - 'Hello to the Queen'. Eine süße Schweinerei aus Biskuit, Toffee, frischen Früchten und Eis. Wir sind so voll, dass wir uns kaum noch bewegen können. Ist doch fast wie Weihnachten zu Hause. Fehlen nur noch die Geschenke. Was macht man da als Backpacker am besten? Schrottwichteln! Wir haben alle aus unseren Rucksäcken herausgesucht, was wir überhaupt nicht mehr gebrauchen können und in schönstes Geschenkpapier verpackt. Wir kringeln uns vor Lachen, als wir die „Geschenke“ öffnen. Tobias ist stolzer neuer Besitzer der indischen Ausgabe von Barbie, Monika hat einen Gameboy mit der schrecklichsten (nicht ausschaltbaren) Musik, die man sich vorstellen kann, mein formschönes Geschenk enthält eine zerklumpte Seife und eine angebrochene Tüte roher Erbsen und Volker fragt sich, ob eine leere Pillenpackung und eine Kinderkette wohl ein Zeichen sind. Es ist ein sehr lustiger Abend und mein vorweihnachtliches Heimweh ist wie weggeblasen.
Drei Wochen sind wir schon am Kudle Beach. Solange waren wir noch nie an einem Ort. Eigentlich wollten wir nach Neujahr wieder fahren, vor ein paar Tagen haben wir aber beschlossen, mindestens noch zwei weitere Wochen zu bleiben. Nach fast einem Jahr Reisen brauchen wir eine kleine Auszeit. Und was bietet sich da besser an als der Strand? Fast alle, die hierher kommen, bleiben länger als geplant. Die Ruhe und Abgeschiedenheit des Ortes machen es einem schwer, wieder aufzubrechen ins indische Getümmel. Unser Hüttchen wird zu unserem zweiten Zuhause. Wir kennen unsere Nachbarn und im Strandrestaurant begrüßt mich "Uncle", mein Lieblingskellner, morgens mit den Worten: "Black coffee, no milk, no sugar" und grinst. Wir fühlen uns pudelwohl, halten hier und da ein Schwätzchen und haben mit Tobias und Monika eine kleine feste Vierergruppe, die sich morgens schon zum Frühstück trifft. Hier haben wir keine Sorgen. Aber auch die schönste Zeit geht irgendwann vorbei. Moni und Tobias müssen wieder nach Mumbai zurück, wo ihre Flieger nach Hause gehen. Und wir wollen nochmal einen Abstecher ins Landesinnere machen.

Hampi

Januar 2008. Volkers Geburtstag steht vor der Tür. Sein erster auf der Reise. Wir sind in Hampi, der ehemaligen Hauptstadt des untergegangenen hinduistischen Königreiches Vijayanagar. Zur Feier des Tages gehen wir am Vormittag in den Virupakshatempel und Volker wird von Lakshmi, dem Tempelelefanten, gesegnet. Heißt, er kriegt den Elefantenrüssel auf den Kopf, aber wenn's hilft… Am Abend stoßen wir mit Chai, indischem Tee, an. Alkohol wird in der heiligen Stadt Hampi nicht ausgeschenkt. Wir hatten uns schon darauf eingestellt, allein zu feiern, da lernen wir spontan ein paar Deutsche kennen und sitzen in gemütlicher Runde bis spät in die Nacht.

Aus Volkers Tagebuch:

Für unseren letzten Tag in Hampi hatten wir uns drei Highlights - das Lotus Mahal, die Elefantenställe und den Vittalatempel aufgehoben. Zu spät haben wir gemerkt, dass wir uns jeden anderen Tag des Jahres hätten aussuchen können, nur nicht diesen! Es ist ein lokaler Feiertag und halb Indien nutzt ihn, um die Haupttempel von Hampi zu besuchen. Ich persönlich finde es sehr schön, wenn die bunten Saris vor den grauen und braunen Mauern leuchten und Kindergeschrei durch das alte Gemäuer hallt. Ich kann es auch noch irgendwie ertragen, zum 1000. Mal meinen Namen, Herkunft, Alter und Familienstand zu sagen. Aber wenn ich darum bitte, nicht zum x-ten Mal fotografiert zu werden und sich dennoch die Männerhorden hinter uns aufbauen, während vorne einer auf den Auslöser drückt, dann platzt mir irgendwann der Kragen. So kam es, dass wir an unserem letzten Tag in Hampi nur noch genervt den Rückzug antraten.

16. Januar 2008: Ein Jahr Weltreise!

Jubiläum!! Wir sind heute auf den Tag genau seit einem Jahr unterwegs. Unglaublich, wie schnell die Zeit vergeht. Vor einem Jahr sind wir in den Flieger nach Malaysia gestiegen. Mit einem One-Way-Ticket und einer Riesenvorfreude im Gepäck, aber auch der Frage, ob wohl alles so wird, wie wir es uns vorstellen. Heute, ein Jahr später, sind wir auf dem Weg von Hampi nach Tiruvannamalai. Unser indischer Zug braucht für die kleine Strecke genauso lange wie damals unser Flieger von Deutschland nach Kuala Lumpur. Zeit genug, um unser erstes Jahr Weltreise Revue passieren zu lassen… Was ist passiert, was haben wir erlebt, was hat sich verändert? Halb Südostasien, China, Tibet, Nepal und nun fast auch Indien liegen hinter uns. Zwei Stunden lang gehen wir aus dem Kopf nochmal jede einzelne Station durch, lachen, werden nachdenklich und stellen fest, dass wir uns auch ohne Tagebuch und Fotos an jeden einzelnen Ort, Namen, Begebenheiten und Personen, die wir unterwegs getroffen haben, erinnern können. Alles in unserem Kopf und in unserem Herzen. Es war ein aufregendes Jahr und wir sind uns beide einig - es war die beste Entscheidung unseres Lebens, das, wovon wir solange geträumt haben, wahrzumachen. Natürlich haben wir auch gestritten. Nicht enden wollende Fahrten in überfüllten Zügen und Bussen, Verkehrschaos, Lärm, stundenlange Fußmärsche in staubiger Hitze auf der Suche nach einem günstigen Zimmer, Magenverstimmungen, vorübergehende Reisemüdigkeit und Heimweh und das Rund-um-die-Uhr-Zusammensein auf teilweise engstem (und nicht immer gemütlichen) Raum führten gelegentlich dazu, dass wir uns wegen Kleinigkeiten in die Haare gekriegt haben. In solchen Situationen haben wir dann versucht, dagegen zu steuern, zum Beispiel mal wieder was alleine machen, tief Luft holen oder, wie meine Oma immer sagt, alles mit Humor nehmen.

Haben wir uns verändert in dem letzten Jahr? Ich würde sagen, wir sind immer noch dieselben, aber wir sind in der Beurteilung vielleicht nicht ganz so objektiv. Vermutlich werden wir die Veränderungen erst merken, wenn wir irgendwann wieder in Deutschland sind. Was sich schon verändert hat, ist unsere Einstellung zu Geld und Zeit. Geld, weil wir versuchen, mit so wenig wie möglich auszukommen, damit es solange wie möglich reicht. Wir führen penibel Kassenbuch und überlegen drei Mal, ob wir uns bestimmte Dinge leisten wollen, die wir in Deutschland ohne mit der Wimper zu zucken gekauft haben. Unseren Standard haben wir auf ein Minimum heruntergeschraubt, was uns nicht schwerfiel. Es wird doppelt und dreifach durch das aufgewogen, was wir sehen und erleben. Was unser Zeitgefühl angeht, ticken unsere Uhren inzwischen "asiatisch". Wenn wir nicht einen Kalender hätten, wüssten wir vermutlich nicht mal, welchen Monat wir haben. Jahreszeiten gibt es nicht, wir haben seit einem Jahr Hochsommer (außer in Tibet, da hatten wir im August Schnee). Der Tag beginnt, wenn die Sonne aufgeht und endet, wenn sie wieder untergeht. Verabredungen werden "pi mal Daumen" getroffen, auf eine halbe Stunde früher oder später kommt es nicht drauf an. Am Anfang unserer Reise wollten wir so viel wie möglich sehen. Wir haben viel geplant, um alle unsere Ziele zu schaffen. Inzwischen legen wir größere Pausen ein, bleiben auch mal länger an einem Ort, lassen manche Dinge aus, wenn uns nicht danach ist und entscheiden spontan, wohin es als nächstes geht. Wir lassen uns mehr und mehr von unserem persönlichen Gefühl und Erzählungen anderer Reisender leiten als von unserem Reiseführer. So kommt es auch, dass wir unsere Pläne für 2008 ein wenig umgeschmissen haben. Neuseeland steht noch, aber danach geht es nicht wie geplant nach Australien, sondern nach Indonesien und in den Iran. Wir haben so viel Gutes

von Reisen in die beiden Länder gehört, da sind wir neugierig geworden.
Der Kontakt nach Hause ist uns nach wie vor sehr wichtig. Dank Internet bleiben wir fast immer auf dem neusten Stand. Nur an Tagen wie Weihnachten, Geburtstagen oder Ereignissen wie Hochzeiten merken wir, dass wir weit weg sind und nicht mal eben wie früher, daran teilhaben können. Wir haben in unserem ersten Jahr Weltreise viele neue Leute kennen gelernt, einige Kontakte halten nach wie vor an. Die Meisten sind inzwischen längst wieder zu Hause und haben sich mehr oder weniger gut an ihr altes Leben angepasst. Den Gedanken ‚Was kommt nach der Reise?‘ verdrängen wir zurzeit noch. Zum Glück haben wir noch eine ganze Weile. Danach wird sich schon irgendetwas ergeben. In drei Wochen verlassen wir den asiatischen Kontinent. "Luft holen in Neuseeland" wie wir es nennen, bevor wir wieder zurück kommen. Asien ist faszinierend, verwirrend, schön und abstoßend zugleich. Ein aufregender Kontinent. Wir haben uns bei so manchen schönen Orten gefragt, ob Asien als Alternative zu Deutschland in Frage kommt, haben aber auch gemerkt, dass nicht alles Gold ist, was glänzt. So schön die Länder Asiens auch sind, die Einheimischen haben oft ein schweres Leben und auch wenn man sich als Ausländer niederlässt, sieht vieles nicht mehr ganz so rosig aus wie als Reisender. Korruption oder Militärdiktatur, undurchsichtige Bürokratie und gesetzliche Willkür, Sprachschwierigkeiten und Visaprobleme sind nur ein paar der Dinge, mit denen man zu kämpfen hat, wie uns einige in Asien lebende Ausländer erzählt haben. Aber wir wollen uns ja jetzt auch nicht niederlassen, sondern reisen. Es gibt noch so viel zu sehen!
Ankunft im Bahnhof Katpadi. Von hier aus müssen wir einen Bus nach Tiruvannamalai nehmen. Auf geht's ins Gewühl! Wir haben keine Ahnung, wo die Busstation ist und wo wir heute Abend schlafen werden. Nur eins steht definitiv fest - es wird kräftig angestoßen. Auf ein Jahr Reisen!

Tiruvannamalai

Tiruvannamalai war ein Tipp meiner Mutter. Von alleine wären wir wahrscheinlich gar nicht auf diesen kleinen Ort inmitten einer Hügellandschaft gestoßen. Das Highlight des Ortes ist dessen Tempelanlage im typisch südindischen Stil. Nach der archaischen Umgebung von Hampi werden wir fast erschlagen von den Farben der Tempelverzierungen und der Kleidung der Pilger. Im Gegensatz zu Hampi ist diese hier nämlich nicht schwarz, sondern knallrot. Außerhalb der Tempel, die noch aktiv genutzt werden, ist Tiruvannamalai ein quirliges Örtchen. Dennoch verbringen wir hier ein paar entspannte Tage. Die Menschen sind ausgesprochen freundlich, humorvoll und alles andere als aufdringlich. Bei der Zimmersuche gibt es nach langer Zeit mal wieder das typischste aller Missverständnisse. Ein alter Mann

spricht mich an: "You want room?" (Suchst du ein Zimmer?) - "Yes, you have?" (Ja, haben Sie eins?). Kopfschütteln. Ok, dann gehe ich eben weiter. "Room, room", ruft er mir hinterher und zeigt auf das Haus hinter ihm. "Ah, you have room", antworte ich, obwohl ich das ja eigentlich schon gefragt habe. Wieder Kopfschütteln. Will der mich veräppeln? Ich dreh mich schon wieder um, da fällt's mir wie Schuppen von den Augen. Stimmt ja! Kopfschütteln bedeutet in Indien "Ja". Ich hatte es nur schon wieder vergessen, weil die Inder am Kudle Beach und in Hampi durch den starken Kontakt mit Ausländern deren Mimik und Gestik angenommen haben. Der alte Mann guckt verwirrt. Sein Sohn kommt hinzu. Er spricht gut Englisch und ich kläre das Missverständnis auf. Wir lachen, ich bekomme das Zimmer und hole Volker mit dem Gepäck.
Neben den Tempeln gibt es in Tiruvannamalai noch einen bedeutenden Ashram. Ein Ashram ist ein "spirituelles Zentrum", ein Ort der Ruhe und der Meditation. Den spirituellen Führer eines Ashrams nennt man Guru. Daneben gibt es noch die Yogis, sogenannte "Hauptamtliche", die neben dem Praktizieren von Yoga auch Vorträge halten. Einige Ashrams bieten Unterkünfte für längerfristige Aufenthalte, die von Besuchern aus der ganzen Welt genutzt werden. Wir haben noch nie einen Ashram besucht, jetzt wird es mal Zeit, zumal uns dieser von meiner Mutter empfohlen wurde. Der Sri Ramanasramam Ashram, benannt nach seinem Gründer, liegt am Fuße des "heiligen Berges", dem Mt. Arunachaleswar und besteht seit rund 80 Jahren. Ich habe eine Vorstellung von grauen Mauern, ernsten Gesichtern und strengen Regeln im Kopf und bin überrascht, dass es sich bei dem Sri Ramanasramam Ashram um eine entspannte, weitläufige, begrünte Anlagen mit mehreren kleinen Schreinen und einem großen, lichtdurchfluteten Meditationssaal handelt. Auch "Outsider" wie wir scheinen willkommen. Man muss nicht zwangsweise meditieren, in dem Ashram finden sich genügend Nischen, in denen man auch einfach so relaxen kann. Den "heiligen Berg" sind wir natürlich auch hochgestiefelt. Von dort aus hat man einen tollen Blick auf Tiruvannamalai und die Tempel. Der Berg gilt als heilig, weil hier Shiva seine Überlegenheit gegenüber den beiden anderen Hauptgöttern Brahma und Vishnu gezeigt haben soll, indem er als unendliche Feuersäule erschien und damit das Ego der beiden anderen gebrochen hat. Auf dem Weg zur Spitze kommen wir an zwei Höhlen vorbei, in denen Ramana Maharshi, der Gründer des Ashrams, über 20 Jahre gelebt und meditiert hat. Der Ort hat eine hohe Anziehungskraft für einheimische und ausländische Pilger, die in oder vor den Höhlen meditieren. Die ruhige und gelassene Atmosphäre zieht auch uns in den Bann. Obwohl wir beide bekanntermaßen weder Yoga praktizieren noch meditieren, war Tiruvannamalai einer der schönsten Aufenthalte auf unserer Indienreise.

Mamallapuram

Bislang beschränkten sich die unangenehmen Seiten unserer Busfahrten in Indien nur auf das Fahren mit überfüllten, klapprigen Gestellen, die fast immer doppelt so lange brauchten, wie im Reiseführer angegeben. Von den häufigen Verkehrsunfällen mit Verletzten und Toten hatten wir bislang zum Glück nur gehört. Bis zu unserer Fahrt nach Mamallapuram. Der Local Bus ist voll besetzt und drängt sich laut hupend durch die Menschenmassen in den Außenbezirken von Pondicherry, wo wir die letzten vier Tage verbracht haben. Wir sitzen ganz vorne und ich würde mir am liebsten die Hände vors Gesicht halten. 'Nur zwei Stunden', murmel ich aufmunternd vor mich hin, 'dann sind wir da'. Plötzlich taucht aus dem Nichts ein alter Mann vor uns auf. Ich weiß nicht, ob er das Hupen nicht gehört hat oder einfach nur zu langsam war. Der Bus trifft ihn mit voller Wucht an der linken Schulter. Er stürzt zu Boden und bleibt regungslos liegen. Der Busfahrer schaut einmal kurz in seine Richtung und fährt weiter. Ich starre fassungslos aus dem Fenster, unfähig vor lauter Schreck auch nur ein Wort zu sagen. Innerhalb von Sekunden sind wir mehrere hundert Meter von dem alten Mann entfernt, der nur noch als immer kleiner werdender Punkt am Ende der Straße erscheint. Ich kann nicht mehr erkennen, ob ihm irgendjemand hilft, sich um ihn kümmert, einen Krankenwagen ruft… Krankenwagen. Ich habe mit Ausnahme von Bombay noch nie einen Krankenwagen in Indien gesehen. Als hätte mich jemand wachgerüttelt, bricht es auf einmal laut aus mir heraus: "Er hat ihn angefahren! Wieso halten wir nicht an? Wir müssen doch irgendwas tun! Wir können ihn doch nicht so einfach liegen lassen!!!" Volker, der nicht weniger geschockt ist als ich, versucht mich zu beruhigen: "Der alte Mann steht bestimmt längst wieder. Da waren so viele Leute, es hat ihm garantiert jemand geholfen." Und wenn nicht? Ich schaue in die Gesichter der Einheimischen hinter mir und ernte Blicke, die verraten, dass sie nicht verstehen, worüber ich mich eigentlich aufrege. Haben sie denn nichts gesehen?? "Aber der Busfahrer hat sehr wohl gemerkt, dass er jemanden angefahren hat!", sage ich und zeige wütend in seine Richtung. Er reagiert überhaupt nicht auf mich, sondern steckt sich in aller Ruhe eine Zigarette an und fährt weiter. Ich habe einen Kloß im Hals und bin kurz davor zu heulen. Ist ein Menschenleben denn hier gar nichts wert? Warum habe ich nicht früher reagiert? Hätte es irgendetwas geändert? Den Rest der Fahrt sage ich keinen Ton mehr. Wir kommen in Mamallapuram an und ich bin stark gereizt. Auf dem Weg zum Guesthouse durchqueren wir die beiden größten Touristenstraßen des Ortes, in denen sich ein Shop an den nächsten reiht. "You want something?" "How are you? Come and look my shop." "Cheap price!" "Looking is free." "My friend!" Aus allen Ecken schreit man uns hinterher. Denkt nach! Wir sind

voll beladen und total verschwitzt! Sehen wir aus als wären wir in Shoppinglaune? Nein danke, ich kann mir mein Zimmer selbst suchen. Lasst mich in Ruhe! Kümmert euch lieber um eure eigenen Leute! Zum Glück sage ich das alles nicht, sondern denke es nur. Aber auch Blicke sprechen Bände. Den Rest des Tages bewegen wir uns kaum noch aus dem Zimmer. Wir sind beide in unsere Bücher versunken und verdrängen das Leben draußen. Abends denke ich nochmal über den vergangenen Tag nach. Ich komme ins Grübeln. Indien ist ein Land mit über einer Milliarde Menschen. Der überwiegende Teil davon kämpft tagtäglich ums Überleben und wer sich ein wenig Wohlstand erarbeitet hat, versucht ihn mit allen Mitteln zu halten. Auch die Straßenverkäufer und Shopbesitzer machen nur ihren Job. Natürlich könnten sie das etwas weniger aufdringlich tun, vielleicht so nett und höflich wie die Menschen in Kambodscha oder Tibet… Aber warum sollten sie? Warum sollten sie ihr Verhalten ändern, nur weil es mir so lieber wäre? Es ist ihre Mentalität, ihre Kultur, ihr Leben und ich bin in ihr Land gekommen, um daran teilzuhaben. Mein abwehrendes Verhalten wird mir peinlich und ich nehme mir vor, morgen wieder freundlich und offen zu sein, wenn ich durch die Straßen gehe. Und der Unfall von heute Morgen? Er steckt mir immer noch in den Knochen, aber ich bin zu dem Schluss gekommen, dass ich lernen muss, die Dinge auch mal in einem anderen Licht zu betrachten. Was weiß ich wirklich über die Regeln in diesem Land? Irgendwo habe ich mal gelesen, dass im indischen Verkehr so laut gehupt wird, um einerseits auf sich aufmerksam zu machen, andererseits aber auch, um die Verantwortung abzuschieben. Frei nach dem Motto: Wer nicht auf mein Hupen reagiert, ist selber schuld. Hat der Busfahrer deswegen nicht angehalten? Hatte er aus seiner Sicht gar keine Schuld? Oder spielte das vielschichtige Kastensystem eine Rolle, das es verbietet, einige Mitglieder der Gesellschaft nicht mal anzufassen, geschweige denn, sich um sie zu kümmern? Auch nach vier Monaten Indien kommt mir vieles noch andersartig und fremd vor. Ich weiß, dass viele meiner eigenen Sichtweisen von denen der Inder abweichen. Heute Abend wurde mir aber auch bewusst, dass ich nicht einfach Finger zeigend daher gehen und mein Wertesystem einem anderen Land überstülpen kann.
Die nächsten zwei Tage in Mamallapuram verbringen wir mit dem Schreiben der letzten Reiseberichte. Dann bekommt Volker auf einmal hohes Fieber. Ich kaufe literweise Wasser und mache kühlende Umschläge. Das hat damals in Yangshuo, Südchina auch geholfen. Diesmal leider nicht. Innerhalb von 24 Stunden steigt das Fieber auf fast 40 Grad. Ich fange an, mir Sorgen zu machen und blättere nervös in unserem Medizin-Handbuch. Kein Schüttelfrost, kein Erbrechen, keine sonstigen Anzeichen für eine tropische Krankheit… Warum ist das Fieber dann so hoch? Vielleicht sollten wir doch einen Arzt aufsuchen. Ich frage Yvette, unsere Zimmernachbarin, mit der wir uns in den

letzten Tagen angefreundet haben, um Rat. Yvette ist 54, Schweizerin und vor ein paar Monaten nach Indien ausgewandert. Wir sollten auf keinen Fall ins hiesige Krankenhaus gehen, die dort praktizierende Ärztin habe noch nicht mal einen Abschluss. Als sie das letzte Mal in Mamallapuram war, habe sie davon gehört, dass es einer Ausländerin nach dem Arztbesuch und der "helfenden Spritze" wesentlich schlechter ging als vorher. Das klingt nicht besonders vertrauenserweckend. Yvette hat in der Schweiz für einige Zeit als Pflegerin in einem Krankenhaus gearbeitet und schlägt vor, solange keine weiteren Symptome auftreten, alles zu tun, um das Fieber herunterzukühlen: Luftzufuhr (leichter gesagt als getan bei stickigen 35 Grad im Schatten), kühlende Umschläge und kalte Duschen. Bei dem Wort "Dusche" fängt Volker an zu protestieren. Er ist stark geschwächt und möchte sich am liebsten überhaupt nicht mehr bewegen. Aber Yvette kennt kein Pardon. Ab unter die Dusche! Und zwar alle drei Stunden. Und tatsächlich. Es funktioniert. Abends ist das Fieber auf unter 39 Grad gesunken. Die nächsten Tage geht es dann langsam wieder bergauf. Vermutlich war es nur ein grippeähnlicher Virus und das Fieber durch die zusätzliche Hitze draußen so hoch. Dennoch verspreche ich Volker, dass wir uns zur Sicherheit in zwei Wochen in Neuseeland mal so richtig durchchecken lassen.
Was gibt es eigentlich in Mamallapuram zu sehen? Hergekommen sind wir wegen des Shore Tempels, der, wie der Name schon sagt, direkt am Ufer des Meeres steht. Er ist allerdings wesentlich kleiner als wir erwartet haben und so sparen wir uns den dicken Eintrittspreis und schauen uns das aus dem 7. Jahrhundert stammende Bauwerk nur von außen an. Mamallapuram ist außerdem für seine Höhlentempel bekannt, in die zwischen dem 5. und 8. Jahrhundert beeindruckende Götter- und Tierskulpturen gemeißelt wurden. Volker möchte sich lieber noch ein wenig ausruhen und so gehe ich alleine auf Entdeckungstour. Nach einer Stunde bin ich wieder im Guesthouse. Die Tempel sind schön, ja, aber ich hatte nicht wirklich Lust, mir alles im Detail anzusehen. 'Wie Hampi in klein', habe ich die ganze Zeit gedacht, während ich durch die Anlage gelaufen bin, ohne den alten Bauwerken wirklich Beachtung zu schenken. Wir haben so viel gesehen in den letzten Monaten, irgendwie mag ich nicht mehr. Hinter mir kommt eine ganze Horde indischer Jugendlicher gefolgt von mehreren Familien mit Kindern. Ich mache schnell ein paar Bilder von den Tempeln und suche dann das Weite, bevor sie mich fragen, wie ich heiße, wo ich herkomme und ob sie ein Foto mit mir machen können. Ich bin ein wenig indienmüde. Spätestens jetzt ist klar, ich brauche dringend einen Tapetenwechsel. Es wird Zeit für was Neues.

Auroville
(aus Volkers Tagebuch)

Ohne das geplante Treffen mit Danis Mum wären wir wahrscheinlich nie nach Auroville gekommen, da es kein Reiseziel im eigentlichen Sinn ist. Danis Mutter verbringt seit einigen Jahren ihren Urlaub in der „Stadt der Morgenröte“ und hat uns schon viel davon erzählt. Auroville, benannt nach ihrem Gründer Aurobindo, ist eine Modellstadt, die ohne Konventionen, Regeln und Verpflichtungen funktionieren soll, wie eine Art große, moderne Kommune. Die Menschen sollen gleich sein, ohne Rücksicht auf Herkunft, Geschlecht oder Hautfarbe. Klingt bekannt? Steht theoretisch auch in unserem Grundgesetz. Gegründet wurde der Ort 1968. Vertreter von 124 Nationen waren bei der Feier dabei, brachten Erde ihrer Länder als Zeichen der Einheit mit und legten den Grundstein für eine internationale Gemeinschaft. In der Mitte des Ortes steht das Matrimandir, das spirituelle Zentrum. Keine Religion wird über die anderen gestellt, alle sind willkommen.
Dani war schon die Tage vorher aufgeregt. „Noch drei Tage“. „Nur noch zwei Tage…“. „Morgen sehe ich meine Mutti.“ Eieiei, was war das für eine Wiedersehensfreude zwischen Mutter und Tochter. Ein ganzes Jahr nicht gesehen, es gibt sooo viel zu erzählen. Aber zuerst die Geschenke! Wir haben uns Salami und Leberwurst, Heidelbeerkonfitüre, Pumpernickel und Knäckebrot gewünscht. Dinge, die wir wirklich vermisst haben. So saßen wir dann strahlend, die Hände voller Köstlichkeiten, auf der Terrasse unseres Zimmers und quatschten. Wir waren neugierig. Wie funktioniert das Leben in Auroville? Stimmen der Grundgedanke und die Realität überein? Kann es eine bessere Gesellschaft ohne ständigen Materialismus geben? Welche Schwierigkeiten gibt es dabei? Danis Mum und ihre Bekannten in Auroville konnten uns viele Sachen beantworten. Wir haben erfahren, dass Auroville mit ähnlichen Problemen zu kämpfen hat wie jeder ganz normale Staat. Zu wenige Einnahmen, zu viele Ausgaben. Ärger mit denen, die sich nur ein schönes Leben machen und nicht aktiv an der Gestaltung des Zusammenlebens mitwirken wollen. Auroville sieht sich auch mit den Herausforderungen einer älter werdenden Gesellschaft konfrontiert. Wer hilft (und zahlt), wenn die einstigen Hippies medizinisch gepflegt werden müssen? Auch in Auroville ist man noch nicht am Ende der Fahnenstange angekommen. Der Grundgedanke einer spirituellen Gemeinschaft, in der persönliches Eigentum ist unwichtig ist, keine materiellen Güter angehäuft werden und wo Raum für Meditation, Yoga, Kunst, Kultur und friedliches Zusammenleben geschaffen wird, ist eigentlich schön. Wir sind gespannt, wie diese Ziele in den nächsten Jahren weiter umgesetzt werden und ob Auroville wächst oder irgendwann wieder vom Erdboden verschwindet.

Nach einer Woche müssen wir uns wieder voneinander verabschieden. Danis Mutter fliegt zurück nach Deutschland und wir nach Neuseeland. Nach etwas über einem Jahr kehren wir dem asiatischen Kontinent vorerst den Rücken.

Neuseeland

Auckland

Neuseeland!! 4 Millionen Einwohner und 40 Millionen Schafe. Der Gedanke daran zaubert ein Lächeln auf unser Gesicht. Nach vier Monaten Indien klingt das wie Entspannung pur... Schon bei unserem Zwischenstopp in Singapur haben wir das Gefühl, mit unserem Flieger nicht ein paar Stunden, sondern 100 Jahre zurückgelegt zu haben. Eben sind wir noch durch die staubigen Straßen von Madras gefahren und auf einmal stehen wir wieder in der "modernen Welt", in der es alles im Überfluss gibt. Sind wir wirklich schon so lange raus aus dem westlichen Leben oder kommt uns alles nur so hochtechnisiert vor, weil Singapur selbst Deutschland in der Welt des Fortschritt und Konsums um Längen voraus ist? Wir finden uns wieder inmitten geordneter Straßenverhältnisse, Ampeln, Vorfahrtsregeln und Busabfahrtsplänen. Es gibt Supermärkte mit festen Preisen und auf der Straße interessiert sich niemand dafür, dass ich blonde Haare und weiße Haut habe. Nochmal elf Flugstunden weiter und wir sind in Auckland, auf der Nordinsel Neuseelands, angekommen. Das ist es also - das Land der langen, weißen Wolke, wie die Maori, die ersten Siedler Neuseelands, ihre Heimat nennen. Weiter weg von zu Hause geht es wohl kaum. Wir fühlen uns auf Anhieb wohl. Die Neuseeländer oder schlicht "Kiwis" genannt, sind unglaublich nett, hilfsbereit und haben einen ausgesprochenen Sinn für Humor. Die Innenstadt und der Hafen sind gesäumt von Wolkenkratzern, während in den äußeren Stadtteilen viele schöne weiße Holzhäuschen mit Giebeln und Veranden im viktorianischen Stil stehen. Zum Träumen... Im Supermarkt holt uns dann die Realität wieder ein. Deutsches Preisniveau, bei manchen Artikeln wie Käse sogar höher. Schluck. Der Einkauf fällt entsprechend mager aus. Wir werden uns wohl hauptsächlich von Spaghetti mit Tomatensauce ernähren. Naja, macht nichts. Haben wir ja lange nicht mehr gehabt. In unserem Backpacker (der billigste am Platz mit Blick auf die Baustelle) hängen ein paar Angebote für Mini-Vans aus. Wir haben uns überlegt, für unsere Tour durch Neuseeland ein Auto zu kaufen, in dem wir auch schlafen können. So sind wir unabhängig und müssen nicht die teuren Hostelzimmer bezahlen. Der Kauf und Wiederverkauf von Autos ist in Neuseeland unter Backpackern gängige Praxis. Die Vorteile liegen auf der Hand: Die Autos oder Kleinbusse sind üblicherweise mit allem ausgestattet, was das Backpackerherz begehrt - Schlafmatratze,

Decken, Gaskocher, Geschirr, Zelt, Campingstühle, Routenpläne und man kommt finanziell besser bei weg, als würde man für mehrere Monate ein Auto mieten. Der Nachteil, die Autos sind in der Regel fünfzehn bis zwanzig Jahre alt. Unser neuer Begleiter für die nächsten zwei Monate heißt "Blue Hope". Der Name ist Programm. Blue Hope ist ein 88er Nissan Vanette, dunkelblau lackiert und hoffentlich noch fit genug, uns die nächsten Wochen durchs Land zu bringen. Wir haben ihn von einem netten deutschen Pärchen gekauft, das mit dem Wagen die letzten vier Monate unterwegs war. Neben einem nagelneuen WOF (der neuseeländische TÜV) konnten sie uns noch die Papiere von der letzten Durchsicht nebst ausgeführter Reparaturen vorlegen. Toi, toi, toi! Die Hinfahrt zu unserem Backpacker war schon mal sehr abenteuerlich. Linksverkehr, der Fahrersitz rechts und alle uns vertrauten Hebel seitenverkehrt. So kam es, dass Volker dann bei strahlendem Sonnenschein mehrfach den Scheibenwischer statt den Blinker betätigt hat.

Von Auckland in die Bay of Islands
(aus Volkers Tagebuch)

Wenn man sich erstmal an den Linksverkehr gewöhnt hat, ist das Fahren in Neuseeland echt schön, zumal der Verkehr außerhalb von Auckland spürbar nachlässt. Schon an unserem zweiten Tag waren wir teilweise 30 Minuten lang die Einzigen auf der Straße. Die Landschaften sind sehr abwechslungsreich. Man weiß nie, was einen hinter der nächsten Kurve erwartet. Ein grüner Hügel mit Schafen, dichte Wälder, raue Steilküsten oder ein breiter Strand? Das Wetter ist hier allerdings auch sehr abwechslungsreich. Als wir ein paar Tage später in der Bay of Islands ankommen, erfahren wir am eigenen Leibe, warum Neuseeland so grün ist. Es pisst wie aus Eimern. Und das ausgerechnet heute, wo wir uns Waitangi anschauen wollen, den wahrscheinlich wichtigsten Platz für die neuseeländische Geschichte. Hier wurden 1840 die Beziehungen zwischen den Maori, die seit ca. 1000 Jahren hier leben, den weißen Einwanderern und der englischen Krone geregelt. Glücklicherweise sind wenigstens einige Teile der Anlage überdacht, so dass wir den Tag doch noch genießen können.
Da für die nächsten Tage weiterhin Regen angekündigt ist, bleiben wir nicht länger an der Küste, sondern fahren stattdessen Richtung Landesinnere in die Berge. Zwischendurch halten wir am berühmtesten Klo des Landes - der Hundertwassertoilette von Kawakawa. Friedensreich Hundertwasser, der Künstler, der auch in vielen deutschen Städten seine bunten, manchmal skurrilen Spuren hinterlassen hat (z.B. die Zitadelle von Magdeburg), hat in der Umgebung von Kawakawa gelebt. Weil es ihm hier so gut gefallen hat, hat er dem Dorf eine aus bunten Mosaiksteinen und verschiedenartigen Säulen

bestehende öffentliche Toilette gebaut. Funktioniert wie jede andere auch, aber mit ganz besonderem Ambiente.
Auf Grund des Wetters können wir das Kochen draußen erstmal vergessen. Wir müssen auf die Campingplätze ausweichen und bezahlen, was eigentlich nicht geplant war. Zu allem Überfluss ist unser Dach undicht und es tropft auf unsere Matratzen. Mit dem Alter kommen eben die Zipperlein. Blue Hope ist an zwei Stellen durchgerostet. Hätten wir bei schönem Wetter wahrscheinlich nie bemerkt. Jetzt wird es zum Problem. Nun müssen wir uns in Rotorua, unserer nächsten Station, erstmal einen Baumarkt suchen und die Löcher stopfen.

Rotorua

Die ganze Stadt riecht nach faulen Eiern. Nicht dass die Neuseeländer hier keine Lust auf frische Nahrungsmittel haben. Wir befinden uns vielmehr inmitten eines riesigen Thermalgebietes innerhalb der Vulkanumgebung, die sich über die gesamte Mitte der Nordinsel erstreckt. Die stark schwefelhaltige Luft schlägt uns schon vor den Toren der Stadt entgegen. Besonders konzentriert ist sie aber im Kuiran Park, wo sich ein sprudelndes Schlammloch neben das nächste reiht und die dampfenden Tümpel so etwas wie Endzeitstimmung entstehen lassen. Das wäre die richtige Kulisse für einen Horrorfilm! Fast jeder Einwohner Rotoruas scheint sein eigenes kleines, natürliches Dampfbad im Vorgarten zu haben, aus dem es munter qualmt. Auch unser Campingplatz, auf den wir aufgrund des anhaltenden Regens flüchten, verfügt über einen beheizten Mineralienpool. Dort strecken wir dann gleich zwei Tage am Stück unsere im Mini-Van müde gewordenen Knochen aus.
Eine besondere Attraktion ist das südlich von Rotorua gelegene Thermalgebiet Waiotapu. Das achtzehn Quadratkilometer große Areal ist übersät mit kollabierten Kratern, heißen und kalten Seen, Schlammtümpeln und dampfenden Erdspalten, entstanden durch Vulkanausbrüche, die zum Teil schon mehrere tausend Jahre zurückliegen. Baden sollte man hier lieber nicht. Zum einen wegen der hohen Temperaturen (einige Quellen haben bis an die 100 Grad), zum anderen wegen der Chemikalien (Schwefel, Siliziumoxid, Arsensulfide, Mangan), die nicht mal ein Fischchen in den umliegenden Seen und Flüssen schwimmen lassen. Besser schaut man sich das Gebiet von den befestigten Wegen aus an. In Rotorua hatten wir auch die Möglichkeit, mal einen Kiwi, Neuseelands Nationalvogel, aus nächster Nähe zu betrachten. Leider nur in einem geschlossenen Reservat, denn der scheue, nachtaktive Vogel ist in freier Natur nur noch selten zu beobachten. Das putzige Tierchen ist flugunfähig und daher leichte Beute für Hunde und das einheimische Possum. In der Aufzuchtstation von Rotorua versucht man daher, den Be-

stand des vom Aussterben bedrohten Vogels wieder zu erhöhen.

Tongariro Nationalpark – Mordor und der Schicksalsberg
(aus Volkers Tagebuch)

Hier im Nationalpark wurden die düsteren Mordorszenen vom „Herrn der Ringe“ gedreht. Ein wahrhaft passender Ort. Überall lag das erkaltete Lavagestein herum. Es gab keine Bäume, keine Vögel und aus den immer noch aktiven Vulkanen stieg Rauch auf. Die spektakulärsten Ein- und Ausblicke sollten wir aber beim Tongariro Crossing haben. Das ist Neuseelands populärster Ein-Tages-Trek, den jährlich zigtausend Menschen absolvieren. Wir waren also nicht wirklich allein. Aber was macht das schon, wenn man am Ende am Fuße des Schicksalsberges steht und in rauchende Vulkankrater blickt. Ich war schwer beeindruckt.

Wellington

Wir sind in der Hauptstadt Neuseelands angekommen, wo wir auf unser Visum für Indonesien warten. Die paar Tage Zwangspause tun mir gut. Nachdem wir uns zu Beginn unserer Reise eine Woche lang in Auckland aufgehalten haben, um Arztbesuche, Autokauf und damit zusammenhängende Formalitäten abzuwickeln, sind wir innerhalb von zehn Tagen durch die gesamte Nordinsel gefahren. Ein Tempo, das andere in ihrem Vier-Wochen Urlaub vorlegen. Das bin ich nicht mehr gewohnt. Ich komme mir vor wie im Zeitraffer. Das einzige Buch, in das ich die letzten zwei Wochen meine Nase gesteckt habe, ist unser Reiseführer. Das geht so nicht weiter. Wir nehmen uns vor, es auf der Südinsel deutlich ruhiger angehen zu lassen. Wir haben uns damit abgefunden, dass wir aufgrund des unbeständigen Wetters öfter auf Campingplätze fahren müssen, um überdacht kochen zu können. Was soll's. Neuseeland ist teuer. Da kommt's auf die paar Euro Übernachtungsgebühr auch nicht mehr drauf an.

Campen am Strand

Nachdem wir die schönen Buchten der Marlborough Sounds abgefahren sind und in Nelson, einem kleinen Örtchen im Norden der Südinsel gehalten haben, um uns den „Einen Ring“ aus Tolkiens Epos anzuschauen, stoppen wir heute einfach mal an einem Campingplatz mitten im Nichts und legen die Füße hoch. Warum auch die 50 Kilometer von Nelson zum Abel Tasman Nationalpark an einem Stück durchfahren? Erstmal gemütlich frühstücken, Wäsche waschen und später einen Strandspaziergang. Das ist der Plan für heute. Das Wetter meint es gut mit uns, wir haben strahlenden Sonnenschein, wenn auch ziemlich kalten Wind. Es ist eben Herbst in Neuseeland. An manchen Tagen ist es auch nicht anders als in Deutschland um diese Zeit - kalt, grieselig, grau. Das Wetter kann also nicht der Grund sein, warum so viele Deutsche nach Neuseeland auswandern. Neben uns campt eine Gruppe Franzosen, die offensichtlich schon länger hier sind. Regenplanen und Tücher als Abdeckungen, sogar ein Couch markieren ihr kleines "Wohngebiet". Niemand stört sich daran, auch nicht die Luxuscamper, die ein paar Meter weiter neben uns stehen. Das ist das Schöne an Neuseeland. "Leben und leben lassen" scheint das Motto des Landes zu sein, in dem jeder - im wahrsten Sinne des Wortes - noch genügend Freiraum und Platz hat. Es gibt erstaunlich wenig Verbote, oft können wir mit unserem Blue Hope einfach irgendwo in freier Natur stehen und übernachten. Nur ab und zu kommt ein neugieriger Neuseeländer vorbei und schaut, wer sich denn da in seine Nachbarschaft gestellt hat. Solche abendlichen Schnacks enden dann meist in einem witzigen Schlagabtausch und der Wettervorhersage für den nächsten Tag. Die Besitzerin eines Holiday-Parks erzählt uns etwas später, dass das wild Campen im nächsten Jahr verboten werden soll. Angeblich hinterlassen die Leute zu viel Müll. Wir haben noch nicht ein Stückchen vermüllte Natur in Neuseeland gesehen. Wahrscheinlich stecken doch eher monetäre Gründe hinter den Planungen. Schade, dadurch würde Neuseeland einen Großteil seines Charmes verlieren.

Die überwältigenden Nationalparks

Abel Tasman

Sind wir noch in Neuseeland oder schon in der Südsee? Im Abel Tasman National Park setzt sich das fort, was in den Marlborough Sounds begonnen hat - weiße Buchten mit türkisblauem Wasser und dichter Wald. Kein Wunder, dass der Nationalpark Kayak- und Wanderfreunde aus der ganzen Welt anzieht. Wir genießen die Zeit bei schönstem Wetter, wandern von einer Bucht zur nächsten und lassen uns abends mit dem Wassertaxi zurück chauffieren. Ein fast perfekter Platz, allerdings auch in der Nachsaison noch ziemlich überlaufen. Für die nächsten Tage wollen wir wieder das richtige "Neuseelandfeeling" erleben und Orte ansteuern, die nicht direkt als "Highlight" in unserem Reiseführer markiert sind.

Nelson Lake National Park

Hier gefällt es mir richtig gut. Wir stehen mit Blue Hope direkt am Lake Rotoiti mitten in den Bergen. Um uns herum nur Vogelgezwitscher und Entengeschnatter. Außer uns ist nur noch ein älteres neuseeländisches Ehepaar hier. Sie haben uns gerade leicht verhalten gefragt, ob wir heute Nacht hier geschlafen haben. Sie waren sich wohl nicht ganz so sicher, ob sie sich auch hier hinstellen sollen, denn eigentlich ist dieser Campingplatz geschlossen. Wir sind aber trotzdem draufgefahren, weil wir mal ein Plätzchen für uns haben wollten. Der Wind bläst uns zwar ganz schön ins Gesicht und die Sandfliegen piesacken uns, trotzdem ist es hier wunderschön. Herrliche Ruhe und Natur pur. Morgen wollen wir von hier aus eine Wanderung zu den Whiskey Falls unternehmen. Heute haben wir nur einen kleinen Spaziergang gemacht, ein paar Karten geschrieben und den Anblick des Sees genossen. Gleich gibt's wieder lecker Essen. Ei-Pilz-Pfanne steht auf dem Plan. Unser Gaskocher hat sich bislang ganz gut bewährt. Volker zaubert selbst hier die leckersten Gerichte. Gestern gab's sogar Reis mit Shrimps in einer Kokosnussmilch-Bambus-Pfirsich-Sauce. Die Riesenauswahl an Leckereien in den Supermärkten verführt uns oft dazu, dass wir mehr einkaufen, als wir eigentlich wollen. Die großen Familienpackungen nach amerikanischem Vorbild zu besonders günstigen Preisen tun ihr übriges. Wir haben uns schon richtig dicke Bäuchlein angefuttert. Da helfen unsere paar Tagesmärsche auch nicht viel. Naja, in Asien werden wir unsere Pfunde schon wieder verlieren, wenn wir mit den Rucksäcken zu Fuß unterwegs sind.

Der Fox Gletscher und eine überraschende Begegnung

Wir haben gerade eine tolle Tour auf dem Eis auf dem berühmten Fox Gletscher hinter uns und stehen völlig verschwitzt im Tante Emma Laden des Gletscherdorfes. Wir schwärmen noch von dem Tag, als ich hinter mir eine Stimme höre: "Entschuldigung, ich muss mal fragen…'dreiviertelsechs.de'?" "Ja?" Verwirrt drehe ich mich um und schaue in die strahlenden Gesichter zweier Reisender aus Halle, die sich freuen, dass wir tatsächlich diejenigen sind, für die sie uns gehalten haben. Die Freude ist ganz auf unserer Seite, als wir erfahren, dass die beiden unsere Reise von Beginn an auf unserer Webseite verfolgen und die ganze Zeit überlegt haben, ob sie uns in ihrem Neuseelandurlaub wohl sehen werden. Wenn das kein Zufall ist! Die Welt ist eben doch ein Dorf.

Milford Sound ohne die Massen

Über Arrowtown und Queenstown kommen wir schließlich zum Milford Sound, einem der Highlights auf der Südinsel. Vom Milford Sound haben wir die unterschiedlichsten Sachen gehört. "Naturwunder" sagen die einen, "Touristenhölle" die anderen. Wir wollten uns die wunderbare Fjordlandschaft auf

Neuseeland – unterwegs mit Blue Hope, auf der Fahrt zum Tongariro Nationalpark

Neuseeland – 'The world is far away' im Abel Tasman Nationalpark

keinen Fall entgehen lassen, hatten aber auch keine Lust auf Massen von Menschen, Touristenboote und kreisende Hubschrauber. So war es unser Glück, dass wir kurz vorher ein österreichisches Pärchen getroffen haben, das uns den Tipp schlechthin gegeben hat. Wir sollten nicht zum Milford Sound fahren, sondern über den Gertrude Sattel hin laufen, dann wären wir so gut wie allein. Tatsächlich scheint dieser Trek so wenig bekannt, dass wir fast an dem kleinen Schild 'Gertrude Valley' vorbeigefahren wären. Am Beginn der Route steht der Hinweis "experienced walkers only" (nur erfahrene Wanderer). Was das wohl heißen mag? Da wir schon diverse Bergtouren hinter uns haben, stufen wir uns kurzerhand als "experienced" ein und stiefeln los. Bald wird klar, was mit dem Schild gemeint war. Statt der üblichen Markierungen zeigen übereinander gestapelte Steine den Weg, der nach oben hin immer undurchsichtiger wird. Irgendwann laufen wir nur noch über nackte Felsen. Kurz vor der Spitze helfen uns Drahtseile, nicht den Halt zu verlieren. Die Anstrengung lohnt sich. Die Ausblicke sind gigantisch. Wir stehen inmitten von Bergen, Gletschern und kleinen Seen. Ein überwältigendes Gefühl. Fast wie damals in Tibet. Wir werden ein wenig wehmütig, als wir an das Land auf dem Dach der Welt denken. In den letzten Tagen haben wir Meldungen im Fernsehen verfolgt, in denen über Aufstände in Lhasa im Zuge der Vorbereitungen auf Olympia 2008 berichtet wurde. Von harten Reaktionen der chinesischen Regierung war die Rede bis hin zu Morden an tibetischen Mönchen. Hier in Neuseeland ist alles so unglaublich friedlich. Unser Blick schweift in die Ferne. Auf der anderen Seite des Gertrude Sattels liegt der Milford Sound. In dem ursprünglich von Gletschern geschaffenen Tal ragen über 1000 Meter hohe Felswände aus dem Wasser. Ein unbeschreiblicher Anblick.

Abends campen wir am Lake Gunn, wo wir mit zwei deutschen Mädels und einem amerikanischen Pärchen ums Lagerfeuer sitzen und bis spät in den Abend quatschen. So erfahren wir auch über die Möglichkeit des Wwoofing (willing workers on organic farms), also Arbeiten gegen Kost und Logis. Die beiden Amerikaner geben uns eine Adresse in Lyttelton, nahe Christchurch. Eine deutsche Auswandererfamilie sucht immer mal wieder helfende Hände auf ihrem Anwesen. So können wir vielleicht etwas Geld sparen, während wir versuchen, Blue Hope zu verkaufen. Aber bis dahin ist ja noch etwas Zeit.

The Catlins und die etwas anderen Neuseeländer

Heute sind wir zum ersten Mal von einem Platz vertrieben worden. Einem Farmer hat es nicht gepasst, dass wir auf seinem Privatgelände stehen. Nun war es nicht gerade so, dass wir in seiner Auffahrt parkten. Wir sind vielmehr

kilometerweit irgendeine Schotterpiste gefahren, mitten im Nichts. Irgendwann hatten wir keine Lust mehr. Und da sich der Tag dem Ende neigte und der Nebel immer dichter wurde, blieben wir einfach in einer Einbuchtung am Wegesrand stehen. Wir hatten gerade unser Gepäck nach vorne geräumt und es uns hinten gemütlich gemacht, da kommt aus dem Nebel der Farmer auf seinem vierrädrigen Gefährt angeknattert und scheucht uns wieder weg. Unser Dasein würde seine Schafszucht beeinträchtigen. Na gut, es ist sein Privatland und so müssen wir uns fügen. Am falschen Ort zur falschen Zeit geparkt. Es ist fast dunkel und wir haben noch nichts gegessen. Viele Alternativen gibt es in dieser Ecke nicht mehr, alles eingezäuntes Weideland. Wir stellen uns weiter unten an die Hauptstraße. Entsprechend schlecht haben wir geschlafen. Ständig Autos, die an uns vorbeifuhren. So haben wir uns auch direkt am nächsten Morgen um 7 Uhr vom Acker gemacht. Kein guter Einstieg für die Catlins. Aber vom "rauen Charme" der Einwohner hatten wir schon in unserem Reiseführer gelesen.
Die Catlins sind bekannt für ihre zerklüfteten Küsten und eine reichhaltige Flora und Fauna. Das Gute, wenn man morgens früh aufsteht ist, dass man in aller Ruhe die Tierwelt beobachten kann. Albatrosse, Seelöwen und sogar zwei der seltenen gelbäugigen Pinguine bekommen wir zu Gesicht. Etwas später schauen wir Delfinen zu, wie sie sich munter in einer Bucht tummeln. Auf dem Rückweg fahre ich fast in eine Schafsherde rein. Der aufgebrachte Farmer schreit uns von hinten irgendwas Unverständliches zu. Volker schießt sofort Fotos. Ich kringel mich fast vor Lachen. Der Farmer findet's nicht so witzig. Auf mein Winken im Vorbeifahren reagiert er nur mit wütendem Kopfschütteln. Woher sollte ich denn auch wissen, dass er seine Schafsherde ausgerechnet hinter dieser Kurve über die Straße jagt? Wir fahren schnell weiter. Die Menschen in den Catlins scheinen nicht so erpicht auf Fremde zu sein, aber die Tiere waren den Abstecher wert!

Mt. Cook und der verpasste Aufstieg

(aus Volkers Tagebuch)

Der Herbst ist endgültig da und der 3.754 Meter hohe Mount Cook nur noch selten von Nahem zu sehen. Im Visitor Center am Pukaki See vertröstet man die Besucher: „Ja, morgen sieht man die Gipfel, wenn nicht, übermorgen auf jeden Fall.“ Wir sind trotzdem bis zum Fuße der Berge gefahren. Nach drei Stunden rumsitzen in einer Art Skihütte haben wir die Warterei abgebrochen. An wandern oder campen war nicht zu denken. Die Wolken hingen so tief, dass wir sofort tropfnass waren und durch den Wolkenschleier war alles nur schemenhaft zu erkennen. Den höchsten Berg Neuseelands und damit auch Australiens und Ozeaniens aus der Nähe zu betrachten oder an ihm

herumzukraxeln, blieb uns leider verwehrt. Schließlich haben wir das Tal verlassen. Am nächsten Morgen gab's dann von Weitem freie Sicht. Während heißer Kaffee und die aufgehende Sonne uns langsam wieder aufwärmten, war das ganze Panorama der Südalpen zu sehen. Aber nochmal wollten wir die 120 Kilometer ins Tal und zurück nicht fahren, der Blick aus der Ferne war uns an diesem Morgen genug.
Über den Lake Tekapo und das Örtchen Rakaia kommen wir schließlich in Lyttelton, kurz vor Christchurch an. Zwei Wochen haben wir noch, bevor unser Flug von Neuseeland nach Indonesien geht. Diese Zeit wollen wir nutzen, um unseren Blue Hope trotz Nebensaison wieder zu einem guten Preis zu verkaufen und nebenbei ein wenig gegen Kost und Logis zu arbeiten. Zwei Amerikaner hatten uns von einer deutschen Familie erzählt, bei denen sie im Garten mitgeholfen hätten. Also rufen wir an, ob und was es bei Ihnen zu tun gäbe.

Willing workers on organic farms (Wwoofing): Arbeiten gegen Kost und Logis in Lyttelton

Vor meinem geistigen Auge sehe ich meine Eltern amüsiert vor dem Computer sitzen. Ihre Tochter beim Unkraut zupfen! Seitdem ich denken kann, hasse ich Gartenarbeit. Frühere Ausflüge in die Kleingartenanlage ("Willst du nicht dein eigenes Beet haben?") wurden von regelmäßigem Quengeln meinerseits begleitet. Später kam dann das zu DDR-Zeiten auf den Dörfern übliche Rübenhacken hinzu. Jeder Schüler hatte seinen eigenen Feldabschnitt zu bearbeiten. Ich war immer die Letzte. Mit dem Fall der Mauer fiel auch meine Hacke und bis heute habe ich kein Pflänzchen mehr gewaltsam aus dem Boden gerupft. Irgendwie hatte ich gehofft, dass unsere Tätigkeit auf eine der anderen gängigen Wwoofing-Arbeiten wie Küchenarbeit, putzen, streichen, entrümpeln etc. entfallen würde. Aber nein, Volltreffer! "Ist doch nur für ein paar Tage", sagt Volker und macht sich munter ans Werk. "Na gut, dann wollen wir dem Löwenzahn mal den Garaus machen", antworte ich, noch nicht wissend, dass aus den "paar Tagen" am Ende fast zwei Wochen werden.
Dass wir bis kurz vor Abflug in Lyttelton bleiben, liegt vor allem an unseren tollen "Arbeitgebern" Anke und Frank, zwei Deutsche, die vor fünf Jahren zusammen mit ihren beiden kleinen Söhnen nach Neuseeland ausgewandert sind. Sie sind selbst begeisterte Reisende und haben früher auch "gewooft". Aber der Knüller ist, sie sind beide ursprünglich aus Köln! Und Frank hat, wie ich, in Kiel studiert und nur ein paar Straßen entfernt gewohnt. Was für ein Zufall! Da fliegt man ans andere Ende der Welt und sitzt im Wohnzimmer zweier Leute, mit denen man über Weiberfastnacht, Kieler Kneipen und

den Falckensteiner Strand redet. Wie war das mit der Welt und dem Dorf? Die beiden freuen sich sichtlich über unseren Besuch. Wir werden rundum verwöhnt. Nach knapp zwei Monaten im Auto ist unser eigenes kleines Reich mit Bad und kuscheligem Bett schon Luxus genug. Dazu kommen noch ein gefüllter Kühlschrank, die Nutzung ihrer PCs wann immer wir möchten und ein wirklich nettes und lockeres Familienleben. Am Wochenende haben wir sogar das ganze Haus für uns. Die Familie ist unterwegs und überlässt uns alles zur freien Verfügung, inklusive Hund. Soviel Vertrauen kann einem vermutlich nur jemand entgegen bringen, der es selbst einmal erlebt hat.

Aus Volkers Tagebuch:

Der Hauptgrund, weshalb wir schon zwei Wochen vor unserem Abflug nach Christchurch gekommen sind, war der Verkauf unseres inzwischen lieb gewonnenen Blue Hope. Es ist absolute Nebensaison, jeder will sein Auto oder seinen Bus loswerden. Die Preise sind am Boden. Ganz tolle Aussichten. Wir haben in jedem Backpacker und Hostel der Stadt unsere Flyer am schwarzen Brett aufgehängt. Dutzende andere Vans und Kombis hingen da schon. Aber wir haben Glück. Zufällig sind wir auf zwei Hamburger Jungs getroffen, die gerade auf der Suche nach einem Van waren und von den Angeboten völlig erschlagen wirkten. Unser Blue Hope, immer noch blinkend und blitzend, stand nur ein paar Blocks weiter. Er hat ihnen gefallen und was soll ich sagen? Am nächsten Morgen nach einer Probefahrt war alles in Sack und Tüten. Vielleicht sollte Dani nach unserer Reise als Autoverkäuferin anheuern. Da kamen unentdeckte Talente zum Vorschein. Das Auto war jedenfalls nach einem Tag verkauft und wir konnten uns voll auf das Unkraut konzentrieren.

Die Zeit in der Familie hat uns bestätigt, was uns Beobachtungen und Gespräche in den Wochen vorher schon vermuten ließen. Der Umgang untereinander ist wesentlich lockerer als in Deutschland, Freizeit und Familienleben haben absolute Priorität. Ein Arzt, der mit dem Surferbus zur Arbeit fährt, um danach noch die eine oder andere Welle mitzunehmen? In Neuseeland ganz normal. Auch der Beruf an sich scheint hier nicht so wichtig zu sein. Es wird nicht sonderlich viel Aufsehen darum gemacht, ob man Chirurg ist oder Schreiner. Hauptsache man arbeitet überhaupt. Wer das allerdings bis zum Umfallen tut, wird eher mitleidig angeguckt. Ein Traumland zum Leben? Vielleicht. Vorerst verspüren wir aber noch keine Lust, uns irgendwo niederzulassen. Unser Reisefieber hält noch an.

Indonesien

Kuta Beach - Bali

Wir sitzen am Pool unseres Hostels im Süden von Bali. Kuta Beach. Der Touristen- und Partyort schlechthin. Leider auch der Ort, an dem im Oktober 2002 über 200 Menschen bei einem Bombenanschlag ums Leben kamen. Ein großes Denkmal in der Mitte des Ortes erinnert an diesen tragischen Zwischenfall. Heute 2008 ist der Tourismus zurück. Bars, Kneipen, Geschäfte, Hotels, Travelagents - alles da im Überfluss, um das partyfreudige, zumeist junge Publikum zufrieden zu stellen. Dass wir ausgerechnet hier gelandet sind, liegt vor allem daran, dass Kuta zehn Autominuten vom Flughafen Bali entfernt ist. Gestern Abend sind wir gegen Mitternacht hier angekommen und waren froh, ein Zimmer zu haben. Zum Glück ist noch Vorsaison und der Strand angenehm leer. Dutzende Surfbretter warten dort auf ihren Einsatz. Ich möchte nicht wissen, was in einem Monat hier los ist.
In Indonesien müssen wir uns nicht nur wieder an das feucht-heiße Klima gewöhnen, sondern auch an die asiatische Mentalität. Jetzt heißt es wieder handeln, handeln, handeln, die Sprache der Einheimischen lernen und sich beim Buchen einer Tour oder Kauf einer Fahrkarte nicht übers Ohr hauen lassen. Wie schnell wir uns abgewöhnt haben, genau hinzugucken bzw. nachzufragen, zeigt der heutige Tag. Beim Wasserkauf hat uns die Verkäuferin aus einem Bündel von Tausendern doch mehr abgeluchst als eigentlich gefordert und beim Mittagessen kamen auf einmal versteckte 20 Prozent "Steuern" mit auf die Rechnung. Wir waren beide nicht in der Stimmung, um ein paar Euro-Cents zu feilschen, guckten uns aber wissend, über beide Ohren grinsend an - Asien, wir sind wieder da!

Gili Islands - Lombok

Ob wir jemals wieder von dieser Insel weg kommen?? Unser Reiseführer nebst detailliertem Reiseplan liegt in der Ecke. Indonesien ist groß, wir wollten so viel wie möglich sehen. Inzwischen hat uns die alte Muße wieder. Warum hetzen? Aber mal von vorn…

Gili Meno - die Ankunft

Unser Hostel in Kuta hat ein Komplettpaket im Angebot, das alle Transportmittel bis auf die Gili Islands enthält und kaum teurer ist, als würden wir es selbst organisieren. Na fein, dann müssen wir uns nicht kümmern und die Preise verhandeln. Acht Stunden soll die Fahrt mit Bussen und Fähren dauern. Macht nix. Wir haben Kräcker und Obst dabei. Morgens um 6 holt uns der Fahrer für die erste Strecke bis zum Hafen in Bali ab. Im Minibus sitzen schon ein paar andere Reisende, die allerdings auf eine der anderen Inseln wollen. Wir haben uns für die Gili Meno entschieden, die kleinste von den drei Gili Islands. Sie soll am wenigsten bebaut sein, über die schönsten Schnorchelecken verfügen und vor allem - keine Partyszene haben. Wir haben Lust, auf ein bisschen Robinson Crusoe Feeling. Die Preise auf Gili Meno sollen ein wenig höher sein als auf den beiden anderen Inseln, aber wir haben ja noch Vorsaison und unser Reiseführer verspricht Discounts von bis zu 40 Prozent. Am Hafen angekommen, passiert das erste Malheur. Nicht uns zum Glück. Ein mitreisendes schwedisches Pärchen wundert sich, warum sie jetzt eine Stunde auf die Fähre nach Lombok (die Nachbarinsel von Bali) warten sollen. Sie hatten doch für ein hochpreisiges Schnellboot gezahlt, dass sie in 2 1/2 Stunden direkt von Bali auf die Inseln bringen sollte. Ein Missverständnis, wie sich herausstellt. Sie sind am falschen Hafen gelandet. Die Schwedin reagiert ein wenig panisch. Sie hätten nur vier Tage Zeit und können nicht allein zwei Tage damit verschwenden, hin und zurück zu kommen. Wir sind gespannt, wie das wohl ausgeht. Bei einer Tasse Kaffee beobachten wir das Geschehen. Zu unserer großen Überraschung reagieren die Indonesier inklusive Fahrer, der die beiden gar nicht hätte mitnehmen dürfen, überaus freundlich und bemüht. Kein Schulterzucken wie bei den Chinesen. Kein lautes Chaos wie bei den Vietnamesen oder den Indern. Schnell wird herumtelefoniert und ein Schnellboot organisiert, dass die beiden noch rechtzeitig zum anderen Hafen bringt. Alle Beteiligten entschuldigen sich vielmals und am Ende wird auf beiden Seiten gelacht. Na wenn das hier immer so geht, müssen wir uns für unsere weitere Reise wohl keine Sorgen machen.
Auch wir steigen irgendwann auf die Fähre, die uns die 25 Kilometer nach Lombok bringen soll. Wir brauchen für die Strecke geschlagene fünf Stunden. Die letzte Stunde liegen wir mit der Fähre 300 Meter vor dem Hafen vor Anker. Wir müssen warten, bis eine andere Fähre rausfährt, vorher können wir nicht rein. Unsere Wegzehrung ist längst verspeist. Wir kaufen von einem Einwohner Lomboks, der in der Zwischenzeit mit seinem Bötchen an die Fähre gefahren und an Bord gekommen ist, zwei Reisgerichte, eingepackt in ein paar Bananenblätter. Es ist mehr was für den hohlen Zahn, aber wir werden ja wohl gleich anlegen. Eine halbe Stunde später kaufen wir nochmal

zwei Packungen Reis. Der Verkäufer freut sich und bleibt gleich mal neben uns sitzen. Wer weiß, vielleicht wollen wir ja nochmal was kaufen. Aber dann geht es endlich weiter. In Lombok werden wir von dem Busfahrer empfangen, mit dem es bis zum nächsten Hafen weiter geht. Es steigt noch ein Travelagent der Firma ein, über die wir unsere Tickets gekauft haben und erzählt uns die verschiedenen Möglichkeiten des Rücktransportes. Unter anderem könne man auch fliegen. "Dauert nur 20 Minuten." Bei dem Namen der Fluggesellschaft fällt Volker allerdings ein, dass diese in Deutschland wegen diverser Sicherheitsmängel Landeverbot hat. Das lassen wir dann mal lieber. Der Travelagent ist ein lustiger Vogel und die Fahrt bis zum Hafen wird kurzweilig. Unter anderem klärt er uns über die Transportmittel auf den Inseln auf. Man fahre hier den "Lombok-Ferrari" - einen Pferdekarren mit zwei schmalen Sitzbänken.
Nachmittags um fünf sind wir endlich am Hafen. Jetzt nur noch schnell übersetzen und wir sind im Paradies! Mit uns steigen auf der Insel Gili Meno noch zwei Leute aus, alle anderen fahren weiter. Ich spüre den weichen Korallensand unter meinen Füßen. Mittlerweile ist es dunkel und wir sind seit zwölf Stunden unterwegs. Aber Unterkünfte sollen ja hier kein Problem sein. Sind sie auch nicht, nur mit den Preisen stimmt irgendetwas nicht. Alles viel teurer als im Reiseführer angegeben und von Discount keine Spur. Frustriert lassen wir uns in den Sand fallen. Was nun? Wir können nicht mehr die gesamte Insel ablatschen, die Wege sind überall stockdunkel und wir haben clevererweise vergessen, auf dem Festland neue Batterien für unsere Taschenlampe zu kaufen. Wohl oder übel müssen wir uns für die erste Nacht einen teuren Bungalow nehmen. Wir beschließen, morgen nochmal auf der ganzen Insel zu schauen und wenn es nichts Günstigeres gibt, auf eine der anderen Inseln überzusetzen.

Der nächste Tag

Wir haben unsere Traumunterkunft gefunden! Nach einer Stunde laufen und dem Besichtigen von mehr oder weniger guten Bungalows stoßen wir auf ein familienbetriebenes Cafe am anderen Ende der Insel. Als wir fragen, ob sie ein Zimmer haben, sagen sie nur: "Eigentlich nicht, wir haben nur das Dach", wir könnten es uns aber gerne anschauen. Zwei Treppen höher strahlen wir über beide Ohren. Das ist es! Eine lichtdurchflutete Etage mit Bett und Moskitonetz, einer Sitzecke und Panoramablick auf den Strand. Und nur zu einem Fünftel des Preises der anderen Bungalows. Gut, dafür ist das Klo im Hof und geduscht wird aus dem Eimer, aber das macht uns nichts aus. Der Schlafbereich lässt sich nur durch einen Stoffvorhang abtrennen, eine Tür gibt es nicht. Ich bin unsicher, was unsere Sachen angeht. Hadi, ein 21jähriger Indonesier, der uns das Zimmer zeigt, errät meine Gedanken. "Das Haus und das Land ringsum gehören meiner Familie, hier kommt nichts weg." Auch wenn wir sonst immer sehr vorsichtig sind, alles möglichst doppelt einschließen, irgendwie glauben wir ihm und schlagen ein. Unser Vertrauen erweist sich bis zum Schluss als absolut berechtigt. Mit dem Lombok-Ferrari bringen wir unsere Sachen hierher und den Rest des Tages genießen wir die Sonne, das türkisblaue Meer und unsere luftige Unterkunft. Uns schwant, dass wir hier wohl länger bleiben werden, als geplant…

Happy Birthday

Heute ist mein Geburtstag! Der zweite auf unserer Reise. Ich schlage die Augen auf und fühle mich fantastisch! Ich bin 33 und im Paradies. Volker fragt mich, ob ich für heute irgendwelche Wünsche habe. Ich sage ihm, dass ich wunschlos glücklich bin und ich meine es ernst. Wenn mich heute ein Meteorit erschlagen würde, könnte ich sagen "Macht nichts", ich habe genau das Leben gelebt, das ich haben wollte. Ich habe meinen Traum wahrgemacht, der mich bis auf diese wunderbare Insel gebracht hat. Zum Glück wurde ich nicht von einem Meteoriten erschlagen, sonst wären mir noch ein Schnorcheltag mit vielen bunten Fischen an Korallenriffen und ein dicker gegrillter Fisch am Abend entgangen. Entgegen unserer sonstigen Gewohnheiten hat Volker mir sogar ein Geburtstagsgeschenk gemacht - eine selbstgebastelte Kette mit Muschelanhänger vom Strand. Abends sitzen wir mit Hadi beim Bier. Ich wundere mich, dass er Alkohol trinkt. Soweit ich weiß, ist das Konsumieren von Alkohol in der Öffentlichkeit in der islamischen Kultur strikt verboten. Hadi sagt, im Koran stehe ja nur, was man tun 'sollte' und nicht, was man tun 'muss'. Augenzwinkernd fügt er hinzu: "Und hier auf der Insel nimmt man das alles nicht so genau."
Die Gastfreundschaft der Familie ist wirklich unglaublich. Einmal mehr auf unserer Reise merken wir, dass diejenigen, die am wenigsten haben, am meisten geben. Wir werden herzlichst umsorgt und bekommen immer wieder lokale Köstlichkeiten zum Probieren. Hadis Bruder nimmt uns an einem Tag mit zum Schnorcheln. Er zeigt uns, wo wir die Riesenschildkröten im Meer finden. Ein gigantisches Erlebnis. Wie aus dem Nichts tauchen die großen Tiere vor uns auf und schwimmen majestätisch an uns vorbei. Wir kommen uns vor, wie in einem National Geographic Film. Hadi selbst kümmert sich um den Nachwuchs der vom Aussterben bedrohten Tiere. Zusammen mit seiner Familie sammelt er die Eier der Schildkröten an Land, füttert die Kleinen, wenn sie geschlüpft sind und setzt sie zu gegebener Zeit im Meer wieder aus.

Oben links: Strandidylle auf Gili Meno, Indonesien

Oben rechts: Unterkunft Gili Meno

Oben: Cocktails zum Geburtstag

Links: Orang Utan, Sumatra, Indonesien

Unten: Teeverkäufer am Straßenrand, Java, Indonesien

Im Dorf von Gili Meno

Zaenal, der Cousin von Hadi ist Vater geworden. Vor sieben Tagen kam sein Sohn zur Welt. Heute ist Namensgebung. Die Zeremonie soll um acht Uhr morgens beginnen. Stolz, dass wir zu so einem Ereignis eingeladen sind, machen wir uns fertig. In der Gemütlichkeit eines Langzeitreisenden verpassen wir fast den vereinbarten Zeitpunkt. Fünf nach acht. Naja, wir sind ja in Asien. Nach zehn Minuten Weg kommen wir im Dorfzentrum an. Die Zeremonie ist längst vorbei… Die Familie und die gesamte Dorfgemeinschaft sitzen beim Frühstück, Männer und Frauen getrennt. Wir werden neugierig beäugt. Hadi führt uns in einen separaten Raum (ich vermute, damit Volker und ich zusammen sitzen können) und wir bekommen reichlich Frühstück aufgetischt - Reis mit Gemüse und Kokosnuss, Fisch- und Fleischcurry, Eier und Gemüsecurry, Fischkräcker, alles schön scharf gewürzt. Wir sind beschämt, dass wir zu spät gekommen sind und bitten Hadi um Entschuldigung. Er lacht nur und sagt: "Mich stört das nicht, solche Zeremonien sind nur für die alten Leute." Offensichtlich scheinen sich auch die anderen nicht daran zu stören, dass wir erst jetzt aufgetaucht sind. Zaenal begrüßt uns freudestrahlend und teilt uns den Namen seines Sohnes mit: Zaenur, eine Kombination aus seinem Namen und dem Namen seiner Frau. Wir ärgern uns wohl am meisten, dass wir die Zeremonie verpasst haben. Etwas später zeigt uns Zaenal stolz seinen Nachwuchs. Wir reden noch eine ganze Weile bei einer Tasse Lombok-Kaffee und erfahren unter anderem, dass er der zweite Dorfvorsitzende ist. Auf Gili Meno gibt es keine Polizei. Streitigkeiten werden untereinander geregelt, manchmal mit den Dorfvorsitzenden als Schlichtungsstelle. Kriminalität? Laut Zaenal ein Fremdwort.

Um uns herum tobt das Leben. Kinder springen durchs Haus, die Frauen reden lautstark durcheinander und lachen, die Männer sitzen im Hof in gemütlicher Runde. Die Menschen wirken glücklich. Ihr Lebensstandard ist deutlich höher, als wir erwartet haben. Sie haben schöne Holz- oder Steinhäuser, oft einen Garten oder einen großen Hof und es liegt im Gegensatz zu vielen anderen Dörfern in Asien kein Müll herum. Die Jugend trägt moderne Kleidung und aus den Hosentaschen blitzt das eine oder andere neue Handy. Zaenal erzählt, dass das ein Resultat davon ist, dass viele Einheimische einen Teil ihres Landes, vor allem die Strandabschnitte, verkauft haben. Da stehen jetzt die Backpacker. Durch die Beschäftigung der Einheimischen in den Unterkünften und Restaurants kommt zusätzliches Geld in die Kasse. Zuviel soll aber nicht mehr verkauft werden. Die Einwohner befürchten, die Ursprünglichkeit ihrer Insel zu verlieren. Die Schönheit der Natur und die Traditionen sollen bleiben. Mit den jetzigen Besitzern der Backpacker sei man sich darüber einig, Gili Meno nicht zu einer weiteren Partyinsel zu machen.

Ich bin begeistert! Ich wusste doch, dass es einen Mittelweg zwischen ärmlich lebenden Einheimischen an Traumstränden und "Investoren", die alles zupflastern, geben muss!

Ein Stück vom Paradies?

Es gibt noch Land zu kaufen! Direkt nebenan. Der Großvater von Hadi möchte einen Strandabschnitt mit etwas Hinterland verkaufen. Kein Schnäppchen, aber im Vergleich zu deutschen Grundstückspreisen immer noch günstig. Für immer im Paradies? Mein Herz fängt an zu pochen. Ein Blick zu Volker sagt mir, dass er das Gleiche denkt. Ist das die Gelegenheit, ein Wink des Schicksals? Wir haben schon immer davon geträumt, irgendwo am Strand einen Backpacker mit ein paar Hüttchen aufzumachen. Die Leute hier sind nett und an den Umgang mit Ausländern gewöhnt. Wir fangen an zu überlegen. Wäre es noch dasselbe, wenn man hier leben würde? Niemand würde vermutlich erwarten, dass wir anfangen, in der örtlichen Moschee zu beten. Aber was ist mit den vielen kleinen Regeln, die wir noch nicht kennen oder nur im Ansatz erahnen können. Wie viel Einfluss würden die Dorfvorsitzenden auf unser Leben nehmen? Die rund 600 Einwohner der Insel sind alle irgendwie miteinander verwandt oder verschwägert. Wenn man es sich da einmal verscherzt, kann man wohl einpacken. Sprachliche Probleme hätten wir hier keine. Bahasa Indonesia ist leicht zu erlernen und die meisten sprechen englisch. Aber habe ich wirklich Lust, dauerhaft aus dem Eimer zu duschen und Frischwasser aus Containern zu kaufen? Wir müssten uns eine Trinkwasserversorgung bauen. Und was machen wir in der Regenzeit? Mir kommt ein altbekannter Spruch in den Sinn: 'It's a paradise as long as you can leave it'. (Es ist das Paradies, solange du es jederzeit verlassen kannst.). Trotzdem. So schnell wollen wir uns unseren Traum nicht aus dem Kopf schlagen. Ein paar Ausländer sollen hier ja schon Land gekauft und Backpacker eröffnet haben. Wir werden mal mit den Leuten reden.

Ein paar Tage später

Wir sind ein wenig ernüchtert. Keiner der Ausländer, die Land gekauft haben, scheint tatsächlich hier zu wohnen. Ihre Häuser stehen leer oder werden von Einheimischen gehütet. Die Geschäfte regelt ein "Vertrauensmann" von der Insel. Es sind mehr Leute, als wir erwartet haben - Engländer, Italiener, Südafrikaner, Franzosen… Sie kommen nur in der Hauptsaison, wenn der Großteil des Geldes eingenommen wird und leben ansonsten in ihrem Heimatland. Einige Grundstücke scheinen sogar nur reine Spekulationsobjekte zu sein. Gekauft, bebaut und zum Wiederverkauf angeboten. Wir sehen die

Aushänge in einer Art Maklerbüro. Das waren also die schönen Steinhäuser, die wir im Dorf fälschlicherweise als Häuser der Einheimischen angenommen haben. Ich bin auf den Schlag desillusioniert. Wie können die Bewohner noch die Kontrolle über die Insel behalten, wenn alles an Zweit- und Drittleute weiterverkauft wird? Waren die Worte von Zaenal vom "Zusammenleben" und "Bewahren der Insel" doch nur Lippenbekenntnisse oder ist er einer der Letzten, der daran glaubt? Wird das kleine Paradies am Ende dasselbe Schicksal erleiden wie so viele andere Traumplätze vor ihm? Zugemauert von Leuten, denen es nur darum geht, mit Massentourismus möglichst viel Geld zu verdienen?
Ich kann die Einheimischen verstehen, die einen Teil ihres Landes verkaufen, um ihren Lebensstandard zu erhöhen. Stromausfälle, Wäsche waschen von Hand, Duschen in Salzwasser, Toiletten ohne Spülung, Trinkwasser auf Bestellung, Bastmatten als Bett… Wer von uns würde das auf Dauer "romantisch" finden? Hadi würde die Insel am liebsten ganz verlassen. Er will nicht mehr fischen gehen, möchte lieber studieren und einen guten Job in einer der Städte auf Lombok oder Bali finden. Um die Ausbildung zu bezahlen, überlegt die Familie, ein weiteres Stück Land an den Mann zu bringen (genau das, von dem wir gehört haben). Hadi pfeift fröhlich vor sich hin, wenn er morgens den Strand harkt, kommt strahlend vom Fischen zurück, wenn er einen Oktopus gefangen hat, scherzt mit den Gästen, sitzt locker und gelöst abends am Lagerfeuer und singt mit seinen Freunden Lieder. Ich kann mir kaum vorstellen, dass er in der Stadt glücklicher wäre, zwischen Handys und Computern, Autos und Motorrädern, Hektik und Stress… Aber ich kann es ihm nicht verdenken. Jeder hat seinen eigenen Traum vom Paradies.
Wir haben unseren Traum vom Landkauf auf Gili Meno jedenfalls ad acta gelegt. Wir hätten Lust gehabt, mit einer Handvoll Hostelbesitzern "sanften Tourismus" zu betreiben, unter Einbeziehung der Dorfgemeinschaft und Bewahrung der Natur. Aber so? Wir genießen noch ein paar Tage das kleine Paradies, bevor es auch für uns Zeit wird, weiterzuziehen.

Jakarta - Java

Von den Gili Islands fahren wir wieder zurück nach Bali und machen einen kurzen Zwischenstopp in Ubud, einem ehemaligen Künstlerdorf, dessen Charme allerdings unter dem Massentourismus ein wenig gelitten hat. Von dort geht's mit dem Übernachtbus auf die Nachbarinsel Java, bis wir über Solo schließlich in die Hauptstadt Jakarta kommen. Die großen Tempelanlagen der Insel lassen wir aus. Wir haben so viel davon in Asien gesehen, jetzt steht uns mehr der Sinn nach unberührter Natur. Wir wollen so schnell wie möglich auf die Insel Sumatra. Vorher haben wir aber noch was in Jakarta zu erledigen. Wir wären niemals in die Hauptstadt gefahren, hätten wir nicht unser Visum für den Iran, unser nächstes Reiseziel, beantragen müssen. Jakarta steht nicht gerade auf der Top 10 Liste der Indonesien-Reisenden. Kein Wunder. Verkehrschaos und Smog bis zum Abwinken und keine wirklich nennenswerten Sehenswürdigkeiten. Dafür ein Spiegelbild der Gesellschaft: Muslime, Christen und Hindus, Studenten und reiche Geschäftsleute, Straßenverkäufer und Bettler, alles prallt hier aufeinander. Tagtäglich suchen Millionen in Jakarta ihr Glück, Tendenz steigend. Morgens um fünf rollen wir mit dem Nachtzug von Solo ein. Links und rechts liegen die Menschen neben den Schienen, die Slums ziehen sich kilometerweit. Eine Stunde später sitzen wir in der Autorikscha, fahren an Wolkenkratzern vorbei auf einer Straße, die eigentlich vierspurig ist, aber von mindestens doppelt so vielen Fahrzeugen nebeneinander befahren wird. Im billigsten Guesthouse der kleinen Touristenstraße ist gerade noch ein Zimmer frei. Alles andere als schön, aber in asiatischen Großstädten wird man anspruchslos. Erschöpft fallen wir ins Bett. Auf den engen und nicht verstellbaren Sitzen der "Business Class" im Zug haben wir in der letzten Nacht kein Auge zugekriegt. Am Nachmittag haben wir endlich ausgeschlafen. Wir überprüfen unsere Dokumente für die iranische Botschaft. Passfotos sind gemacht - wie gewünscht mit blauem Hintergrund und ich natürlich mit Kopftuch. Die Formulare sind ausgefüllt und die Flugtickets kopiert. Wir gehen nochmal ins Internet, um die ebenfalls geforderte Hotelreservierung in Teheran auszudrucken. Alles fertig. Fein. Dann kann ja nichts mehr schief gehen.

Am nächsten Morgen stehen wir samt geordneten Dokumenten in der iranischen Botschaft, empfangen von einem offensichtlich missgelaunten Mitarbeiter. Flugtickets und Hotelreservierung interessieren ihn nicht, dafür möchte er statt der Originale die Kopien unserer Pässe haben. Außerdem sollen die Visa-Anträge nicht mit der Hand ausgefüllt, sondern getippt werden. Wir sagen ihm, dass die Anträge im Internet als PDF-Datei hinterlegt sind und daher nicht am PC ausgefüllt werden können. Er schüttelt nur den Kopf und sagt, dann müssen wir es eben mit der Schreibmaschine machen. Ich hole gerade Luft, um ihm zu sagen, dass wir leider keine Schreibmaschine im Gepäck haben, da zeigt Volker mir mit einem bedeutungsvollen Blick, dass er jetzt lieber übernimmt. Aber der Botschaftsmitarbeiter bleibt dabei, die Anträge müssen getippt werden. Auf Nachfrage, wo wir denn die Sachen tippen lassen könnten, meinte er nur, wir könnten es ja mal in der Nähe der Uni versuchen, da wären ein paar Shops. Er entlässt uns mit den Worten, dass wir bis 12 Uhr zurück sein sollten, dann hat er nämlich Feierabend. Ich koche vor Wut. Das darf doch nicht wahr sein! Wir hatten alles so schön vorbereitet und jetzt können wir in sengender Hitze in einer 10 Millionen Stadt "in der Nähe der Uni", die am anderen Ende der Stadt ist, nach einer Schreibmaschine suchen! Wir haben drei Stunden. Die Sachen müssen heute erledigt werden, denn morgen früh geht unser Flug nach Sumatra. Frustriert ziehen wir los. Mit Englisch und ein paar Brocken Bahasa fragen wir uns durch. Irgendwann stehen wir tatsächlich vor einem Shop mit einer Schreibmaschine. Der Shop ist eigentlich mehr ein Bretterverschlag und die Schreibmaschine stammt scheinbar aus dem vorigen Jahrhundert. Die Situation ist ein wenig absurd. Nur ein paar hundert Meter weiter ist die Uni mit unzähligen Fakultäten, modernen Computern und Kopiergeräten. Wir fragen, was eine Seite tippen kostet. "5000 Rupiah" strahlt uns die Dame an. Ein stolzer Preis, wenn man bedenkt, dass man dafür woanders ein Abendessen bekommt. Aber wir haben keine Wahl und geben ihr unsere vier Seiten Formulare. Sie scheint eine halbe Ewigkeit zu tippen. Die Zeit drängt. Endlich. Eine halbe Stunde später nehmen wir unsere ordnungsgemäß ausgefüllten Formulare in Empfang. Jetzt schnell zurück zur Botschaft. Um keine Zeit zu verlieren, nehmen wir diesmal nicht den Bus, sondern die Autorikscha. Wir fahren und fahren und fahren… Irgendwann wird klar, dass wir total falsch sind. Wieso müssen wir ausgerechnet jetzt an einen Rikschafahrer geraten, der sich nicht auskennt? Der Fahrer fragt mehrfach am Straßenrand nach. Wir haben genug und nehmen die Sache selbst in die Hand. Mit Hilfe unseres Stadtplans dirigieren wir ihn zur Botschaft. Schweißgebadet, aber gerade noch rechtzeitig stehen wir wieder vorm Botschaftsmitarbeiter. Diesmal scheint er zufrieden und nimmt uns alle Dokumente ab. Allerdings könne er uns nicht sagen, wie lange die Visaausstellung dauert. Kann sein, dass sie mehrere Wochen brauchen. Wir sagen ihm, dass unser Flug in den Iran in genau drei Wochen geht. Dafür hat er nur ein Schulterzucken. Wir könnten ja in ein paar Tagen mal telefonisch nachfragen…

Bukit Lawang - Nord Sumatra
(aus Volkers Tagebuch)

Auf der Karte sah alles so einfach aus. Früh von Jakarta nach Medan fliegen, dann zügig mit dem Bus die kurze Strecke nach Bukit Lawang hinter uns bringen und den ganzen Nachmitttag gemütlich am Fluss vertrödeln. Naja, das mit dem Flug war kein Problem, die knapp 100 Kilometer Busfahrt wurden aber doch wieder zu einer Tagestour. Bus und Piste waren beide in einem noch schlechteren Zustand als erwartet. Die letzte Regenzeit hat die Straße stellenweise komplett weggespült. Unterwegs gab's zwei Stopps, wo unser Busfahrer für eine halbe Stunde einfach mal verschwand. Keiner wusste wo er hin war und wann er wieder zurückkehren würde. Irgendwann setzte er sich wieder grinsend hinters Steuer und es ging weiter. Als uns der entgegenkommende Palmenöltruck streifte, verging ihm jedoch das Lachen. Beide

Seiten dachten wohl, dass ihnen mehr als die Hälfte der schmalen Straße zustehen würde. Erst als es zu spät war, wurde versucht gegenzulenken. Da beide nicht schneller als Schrittgeschwindigkeit fuhren, ist zum Glück außer ein paar Beulen und tiefen Kratzern am Bus nichts passiert. So standen wir dann ineinander verkeilt mitten auf der Straße. Hin- und herrangieren war zwecklos, also hat jemand eine Säge besorgt und die hölzerne Stoßstange des Trucks einfach an der Seite abgesägt. Problem gelöst, alles halb so wild. Nachdem alle gemütlich ein gemeinsames Zigarettchen geschmaucht hatten, ging's in nahezu atemberaubender Geschwindigkeit von 30 Kilometern pro Stunde weiter.

In Bukit Lawang wartete ein großes Zimmer mit einem riesigen, weichen Bett und einem Balkon direkt am Fluss auf uns. Die wenigen Gäste, die sich heutzutage hierher aufmachen, werden gut umsorgt. Seit der Flut 2003, als der Fluss das Dorf stark zerstörte und dem Tsunami Weihnachten 2004, der die benachbarte Provinz Aceh großflächig vernichtete, kommen nicht mehr viele Leute her. Im Jahr 2003 soll es 26 Hostels gegeben haben, heute sind es nur noch sieben. Ein paar Schritte weiter nördlich unserer Unterkunft, am Eingang zum Gunung Leuser Nationalpark, befand sich die alte Auswilderungsstation für Orang Utans. Heute ist die Einrichtung ein „Feeding Centre" (Fütterungsstation). Bei unserem ersten Besuch haben sich drei Orang Utans durch die Bäume geschwungen und ihre Ration Bananen und Milch abgeholt. Zufrieden fraßen sie ihre Portionen, warfen einen neugierigen Blick zu uns rüber und verschwanden dann wieder im Dickicht des Regenwaldes. Die schon vor Jahren ausgewilderten Tiere sind immer noch an Menschen gewöhnt. Von 1973 bis 2002 lebten hier 228 Orang Utans. 168 von ihnen wurden erfolgreich ausgewildert. Die meisten der Tiere wurden aus Zoos, Hotels und Privathaushalten befreit. Auch heute gibt es noch eine Auswilderungsstation irgendwo im Urwald, aber die ist tabu für die Öffentlichkeit. Eigentlich richtig so. Wenn jeden Tag Leute im Gebüsch sitzen und knipsen, werden sich die Tiere nie wieder vollständig an das Leben im Dschungel gewöhnen und von den Menschen und ihren Bananenrationen abhängig bleiben. Als wir am nächsten Tag nochmal in der Fütterungsstation waren, hatten wir Pech. Kein einziger Orang Utan ließ sich blicken. Aber es ist ein gutes Zeichen, so der Ranger, denn das heißt, dass sie sich auch ohne uns Menschen zurechtfinden. So sehr sich die Ranger auch bemühen, eines werden sie wohl kaum aufhalten können – die stetige Verkleinerung des Lebensraumes der Orang Utans. Immer mehr Menschen brauchen immer mehr Wohnraum und Lebensmittel = mehr Anbaufläche = weniger Urwald. Auch illegale Abholzungen für alles was aus Holz ist, von Klopapier über Zahnstocher bis hin zu feinen Möbeln aus Teakholz sowie Wilderer sind hier leider keine Seltenheit. Langsame Reproduktionsraten und Krankheiten, recht häufig durch den Kontakt mit Menschen eingeschleppt, tun ihr übriges. Die Ranger in Bukit Lawang gingen bei unserem Besuch von der pessimistischen Schätzung aus, dass es hier in zehn bis zwanzig Jahren keine Orang Utans mehr geben wird.

Berastagi - Nord Sumatra

Wir liegen in unserem Zimmer, die dünnen Decken bis zur Nase gezogen. Mann, ist das kalt hier. Hätten wir mal vorher etwas genauer in unserem Büchlein gelesen, dann hätten wir gewusst, dass Berastagi auf 1300 Meter Höhe liegt. Und dann hätten wir vermutlich auch unsere dicken Schlafsäcke nicht in Jakarta gelassen. Es zieht wie Hechtsuppe durch die Rattanwände unseres Zimmers im obersten Stock. Das Thermometer zeigt 17 Grad. Eigentlich keine Temperatur, bei denen einem die Zähne klappern sollten. Aber im Vergleich zu unserem gewohnten tropisch heißem Klima ist das mal locker ein Temperaturabsturz von 15 bis 20 Grad Celsius! Da kann einem ja schon mal kalt werden. Zum Glück hatte der Besitzer Verständnis und noch eine zweite Decke rausgerückt. Zusammengekuschelt schlafen wir ein. Bis 4.45 Uhr morgens. Wir sitzen senkrecht im Bett. Muezzin-Rufe über Lautsprecher genau in unser Zimmer! Was ist das denn? Ich denke, Berastagi und die umliegenden Karo Highlands sind komplett christlich geprägt? Offensichtlich wohnen doch noch ein oder zwei Muslime hier. Und der Religionsfreiheit muss schließlich genüge getan werden. Jedenfalls steht genau hinter unserem Hostel eine Moschee. Die hatten wir bei unserer Ankunft gar nicht gesehen. Eine halbe Stunde werden wir mit den ohrenbetäubenden Gesängen beglückt, dann können wir weiterschlafen. An den nächsten Abenden sind wir schlauer. Wir schlafen mit Ohrstöpseln.
Am nächsten Tag machen wir mit Tom, den wir hier kennengelernt haben, einen Ausflug in das noch recht traditionelle Dorf Lingga. Tom ist Engländer und lebt seit anderthalb Jahren in Indonesien. Er unterrichtet Englisch in einer größeren Stadt auf Java. Zurzeit hat er Urlaub und schaut sich wie wir das Land an. Zu unserem großen Glück spricht er fast fließend Bahasa und kann übersetzen, als uns ein Dorfbewohner durch den Ort führt. Hier stehen viele der traditionellen Batak-Häuser, die meisten sind heute noch bewohnt. Die Bataks sind eine der zahlreichen ethnischen Minderheiten, die sich über ganz Sumatra verteilen. Die Häuser sind allerdings nur von außen schön. Innen sind sie dunkel und nur mit ein paar Schlafmatten rund um eine kleine Feuerstelle ausgestattet. Wer es sich leisten kann, baut sich lieber eine neue Holz- oder Steinhütte mit größeren Fenstern oder gar mehreren Zimmern. Einst ein kriegslustiges Volk, dem auch Kannibalismus nachgesagt wurde, leben die Bataks heute friedlich im Inland von Nordsumatra. Sie sind überwiegend Christen, das Ergebnis vor allem deutscher Missionare.

Der eigentliche Grund für unseren Besuch in Berastagi ist aber die Besteigung eines aktiven Vulkans. Wir sehen den Gunung Sibayak schon von Weitem qualmen. Das verspricht spannend zu werden. Drei Stunden sind wir bis zur Spitze unterwegs. Oben angekommen bin ich ein wenig enttäuscht. Irgendwie habe ich mir eingebildet, dass man bei einem aktiven Vulkan auch Lava sieht, aber nix da. Stattdessen eine Menge zischender Geysire, die uns mit ihrem Qualm und stechendem Schwefelgeruch die Sinne vernebeln. Noch ein Rundumblick auf die Karo Highlands, dann geht's auf der anderen Seite wieder runter. In unserem Reiseführer steht was von Steintreppen, aber das war wohl mal. Da es zudem gestern den ganzen Tag geregnet hat, wird der erste Teil des Abstiegs zu einer regelrechten Rutschpartie. Das letzte Stück bis zum nächstgelegenen Dorf geht durch dichten Dschungel. Nur ein kleiner Pfad führt uns an Riesenpflanzen und Lianen vorbei. Oft müssen wir uns mit unseren Händen den Weg bahnen oder unter umgefallenen Baumstämmen durchkrabbeln. Sumatra pur! Zum Schluss durchqueren wir ein kleines Bambuswäldchen - et voilà wir sind im Dorf. Hier gibt es heiße Quellen, in denen wir unsere müden Knochen entspannen können. Inzwischen ist es später Nachmittag und wir suchen nach einem "Bemo", das uns zurück nach Berastagi bringt. Der Bus ist schnell gefunden, zwei Passagiere sitzen schon. Nur der Fahrer fehlt. Aber der wird ja wohl gleich kommen. "Zehn Minuten", versichert uns einer der Fahrgäste. Nach einer halben Stunde steigen wir aus dem immer noch stehenden Bus wieder aus und schauen uns fragend um. Ein paar Meter weiter spielen zwei Männer Schach. Einer von ihnen ist tatsächlich der Busfahrer. Als Volker ihn fragt, wann der Bus losfährt, guckt er als kämen wir vom Mond. "Wenn das Spiel zu Ende ist", lautet die Antwort, bevor er sich wieder gemächlich dem Brett zuwendet. Ach ja, wir vergaßen, wir sind in Sumatra. Schulterzuckend gehen wir wieder zum Bus, verspeisen unser frisch gekauftes Kilo Maracuja, bis es dann nach einer Stunde zurück in die Stadt geht.

Danau Toba - Nord Sumatra
(aus Volkers Tagebuch)

Endlich hat mal eine Anreise komplett gepasst. Nirgends mussten wir lange auf Anschlüsse warten. Im Hafen von Parapat hatten wir gerade noch Zeit, um in einer Pinte was zu essen, bevor uns die Fähre auf die Insel Samosir im See Toba brachte. Da uns ein kleines Hostel wärmstens empfohlen worden war, setzte uns der Fährmann direkt vor der Tür ab. Kurze Zeit später konnten wir unsere mit frischen Mangosäften und süßer Ananas gefüllten Bäuche in die Sonne legen und ein paar Züge im kalten, klaren Wasser schwimmen. Der Toba ist der größte See Südostasiens und bedeckt eine Fläche von 1.707

Quadratkilomtern. Ich habe gelesen, dass die Berge ringsum die Reste von Kraterwänden sein sollen. Der bis zu 450 Meter tiefe See ist also ein gigantischer Vulkankrater! Der Ausbruch, der zur Entstehung des Sees geführt hat, soll irgendwann vor dreißig- bis siebzigtausend Jahren stattgefunden haben. Heute ist der Danau Toba ein sehr friedlicher und ruhiger Platz. Früher muss hier richtig was los gewesen sein. Wir zählen so um die 50 kleine Hotels und Pensionen, alle leer. Tuktuk, der Haupttouristenort, wirkt teilweise wie eine Geisterstadt. Gerade um die Mittagszeit hört und sieht man niemanden. Der Wind hat noch nicht aufgefrischt, der See ist spiegelglatt. Mensch und Tier hat sich in den Schatten verkrochen. Restaurants, Shops und Buchläden sind zwar offen, aber weder Bedienung noch Besitzer sind zu sehen. Die leere Straße flimmert in der Hitze.
Gegen Nachmittag kommt Leben ins Dorf am Danau Toba. Eine ganze Schulklasse steigt aus dem Minibussen. Ihr Ziel? Touristen finden zum Englisch üben! Wir essen gerade in einem kleinen Restaurant. Das stört die Kids allerdings wenig. Dann warten sie eben samt Lehrerin am Nachbartisch. Wir haben kaum den letzten Bissen verschlungen, da kommen auch schon die eingeübten Fragen. Wie heißt du? Wo kommst du her? Was machst du beruflich? Wie gefällt dir Indonesien? 15 Kinder - 15 Gespräche - 100 Fotos. Die Lehrerin erzählt uns, dass sie extra aus einer 80 Kilometer entfernten Stadt hergekommen sind, um Ausländer zu treffen. Wir seien die ersten für sie. 80 Kilometer bedeuten in Sumatra vier bis sechs Stunden Fahrt - eine Strecke! Und das Ganze nur, um mal ein paar Worte Englisch zu sprechen. Ein anderes Mal treffen wir auf Studenten, die von ihren Professoren den Auftrag haben, ihre englischen Interviews mit Diktiergeräten festzuhalten. Da steht man nun am Straßenrand, hat den Rekorder unter der Nase und soll die Unterschiede im Bildungssystem und Klima zwischen Indonesien und Deutschland erklären, obwohl man eigentlich lieber in den kühlen See springen möchte. Aber wir können die Anfragen nie abschlagen. So viele Möglichkeiten gibt es für die Indonesier am Danau Toba nicht, an Ausländer zu kommen. Außer uns sind nur rund zwei Dutzend anderer Reisender hier.

Kaum Touristen in Sumatra

Die Landschaften sind super schön, die Menschen freundlich und was die Tierwelt angeht, gibt es (mit Ausnahme von Borneo) nur noch hier die selten gewordenen Orang-Utans zu sehen. Warum verirren sich dann kaum noch Reisende in diese Ecke Indonesiens? Ein Grund mag die derzeitige Visa-Regelung der Regierung sein. Früher gab es bei Einreise den kostenlosen Drei-Monats-Stempel in den Pass und viele Reisende, die von Malaysia mit dem Schiff nach Sumatra kamen, machten sich von hier aus über Land auf den Weg nach Bali. Heute bekommt man nur noch einen Monat bei Einreise bewilligt. Wer länger bleiben will, muss (wie wir) im Voraus ein Visum beantragen, das maximal zwei Monate gültig ist, und kräftig zahlen. Ein Schuss, der zumindest für die Leute in Sumatra nach hinten losging. Kaum einer macht sich noch auf den beschwerlichen und langwierigen Weg über die schlechten Straßen der Insel. Seit Ende der 90er nutzen die meisten Reisenden lieber die Zeit, um direkt an die Strände von Bali oder Lombok zu fliegen. Nicht gerade förderlich sind zudem die Schlagzeilen, die Indonesien, insbesondere Sumatra, in den westlichen Medien macht. Von "islamistischen Rebellengruppen", die in der Nordprovinz Aceh ihr Unwesen treiben, war die Rede. Ein Grund, weshalb Sumatra auch bei uns zunächst nicht auf der Reiseroute stand. Umso erschreckender ist es dann, wenn man feststellt, dass sich das vermeintliche Wissen aus Fehlinformationen und Halbwahrheiten zusammensetzt. Die Auseinandersetzungen der Rebellenbewegung mit der indonesischen Regierung in Jakarta schwelen bereits seit den 60er Jahren und haben vor allem ökonomische Gründe als Ursache wie wir später erfahren. Sumatra ist reich an Bodenschätzen (Gas, Öl, Silber, Gold), die von der Regierung seit Jahrzehnten systematisch ausgebeutet werden. Der Erlös geht in die eigene Tasche, während ein Großteil der Bevölkerung in bitterer Armut lebt. Auch wenn wir nicht mit Separatisten-Kämpfern sympathisieren, können wir uns doch eines kleinen Fünkchen Verständnisses nicht erwehren. Den Tourismus hat es jahrelang nicht gestört, Reisende waren keine Ziele der Aufständischen. Warum nehmen dann seit der Jahrtausendwende die Touristenzahlen stetig ab? In Bali gab es vor sechs Jahren einen Anschlag mit rund 200 Toten, dennoch - der Tourismus boomt. Der Tsunami hat 2004 auch Thailand getroffen. Dort herrscht wieder "Normalzustand", während die Strände von Aceh und auch die anderen Regionen Sumatras leer bleiben. Liegt das nur an der neuen Visa-Regelung oder sind wir sensibel geworden gegenüber allem, was mit dem Wort "Islam" zusammenhängt? Es versteht sich von selbst, dass jeder Reisende sich ein Bild von der Sicherheitslage des jeweiligen Landes machen und Risiken abwägen sollte. Aber sich nur von groben Schlagzeilen leiten zu lassen, kommt für uns nach dieser Erfahrung nicht mehr in Frage. Wir sind froh, dass wir uns auf den Weg in dieses schöne Fleckchen Erde gemacht haben, auch wenn wir aufgrund der schlechten Infrastruktur weit weniger gesehen haben, als ursprünglich geplant. Ein Grund, nochmal herzukommen! Auch, um die Provinz Aceh zu besuchen. Reisende aus der Region berichten von freundlichen Menschen und einer Lebensweise fernab von jeglichem islamischen Fundamentalismus. Das Einzige, was sie negativ überrascht hat, war, dass trotz einer Riesenansammlung von Hilfsorganisationen viele Menschen vier Jahre nach dem Tsunami immer noch in Zelten schlafen.

Erdbeben in West Sumatra

Die Fahrt vom Danau Toba nach Bukittinggi im Westen Sumatras sollte 15 Stunden dauern, für schlappe 500 Kilometer. Sie dauerte 36 Stunden. Und verdient damit ein extra Kapitel.

Eine Fahrt, die unsere asienerprobten Nerven auf eine harte Probe stellte. Eineinhalb Tage für 500 Kilometer. Was ist passiert? Der Bus fährt pünktlich Montagabend um sechs in Parapat (am Danau Toba) ab. "Executive Class", also Luxusklasse bzw. das, was man in Sumatra darunter versteht. Mein Sitz lässt sich nicht verstellen, die nicht regelbare Aircondition bläst volles Rohr und die Lautsprecher überschreien sich, als der Busfahrer die Musik bis zum Anschlag dreht. Dass fast jeder um uns herum raucht, nehmen wir kaum noch zur Kenntnis. Rauchen gehört auf Sumatra zum guten Ton. Die landläufige Meinung ist: Wer nicht raucht, ist schwul. Wir zuckeln los. Der 'Trans-Sumatran-Highway' ist eine Aneinanderreihung von Schlaglöchern. Im Takte der Musik werden wir auf unseren Sitzen hin- und hergeschaukelt. Nach fünf Stunden halten wir das erste Mal an. Eine kleine Kaschemme mitten im Nichts. Zum Abendessen gibt's Reis mit Hühnchen und scharfem Curry. Wir haben gerade gezahlt, da fällt der Strom aus. Es ist stockfinster. Um die Orientierung nicht zu verlieren, nehme ich Volkers Hand. Plötzlich lautes Geschepper um uns herum, Geschirr fällt zu Boden, Kinder schreien, Menschen stürmen aus dem Restaurant. Meine Knie werden komisch weich. Fast scheine ich das Gleichgewicht zu verlieren. Wie in Zeitlupe begreifen wir, was passiert. Ein Erdbeben!!! Wir laufen raus, können uns kaum auf den Beinen halten. Es ist, als hätte jemand die Erde in ein riesiges Laufband verwandelt, das sich abwechselnd vor und zurück bewegt. Ein paar Sekunden, die mir wie Minuten vorkommen, dann ist alles vorbei. Meine Beine sind immer noch wie Gummi. Es ist niemand verletzt und das Restaurant steht noch. Gott sei Dank. Später erfahren wir, dass das Beben eine Stärke von 6.0 auf der Richterskala hatte. Die erdbebengeprüften Indonesier haben sich im Gegensatz zu uns schnell wieder beruhigt und die Fahrt geht weiter. In den nächsten Dörfern, die wir passieren, sieht es aus, als sei ein Bürgerkrieg ausgebrochen. Straßensperren (um vor aufgebrochenen Strassenabschnitten zu warnen), brennende Autoreifen und angezündete Müllberge (als Licht- und Wärmequelle), umgefallene Strommasten und Menschen, die aus Angst vor einem Nachbeben ihr Nachtlager vor den Häusern aufgeschlagen haben. Unser Busfahrer fährt unbeeindruckt weiter. Ich frage mich, ob wir ein erneutes Beben bei dem Geschaukel überhaupt merken würden. Irgendwann bleiben wir stehen. Zehn Minuten, zwanzig Minuten, eine dreiviertel Stunde… Was ist los? Wieso geht es nicht weiter? Bei den aufgeregten Gesprächen zwischen dem Busfahrer und den Fahrgästen verstehen wir immer nur "Parapat". Wieso denn Parapat? Das ist doch der Ort, wo wir herkommen! Nach ein paar holprigen Übersetzungsversuchen werden unsere Befürchtungen zur Gewissheit: Die Straße vor uns ist nicht mehr passierbar und die einzige Straße, die neben dem Trans-Sumatran-Highway noch existiert, führt über eine Kreuzung in - Parapat! Es ist mitten in der Nacht und morgen früh sollten wir bereits in Bukittinggi sein. Stattdessen fahren wir jetzt die ganze Strecke wieder zurück. Nach geschlagenen zwölf Stunden sind wir genau an dem Ort, an dem wir losgefahren sind! Wir sind kurz davor, auszusteigen und wieder zum See zu fahren. Einzig die Tatsache, dass wir von Padang (nahe Bukittinggi) einen Rückflug nach Jakarta gebucht haben, hält uns davon ab. Wir hatten schon in Berastagi gemerkt, dass wir es aufgrund der schlechten Infrastruktur nicht über Land bis Jakarta schaffen werden. Wie wahr... Es dauerte dann auch nur nochmal 24 Stunden inklusive zweier Stopps für Hühnchen mit scharfem Curry, bis wir völlig gerädert in Bukittinggi ankamen.

Bukittinggi & Lake Maninjau – Kampf ums Visum

Mittwoch früh. Geschafft machen wir uns auf die letzten Meter zwischen Busstation und Innenstadt. Es ist 5 Uhr morgens, die Fensterläden sind geschlossen, die Straßen leer. Keines der Guesthäuser reagiert auf unser Klingeln. Es nützt nichts, wir müssen warten, bis sie aufmachen. Gegen 7 Uhr öffnen sich die Pforten hinter uns. Der Hotelangestellte guckt uns mit großen Augen an. Wir müssen ein komisches Bild abgegeben haben, wie wir - halb auf unseren Rucksäcken liegend - auf der Treppe des Guesthauses campieren. Ja, es sind noch Zimmer frei. Die Preise verschlagen uns allerdings den Atem. Das Doppelte was wir normalerweise zahlen für nur den halben Standard. Aber wir wollen nicht mehr weiter suchen und nehmen an. Jetzt nur noch ins Bett fallen. Verlockend. Vorher haben wir aber noch eine Kleinigkeit zu erledigen. Wir müssen bei der iranischen Botschaft in Jakarta anrufen und nach dem Stand unseres Visums fragen. In den letzten Tagen hatten wir vergeblich versucht, jemanden zu erreichen. Erst war niemand zuständig, dann die betreffende Person - ein gewisser Herr Abdullah - beim Essen, dann bereits im Feierabend und bei unserem 4. Anruf war der Vater von Herrn Abdullah verstorben und er für mehrere Tage gar nicht im Haus. Heute früh soll er wieder im Amt sein. Wir wollen diese Chance nicht verstreichen lassen. Die Zeit drängt, nächste Woche geht schon unser Flug. Wir rufen an und tatsächlich, Herr Abdullah ist zu sprechen. Dann der Knaller - unser Visa-Antrag kann nicht bearbeitet werden, wir hätten keine persönliche Einladung von Freunden oder Verwandten aus dem Iran beigelegt! Was?? Davon haben

wir noch nie gehört, geschweige denn, dass uns das in der Botschaft bei Abgabe unserer Anträge jemand gesagt hat! Wir sind wie vor den Kopf geschlagen und versuchen, Mr. Abdullah davon zu überzeugen, dass wir ganz normale deutsche Touristen sind, die weder iranische Freunde noch Verwandte haben. Dann, so entgegnet Hr. Abdullah, müssten wir eben von unserem Hotel in Teheran eine Referenznummer vom Auswärtigen Amt Iran besorgen und ihm vorlegen. Dann könne er unseren Antrag in "ein paar Tagen" bearbeiten. Da die Besorgung dieser ominösen Referenznummer ebenfalls mehrere Arbeitstage dauern soll, brauchen wir diesen Weg gar nicht erst zu versuchen. Unser Flug wäre in diesem Fall längst hinfällig. Volker versucht nochmal herauszuhören, ob vielleicht die Erwartung eines kleinen "Bakschisch" hinter der ablehnenden Haltung von Herrn Abdullah steckt. Aber er macht keine Andeutungen in diese Richtung. Keine Referenznummer, kein Visum. Frustriert legen wir auf. Was nun? Unseren Flug verschieben und versuchen, die Forderungen von Hr. Abdullah zu erfüllen? Ein Anruf bei der Fluggesellschaft ergibt, dass wir im Fall der Fälle die stolze Umbuchungsgebühr von zusammen 220,- Euro zahlen müssten. Kein besonders guter Deal. Außerdem beschleicht uns das Gefühl, dass wir - aus welchem Grund auch immer - nie ein Visum von Hr. Abdullah bekommen werden. Wir sind am Ende mit unserem Latein und außerdem völlig übermüdet. Wir tun das Einzige, was man in der Situation tun kann, nämlich schlafen gehen. Abends rufen wir nochmal bei der iranischen Botschaft in Deutschland an. Die Beamten dort sind wesentlich freundlicher und hilfsbereiter als ihre Kollegen in Jakarta. Man versichert uns, dass wir bei Einreise automatisch eine zweiwöchige Aufenthaltsgenehmigung bekämen, die wir eventuell im Land verlängern können. Ein Lichtblick. So können wir wenigstens unseren Hinflug wahrnehmen und haben noch eine kleine Chance, im Land den geplanten Monat zu bekommen. Wenn alle Stränge reißen, müssen wir eben unseren Weiterflug um zwei Wochen vorziehen.
Eine Nacht bleiben wir noch in Bukittinggi. Da die Stadt selbst weniger interessant ist, machen wir einen Ausflug ins Umland - Ziel Äquator! Die Äquatorlinie zieht sich zwei Stunden nördlich von Bukittinggi durch das kleine Dorf Bonjol. Wir haben die Linie schon mal passiert. In der zweiten Nacht unserer 36-Stunden-Fahrt. Unser Bus hatte genau an dieser Stelle eine Panne. Wir waren nur zu kaputt, um auszusteigen. Außerdem war es stockdunkel. Jetzt sind wir nochmal hin, fürs Foto und für ein Erinnerungs-T-Shirt. Auf den Bus zurück müssen wir über eine Stunde warten. Sehr zur Freude der kleinen Dorfbewohner, die scharenweise herangelaufen kommen und ihre paar Brocken Englisch an uns ausprobieren. Irgendwann kommt ihre Lehrerin dazu und bittet uns, zu bleiben. Wir bedanken uns für die Einladung, sagen ihr aber, dass wir unser gesamtes Gepäck in Bukittinggi haben und

zudem in ein paar Tagen schon wieder zurück nach Jakarta müssen. Zurück in Bukittinggi treffen wir auf Sheryl, Elif, Thomas und Franz, die wir schon vom Danau Toba kennen. Wir wollen alle Mann morgen zum 38 Kilometer entfernten Vulkansee Maninjau fahren.
Abfahrbereit stehen wir an der Busstation von Bukittinggi. Los geht's „in zehn Minuten". Wie oft haben wir das eigentlich schon gehört? De facto wird natürlich erst losgefahren, wenn der Muezzin sein Freitagsgebet beendet, der Busfahrer gefrühstückt und der Kassierjunge seine Gespräche mit den umstehenden Damen abgeschlossen hat. Heute muss der Bus zudem erstmal angeschoben werden, um überhaupt in Bewegung zu kommen. Vier Stunden später sind wir am See. Elif und Sheryl wollen es sich die Tage hier gut gehen lassen und entscheiden sich für die teuersten Bungalows am Platz. Thomas und Franz knirschen zwar mit den Zähnen, wollen dann aber doch bei den Mädels bleiben. So trennen wir uns wieder. Wir finden ein kleines familienbetriebenes Guesthaus und genießen die letzten Tage auf Sumatra zwischen See, Reisfeldern und dichtbewaldeten Bergen.

Iran

Willkommen in Persien

Landeanflug Teheran. Nervös zupfe ich an meinem Kopftuch. Ob ich angemessen gekleidet bin? In Indonesien habe ich mir schnell noch ein langärmliges Oberteil gekauft, das bis zu den Oberschenkeln reicht, darunter eine einfache Stoffhose. Ich werfe einen verstohlenen Blick zu den beiden jungen Iranerinnen ein paar Reihen hinter mir. Den ganzen Flug saßen sie in Jeans und T-Shirt, jetzt haben auch sie sich einen Mantel angezogen und ein Tuch über die Haare geworfen. Ich schaue mich um, fast nur Männer im Flieger. Wir sind die einzigen Ausländer weit und breit. Wie das wohl wird? Wir setzen auf. Teheran! Wir sind wirklich da. Meine Nervosität mischt sich mit angenehmer Aufregung. Das Abenteuer Persien kann beginnen!
Die Visa-Formalitäten sind überraschend schnell erledigt. Zwei Wochen bei Einreise, überhaupt kein Problem. Und ja, wir können verlängern. Puh, mir fällt ein Stein vom Herzen. Volker schenkt mir sein gewinnendstes Hab-ich-doch-gleich-gesagt Lächeln. Wir sind noch keine zwei Meter gegangen, da spricht uns ein Iraner an. Wo wir denn herkommen und wie lange wir bleiben wollen, möchte er wissen. Er freut sich, uns zu sehen und hofft, dass wir einen schönen Aufenthalt in seinem Land haben. "Madame, Taxi?", ruft mir draußen jemand zu. Nanu? Ich denke, hier wird nur der Mann angesprochen? Leicht verwirrt gebe ich dem Taxifahrer den Namen unseres Hostels. Er fährt eine flotte Sohle. Die sandfarbenen Häuser der Außenbezirke Teherans zie-

hen an uns vorbei. Ab und zu sehen wir eine verschleierte schwarze Gestalt um die Ecken huschen. Unser Fahrer dreht das Radio auf. Europäische Dance-Musik! Das ist wirklich das Letzte, was ich in diesem Moment erwartet hätte. Volker dreht sich grinsend um. Die Situation ist irgendwie absurd. Dann auf einmal deutsche Töne! Wenn mich nicht alles täuscht, ist das 'Enigma'. "Good?", fragt der Fahrer. "Very good", antworten wir. Ob er weiß, was er da hört? Der Fahrer lacht und trommelt mit den Fingern aufs Lenkrad im Takte der Musik.
Nachmittags machen wir einen ersten Stadtbummel. Ziel: das Shoppingzentrum im Norden der Stadt. Ich brauche noch ein paar Sachen, meine herkömmliche Reisegaderobe ist nicht so ganz irantauglich. Der Norden von Teheran ist gleichzeitig das Viertel der Reichen und Schönen. Hier ist nicht mehr viel zu sehen von strengen islamischen Kleidervorschriften. Der westliche Einfluss ist deutlich zu spüren. Die Tücher und Schals hängen so locker im Haar, dass sie fast runter rutschen. Die Frauen sind perfekt geschminkt, die Finger- und Zehnägel rot lackiert. Die Oberteile müssen über den Hintern gehen? Na gut, dann tragen wir sie aber so eng, dass trotzdem alles bestens zur Geltung kommt. Fast jede Frau scheint aussehen zu wollen, wie das Front-Model der Cosmopolitan. Schönheits-OPs sind hier groß im Trend. In den paar Stunden zähle ich über 20 gepflasterte Nasen- und Kinnpartien. Wir kommen an einem kleinen Sonnenbrillenstand vorbei. Fein, kann ich auch noch gebrauchen. "Sind sie Deutsche?", fragt uns der Verkäufer und erzählt uns dann überschwänglich, dass er in Deutschland studiert hat und nun nach 20 Jahren wieder in den Iran zurückgekommen ist. Die Jobsituation hier sei leider nicht wie erwartet, daher halte er sich erstmal mit dem Verkauf von Sonnenbrillen über Wasser. Nach einer halben Stunde Lebensgeschichte kaufe ich ihm eine ab. Inzwischen hat er allen um uns herum erzählt, dass wir aus Deutschland sind und will uns für später unbedingt noch auf eine Tasse Tee in seine Wohnung einladen. Wir wollen aber noch in ein paar Geschäfte, bevor sie schließen und verabschieden uns schließlich.
Es macht Spaß, durch die Straßen Teherans zu schlendern. Die Menschen begegnen uns ausgesprochen freundlich. Die Männer sind, im Vergleich zu anderen asiatischen Ländern, von einer angenehmen Zurückhaltung. Sie sind weder aufdringlich, noch ignorieren sie mich. Zwar sprechen sie Volker als erstes an, aber im Verlauf des Gespräches werden wir beide gleichermaßen einbezogen. Die Frauen hingegen sehen mich mit offener Neugierde an. Wenn ich zurückschaue, lächeln sie oder nicken mir gewinnend zu. Nur die ganz alten Damen gucken manchmal etwas kritisch. Naja, ich bin für sie wahrscheinlich der Inbegriff des westlichen Verfalls ihrer Gesellschaft. Wer ein paar Brocken Englisch kann, überschlägt sich fast, uns weiterzuhelfen. Ob in der Metro, an der Busstation oder am Straßenrand, sobald wir eine

Weile suchend stehen bleiben, kommt jemand und bietet seine Hilfe an. Ein Mädel will mir gar nicht mehr von der Seite weichen. Sie hat abends den gleichen Weg wie wir und so warten wir gemeinsam auf die Metro. Sie ist Iranerin, aber indischer Abstammung, erzählt sie, und studiert Englisch an der Universität von Teheran. Ich komme kaum nach, ihre ganzen Fragen zu beantworten. Sie würde gerne mal nach Deutschland kommen, ist aber unsicher, denn sie hätte von Leuten, die da waren gehört, dass man die Iraner dort nicht so möge. Ob das denn stimmt, möchte sie wissen. 'Ach Quatsch' ist mein erster Impuls, dann fallen mir die Reaktionen von zu Hause ein, als wir uns entschieden haben, in den Iran zu fahren. 'Was wollt ihr da denn?' 'Das ist doch Kriegsgebiet.' 'Unverantwortlich.' 'Fanatiker.' 'Viel zu gefährlich.' Ich sage ihr, dass wir in Deutschland nur wenig über den Iran wissen und zudem über die Nachrichten immer nur die schlechten Seiten hören. Das sei der Grund, warum dann einige vielleicht Vorbehalte haben, wenn sie auf einen Iraner oder Iranerin treffen. Im Grunde seien wir aber ein weltoffenes Volk und sie könne ruhig hinfahren. "Ja, dann müsste ich auch kein Kopftuch mehr tragen", sagt sie und grinst. Es ist nicht das letzte Mal, dass ich das Gefühl habe, dass die iranische Jugend gern anders wollte, wenn sie könnte. Die Iranerin senkt ihre Stimme und fragt leise: "Sag mal, habt ihr in Deutschland wirklich Sex vor der Ehe?". Ich muss lachen, aber die Iranerin guckt mich mit großen Augen an. Offensichtlich war die Frage ernst gemeint. "Ja, die meisten schon", antworte ich und das scheint sie irgendwie zu freuen. Die Metro kommt und erst jetzt merke ich, dass Volker ebenfalls in ein Gespräch mit einem älteren Herrn verwickelt ist. Zu viert steigen wir in die Bahn. Der ältere Herr fragt mich, ob ich das Kopftuch gerne trage. "Ich hab ja keine Wahl, oder?", antworte ich und beiße mir auf die Lippen. Hoffentlich war das jetzt nicht zu frech. Das Mädel neben mir grinst. Der alte Herr lacht. "Sieht doch gut aus", meint er. "Ja, und es schützt gegen Sonnenstich", erwidere ich. Er lacht wieder. Der Mann hat Sinn für Humor. Die Tür geht auf und das Mädel neben mir huscht hinaus. "Es war schön, dich zu treffen", ruft sie noch im Rausgehen. Ein Winken, dann ist sie weg. Inzwischen ist es 11 Uhr abends. Wir haben gar nicht gemerkt, wie die Zeit vergeht. Die Restaurants haben schon geschlossen, uns bleibt zum Abendessen nur noch der Imbiss um die Ecke. Und so endet der erste Tag "typisch iranisch" - mit Burger und Pommes.

Unser Hostelbesitzer spendiert uns am nächsten Morgen knuspriges iranisches Brot. Käse, Obst und Gemüse finden wir in den Läden um die Ecke. Der Obstverkäufer kann kein Wort Englisch, ist aber bemüht, uns alle Wünsche zu erfüllen. Die Preise zeigt er uns auf seinem Taschenrechner. Als wir zahlen wollen, deutet er mit seiner Hand auf den hinteren Teil des Raumes. Ok, dann zahlen wir hinten. Anstatt unser Geld zu nehmen, stellt er uns zwei

Stühle hin, tischt Brot, Butter und Käse auf und zerschneidet eine frische Honigmelone. Nein, das sei doch nicht nötig, versuchen wir ihm zu verstehen zu geben. Aber er besteht darauf, wir sollen bei ihm essen. Als wir anfangen, lächelt er zufrieden. Als wir allerdings wieder aufstehen wollen, zeigt er energisch auf die Stühle. Nix da, erst wird noch Tee getrunken! Zwei dampfende Gläser stehen vor unserer Nase. Der Verkäufer streicht mir väterlich übers Kopftuch und zwickt mich kurz in die Wange. Er lächelt und sagt irgendwas auf Farsi. Wahrscheinlich "iss Kind, damit du groß und stark wirst". Irgendwann zahlen wir und verlassen den Laden. Allerdings nicht, ohne dass uns der Verkäufer vorher noch pantomimisch zu verstehen gibt, dass wir nach unserer Rundreise im Iran wieder bei ihm vorbeikommen sollen. Nach dem Frühstück setzen wir unsere Shoppingrunde vom Vortag fort, besuchen den Teheraner Basar und schauen uns die Imam Khomeini Moschee an. Gegen Nachmittag wird's dann politisch. An der Mauer der ehemaligen amerikanischen Botschaft stehen Propaganda-Sprüche des Revolutionsführers und religiösen Oberhauptes Ayatollah (Imam) Khomeini (1898-1989). Khomeini hat mit Hilfe seiner Anhänger 1979 den persischen Schah zum Teufel gejagt und die erste islamische Republik der Welt ausgerufen. Ich bin gerade dabei, die Freiheitsstatue mit Totenkopf zu fotografieren, da kommt von rechts ein junger Iraner herangespurtet. Ups, hab ich was falsch gemacht? Aus Versehen ein öffentliches Gebäude fotografiert? "Kann ich euch kurz stören?", fragt er auf Englisch. "Ich wollte euch nur sagen, dass das die Sprüche der Regierung sind, wir Iraner denken nicht so." Wir starren ihn beide ungläubig an. Nicht, weil wir ihm nicht glauben. Wir sind eher platt aufgrund der Tatsache, dass es einem jungen Teheraner so wichtig ist, was zwei Ausländer von seinem Volk denken, dass er dafür vom anderen Ende der Straße gelaufen kommt. Er erzählt, dass er Student ist und die meisten seiner Kommilitonen wie er nichts von der politischen und religiösen Propaganda ihrer Oberhäupter halten. "Bitte glaubt mir, es ist nur die Regierung, nicht wir", versichert er immer wieder und "habt einen schönen Aufenthalt im Iran!".

An unserem dritten Tag in Teheran besuchen wir eine der heiligsten Stätten im Iran - das Grab von Ayatollah Khomeini. Die Grabstätte ist riesig, wenn auch nicht umwerfend schön. Drumherum finden sich ein paar Shops und schattige Picknickecken, die vor allem von Familien genutzt werden. Glaubt man unserem Reiseführer, wollte Khomeini, dass die Leute nach seinem Tod Freude und Erholung an diesem Platz finden. Ein frommer Wunsch für jemanden, der mit harter Hand "regierte", der das Land von der westlichen Welt isoliert, die Regeln für Frauen drastisch verschärft und das heiratsfähige Alter auf 9 Jahre (!) für Mädchen und 15 Jahre für Jungen herabgesetzt hat. (Inzwischen ist das gesetzliche Mindestalter für "Frauen" auf 13 Jahre angehoben worden.) Auch als Ausländer und Nicht-Muslime ist es uns erlaubt,

den "Heiligen Schrein" zu besuchen. Volker und ich müssen allerdings verschiedene Eingänge benutzen, ähnlich wie es auch bei aktiv genutzten Moscheen der Fall ist. Am Eingang herrschen strenge Kontrollen. Ich muss aus meiner Wasserflasche trinken als Beweis, dass es sich nicht um eine explosive Flüssigkeit handelt. Drinnen komme ich allerdings nicht weit. Vor dem eigentlichen Grab sitzen hunderte von Frauen, tief im Gebet versunken. Ich falle natürlich überhaupt nicht auf mit meinem hellen Mantel und weißen Tuch zwischen den ganzen schwarzen Chadoren. Irgendwie fühle ich mich fehl am Platz, fast schon voyeuristisch und so gehe ich nach ungefähr zwei Minuten wieder raus. Ich warte draußen im Schatten auf Volker als mich drei iranische Mädels ansprechen. Ich frage mich, wie sie es aushalten bei der Hitze unter so viel schwarzem Stoff. Jeder, der behauptet, lange Kleidung schütze gegen Wärme ist entweder ein Lügner oder ein Mann, der bei denselben Temperaturen im T-Shirt rumlaufen darf. Im Hochsommer Herbstkleidung zu tragen ist genauso warm wie es aussieht! Dabei kann ich mich eigentlich nicht beschweren. Als Ausländerin habe ich immerhin noch eine gewisse Narrenfreiheit, was die Auswahl der Klamotten betrifft. Die drei Mädels erzählen in fließendem Englisch, dass sie an der Universität von Mashhad studieren und gerade auf einem Gruppenausflug mit ihren Professoren sind. Neugierig beäugen sie meinen Reiseführer, schauen sich die Bilder an und überfliegen kurz das Eingangskapitel über "Menschen im Iran". Da steht fast nur Positives, was sie sichtlich freut. Dann möchten sie wissen, warum ich denn hergekommen sei. "Na, um mehr über die islamische Kultur zu erfahren und die ganzen schönen historischen Stätten zu besuchen", antworte ich. Daraufhin sagt eine von den dreien, dass sie schon mehrfach im Iran rumgereist sei und das alles nicht so spannend findet. Sie würde lieber mal was anderes sehen. Wo ich denn überall schon gewesen wäre? Ich zähle ein paar von den Ländern unserer Reiseroute auf, merke wie sich der Blick meiner Gesprächspartnerin senkt und bekomme sofort ein schlechtes Gewissen. "Ich würde auch so gerne reisen", sagt sie, "aber als iranische Frau brauchst du dafür die Erlaubnis der Familie oder des Ehemanns." Ihr zerknirschter Blick lässt vermuten, dass diese "Erlaubnis" wohl nicht allzu leicht zu bekommen ist. Wir quatschen noch eine ganze Weile im Schatten der Bäume, schießen Erinnerungsfotos, bis schließlich ihr Reisebus laut hupt und die drei zusammen mit ihren Kommilitoninnen zur nächsten Station fahren. Volker kommt aus der Grabstätte (er hatte sich in der gleichen Zeit mit einem Teheraner festgequatscht) und wir treten den Heimweg an.
Die ersten Tage in Teheran hatten es wirklich in sich. Soviele Begegnungen und Eindrücke, dass wir jeden Abend erschöpft ins Bett fallen. Wir haben ein gutes Gefühl. Die Berichte anderer Reisender über die Gastfreundschaft der Iraner stimmen. Wir sind hier mehr als willkommen.

Kashan - Zentraliran
(aus Volkers Tagebuch)

Normalerweise kann man sich die Abfahrtszeit, die Klasse und die Busgesellschaft aussuchen. Heute nicht. Heute ist der Todestag von Khomeini, dem spirituellen Führer der islamischen Revolution. Alle Busse sind gnadenlos überfüllt. Die sonst untereinander so höflichen und zuvorkommenden Teheranis schubsen und drängeln sich in urindischer Manier gegenseitig weg. Aber auch in diesem Chaos werden wir als Fremde besonders behandelt. Da wird hier eine Gasse gebildet, dort wird eine Lücke in der Schlange frei. Der gerade noch mürrische, weil total überlastete Ticketverkäufer blickt kurz auf, lächelt mir freundlich zu, will mein Fahrtziel wissen und bedeutet mir zu warten. Eine ganze Weile später, ich stehe immer noch wie eine Art Insel im sich ständig bewegenden Menschenmeer, wird von einer anderen Stelle 'Turis, Turis' gerufen und alles schiebt mich zum Kassierer. Meine Tickets sind in meiner Hand, die Reihen schließen sich. Abfahrtszeit und -ort lasse ich mir von den Iranern erklären, denn es steht alles in Farsi auf meinem Fahrschein. Auf den Straßen dasselbe Chaos. Ringsum den Schrein von Khomeini sind die Autobahnen gesperrt, der Busfahrer nimmt mit Hilfe von einigen ortskundigen Gästen wilde Schleichwege. Nach zwei Stunden haben wir Teheran und den Stau verlassen. Jetzt ist nur noch Staub und Halbwüste zu sehen. Die Landschaft ist einfach nur karg. Unser Busfahrer hat offensichtlich keine Lust auf die flimmernde Hitze und gibt mächtig Gas. Am Ende kommen wir nach fünf Stunden und mit nur 40 Minuten Verspätung in Kashan an.
Der aktuellste Reiseführer, den wir vorab vom Iran bekommen konnten, ist von 2004. Wie veraltet er ist, merken wir am deutlichsten bei den Hostel- und Guesthouse-Preisen, die sich mittlerweile fast verdreifacht haben. Da in Kashan, einer relativ kleinen Stadt mit rund 170.000 Einwohnern, die Auswahl der Unterkünfte stark beschränkt ist, fällt die Suche nach der Übernachtungsmöglichkeit für die nächsten Tage kurz aus. Kashan ist sehr ruhig und lange nicht so hektisch wie Teheran. Der Basar ist eine lohnenswerte Angelegenheit. Es gibt es Teppiche und Kleidung, Kannen und Töpfe, Rosenwasser und Gewürze. Der Parfümeur hüllt die Passanten gefragt oder ungefragt in dicke Duftwolken ein. Besonders spannend sind die alten Handwerker. Vor einem kleinen Verschlag fertigt ein alter Schuster Maßschuhe an. Nebenan zerteilt der Schlachter gerade die frisch geschächteten Schafe und Lämmer. Etwas weiter im Laden des Topfschmieds ist es extrem heiß. Er schürt gerade sein Feuer, um den Topf einer Kundin zu reparieren. Die alte Gewürzmühle nebenan hat schon genug Kardamom für heute gemahlen. Nur der Duft hängt noch in der Luft und das restliche Gewürz liegt am Mahlstein.

Früher arbeitete dort ein Kamel und zog den Stein, heute ist es motorengetrieben. Natürlich hat so ein großer Basar auch seine eigene Moschee und ein Teehaus, um die müden Füße ausruhen zu können. Früher, erzählt uns der Besitzer, war es ein Hammam, ein Badehaus, aber seit einem Erdbeben gibt's kein Wasser mehr.
Aufgrund des langen Feiertagswochenendes sind fast alle Sehenswürdigkeiten kostenlos. Da bietet es sich an, die berühmten Fin-Gärten zu besuchen. Es heißt, dass sich die Perser so den Vorhof zum Paradies vorstellen. Auf den Wiesen rund um die Wasserquellen tummeln sich zahlreiche iranische Familien und gehen ihrer Lieblingsfreizeitbeschäftigung nach – dem Picknicken. Auf dutzenden Campingkochern brodelt das Teewasser und Wassermelonen werden zu Hauf gemampft. Ein Bild, das wir noch an mehreren Stellen wiedersehen werden. Auf dem Rückweg finden wir nicht direkt ein Taxi (die Fin-Gärten liegen gute acht Kilometer außerhalb der Stadt) und so werden wir auf der Straße erstmal zu frischem Brot eingeladen. Danach bietet ein Mann an, uns mit zurück in die Stadt zu nehmen. Es sei sowieso sein Weg und er freue sich immer Touristen zu sehen. Ali ist in der Verwaltung der medizinischen Fakultät der Kashaner Universität tätig. Da das Gehalt aber nicht zum Leben reicht, arbeitet er nebenbei als Programmierer in einer kleinen Computerfirma. Ali erzählt uns, dass es vielen so ginge, die Inflation hier im Lande sei sehr hoch (Schätzungen gehen von 15 bis 25 Prozent pro Jahr aus). Trotzdem lehnt er unser „Taxigeld" auch beim fünften Angebot noch ab. Iranische Gastfreundschaft eben. Als die größte Mittagshitze vorbei ist, machen wir uns ins historische Stadtviertel auf. In Kashan sind noch eine Menge alter Häuser erhalten, die nach ihrer Restauration zugänglich sind. Die reichen Händler des 19. Jahrhunderts wussten gut zu leben. Hinter hohen Lehmmauern finden sich Brunnen, Teiche und Gärten. Ein starker Gegensatz zum Staub der 'Außenwelt'. Durch Zufall treffen wir hier wieder auf Ali. Er ist hocherfreut uns zu sehen. Er führt uns direkt herum und erklärt, wie Rosenwasser hergestellt wird und wie die Badgirs funktionieren. Diese Windtürme auf den Dächern der Häuser fangen die Luft ein, kühlen sie ab und leiten gleichzeitig die warme Luft wieder nach draußen, quasi eine uralte Klimaanlage. Nicht ganz so wirksam, aber viel gesünder. Am Ausgang angekommen, wünscht er uns abermals Lebewohl.

Esfahan

Esfahan ist die Vorzeigestadt im Iran. So modern wie London oder Madrid, so romantisch wie Paris und so voller Geschichte, dass sich Rom hinten anstellen kann. Das Wahrzeichen der Stadt ist der Imam Square, der zweitgrößte Platz der Welt. Größer ist nur noch Maos Tiananmen Square in Peking, der

Oben links: Imam Moschee, Esfahan, Iran
Oben rechts: in der Imam Moschee

Mitte: gemütlicher Nachmittags-schnack im Khan-e Tabatabei, Kashan, Iran

Links: vor dem Khomeini-Schrein, Teheran, Iran

ist allerdings bei Weitem nicht so schön. Am südlichen Ende des Platzes steht die beeindruckende Imam Moschee, die fantastisch beleuchtet am Abend das Gefühl von 1001 Nacht entstehen lässt. Die Moschee wurde 1611 von Schah Abbas I. in Auftrag gegeben und besteht aus vielen kleinen Mosaikteilen. Man munkelt, dass aufgrund der Ungeduld des Schahs später auch etwas größere vorgefertigte Kacheln verwendet wurden, um den Bau schneller voranzutreiben. Nicht weniger beeindruckend ist die sich ebenfalls am Imam Square befindende Sheikh Lotfollah Moschee, die der Schah exklusiv für die Frauen seines Harems bauen ließ. Gegen Abend wird der Platz lebendig. Familien picknicken auf den Grünflächen, Kinder planschen in den Springbrunnen und junge Leute flanieren auf und ab in der Hoffnung auf einen kleinen Augenflirt mit dem anderen Geschlecht. Wir kommen ins Gespräch mit zwei Studenten aus Esfahan, die vor allem eins wissen wollen: "Wie lernt ihr in Deutschland Jungs und Mädels kennen?" Wir gucken uns an. Na wie? Wir gehen halt abends aus, kommen ins Quatschen, tauschen Telefonnummern aus, treffen uns wieder und so weiter und so fort. Ganz normal eben. "Ja, aber wo trefft ihr sie?", bohren sie weiter. "In Bars, Kneipen, Discos, bei Festivals, Privatpartys…", zählen wir auf. Die beiden nicken. Im Iran sei das alles nicht so einfach. Bars, Kneipen und Discos gibt es nicht (ich muss an unseren Reiseführer denken, dort stand unter der Rubrik Nightclub "dream on") und auf öffentlichen Plätzen haben die Polizei und die sogenannten Religionswächter ihre Augen überall. Was sie natürlich nicht davon abhält, trotzdem Mädchen kennenzulernen. Grinsend erzählen sie von einer Straße in Esfahan, an der sich abends Jungs und Mädels sammeln, in der Hoffnung, von einem der vorbeifahrenden Autos (ebenfalls mit Jungs- oder Mädels-Cliquen besetzt) mitgenommen zu werden. Je hübscher die Jungs oder Mädels, desto größer die Chance, dass ein Auto anhält und sie zur nächsten Privatparty an einem geheimen Ort mitnimmt. Man muss allerdings schnell sein, bevor die Polizei kommt und die Gruppen wieder vertreibt. Wir sind amüsiert über die verschiedenen Methoden, mit denen die iranische Jugend versucht, den strengen Regeln der Regierung ein Schnippchen zu schlagen. Ob sich daran in naher Zukunft wohl etwas ändern wird, wollen wir wissen. "Vermutlich nicht", antworten sie resigniert, "jeder meckert zwar über die bestehenden Verhältnisse, aber keiner macht den ersten Schritt." Die Macht der Mullahs (islamische Gelehrte) im Land sei zu stark und das iranische Volk zu passiv, fügt einer der beiden hinzu. Man warte lieber auf die Wahl in neun Monaten und hoffe auf einen neuen, reformfreudigeren Präsidenten. Bis dahin protestiere die Jugend mit kleinen Gesten, zum Beispiel Händchen halten auf offener Straße oder viel Make up bei den Mädels. Knapp ein Jahr später, nach der umstrittenen Wiederwahl des jetzigen Präsidenten, sehen wir mit Entsetzen im Fernsehen, wie die Massendemonstratio-

nen der iranischen Jugend allesamt blutig niedergeschlagen werden.
Am Rande des Imam Square beginnt auch der langgestreckte Basar von Esfahan. Hier findet man viele Künstler, die handbemalte Teller, Vasen, Muscheln oder Schachteln zum Verkauf anbieten. Natürlich gibt es auch Unmengen der klassischen Perserteppiche zu kaufen. In einem der Läden werden wir zu einer Tasse Tee eingeladen. Der Verkäufer erzählt stolz, dass er seine Teppiche in alle Welt vertreibt. Er zeigt uns Fotos aus Italien, England und den USA. Und wie nebenbei erklärt er uns die verschiedenen Herstellungsarten und zeigt uns seine besten Stücke. Da waren wirklich tolle Sachen dabei. Ich hätte fast einen Teppich gekauft! Allein die Tatsache, dass wir dann für den Rest unserer Iran-Reise kein Geld mehr gehabt hätten, hat mich davon abgehalten. Aufgrund des bestehenden US-Embargos funktionieren unsere Kreditkarten an den Geldautomaten nicht (auch die guten alten Travellerschecks können hier in keiner Bank getauscht werden), weshalb wir unser gesamtes Monatsbudget in baren US Dollar ins Land eingeführt haben. Sind die weg, stehen wir im wahrsten Sinne des Wortes ohne was da. So sind wir dann ohne Teppich wieder aus dem Laden, was aber den Verkäufer nicht gestört hat. Er verabschiedet sich mit den Worten, dass er sich einfach gefreut hat, uns zu sehen.
In Esfahan verlängern wir unser Visum um weitere zwei Wochen, was wie versprochen kein Problem war. Wir müssen neben unserem Antrag beim Departement of Foreign Affairs nur noch die Verlängerungsgebühr bei der Bank einzahlen. Bei der Suche nach der nächsten Bank-Filiale bietet ein Mann an, uns mit dem Auto hinzufahren. Wir wollen keine Umstände machen, eigentlich nur den Weg wissen, aber er besteht darauf. Er fährt uns nicht nur hin, sondern füllt auch die komplett auf Farsi gedruckten Formulare aus, macht die Zahlungsabwicklung und fährt uns wieder zurück. Wir möchten ihm etwas Geld für seine Unkosten geben, doch das lehnt er strikt ab. Wir seien Gäste in seinem Land, sagt er lachend.
Abends sitzen wir gemütlich im Innenhof unseres Hostels und lassen die ersten zwei Wochen unserer Iran-Reise Revue passieren. Wir kommen schnell ins Gespräch mit anderen Rucksackreisenden. Viele sind über Land aus der Türkei oder Richtung Pakistan gekommen. Besonders fesselnd waren allerdings die Geschichten eines Holländers, der mit seinem Motorrad in Südafrika gestartet ist. Über den Osten des afrikanischen Kontinents ist er bis in den Sudan gefahren, wo er nach einem kurzen Gefängnisaufenthalt des Landes verwiesen wurde. Danach hat er sich über Äthiopien und Somalia nach Djibouti durchgeschlagen, von wo aus er mit dem Schiff nach Jemen gereist ist. Dann fuhr er mit seinem Bike über Land in den Oman und wiederum mit dem Schiff in den Iran. Es geht eben immer auch noch ein bisschen verrückter.

An einem anderen Tag, wir streifen gerade durch das armenische Viertel, werden wir von einer jungen Österreicherin angesprochen. Nadine ist 20 Jahre alt und möchte für ein Jahr im Iran leben. Auf unsere erstaunten Blicke sagt sie, dass die persische Kultur sie schon immer fasziniert hat. Bislang habe sie ihren Schritt nicht bereut. In Begleitung hat sie Hamed, ein Strahlemann vor dem Herrn. Die beiden haben sich vor ihrer Einreise übers Internet kennengelernt. Durch Hamed habe sie innerhalb kürzester Zeit Anschluss in Esfahan gefunden sowie eine Wohnung, die sie sich mit einer jungen Iranerin teilt. Nadine fragt uns, ob wir Lust hätten, mit ihr und ihren Freunden heute Abend um die Häuser zu ziehen. Klar haben wir! Wir treffen uns an einer belebten Kreuzung. Zwei Freundinnen von Nadine wollen uns mit dem Auto abholen. Eine Gruppe aufgestylter Mädels zieht an uns vorbei. Hamed schaut ihnen wohlwollend hinterher, bis sie ein paar Meter weiter in einem Fast Food Laden verschwinden. Im selben Moment kommt ein Polizeiwagen angefahren und zwei Männer steigen aus. Ziel: die Fast Food Kette. "Shit", entfährt es Hamed. "Was ist los?", wollen wir wissen. "Die Scheiß-Polizei wird sich die Mädels greifen", flucht er. "Warum?", fragen wir verwirrt. "Weil sie ihrer Meinung nach zu sexy angezogen sind." Hamed erzählt, dass die Mädels jetzt die ganze Nacht auf dem Polizeirevier verhört werden, bis sie letztendlich gegen Kaution von ihren Eltern abgeholt werden können. Körperliche Gewalt wird nicht angewendet, es gehe darum, die Mädels in Grund und Boden zu blamieren und die Familien in Verruf zu bringen. Die Polizei greife sich immer mal wieder wahllos Mädels von der Straße, sagt Hamed, vor ein paar Monaten sei es so schlimm gewesen, dass wochenlang niemand mehr ausgegangen sei. Ein kläglicher Versuch, die Macht zu demonstrieren, aber leider auch ein wirksamer. Ich bin empört. Vor allem über die Doppelmoral, denn es ist noch nicht allzu lange her, da ist der alleroberste dieser "Religionswächter" mit sechs Prostituierten erwischt worden! Hinter uns quietschen die Reifen. Die Freundinnen von Nadine haben den Polizeiwagen gesehen und suchen das Weite. An der nächsten Straßenkreuzung finden wir sie wieder. Aufgeregt wird das Geschehene diskutiert. Die Mädels sind froh, nochmal davon gekommen zu sein. Dann wird die Musik aufgedreht und es geht los. Die Mädels wollen zu einem Teehaus am anderen Ende der Stadt. Fast eine Stunde fahren wir über die beleuchteten Straßen Esfahans. Die Mädels geben ständig Lichthupe. 'Autobahnflirten' nennt man das hier. Im Teehaus warten noch andere Freunde von Nadine und Hamed auf uns. Es wird ein lustiger Abend, bei dem wir unter anderem erfahren, dass eine Nasen-OP schon ab 400 Dollar zu haben ist.
Wir haben so viele Begegnungen in Esfahan, dass wir schon allein darüber ein ganzes Buch schreiben könnten. Eine dieser Begegnungen wird mir immer in ganz besonderer Erinnerung bleiben. Wir sitzen in einem traditionel-

len Restaurant beim Essen, als eine Frau vom Nachbartisch zu uns rüber kommt und fragt, ob sie uns morgen zum Dinner einladen kann. Einfach so? Ja, einfach so. Sie, ihr Mann und ihre kleine Tochter würden sich sehr freuen. Im Iran haben sich im Laufe der Zeit bestimmte Regeln für die Gastfreundschaft und den Umgang miteinander herausgebildet. Eine Einladung zum Tee ist obligatorisch, sie anzunehmen eigentlich auch. Komplizierter wird es bei Einladungen zum Essen. Es wird angeraten diese Einladung auszuschlagen. Wenn die Einladung nur als „Ta'arof", d.h. als reine Höflichkeit ausgesprochen wurde, wird sie nicht wiederholt. Wenn Angebote ernst gemeint sind, werden sie erneuert. Ein gutes Mittelmaß ist es, eine ausgesprochene Einladung dreimal abzulehnen. Wenn die Leute dann immer noch darauf bestehen, kann man sie annehmen. Das läuft dann ungefähr so ab: "Kommt zu mir in mein Haus" - "Danke, aber mach dir keine Mühe." "Das ist schon in Ordnung, kommt mit." - "Das ist wirklich nett, aber wir wollen keine Umstände bereiten." "Es wäre mir eine große Freude, euch in meinem Haus willkommen zu heißen." - "Die Freude ist ganz auf unserer Seite, aber das ist wirklich nicht nötig". "Es wäre eine Ehre für mich und meine Familie, wenn ihr zum Essen kommen würdet." - "Ok, wir kommen gern." Man muss sich erst daran gewöhnen, aber mit der Zeit lernt man zu unterscheiden, was nur gesagt wird und was so gemeint ist. Die Einladung der Frau scheint ernst gemeint zu sein. Da wir am nächsten Tag schon mit Hamed und Nadine verabredet sind, geben wir ihr die Telefonnummer von unserem Hostel, damit wir für den darauffolgenden Tag etwas ausmachen können. Und tatsächlich, zwei Tage später ruft uns die Iranerin aus dem Restaurant an. Nur ein paar Stunden später sitzen wir mit Ali, Fereshteh und ihrer Tochter im Auto. Die drei führen uns ins Abbasi Hotel Restaurant, einem der nobelsten Plätze der Stadt. Damit wird Esfahan zum kulinarischen Höhepunkt unserer Iran-Reise. Wir verstehen uns super und werden für den nächsten Tag direkt wieder eingeladen. Diesmal sollen wir auch ihre Freunde kennenlernen. Nach einer 1a italienischen Pizza sitzen wir mit dicken Bäuchen in der Wohnung von Navid und Mohammed, den Freunden von Fereshteh und Ali. Aber die größte Überraschung kommt erst noch. Mohammed zaubert original Tuborg-Pilsener hervor! Eisgekühlt!! Wir trauen unseren Augen kaum, Alkohol im Iran? "Man kriegt alles im Iran", sagt Mohammed grinsend, während er die Whiskyflasche schwenkt, "man muss nur wissen wo!" Dann führt er uns stolz seinen Fernseher vor, mit über 500 (!) Programmen, u.a. fast jedem deutschen Sender. "Satellitenschüsseln sind eigentlich verboten, aber jeder hat sie", sagt Mohammed. "Wenn jemand kommt und sie wegnimmt, kaufe ich mir eben eine neue." Der Abend vergeht wie im Fluge. Erst zwei Uhr morgens merken wir, wie spät es eigentlich schon ist. Wir erfahren viele interessante Dinge, zum Beispiel dass die Iraner sehr stolz auf ihre arische Herkunft sind. Für sie hat das nicht den faden Beigeschmack wir für uns Deutsche. Die Iraner wollen sich damit vielmehr zu ihren Nachbarländern wie Afghanistan, Pakistan und den arabischen Staaten abgrenzen, die in ihren Augen eine "völlig andere Kultur" darstellen. Auch hätten sie kein Problem mit den Israelis, viele Iraner hätten Verwandte in Israel. Um diese zu besuchen, müssten sie allerdings über die Türkei einreisen. Am interessantesten für mich war es, zu beobachten, dass die Frauen, kaum dass sie in der Wohnung waren, ihre Kopftücher und Mäntel in die Ecke geworfen haben, Mohammed sich eine bequeme kurze Hose anzog und überhaupt der ganze Abend nicht anders war, als würde man mit Freunden zu Hause sitzen. Ali würde uns am liebsten nächste Woche mit in den Norden nehmen. Die Familie macht dort eine Woche Urlaub und lädt uns ein, sie zu begleiten. Wir wollen aber ihre Gastfreundschaft nicht überstrapazieren und außerdem noch weiter in die Städte Shiraz und Yazd. Ali ist ein wenig enttäuscht, aber wir versprechen, auf jeden Fall in Kontakt zu bleiben. Als wir gehen, hoffen wir wirklich, dass wir, wenn wir irgendwann wieder in Deutschland sind, uns für diese Gastfreundschaft revanchieren können.

Shiraz – im Süden Irans
(aus Volkers Tagebuch)

Ankunft 3 Uhr nachmittags, irgendwas über 40 Grad im Schatten, den es allerdings kaum gibt. Also ideale Bedingungen, um sich ein Zimmerchen zu suchen. Die ersten zehn Etablissements variierten von „Absteige" über „heruntergekommen" bis hin zu "Um-Himmels-Willen-schnell-raus-hier". Letztendlich hat sich aber doch noch eine annehmbare Bude gefunden, sogar mit Kühlschrank und TV. Damit sind die Abende gesichert, denn ob ihr's glaubt oder nicht, hier wird die Fußball-EM übertragen - live, alle Spiele! Die Perser sind verrückt nach Fußball. Die erste Frage auf der Straße, nachdem die Nationalität geklärt ist, lautet immer: 'Kennst du die iranischen Spieler in der Bundesliga?' Mittlerweile können wir das bejahen und die Namen im Schlaf aufsagen. Mit der Glotze vor der Nase können wir jetzt auch standesgemäß unser Bierchen schlürfen. Ali aus Esfahan hatte uns mit verschwörerischer Miene zum Abschied eine Tüte in die Hand gedrückt und meinte 'Bringt das schnell in euer Zimmer!'. Ein feines Elixier, mit dem wir das deutsche Team ins Viertelfinale gejubelt haben. Den anderen edlen Tropfen der Region, den guten Shiraz- oder Syrahwein, gibt's hier leider nicht mehr. Einst wurde das halbe Tal von Rebstöcken bedeckt. Hafez, Persiens größter Dichter, schwärmte in seinen Werken in höchsten Tönen vom Shiraz. Heute gibt's nur noch wenige Trauben und die werden zu Rosinen getrocknet. Schade! Dabei würde ein kräftiger Roter gut zur persischen Küche passen.

Wir sind aber nicht wegen dem Essen und Trinken hier, sondern wegen der Persepolis. 50 Kilometer von Shiraz entfernt und damit leicht als Halbtagestrip zu schaffen, liegen die Ruinen einer der Hauptstädte des ersten Persischen Reiches. Die Reste der Palastanlage sind rund 2.500 Jahre alt. Alexander der Große hat, nachdem er die Perser besiegt und die Schatzkammer restlos geplündert hatte, die Persepolis angezündet und in Schutt und Asche gelegt. Man ist sich bis heute nicht einig, ob aus Versehen - er soll betrunken gewesen sein - oder absichtlich - aus Rache, weil die Perser viele Jahre zuvor die Akropolis in Athen komplett zerstört hatten. Erhalten sind aber noch einige riesige Tore, die sehr schönen Reliefs an den Treppen zum Apadana Palast und der Xerxes Palast. Dort zu stehen, wo früher große persische Monarchen rauschende Empfänge zum No Ruz, dem Neujahrsfest Persiens, gegeben hatten und Tribute aus allen 23 eroberten Regionen empfingen, später dann Alexander und seine Armeen lagerten und den Staatsschatz mit Hilfe von 3.000 Kamelen mitnahmen, war beeindruckend, besonders wenn man sich wie ich für alte Geschichte interessiert. So war es auch gut, dass wir uns in Shiraz einer geführten Tour angeschlossen hatten, die kaum mehr als ein einfaches Taxi kostete. Trotz der großen historischen Bedeutung des Ortes sind wir am Ende froh, ins kühle Innere des Autos fliehen zu können. Die Mittagssonne ist unbarmherzig. Die nebenan liegenden Felsengräber der Herrscher Darius I, II, Xerxes I und Artaxerxes I von Naqsh-e Rostam können wir kaum noch genießen. Den Nomaden scheint die Hitze nichts auszumachen. Sie ziehen mit ihren Viehherden gleichmütig an uns, den Gräbern und den Autos vorbei. Bevor der August mit seinen fast 50 Grad zuschlägt, werden sie die kühlen Berge erreicht haben. Auch wir Nomaden ziehen weiter, an den Rand der Wüste. Zwischen der Dasht-e Kavir im Norden und der Dasht-e Lut im Süden liegt die uralte Stadt Yazd.

Yazd - Zentraliran

Yazd ist eine der ältesten und schönsten Städte im Iran und somit der perfekte Abschluss für unsere Rundreise. Ursprünglich hatten wir geplant, noch einer Einladung zu folgen und nach Qazvin zu fahren, was wir allerdings wegen stetig steigender Temperaturen wieder verworfen haben. Inzwischen ist es im Land so heiß, dass man eigentlich nur noch in den frühen Morgenstunden oder am Abend aus dem Haus gehen kann. Das verdoppelt natürlich die Tage, die man fürs Sightseeing-Programm braucht. Allzu traurig sind wir aber nicht, dass wir eine Station auslassen, denn in Yazd haben wir zum ersten Mal nach drei Wochen eine richtige Traumunterkunft! Ein Zimmer mit Aircondition und eigenem Bad in einem wunderschön restaurierten, historischen Gebäude. Der Besitzer muss ein Herz für Low-Budget-Reisende haben,

denn bisher gab's fürs gleiche Geld immer nur mehr als dürftige Hüttchen mit Gemeinschaftstoiletten. Wollte man nachts mal schnell aufs Klo, musste man sich immer von oben bis unten einkleiden, es könnte einem ja auf dem Flur jemand entgegen kommen. Umso mehr genießen wir jetzt unseren kleinen unerwarteten Luxus, der zu allem Überfluss noch europäisches Frühstück und Internet for free beinhaltet. Die Stadt selbst ist wirklich toll. Moscheen und kleine Schreine, wohin das Auge schaut. Die Wahrzeichen von Yazd sind die sogenannten Windtürme, die frühe Form der Aircondition. In Kashan sahen wir die Windtürme fast nur noch als historische Bauten. Hier in der Stadt am Rande der Wüste wird diese sinnvolle Erfindung noch aktiv genutzt. In Yazd lebt auch Irans größte Gemeinschaft von Zarathustriern. Zarathustrismus war Staatsreligion zu Persepolis-Zeiten und ist eine der ersten Religionen der Welt, die einen allmächtigen, unsichtbaren Gott annehmen. Als Zeichen dafür brennt in den Zarathustra-Tempeln seit Jahrhunderten die ewige Flamme. Zarathustrier glauben an die Reinheit der Elemente, weshalb sie ihre Toten weder begraben (das verschmutzt die Erde), noch verbrennen (das verschmutzt die Atmosphäre). Bis in die 60er Jahre hinein nutzten sie daher die "Türme der Ruhe", in die sie ihre Toten gelegt haben, bis sie von den Geiern aufgefressen wurden. Der Legende nach sollen die Priester bei den toten Körpern gewartet haben, um zu sehen, welches Auge die Geier als erstes rauspicken. Ist es das rechte, verheißt es Glück, ist es das linke, hat die Seele des Toten eine graue Zukunft vor sich. Heute ist diese Tradition dem 'normalen' Friedhof gewichen. Um eine Verschmutzung mit der Erde zu vermeiden, werden die Toten allerdings in einem Zementsarg begraben.
Wir genießen die entspannte Atmosphäre von Yazd, schlendern durch die Straßen der Altstadt, verwöhnen uns mit dem exquisiten Essen unserer Hotelküche und blicken auf einen schönen Aufenthalt im Iran zurück. Morgen geht's mit dem Nachtzug zurück nach Teheran. Dort verbringen wir nochmal zwei Tage, bevor wir nach 17 Monaten Reise unsere Füße wieder auf europäischen Boden setzen.

Barcelona – Wiedersehen mit Freunden und Familie!

Endlich ist es soweit! Wir betreten wieder europäischen Boden. Schon vor einiger Zeit kam uns die Idee, einen kleinen Zwischenstopp in Spanien, Barcelona einzulegen, wenn wir von Asien nach Lateinamerika fliegen. Als wir unseren Freunden und Familien davon erzählen, beschließen einige, uns spontan zu besuchen. In den zwei Wochen, die wir in Barcelona verbringen, feiern wir Wiedersehen mit fünf unserer besten Freunde sowie meiner Schwester mit Familie und Volkers Vater, Onkel und Bruder nebst Frauen. Meine beiden Nichten sind groß geworden, die eine fast ein Teenie, kaum

wiederzuerkennen... Was anderthalb Jahre doch ausmachen. Mit meiner Schwester ist es wie immer. Wir gackern, was das Zeug hält, als hätten wir uns gestern erst gesehen. Mit einigen meiner Freundinnen dauert es hingegen etwas länger, bis wir wieder einen Draht zueinander haben. Ganz leicht schwant mir, dass wir uns vielleicht in der Zwischenzeit in andere Richtungen entwickelt haben. Ich spreche es aber nicht an, denn ich möchte die Wiedersehensfreude nicht trüben. Wir machen eine Menge Sightseeing und schauen das EM-Finale Deutschland gegen Spanien an, bei dem Deutschland leider mit 0:1 unterliegt. Ich habe ein Déjà-vu. Im Sommer vor unserer Abreise haben wir alle zusammen bei der WM in Deutschland mitgefiebert. Wo ist nur die Zeit geblieben? Irgendwie komisch, wir waren so lange in fernen Ländern unterwegs und jetzt dauert es nur ein paar Tage und wir haben uns wieder an das europäische Leben gewöhnt. Als wären wir nie weg gewesen, schlendern wir durch die Straßen Barcelonas. Im Vergleich zu Asien ist alles geordneter und leichter zu organisieren. Dafür ist es weniger überraschend. Fast wie zu Hause eben. Die Tage vergehen wie im Fluge. Kaum haben wir uns begrüßt, müssen wir auch schon wieder Abschied nehmen. Es blieb viel zu wenig Zeit, sich mit jedem Einzelnen intensiv zu unterhalten. So bleiben viele Dinge ungesagt und viele Fragen ungestellt. Dennoch haben wir uns riesig gefreut, alle wiederzusehen. Wer weiß, vielleicht kommt uns ja der eine oder andere unterwegs nochmal besuchen.
Kurz vor unserem Abflug erledigen wir die letzten organisatorischen Dinge. Wir brauchen noch eine Touristenkarte für die Einreise nach Kuba und ein paar US Dollar in bar. Wir müssen schauen, dass wir den Gürtel jetzt wieder etwas enger schnallen. Die zwei Wochen Barcelona haben ein ordentliches Loch in unsere Reisekasse gerissen. Das, was wir hier ausgegeben haben, hätte in Asien fast zwei Monate gereicht. Egal, denn der Umstand, Freunde und Familie nach so langer Zeit wieder zu sehen, ist in Geld nicht aufwiegbar.

Kuba

Havanna

Alte Autos, koloniale Häuserfassaden und Sonnenuntergang am Malecón... das sind die Bilder, die ich im Kopf habe, wenn ich an Havanna denke. Vor sieben Jahren bin ich zum ersten Mal mit meiner Freundin durch Kuba gereist. Ich war fasziniert von dem Land, in dem es zwar nichts zu kaufen gab, die Leute aber auf der Straße tanzten und musizierten. Wir haben in herzlichen Familien geschlafen, wurden zu spontanen Partys eingeladen und konnten eintauchen in eine Welt, die mir doch als Ostdeutsche an der einen oder

anderen Stelle bekannt vorkam. “Dieses Land ist einzigartig”, habe ich damals zu Volker gesagt, und später: “Das muss mit auf die Reiseroute!”
Sieben Jahre später stehe ich wieder in Havanna Vieja (Alt Havanna). Wir haben ein kleines gemütliches Zimmer bei einem älteren Ehepaar, das wir übers Internet vorreserviert hatten. Damals hatten meine Freundin und ich noch in einem Hochhaus an die Türen geklopft auf der Suche nach einem Zimmer. In den Straßen der Altstadt hat sich kaum etwas verändert. Man klönt, spielt Domino oder sitzt gemütlich in seinem Schaukelstuhl vor der Tür. Auch scheint nach wie vor nicht jeder seinen eigenen Telefonanschluss zu haben. Ich muss grinsen, als ich die vertrauten Rufe: “Juaniiito, teléfono!” höre, die über die ganze Straße gehen. Und die ausgehtaugliche Lockenwickler-im-Haarnetz Frisur ist auch immer noch in. In den Hauptstraßen sehe ich, was es vor sieben Jahren alles noch nicht gab: volle Geschäfte! Klamotten (made in China), Haushaltswaren (made in China), Drogerieartikel (made in… nein, da sind auch Westprodukte dabei). Designerläden!!? Nicht schlecht. Ausgeschrieben ist alles in CUC, die Abkürzung für den “Peso Convertible”, die sogenannte harte Währung in Kuba. Früher zahlte man als Ausländer in US Dollar. Aber nach einem erneuten Zerwürfnis zwischen der US-Regierung und Fidel Castro 2004, das alle bisherigen Zerwürfnisse übertraf, wurde der Dollar als Zahlungsmittel kurzerhand abgeschafft und durch den CUC (der ungefähr den gleichen Wert wie der Dollar hat) ersetzt. Die Kubaner haben damit zwei Währungen: den Peso Cubano (die nationale Währung) und den Peso Convertible (=CUC, die "harte" Währung). Die Umtauschrate ist 24 zu 1. Die Gehälter der Kubaner werden in Peso Cubano gezahlt, im Schnitt 400 Peso pro Monat (macht rund 20 CUC). Damit bleiben die meisten Sachen trotz voller Geschäfte für den normalen Kubaner auf der Straße unerreichbar.
Wir sind am Plaza de la Catedral angekommen. Der kleine Platz mit der süßen Kathedrale ist gemütlich wie eh und je. Zeit zum Verweilen. An einem Ende spielt eine kleine Band in der Hoffnung auf ein paar CUC, am anderen Ende taucht eine Artistengruppe auf, die erwartungsvoll den Korb unter den Touristen rumgehen lässt. Ein alter Mann fordert mich zu einem spontanen Tänzchen auf, zeigt mir ein paar Salsaschritte. Hey, wie früher! Dann fragt er, ob ich nicht ein paar CUC für ihn hätte. Hmm, doch nicht ganz wie früher… Auf den ersten Blick scheint Havanna ganz die alte Stadt zu sein, die Gran Dame, die sich am Meer erhebt mit ihrem kolonialen Charme, dem strahlend weißen Capitolio und ihren stolzen, lebensfrohen Einwohnern. Die Stadt, in der Ernest Hemingway “Der alte Mann und das Meer” schrieb und dafür 1954 den Literaturnobelpreis bekam. Aber je länger wir in Havanna verweilen, desto mehr Veränderungen fallen mir auf. Musik erklingt nur noch, wenn Touristen vorbei ziehen, an den Hauptverkehrsstraßen steht viel

Militär und Polizei, bei der Frage nach dem öffentlichen Bus werden wir aufs Taxi verwiesen und beim Versuch, unsere eingetauschten Peso Cubano am Straßenrand in Essen umzusetzen, heißt es: "Nur für Kubaner, Touristen essen in den Restaurants."
Einmal gelingt es uns dennoch, in den öffentlichen Bus zu steigen. Nachdem wir mehreren Personen klar gemacht haben, dass wir mit der Frage "Wo ist die Busstation?" weder das Taxi noch den Touristenbus meinen, stehen wir an der richtigen Haltestelle. Wir wollen zum Plaza de la Revolución. Vor Einstieg werden die Fahrkarten verteilt - zwei Streifen aus Pappkarton. Hinter uns bildet sich eine Schlange und wir merken, dass wir uns unbeabsichtigt vorgedrängelt haben. Ich hatte ganz vergessen, dass es in Kuba ein Anstellsystem gibt, in dem der zuletzt Angekommene fragt "Quien es el último?" (Wer ist der Letzte?) und sich dann den Platz hinter der betreffenden Person merkt. Das funktioniert super. In Kuba gibt es nie Gedrängel. Weder am Bus, noch an den Shops, noch an den Wechselstuben. Jeder merkt sich seinen Platz und stellt sich brav an, wenn es losgeht. Eine halbe Stunde später sind wir am Platz der Revolution. Hier wurden Fidel Castro und seine Gefährten nach ihrem Sieg 1959 von Millionen Kubanern bejubelt. Es ist der Platz großer politischer Reden und wichtiger Auftritte, u.a. von Papst Johannes Paul II. im Jahr 1998. Am Rande des Platzes befinden sich das Innenministerium (mit Che Guevara Bild) und Castros ehemaliger Regierungssitz im Comité Central del Partido Comunista, jetzt von seinem Bruder Raúl geführt. Hier wurden wir allerdings von einem netten Herrn mit Maschinenpistole gebeten, unsere neugierigen Backpackernasen woanders reinzustecken. In der Mitte des Platzes steht eine riesige Statue von José Martí, ein Unabhängigkeitskämpfer, der nachhaltig zur Befreiung Kubas von den Spaniern beigetragen hat. Für viele Kubaner ist er der eigentliche Nationalheld. Wir steigen in den Bus zurück. Unsere Logik, dass die Nummer des Busses für die Rückfahrt dieselbe sein muss wie für den Bus auf der Hinfahrt, erweist sich jedoch als falsch. Irgendwann stoppt der Bus in einem uns total unbekannten Gebiet. "Endstation!" Wo zum Teufel sind wir? Am anderen Ende der Stadt, wie sich auf Nachfragen herausstellt. Aber zum Glück gibt es nette Kubaner, die uns zeigen, an welcher Ecke der für uns richtige Bus abfährt. Unterwegs kaufen wir am Straßenrand zwei belegte Brötchen und frischgepressten Saft. Acht Peso Cubano, wow. In der Innenstadt hätten wir den gleichen Betrag in CUC (also das 24fache) gezahlt. Der Umweg stört uns nicht, im Gegenteil. So sehen wir nochmal eine andere Seite von Havanna, mit Hochhäusern und Straßenständen.
Am nächsten Tag wollen wir unser Weiterfahrtticket nach Santa Clara kaufen. Wir gehen zur lokalen Busgesellschaft. "Nur für Kubaner", lautet die knappe Aussage der Ticketverkäuferin, "Touristen fahren mit Viazul." Vol-

ker guckt mich fragend an. “Ich weiß nicht”, sage ich schulterzuckend, “vor sieben Jahren gab’s nur einen Bus für alle.” Gehen wir also zu Viazul. Die Busse sind hochmodern, komfortabel und klimatisiert, aber auch teuer. Was soll’s, Hauptsache wir können morgen weiterfahren. Im Viazul Office empfängt uns eine höchst unmotivierte Schalterbeamtin. Wir warten geduldig, bis sie ihr Telefonat und das anschließende Schwätzchen mit der Kollegin beendet hat und sich gemächlich ihrer eigentlichen Aufgabe, dem Ticketverkauf, zuwendet. “Morgen ist nichts mehr frei”, sagt sie, nachdem sie auf ihre halbleere Liste geschaut hat. “Und übermorgen?” - “Auch nicht.” - “Wann wäre denn wieder was frei?” - “Nächste Woche Montag.” Sehr merkwürdig. ‘Das hab ich doch alles irgendwo schon mal gehört’, dämmert es in meinem Hinterstübchen und ich muss unweigerlich an unseren Zugticketkauf in China denken. Ich zeige auf die halbleere Liste und sage: “Da ist doch aber noch ganz viel frei!” - “Die Plätze sind für Leute, die bis nach Santiago durchfahren wollen”, antwortet sie schnippisch und macht das Buch wieder zu. “Ist denn zu erwarten, dass heute noch so viele kommen, die nach Santiago wollen?” - “Kann sein”, antwortet die Office-Dame, jetzt sichtlich genervt. Ich habe Schwierigkeiten, einen freundlichen Ton beizubehalten, reiße mich aber zusammen. “Wir wollen aber unbedingt morgen nach Santa Clara”, bitte ich die Ticket-Verkäuferin nochmal. Mit einem Riesenseufzer greift sie zum Telefonhörer, fragt bei irgendjemandem um Erlaubnis und stellt uns danach innerhalb einer Minute zwei Tickets aus. “Halbe Stunde vorher da sein”, wirft sie uns noch entgegen, bevor sie sich umdreht und den Raum verlässt. Wir stehen wie angewurzelt da. Da soll nochmal einer was von Servicewüste Deutschland sagen.
Abends am Malecón, der acht Kilometer langen Uferpromenade Havannas, ist die Welt wieder in Ordnung. ‘Das ist die Stimmung, die ich aus Kuba kenne’, denke ich, als wir zusammen mit Kubanern und anderen Ausländern den Sonnenuntergang anschauen. Zurück in unserer Familie müssen wir allerdings feststellen, dass das dicke Ende erst noch kommt. Unsere Gastfamilie präsentiert uns eine Rechnung, die viel höher ist als das, was wir ausgerechnet haben. Wir hatten das Zimmer übers Internet gebucht, zu einem Preis von 27 CUC pro Nacht, zehn Prozent des Gesamtpreises hatten wir bereits per Kreditkarte angezahlt. Dennoch behauptet das ältere Ehepaar nun steif und fest, ihr Zimmerpreis sei 30 CUC pro Nacht und die zehn Prozent Anzahlung hätten sie an ein “Internetbüro” abgeben müssen und daher müssten wir es ihnen nochmal zahlen. Unsere Versuche, ihnen das System einer Internetbuchung mit festgelegten Preisen nebst Anzahlung zu erklären, schlagen fehl. Auch unsere ausgedruckte Bestätigung mit dem schwarz auf weiß zu bezahlenden “Restbetrag” lässt sie unbeeindruckt. Ich weiß nicht, wie viele an unserer Stelle einfach die paar CUC mehr gezahlt hätten. Aber uns geht es

nicht nur ums Geld. Wenn wir in ein Land gehen, versuchen wir, die Sitten und Gebräuche zu respektieren. Wir lernen die Sprache, suchen den Kontakt zu den Einheimischen und unterstützen mit unserem Geld wo wir können familienbetriebene Restaurants und Guesthäuser. Wir sind nicht die reisenden Samariter, unsere Art zu reisen begründet sich vielmehr (neben unserem Budget) auf dem Wunsch, in das Leben und die Kultur der einzelnen Länder einzutauchen und zu versuchen, die europäische Brille abzulegen. Im Gegenzug möchten wir als Reisende respektiert werden. Mich ärgert es dann, wenn ich wie ein "dummer Touri" behandelt werde, dem man mit Leichtigkeit das Geld aus der Tasche ziehen kann. Und deshalb bestehe ich freundlich, aber bestimmt auf die richtige Rechnung. Irgendwann lenkt der Mann ein und wir zahlen den richtigen Preis. Am nächsten Morgen sind sie freundlich, als wäre nichts gewesen. Dennoch, ein leicht bitterer Nachgeschmack bleibt. Das ist nicht das Kuba, das ich kenne.

Santa Clara

Die Schlacht um Santa Clara war die letzte große der kubanischen Revolution. Che Guevaras Sieg im Januar 1959 brachte die Entscheidung und den Sieg der Rebellen. Heute ist die Stadt die letzte Ruhestätte von Che. Erst 1997, also 30 Jahre nach seinem Tod, sind die sterblichen Überreste aus dem bolivianischen Regenwald nach Kuba überführt und das Che-Memorial eingeweiht worden. Mit ihm sind auch die Gebeine von 38 weiteren Gefallenen, unter anderem der Deutschen Haydee Tamara "Tania" Bunke, dort beerdigt. Nun stehen wir also vor dem Grab des wohl bekanntesten und am meisten verehrten Revolutionsführers unserer Zeit. Wir wissen nicht so recht, was wir denken sollen. Eine Mischung aus Melancholie und Resignation macht sich breit. Ches Ideen für einen neuen Menschen und eine bessere Welt mögen im Ansatz gut gewesen sein, ihre Umsetzungen waren jedoch nach Revolutionsende bald zum Scheitern verurteilt. Wenn wir uns heute in Santa Clara umschauen, spüren wir vor allem eine depressive Stimmung. Kein Lachen auf der Straße, keine Musik, die aus Häusern schallt, nichts, was darauf hindeutet, dass die Menschen sich hier wohlfühlen. Von irgendwoher kommt ein Mann auf uns zu und spricht uns an - auf Deutsch. Er habe einige Jahre in Chemnitz gelebt, früher, als es noch Karl-Marx-Stadt hieß. Er hätte auch gar nicht viel Zeit, müsse gleich zurück zu seiner Arbeit. Meine Sonnenbrille gefalle ihm. Als ich nicht darauf eingehe, fragt er, ob ich nicht 5 oder 10 CUC für ihn hätte, er würde seiner Nichte so gern eine neue Schultasche schenken. Alternativ könnte ich ihm auch Angelhaken und -sehne kaufen oder besser noch aus Deutschland schicken. Der Mann merkt, dass ich doch etwas zögerlich reagiere. Er holt seine vorgefertigte Adresse inklusive Kon-

tonummer raus. Für den Fall, dass ich es mir noch anders überlege, könnte ich ihm das Geld für die Angelhaken auch überweisen. Er verabschiedet sich höflich und geht. Ich bin sprachlos. Erst viel später erfahren wir von einem anderen Kubaner, dass es eine Menge Leute gibt, die ihre eigentlichen Jobs aufgeben und systematisch die Touristen anbetteln. Das sei lukrativer und nicht so anstrengend. Unter dem Vorwand, es für die Kinder zu brauchen, werden auch Sachspenden ergaunert. Die Masche zieht. Wir treffen einige Touristen, die freudestrahlend berichten, dass sie Parfümproben, Kugelschreiber oder T-Shirts an "Bedürftige" verteilt haben. Die gutgemeinten Spenden werden jedoch keineswegs für den Eigenbedarf genutzt, sondern gewinnbringend auf der Straße wieder verkauft.
Vor den Gräbern der Revolutionshelden steht in Riesenlettern: „Wir wollen, dass ihr wie Che seid!“. Also wie ein Mensch, dem nach eigener Aussage alles Materielle unwichtig war, der vom Gleichstand aller Bevölkerungsgruppen und der Solidarität untereinander träumte. Kein schlechtes Vorbild. Auch wenn Ernesto Che Guevara durchaus seine dunklen Seiten hatte. Aber das tut dem inzwischen zur Kultfigur gewordenen Che keinen Abbruch. Ganze Generationen verehren ihn als Kämpfer für die Armen und Unterdrückten. Auch wir können uns einer gewissen Sympathie für seine Ideen nicht erwehren. Den Kubanern scheint es egal zu sein, dass der Rest der Welt ihren einstigen Revolutionshelden auf T-Shirts, Taschen oder Fahnen trägt. Nach idealistischen Sprüchen steht ihnen angesichts der Realität nicht der Sinn. Mit jedem Gang durch die Straßen wird dem Durchschnittsverdiener vor die Nase gehalten, was er sich für seine paar Peso Cubano nicht kaufen kann. Dabei geht es nicht nur um Unterhaltungselektronik oder Kleidung. Die einfachsten Dinge wie Butter oder Seife sind nur gegen CUC zu kriegen. Kein Wunder also, dass früher oder später jeder versucht, über die Touristen an die begehrte Währung zu kommen. Die Kubaner haben nach 50 Jahren wieder das, was sie mit der Revolution abschaffen wollten – ein Zwei-Klassensystem. Es gibt diejenigen, die durch den Tourismus an harte Währung kommen und sich in den Geschäften alles kaufen können und es gibt die, die nicht wissen, wie sie die Butter aufs Brot kriegen sollen. Es ist ein merkwürdiges System, dass mit dem eigentlichen Gedanken von Kommunismus und Gleichbehandlung nicht mehr viel zu tun hat. Wir verlassen die Stadt mit gemischten Gefühlen.

Santiago de Cuba

Elf Stunden dauert die Fahrt nach Santiago, am östlichen Ende von Kuba. Bis auf eine junge Kubanerin mit einem älteren weißen Herrn sitzen nur Ausländer im komfortablen Viazul-Bus. Schade, gerade die Mischung zwischen Ausländern und Einheimischen machten die Fahrten immer besonders inte-

ressant. Aber darauf werden wir diesmal wohl verzichten müssen. Genieße ich die Vorteile: enorme Beinfreiheit, weiche zurückklappbare Sitze, Klimaanlage und leicht dudelnde Hintergrundmusik. Irgendwann schlafe ich ein. Als ich wieder aufwache, sind wir bereits kurz vor Santiago. Die Vegetation ist üppig, im Hintergrund ragen die Bergzüge der Sierra Maestra hervor. Wie gut, dass unsere Gastfamilie in Santa Clara schon ein Zimmer bei einer Bekannten für uns organisiert hat, dann müssen wir uns jetzt nicht kümmern.
In Erwartung eines Schildes mit unseren Namen gehen wir zielsicher Richtung Ausgang. Draußen herrscht ein wildes Durcheinander. Taxi- und Fahrradrikschafahrer, Schlepper für Hotels und „Casa particulares“ (die Privatzimmer bei den Familien) - alle schreien gleichzeitig. In Asien ist das ein gewohntes Bild, aber in Kuba hab ich das nicht erwartet. Wir sind ein wenig überfordert. Vergeblich halten wir nach dem angekündigten Schild Ausschau. Nichts. Ich bin enttäuscht. Sowas ist mir vor sieben Jahren nicht passiert. Wir wurden immer ohne Probleme von einer Familie zur nächsten weitergereicht und wer gesagt hat, dass er uns von der Busstation abholt, stand auch da. Uns bleibt nichts anderes übrig, als erstmal Richtung Zentrum zu fahren. Nach 100 Metern sagt unser Fahrradrikschafahrer, dass er eine nette Familie mit einem Zimmer kennt. Na gut, warum nicht… Das Zimmer ist wirklich sehr schön, aber mit 25 CUC etwas zu teuer für uns, zumal das Frühstück mit 4 CUC pro Person noch extra berechnet wird. Viel Verhandlungsspielraum bei den Zimmerpreisen haben wir nicht, das wissen wir. Zum einen ist gerade Hochsaison und zum anderen sind die Casa particulares DIE Deviseneinnahmequelle der Regierung, weshalb sie die Besitzer ganz schön schröpft. Je nach Standort muss ein Casa particulares Inhaber zwischen 100 und 250 CUC im Monat an den Staat zahlen, egal ob das Zimmer vermietet wurde oder nicht. Auf die tatsächlichen Einnahmen sind dann zusätzlich noch Steuern zu zahlen. Ein paar Straßen weiter haben wir Glück: 20 CUC mit Frühstück, das klingt gut! Lola, unsere Casa-Besitzerin ist wirklich goldig. Sie hat immer ein offenes Ohr, wenn wir etwas wissen wollen, verwöhnt uns mit leckerem Essen und versteht auch, wenn wir abends ab und zu mal die “Straßenküche” ausprobieren wollen. Das Anbieten von Abendessen ist für die Casa particulares Besitzer eine wichtige zusätzliche Einnahmequelle, um nicht so gut laufende Monate in der Nebensaison überbrücken zu können. Allerdings sind die Preisdifferenzen - 14 CUC für zwei Personen im Casa particular gegenüber 35 bis 50 Peso Cubano (1,50 bis 2 CUC) auf der Straße enorm. So versuchen wir den Spagat zu machen zwischen dem Essen in der Familie und damit der Unterstützung der Einheimischen und der Einhaltung unseres Budgets. Die Tage in Santiago vergehen wie im Fluge und gehören zu den schönsten auf unserer Kuba-Reise. Hier hat sich kaum etwas verändert. Ob im Casa de la Trova oder auf der Straße, überall wird getanzt. Im

Parque Céspedes schmettert ein Kubaner seiner Liebsten einen herzzerreißenden Song und an der "Esquina caliente" (der "heißen Ecke") werden die neusten Baseball-Ergebnisse lautstark diskutiert. Im Viertel Tivolí spielt der Nachwuchs auf der Straße meisterhaft Fußball, während die Erwachsenen erst um die Dominoregeln streiten und sich danach wieder lachend auf die Schulter zu klopfen. Leben pur!
Mittlerweile sind die Straßen von Santiago bunt geschmückt. Zwei große Ereignisse stehen bevor: der 55. Jahrestag des 26. Juli (Ausgangspunkt der kubanischen Revolution) und Karneval! An jeder Ecke werden Dekorationen gebastelt, Kostüme genäht, Tanzformationen einstudiert und Musikstücke geübt. Ein paar Tage später ziehen die Kostümierten unter lauten, flotten Rhythmen durch die Straßen. Wir sehen dem Treiben genüsslich bei einer Portion Spanferkel, die es an jeder Ecke zu kaufen gibt, zu. Wir können spüren, dass die Leute in Santiago de Cuba näher an den anderen karibischen Inseln sind als an Havanna. Auf der Suche nach neuem Toilettenpapier hatte uns allerdings am nächsten Tag das kommunistische Kuba wieder. Nachdem wir ungefähr zwanzig Läden abgeklappert haben, um den Verkäuferinnen ein mürrisches "No hay" (gibt's nicht) abzuringen oder "No sé" (weiß nicht; auf die Frage, wo wir es bekämen), geben wir auf. Wir erzählen Lola von unserer Not. Sie geht grinsend in ihre Vorratskammer und kommt mit einer Rolle zurück. "Das bekommt man hier auf Zuteilung. Nehmt sie gerne." Und dann fragt sie noch: "Habt ihr Wäsche zum Waschen? Ich könnte sie mit in die Maschine legen." Ach, was für ein Schatz!
Nach einer Woche wollen wir mal raus aus der Stadt. Ziel: der Strand von Siboney. Das kleine Örtchen 20 Kilometer östlich von Santiago de Cuba ist für zwei Dinge berühmt: das ehemalige Haus von 'Buena Vista Social Club'-Legende Compay Segundo (das jetzt ein Restaurant ist) und die Granjita Siboney, das Haus, von dem aus am 26. Juli 1953 die Rebellen unter dem Kommando von Fidel Castro Richtung Santiago gestartet sind, mit dem Ziel, die Moncada Barracken anzugreifen. Berüchtigt ist der Strand hingegen für seine "jineteras", junge kubanische Frauen, die sich mit (vornehmlich älteren) ausländischen Herren, genannt "sugar daddies", einlassen, um so an Geld, Geschenke oder einfach mal ein Abendessen in einem schicken Restaurant zu kommen. Ein Problem, über das man in Kuba nicht mehr hinwegsehen kann. Es gibt natürlich auch den umgekehrten Fall, den wir kurioserweise viel häufiger beobachtet haben - ältere weiße Damen mit knackigen jungen Kubanern. Nun ja, wir passten als Pärchen nicht ins Beuteschema und hatten somit unsere Ruhe am Strand. Nachdem wir mit dem öffentlichen Bus bis nach Siboney gezuckelt und den letzten Kilometer zu Fuß gelaufen sind, ließen wir uns Kokosnussmilch trinkend die Sonne auf den Bauch scheinen. Auf der Rückfahrt wollten wir wieder den Bus nehmen. Dummerweise war der letzte

schon weg. Mal wieder keine Uhr dabei gehabt. Zum Glück geht in Kuba immer irgendwas und so dauerte es keine fünf Minuten, bis ein "Taxi Colectivo" neben uns hielt. "Hey, wenn du dein Mädel auf den Schoss nimmst, kann ich euch noch mitnehmen", schrie der Fahrer aus dem Wagen. "Claro!", besser als laufen... Und so quetschten wir uns zu den sieben anderen im alten 50er Jahre Chevrolet sitzenden Personen und wurden in einem Affenzahn zurück nach Santiago gefahren. Der Strandtag hat hungrig gemacht. Schnell kaufen wir etwas Obst und Gemüse auf der Straße. Fehlen nur noch ein paar Brötchen. Um die Ecke ist eine Bäckerei. Als wir dran sind, fragt uns die Verkäuferin nach unserer "Libreta" (Bezugsmarkenheft). Verdammt, das hätten wir uns ja denken können, dass es die Brötchen zum Preis von 0,05 Peso Cubano nicht im freien Verkauf gibt. Keine Bezugsmarken, keine Brötchen. Wir fragen Lola. "Geht eine Straße weiter, Nr. 313." "Ist das ein Laden?", fragen wir. "Ja, sowas Ähnliches." Fünf Minuten später stehen wir vor einer riesigen Holztür. Hmm, Nr. 313, aber kein Schild. Wir klopfen. Die Tür geht einen Spalt weit auf und eine Frau lugt heraus. "Ja bitte?" "Äh, wir haben gehört, hier kann man Brötchen kaufen?", stottere ich. "Ja klar, wie viele denn?" "Äh, sechs." Die Frau verschwindet im Hinterzimmer. Einen Augenblick später ist sie wieder da, sechs frische Brötchen in der Hand. "Das macht drei Peso." Cool! Wir bedanken uns und traben stolz wieder ab. Ein klassischer Fall von "gewusst wo". Je mehr wir darauf achten, desto öfter sehen wir die verschiedenen kleinen "Hausverkäufe". Ein paar Schuhe hier, frisch gepresster Saft da... Alles was man übrig hat oder aus irgendwelchen Quellen besorgen kann, wird verkauft. Die meisten dieser 'Nebenverdienste' sind legal und bei vielem, was 'nicht ganz offiziell' ist, scheint die Regierung ein Auge zuzudrücken. Ohne diese zusätzliche Möglichkeit Geld zu verdienen, könnte wohl kaum noch ein Kubaner sein Leben bestreiten.

Trinidad

Schmale Gassen mit Kopfsteinpflaster, alte koloniale Straßen, unzählige Kunstgalerien und Museen sowie eine tolle landschaftliche Lage zwischen dem bewaldeten Valle de los Ingenios und dem karibischen Meer lassen Trinidad auf der "to do"-Liste von fast jedem Kuba-Reisenden stehen. Schon vor sieben Jahren waren hier die meisten Touristen zu finden. Heute ist das nicht anders. Zum Glück hat sich Trinidad seinen entspannten Charme bewahrt. Es macht immer noch Spaß, durch die Straßen zu schlendern oder mit einem kühlen Getränk auf den Stufen des Plaza Mayor zu sitzen. Abends füllt sich der Platz. Open Air Salsa ist angesagt! Täglich spielt eine Liveband und bringt einheimische und ausländische Hüften zum Schwingen. Wir haben das teuerste, aber auch das schönste Zimmer auf unserer Kuba-Reise bei einem

Oben links:
staatliche Touristenbetreuung in Kuba, Trinidad

Oben rechts:
in den Straßen von Bayamo, Kuba

Mitte:
Kubaner in Havanna

Unten:
kubanischer Klassiker, Trinidad

netten, jungen Pärchen. Janio, der Besitzer, ist Architekt und seine Frau ist wie ich Psychologin. Sie verdienen beide umwerfende 480 Peso Cubano (also rund 20 Dollar) im Monat. Ihr Casa particular ist da natürlich ein nettes Zubrot. Janio erzählt, dass es ihn ärgert, dass manche Leute auf der Straße mehr Geld verdienen als er. Es gäbe zudem viele hochqualifizierte Leute, die ihre eigentlichen Jobs sausen lassen und lieber als Kellner in Touristenrestaurants, Taxifahrer oder Tourguides arbeiten, weil es sich (durch das abfallende Trinkgeld) mehr rechnet. Er bleibe allerdings in seinem Job, die Arbeit als Architekt macht ihm Spaß, er kann sich nichts anderes vorstellen. Ob er gehen würde, wenn die Grenzen eines Tages offen sind, möchte ich wissen. "Nein, vermutlich nicht", antwortet er, "ich habe hier alles, was ich brauche - meine Familie, meine Arbeit und jetzt auch das Casa particular." Er sei zufrieden, aber viele seiner Kollegen würden wahrscheinlich in Länder gehen, wo sie mehr verdienen, räumt er ein, "da muss sich die Regierung was einfallen lassen."
In Trinidad erleben wir unsere "Highlights" in puncto staatliche Touristenbetreuung. Wir dachten, wir hätten sie mit unseren Busticketkäufen schon hinter uns, aber es geht noch besser! Begebenheit Nr. 1 haben wir beim Versuch, eine Fahrkarte für den lokalen Zug ins Valle de los Ingenios zu kaufen. Als wir am Verkaufsschalter ankommen, schläft die zuständige Dame tief und fest. Ich konnte nicht umhin, ein Foto zu machen. Wir müssen sie mehrfach antippen, bis sie endlich aufwacht. Sie schaut uns verwundert an, was wir denn während ihrer Dienstzeit von ihr wollen. Zum Glück fällt ihr schnell ein, was man in dieser Situation am besten sagt: "Ich bin nicht zuständig, geht zu meiner Kollegin ins Hinterzimmer." Und schon liegt der Kopf wieder auf der Schreibtischplatte. In dem 'Hinterzimmer' befand sich ein Doppelstockbett, auf deren unterer Matratze eine andere Dame damit beschäftigt war, sich den Ventilatorwind um die Nase wehen zu lassen. Unsere Anwesenheit bewegte sie nicht dazu aufzustehen. Warum auch, man kann doch auch auf dem Bauch liegend Auskünfte über Abfahrtszeiten erteilen. Nicht so witzig finden wir allerdings die Tatsache, dass wir insgesamt 6 CUC statt der angegebenen 0,80 Peso Cubano pro Person zahlen sollen. "Regierungsanordnung. Touristen zahlen jeder 3 CUC." Ungleichbehandlung ganz offiziell (können wir später auch in unserem Reiseführer nachlesen...). Bei allem Verständnis für die Devisenbeschaffung der Regierung - wieso muss ich das 90fache (!) zahlen, wenn ich auf der gleichen rostigen Metallbank sitze wie der Kubaner neben mir? Wir haben keine Wahl, das Taxi wäre noch teurer. Die Fahrt ist aber ein Erlebnis, der kurzzeitige Ärger schnell vergessen und der Ausblick vom ehemaligen Sklaventurm über das Valle de los Ingenios mehr als lohnenswert. Touristenbetreuungs-Highlight Nr. 2 war der Versuch, unseren Flug von Kuba nach Mexiko rückzubestätigen. Laut unserem Reise-

führer eine sinnvolle Angelegenheit, da die Flüge mit der staatlichen Airline "Cubana" oft überbucht sein sollen. Nun sollte man meinen, ein Anruf bei der Fluggesellschaft ist eine Sache von einer Minute. Nicht in Kuba. Hier ist es eine Tagesaufgabe. Nachdem die im Reiseführer angegebenen Telefonnummern entweder falsch oder offensichtlich nicht besetzt waren, machten wir den Versuch, in den Tourismusbüros um Hilfe zu bitten. Aber dort war man entweder "nicht zuständig" oder "nicht autorisiert, einen Telefonanruf zu machen" oder man hatte Telefonnummern, bei denen sogar die Vorwahl schon veraltet war. Dann hatte ich einen Geistesblitz. Koba Tours (der Name des Reisebüros, bei dem wir unseren Flug in Barcelona gebucht haben) hat auch eine Zweigstelle in Kuba. Als ich dort anrufe, fragt man mich als erstes, warum ich nicht in dem Büro in Spanien anrufe. Häh? Warum soll ich in Spanien anrufen, wenn ich in Kuba bin?? Darauf kriege ich die schnoddrige Antwort, dass sie dann eben dem spanischen Büro eine Mail schicken, mit der Bitte, unseren Flug rückzubestätigen. Sie selbst würden nicht bei der Airline anrufen, schließlich habe ich die Tickets nicht in ihrer Filiale gekauft. Die Logik erschließt sich mir nicht und ich verzichte auch darauf, weitere "Hilfe" kubanischer Reisebüros in Anspruch zu nehmen. Ich bin bedient. "Wie machen das die anderen Leute nur?", fragt Volker. "Durch ihre teuer bezahlten Reiseleiter", antworte ich zynisch. Wir nehmen die Dinge nochmal selbst in die Hand und wählen die Nummer, bei der vor ein paar Stunden niemand rangegangen war. Nach dem x-ten Versuch und der zwischenzeitlichen Überlegung einfach so zum Flughafen zu fahren, nahm doch - man glaubt es kaum - jemand den Hörer ab und bestätigte unseren Flug… Als wir uns später mit Janio darüber unterhalten, erzählt er, dass er als Kubaner auch nicht anders behandelt wird. Die Gehälter, die die Regierung zahlt, sind einfach so schlecht, dass die meisten keine Lust zum Arbeiten haben. Dazu kommt, dass es weder Entlassungen noch genügend Möglichkeiten eines Aufstiegs gibt. Für viele Leute mache es daher keinen Unterschied, ob sie sich nun bei der Arbeit anstrengen oder nicht. Die Konsequenzen haben wir zu spüren gekriegt.

Abschied von Kuba

'Die Dinge ändern sich', war der meist gesagte Satz von mir in Kuba. Es ist landschaftlich immer noch das Karibikparadies, das ich kenne. Aber die Leute sind anders. Zumindest ein Teil. Wir hatten einige nette Begegnungen und Gespräche ohne monetäre Hintergedanken mit liebenswerten Menschen, die uns immer in Erinnerung bleiben werden. Leider waren das die Ausnahmen, nicht die Regel. Ich kann die Kubaner zum Teil verstehen. Dennoch, im Gegensatz zu vor sieben Jahren kam ich mir oft wie ein wandelnder Geldautomat und nicht wie jemand, der willkommen ist, Land und Leute kennenzulernen. Nicht gerade förderlich ist zudem die von der Regierung gewollte strikte Trennung von Touristen und Kubanern. Es ist schwierig geworden, als Ausländer lokale Transportmittel zu benutzen oder in einheimischen Restaurants zu essen. Umgekehrt ist es den Kubanern teilweise verboten, an bestimmte Touristenstrände zu gehen. Diese Barriere scheint sich in den Köpfen manifestiert zu haben. Im Gepäck auf unserem Flug nach Mexiko habe ich eine CD mit alten Revolutionsliedern, die ich an einem Souvenirstand in der Sierra Maestra gekauft habe, das Buch "Der alte Mann und das Meer", Erinnerungen an ein widersprüchliches Land und die Hoffnung, dass die Kubaner mit den (früher oder später) bevorstehenden Veränderungen nicht ganz die guten Dinge vergessen, die sie mit der Revolution erreichen wollten.

Mexiko

Tulum - Halbinsel Yucatán

Viva Mexico!! Mein Herz macht einen Freudensprung. Ich bin wieder da! Insgesamt acht Monate habe ich über die Jahre verteilt hier verbracht. Es ist eins meiner Lieblingsländer auf diesem Planeten. Heute lande ich zum fünften Mal. Die Halbinsel Yucatán im Süden Mexikos zählt zu den schönsten Landesteilen. Riesige Maya-Pyramiden, dichter Dschungel und traumhafte Karibikstrände sind nur drei der Gründe, warum 80 Prozent aller Mexiko-Reisenden genau hier landen. Wir sind in der Touristenhölle Cancun, eine künstlich erschaffene Stadt, die im Grunde nur aus Hotels, Restaurants, Einkaufszentren und Nachtclubs besteht. Auf der Straße wird englisch gesprochen. Selbst die Mexikaner, die wir auf Spanisch ansprechen, antworten nicht mehr in ihrer Landessprache. Dennoch atme ich irgendwie auf. Die Freundlichkeit der Mexikaner ist ungebrochen. Auf der Suche nach neuen Ladegeräten für unsere Handys (nicht so einfach bei unseren Urzeitmodellen) sind die Verkäufer mehr als bemüht und wer nicht helfen kann, hält zumindest ein kleines Schwätzchen oder zeigt uns den Weg zum nächsten Laden. Sehr erfrischend nach dem ständigen "No" der kubanischen Verkäufer. Nach einer Nacht im Dorm (Schlafsaal mit Doppelstockbetten) machen wir uns am nächsten Morgen auf nach Tulum. Drei Mal war ich schon dort - 1999, 2000 und 2003, zuletzt zusammen mit Volker. Daher wissen wir, dass uns bei dem kleinen Fischerdorf zwei Stunden südlich von Cancun einer der traumhaftesten Strände erwartet, den wir je gesehen haben. Ich erinnere mich noch, wie Fidel, einer der Fischer, uns an meinem Geburtstag zwei Stühle und einen Tisch vor seine Holzhütte gestellt hat und wir bei Kerzenschein direkt am Strand einen seiner köstlichen frisch gegrillten Fische verspeist haben. Voller

Vorfreude setzen wir uns in den Bus.
Am Strand trifft mich der Schlag. Ich hatte schon ein ungutes Gefühl, als wir die Einzigen waren, die mit dem Rucksack auf dem Rücken die letzten 1,5 Kilometer von der Straßenkreuzung bis zum Strand zu Fuß gingen und ständig von Taxis und Reisebussen überholt wurden. Aber was ich jetzt sehe, übertrifft noch meine Befürchtungen. Wie kann sich in fünf Jahren so viel verändert haben? Ein "Beachclub" neben dem nächsten, Sonnenschirme mit Liegen, Türme mit Rettungsschwimmern, Aushänge für Party-Events und Massen an Touristen. Kein Zimmer unter 100 Dollar und die paar Holzhütten, die noch stehen, kosten mindestens 50 Dollar pro Nacht... Frustriert stapfe ich am Strand entlang. Das ist nicht der Strand von Tulum, das ist der Stadtstrand von Singapur! Ich schließe kurz die Augen und mache sie wieder auf. Verdammt, alles noch da. Je weiter ich gehe, desto öfter sehe ich das Schild "Clausurado". Es hängt vor allem an den kleineren Holzhütten, aber auch an ein paar Zimmern von Mittelklassehotels. Ich frage an den Rezeptionen der anderen Hotels, was das bedeutet. "Geschlossen", ist die Antwort. "Warum?" - "Weiß ich nicht." Am Ende des Strandes eine freudige Überraschung. Fidels Hütten stehen noch! Ich frage die vier holländischen Mädels, die davor sitzen, ob Fidel in der Nähe sei. Fidel? Den kennen sie nicht. Der Besitzer heiße Angelo, aber sie wissen nicht, wo er sei. Sie könnten ihm aber Bescheid sagen, wenn er kommt. Eine Hütte sei noch frei und wir könnten ja schon mal unser Gepäck holen. Juhuu! Damit wir nicht mit den großen Rucksäcken den Strand ablaufen müssen, ist Volker mit dem Gepäck am Strandanfang geblieben. Bevor ich zurück spurte, frage ich noch schnell nach dem Preis. "25 Dollar." Was? Die Hütten bestehen aus einfachen Stein- oder Holzwänden mit einem kleinen Holzfenster, einem Palmendach und einer Matratze mit einem Moskitonetz. Kein Bad, kein Ventilator, noch nicht mal ein Regal, auf dem man was abstellen kann. Das an sich ist kein Problem für uns, der Preis allerdings schon. Vor fünf Jahren waren dieselben Hütten noch für ein paar Dollar zu haben. Geknickt mache ich mich auf den Rückweg. Unterwegs komme ich noch an ein paar Hütten vorbei, die ich auf dem Hinweg übersehen habe. Aber der ältere Mexikaner, der gerade eine der Hütten sauber macht, nimmt mir auch hier die Illusion: "55 Dollar pro Nacht." "Was ist nur aus diesem Strand geworden?", bricht es aus mir heraus. "Wo sind die ganzen Backpacker? Wieso ist die Hälfte 'geschlossen'?" Der Mann hat sich inzwischen hingesetzt und hört mir aufmerksam zu, als ich ihm von meinen Besuchen vor ein paar Jahren erzähle. "Ich weiß", sagt er, "ich war hier mal Fischer. Aber das ist unsere verrückte Regierung..." Ich ahne, was jetzt kommt, will es aber aus seinem Mund hören und frage nach, was er damit meint. "Die Regierung will hier ein zweites Cancun errichten", antwortet er, "was du hier siehst, ist erst der Anfang. Die kleinen Leute sollen verschwin-

den. Es werden regelmäßig Geldstrafen verhängt, aus welchem Grund auch immer. Kannst du nicht zahlen, wird dein Geschäft geschlossen. Am Ende bleibt dir nichts anderes mehr übrig, als an die Regierung zu verkaufen." "Das klingt nach Korruption", sage ich. "Das ist Korruption!", antwortet er mit einem zynischen Lachen. Warum wir es denn nicht im Dorf mit einer Unterkunft versuchen, will er wissen, dort sei es etwas günstiger als am Strand. Wenn wir etwas länger bleiben wollen, könnten wir außerdem versuchen, ein Apartment zu mieten. Wir sollten einfach im Dorf rumfragen.

Volker guckt mich erwartungsvoll an, als ich nach einer Stunde wieder zurück komme. Ich habe allerdings nur zwei Worte für ihn: "Vergiss es." Wir überlegen, was wir machen. Die Strandpause sein lassen und gleich nach Guatemala fahren? Die Idee mit dem Apartment gefällt uns irgendwie. Das hätte mal wieder was, die eigenen vier Wände, selber kochen… Es kostet uns einen ganzen Tag, viel Rennerei und viel Gefrage, aber am Ende finden wir tatsächlich eine Familie, die ein Appartement zu vermieten hat. Es liegt etwas ab vom Schuss, dafür haben wir statt Touristenrestaurants einen Supermarkt, eine Wäscherei und Taco-Stände um die Ecke. Die Einrichtung ist recht einfach ("zweckmäßig" würde in einem Reisekatalog stehen), aber wir sind zufrieden. Für 18 Dollar am Tag haben wir jetzt ein geräumiges Schlafzimmer, eine kleine Küche mit Sitzecke und ein eigenes Bad. Gut, wir sind nicht mehr direkt am Strand, aber unsere Enttäuschung hält sich in Grenzen. Es gibt wirklich Schlimmeres, als fünf Kilometer von der Karibikküste entfernt zu wohnen.

Nach zwei Wochen wollen wir unseren Aufenthalt um ein paar Tage verlängern. Wir fühlen uns trotz aller Veränderungen wohl in Tulum. Der Strand ist einfach nach wie vor ein Traum (der Sand so weiß, dass er in der Sonne blendet) und wir haben noch einen ruhigen Abschnitt abseits der Massen gefunden. Leider kommen wir mit unserem Verlängerungswunsch etwas zu spät, die Wohnung ist bereits weitervermietet. Wir disponieren kurzerhand um und ziehen in einen Backpacker. Im "Lobo Inn" müssen wir aus Kostengründen zwar wieder im Dorm schlafen, dafür haben wir aber ein nettes Ambiente mit Pool und ausreichend Gelegenheit, uns mal wieder unters "Travellervolk" zu mischen. Eine gute Entscheidung. Wir bekommen viele Reisetipps für Guatemala und Spanisch-Stunden "for free" vom Personal. Nachdem wir nämlich erzählt haben, dass wir unser Spanisch verbessern wollen, wird gnadenlos drauf losgeschnattert. Lobo, der deutsche Besitzer des Hostels, und seine mexikanische Frau Cynthia sind unglaublich tolle Gastgeber, was dazu führt, dass wir Schwierigkeiten haben, uns auf einen Abreisetermin festzulegen… Erst weitere drei Wochen später trennen wir uns schweren Herzens von Cynthia und Lobo und dem traumhaften Strand in Tulum.

Guatemala

Die Tempel von Tikal

Über den Wipfeln der Urwaldriesen hören wir von Weitem die Brüllaffen, während sich langsam der Nebel lichtet und die Umrisse von Ruinen sichtbar werden. Mir geht ein Schauer über den Rücken. Es ist 6 Uhr morgens und langsam geht die Sonne auf über den Tempeln von Tikal. Eine einzigartige Atmosphäre. Wir genießen die Ruhe und die Aussicht auf eine der bedeutendsten Stätten in der Geschichte der Mayas. Bis jemand aus unserer Reisegruppe, der wir uns aus Sicherheitsgründen anschließen mussten, nicht mehr an sich halten kann und anfängt, Witze zu machen. Damit ist die Stimmung dahin. Die ganze Gruppe schnattert durcheinander. Entgegen der eindringlichen Empfehlung unseres Guides seilen wir uns eine halbe Stunde später ab und setzen unsere Entdeckertour auf eigene Faust fort. Etwas mulmig ist uns schon bei den Warnungen vor Überfällen an den abgelegeneren Tempeln. Vorsichtshalber positioniere ich mein Bargeld griffbereit in meiner Hosentasche. Es passiert nichts. Stundenlang sitzen wir mit baumelnden Beinen auf den alten Tempelmauern und beobachten Brüll- und Spinnenaffen wie sie sich von Baum zu Baum hangeln. Ab und zu flattert ein bunter Tukan an uns vorbei... Und niemand quatscht dazwischen. Herrlich. Ein gelungener Einstieg im Land der Mayas.

Cobán

“Reiseerfahren” wie wir sind, haben wir gedacht ‘pfeifen wir auf den Touristen-Shuttlebus und fahren lieber mit lokalen Transportmitteln’. Die Nachfrage an der Bushaltestelle ergibt, dass es tatsächlich einen Bus nach Cobán gibt, morgens um sechs. Fein, dann sind wir noch vor allen anderen da. Am nächsten Morgen stehen wir mit Sack und Pack an der Haltestelle. Zwar leicht übermüdet, aber egal, wir können ja gleich im Bus schlafen. Dumm nur, dass um halb 7 immer noch weit und breit nichts von einem Bus zu sehen ist. Komischerweise sind auch die wenigen einheimischen Fahrgäste inzwischen wieder nach Hause gegangen. Habe ich irgendwas nicht mitgekriegt? Ich gehe zum Fahrkartenschalter. “Der Bus kommt heute nicht”, lautet die freundliche, aber knappe Aussage. “Wieso nicht? Wir haben doch gestern erst hier nachgefragt!?” – “Ja, aber er ist unterwegs kaputt gegangen.” – “Und wann fährt er wieder?” – “Mañana.” Aha, dieses “morgen” kenne ich. Das kann alles bedeuten von “morgen” bis “nächste Woche” bis “vielleicht gar nicht mehr”. Was tun? Umdrehen und den Touristenbus buchen? Dann können wir aber erst morgen fahren, die Plätze werden immer einen Tag im

Voraus vergeben. Wir fragen nach weiteren Fortbewegungsmöglichkeiten. "Ja gibt es, fahrt erst in dieses Dorf, dann in jenes, dann steigt ihr an der Kreuzung nochmal um und dann nehmt ihr den Bus nach Cobán." Uff. Was soll's, jetzt sind wir schon mal hier, dann fahren wir auch weiter. In überfüllten Mikrobussen mit lautstarker Mariachi-Musik "heizen" wir zusammengequetscht unserem Ziel entgegen. Nach sieben Stunden sind wir in Cobán. Wir waren die ganze Zeit die einzigen Touristen. Kein Wunder. Alle anderen haben wahrscheinlich gewusst, dass man in Guatemala – aus welchem Grund auch immer – am Ende mit öffentlichen Verkehrsmitteln genauso viel zahlt, als würde man gleich den bequemen Tür-zu-Tür-Shuttle nehmen. Ein Erlebnis war es dennoch, der erste im wahrsten Sinne des Wortes hautenge Kontakt mit den Einheimischen. In Cobán können wir gleich unsere Herbstklamotten rausholen. Auf 1.300 Meter Höhe weht ein frischer Wind. Einst haben hier deutsche Siedler den Kaffeeanbau vorangetrieben. Bis auf diverse Schwarzwälder Kirschtorten und jede Menge Regen erinnert heute aber nicht mehr viel an die ehemalige deutsche Region.
In den wenigen Sonnenstunden erkunden wir das Stadtzentrum und den Markt von Cobán. Ich bin begeistert von der farbenfrohen Kleidung der Maya-Frauen. Ich frage eine von ihnen, ob ich ein Foto von ihr machen kann. Sie guckt mich verwirrt an. Ihr Mann eilt zur Hilfe und sagt irgendwas, das ich nicht verstehe. Da fällt mir wieder ein, dass viele Guatemalteken, vor allem in den ländlichen Regionen, gar kein Spanisch sprechen. Sie verständigen sich in ihrer uralten Maya-Sprache. Mittlerweile hat sich ein ganzer Pulk um uns herum gebildet. Was will die Ausländerin? Endlich eine Dame, die Spanisch spricht. "Ich wollte nur fragen, ob ich ein Foto machen kann, nichts weiter…", erkläre ich entschuldigend. Sie übersetzt und die anderen fangen an zu nicken. "Aahh…" Ein Lächeln huscht über das Gesicht der Maya-Frau, die ich fotografieren wollte. Gleichzeitig hebt sie aber abwehrend die Hände. Nein, sie möchte nicht, dass ich ein Bild von ihr mache. Alle gehen weiter und die spanisch sprechende Dame wünscht uns einen guten Weg. Puhh…, das wird mit den Porträtfotos hier wohl nicht so einfach wie in Asien oder Mexiko. Etwas später versuche ich nochmal mein Glück. Diesmal bekomme ich die Zustimmung und mache ein Bild von einer alten Maya-Frau mit ihrem farbenfroh eingewickelten Truthahn. Man muss wissen, dass es in Guatemala bei Nahaufnahmen nicht nur aus Gründen der Höflichkeit angeraten ist, vorher um die Erlaubnis zu fragen, sondern auch aus Gründen der Sicherheit. Touristen wurden schon halb zu Tode geprügelt, weil aufgebrachte Mayas glaubten, das Foto würde ihnen die Seele rauben oder – in jüngeren Zeiten – sie würden in einem Katalog für potentielle Organspender landen. Leider sind diese Ängste nicht unbegründet. Über Jahre hinweg verschwanden in Guatemala neben Frauen und Männern vor allem Kinder von einem Moment auf

den anderen. Es gibt Grund zu der Annahme, dass sie als "Ersatzteillager" für reiche Ausländer oder zum Zwecke illegaler Adoptionen gekidnappt wurden. Die korrupte Regierung nebst Polizei schweigt, Verbrechen an den Ärmsten des Landes werden so gut wie nie aufgeklärt. Daher sehen inzwischen viele Einheimische den Ausweg nur noch in der Selbstjustiz. Auch der Ananasverkäufer auf dem Markt ist misstrauisch und beantwortet meine Frage nach einem Bild mit "Warum?". Erst als ich ihm erkläre, dass ich gerne meiner Familie zu Hause die Lebensweise und Kultur Guatemalas zeigen möchte, darf ich das Foto machen.
In Cobán erleben wir auch den Unabhängigkeitstag. Den ganzen Vormittag wird der 187. Jahrestag der Befreiung von den Spaniern mit verschiedenen Umzügen feierlich begangen. In der überregionalen Zeitung "Prensa libre" werden allerdings auch kritische Töne laut. Leser beschweren sich über die Zustände im Land und merken an, dass es im Grunde nicht viel zu feiern gibt. Die danebenstehende Karrrikatur der Redaktion spricht Bände: Die 'Gewalt' wünscht dem eingeschüchterten Quetzal (Nationalvogel und Wappentier) eine 'Fröhliche Unabhängigkeit'.

Antigua

Unser erster Schultag. Wir sind fast ein bisschen aufgeregt. Vier Wochen wollen wir in Antigua, der Hochburg für Sprachschulen, unsere Spanischkenntnisse auffrischen. Volker hat sofort Glück mit seinem Lehrer - gleiches Alter, gleicher Humor - passt wie die Faust aufs Auge. Mir hat man eine Mischung aus Miss Marple und Margret Thatcher zugeteilt. Um die 60 Jahre alt, humorlos und erzkonservativ. Ich hatte in unserem Eingangsgespräch gesagt, dass wir das Spanischlernen ernst nehmen wollen, aber so ernst? Ihr Lieblingsthema war "Verbrechen in Guatemala". Ihren Geschichten zufolge wäre man am besten gar nicht erst eingereist. Sie hatte auch eine Horrorstory zu jedem anderen Land in Latein- und Südamerika parat. Nicht, dass sie jemals schon außerhalb von Mexiko und Guatemala gereist sei. Unser Konversationsunterricht bestand aus Monologen ihrerseits und in unseren Grammatikstunden verbrachte sie die Hälfte der Zeit damit, die einzelnen Zeitformen in aller Gemütlichkeit aufzuschreiben, während ich Löcher in die Luft starrte. Mein Vorschlag, mir Kopien aus ihrem Buch zu ziehen, wurde missbilligend zur Seite geschoben. Ihr unerschütterlicher Standpunkt, dass jede Frau, die ihren Nachwuchs in den Kindergarten gibt, eine Rabenmutter sei, brachte dann das Fass zum Überlaufen. Obwohl ich es eigentlich nicht vorhatte, nehme ich am Ende der ersten Woche den Vorschlag des Direktors, den Sprachlehrer wöchentlich zu wechseln, dankbar an. Tony, unser amerikanischer Mitbewohner, empfiehlt mir Karen. Sie war für drei Wochen seine

Lehrerin und er war hochzufrieden. Ich habe Glück, für die kommende Woche ist sie noch keinem anderen Schüler zugeteilt. Karen ist das komplette Gegenteil meiner ersten Lehrerin - 20 Jahre, top vorbereitet und mit einem Temperament für drei. Sie studiert Jura an der Universität von Antigua und verdient sich nebenbei ihr Geld als Sprachlehrerin. Trotz des Altersunterschieds sind wir sofort auf einer Wellenlänge. Sie erzählt mir von ihrem australischen Freund, mit dem sie seit einem Jahr eine Fernbeziehung führt und den sie am Ende des Jahres für drei Monate besuchen will. Ich erzähle ihr im Gegenzug von unseren Reisen, an denen sie ernsthaft interessiert ist. Karen hat im Gegensatz zu vielen anderen Guatemaltekinnen Glück. Sie kommt aus gutem Hause und hat selbst schon einiges von der Welt gesehen. Unser Gegacker hört man über den ganzen Hof und schon nach einer Woche habe ich mehr gelernt als ich erwartet habe. Außerhalb der Schule verbringen wir die meiste Zeit mit einem australischen Pärchen, das wir vorher schon in einem Hostel kennengelernt haben. Fiona und Ross sind in den letzten Wochen ihrer neunmonatigen Weltreise. Zusammen wollen wir eins der größten Highlights Guatemalas besteigen - den aktiven Vulkan Pacaya.

Aus Volkers Tagebuch:

Schon mal auf ‘nem Vulkan getanzt? ‘Nem aktiven, so mit richtig Lava? In Antigua werden an jeder Ecke Touren zu einem der aktivsten und zugleich am leichtesten zugänglichen Vulkane der Welt angeboten. Zwei Mal täglich bringen die Minibusse Touristen zu dem kleinen Dorf San Vicente Pacaya, eine Stunde von der Stadt entfernt. Dort startet der anderthalbstündige Aufstieg. Es sind schon eine Menge Leute vor Ort. Aus Sicherheitsgründen dürfen immer nur kleine Gruppen den Vulkan besteigen. Wir müssen eine Weile warten, bis wir an der Reihe sind. Dann geht es los. Zuerst zur Spitze des Chino-Hügels, von dem wir einen herrlichen Ausblick auf den rauchenden Pacaya haben. Den mit Vulkanasche bedeckten Hang rutschen wir einfach runter. Unser Guide ruft uns noch hinterher, unten rechtzeitig zu stoppen, da sehen wir schon, wie sich die frisch erkaltete Lava mit ihren scharfen Ecken und Kanten vor uns aufbaut. Begeisterte Gesichter kommen uns entgegen. Auch wir haben es bald geschafft. Und wahrlich, auf der Spitze des Vulkans fließt direkt vor uns, in nur wenigen Metern Entfernung, glühende Lava aus dem Berg. Die Lava ist nicht nur neben, sondern auch unter uns. Durch einen Felsspalt unter unseren Schuhen können wir das Glühen des Gesteins sehen. Schnell schießen wir ein paar Fotos, bevor wir es aufgrund der hohen Hitze nicht mehr aushalten. Auf dem Weg nach unten erzählt uns unser Guide, dass der Lavastrom täglich seine Lage und Richtung verändert. Wenn der Strom für länger als drei Tage versiegt, ist die Gefahr sehr groß, dass es zu einer Eruption kommt. Dann wird sogar in Guatemala aus Gründen der Sicherheit auf die Tour verzichtet und der Nationalpark geschlossen.

Während der Zeit unseres Sprachkurses wohnen wir in einem Studentenhaus. Unsere Mitbewohner sind zwischen 19 und 27 Jahre alt und kommen fast alle aus England oder aus den Staaten. Die meiste Zeit verbringen wir aber mit Ana und Chrissy, zwei Schwestern, die in unserem Haus und im Nachbarhaus kochen, waschen und putzen. Sie kommen aus einer traditionellen Maya-Familie aus einem Dorf am Rande von Antigua. Sie sprechen ausschließlich Spanisch, was von ihrem Arbeitgeber gewollt ist. Die Sprachschüler sollen die Gelegenheit haben, nach Unterrichtsschluss ihre Sprachkenntnisse anzuwenden. Außer uns macht aber kaum jemand Gebrauch davon. So wird unser Verhältnis zu den beiden besonders eng. Insbesondere Ana hat es mir angetan. Sie ist ein humorvoller 1,50 Meter kleiner Wirbelwind. Mit ihren 24 Jahren zählt sie sich selbst schon zum „alten Eisen" und ist davon überzeugt, keinen passenden Mann mehr zu finden. Aber das sei ihr egal, die Guatemalteken seien eh nicht ihr Fall. „Alle viel zu faul und so herablassend zu den Frauen", lautet ihr Urteil. Im Laufe der Zeit erzählt mir Ana, dass in den Dörfern Guatemalas die Jungen in den Familien deutlich bevorzugt werden. Da das Geld oft nicht reicht, werden meist nur die Jungen in die Schule geschickt. Die Jungen sind dann auch diejenigen, die später eine Ausbildung machen können oder gar eine Universität besuchen. Ana und Chrissy wurden nach der 4. Klasse aus der Schule genommen, damit sie in Haus und Hof mithelfen können. „Es ist ein Geschenk Gottes, dass wir hier arbeiten dürfen und Kontakt zu Ausländern haben", sagt sie. Die ausländischen Sprachschüler waren es dann auch, die ihr über die Jahre immer wieder neue Kenntnisse im Lesen, Schreiben und Rechnen vermittelt haben.
Inzwischen haben wir uns an die Umstände in Guatemala, insbesondere in und um Antigua gewöhnt. So nett das Städtchen am Tage auch aussehen mag, nach Einbruch der Dunkelheit sollte man keinen Fuß alleine mehr auf die Straße setzen. Kein Tag, an dem nicht mindestens ein Raubüberfall passiert. Aus "Gründen der Sicherheit" tragen viele Einheimische eine Waffe und in den von Touristen frequentierten Gebieten findet sich ein besonders hoher Anteil an Polizisten und Sicherheitsleuten. Keine Vulkanbesteigung ohne Tour, noch nicht mal einen Hügel, den man alleine erklimmen kann. Sofort heißt es "zu gefährlich". Wir passen uns an und lernen damit zu leben. Die täglichen Zeitungsberichte über Morde in Guatemala City und die Lynchjustiz in den Dörfern jagen mir jedoch bis zum Schluss Schauer über den Rücken. Diebe, Mörder und Vergewaltiger werden von den Dorfbewohnern bei lebendigem Leibe mit Benzin übergossen und verbrannt. Die jetzige Regierung versucht mit Hilfe einer neuen Polizeichefin Korruption und Gewalt in den Griff zu kriegen. Ich wünsche ihr gedanklich viel Glück und

einen guten Bodyguard.
Heute ist ein ganz besonderer Tag. Aufgeregt rutsche ich auf meinem Stuhl hin und her. Ich weiß was, was Karen nicht weiß. Volker hat mir gestern Abend erzählt, was er von seinem Lehrer gehört hat, der es wiederum von der Sekretärin weiß und jetzt muss ich aufpassen, dass es nicht aus mir heraus platzt. Wahrscheinlich wundert sich Karen schon, warum ich während des ganzen Unterrichts so grinse. Sie hat keine Ahnung, dass ihr Freund aus Australien gleich vor der Tür steht. Eine Überraschung zu ihrem Geburtstag, der in ein paar Tagen ist. " Seit zwei Tagen hat er sich nicht bei mir gemeldet", sagt Karen, "komisch..." Ich schaue auf die Uhr, hoffentlich ist die Stunde bald vorbei. Dann ist es endlich so weit. Karen packt gerade ihre Sachen zusammen, als er auf einmal hinter ihr steht. Sie kann es erst nicht fassen, dann fällt sie ihrem Miguel in die Arme. Alle Lehrer klatschen. Sie haben sich seit sechs Monaten nicht gesehen und Miguel wollte nicht mehr bis Dezember warten. Drei Wochen bleibt er, dann muss er wieder zurück. Danach ist es nur noch einen Monat, bis sie selbst nach Australien fliegt. "Estoy feliz", sagt sie (ich bin glücklich) und strahlt über beide Ohren.

Aus Volkers Tagebuch:

Während unseres Aufenthaltes in Antigua fand das WM-Qualifikationsspiel zwischen Guatemala und Trinidad-Tobago statt. Unsere Sprachschule hatte für Studenten und Lehrer Tickets besorgt. Da die Karten nur für einen bestimmten Bereich aber nicht für spezielle Plätze ausgestellt waren, hat uns der Shuttlebus bereits sieben Stunden vor Spielanpfiff abgeholt. Wir hatten also genügend Zeit, uns zuerst die Leute vor und danach im Stadion anzuschauen. Fast jeder war in den Farben Blau-Weiß gekleidet. Wir Sprachschüler hatten zusammengelegt und für Ana und Chrissy auch zwei Karten gekauft. Die Beiden fielen auf wie bunte Hunde. Sie waren die Einzigen in traditioneller Maya-Kleidung – einer Kombination aus bestickter Bluse mit Puffärmeln, einem langen karierten Rock und einer Schürze. Ana war das sichtlich unangenehm. „Die starren mich alle so an", sagte sie verschüchtert. „Ach was, das kommt dir nur so vor" entgegneten wir und nahmen sie in unsere Mitte. Es war das erste Mal, dass sie live bei einem Fußballspiel dabei war und sie war sichtlich aufgeregt. Lange vor Spielbeginn war die Bude rappelvoll und die Stimmung vergleichbar mit Deutschland im kleinen Finale bei der WM 2006 zu Hause. Auf den Rängen wurde getanzt und gesungen. Zuschauer, die die immer wiederkehrenden 'La Olas' zum Stoppen brachten, wurden lauthals als 'burros' (Esel) beschimpft. Ansonsten hat man sich gegenseitig zugejubelt. Willkommen im lateinamerikanischen Fußballwahnsinn! Während des Spiels gab es allerdings nicht wirklich Anlass zum Feiern.

Trinidad tat sich durch mauern, destruktive Spielweise und Zeit schinden hervor, während das guatemaltekische Team verzweifelt versuchte, sich im Mittelfeld nicht auf den Füßen zu stehen. Das Spiel endete 0:0. Eine Mischung aus tiefer Enttäuschung und Ärger über das eigene Team machte sich auf den Rängen breit. Die Gesänge wechselten von "Vamos equipo!" und "Si, se puede!" zu "Que vergüenza!" (also von "Auf geht's Jungens!" und "Jawoll, ihr packt das!" hin zu "Was für eine Schande!"). Nach dem Schlusspfiff wurden die eigenen Leute mit Pfiffen, der Gegner mit Beifall verabschiedet. Als wir Ana fragten, wie sie das Spiel fand, lief sie leicht rot und sagte grinsend: „Eigentlich ganz schön, aber die ganzen Schimpfworte..." Das war ihr derart geballt wohl noch nicht unter gekommen.

Nach vier Wochen geht unsere Zeit in Antigua zu Ende. Zum Abschluss unseres Aufenthaltes laden wir Ana und Chrissy als kleines Dankeschön zum Essen ein. Wir haben die Zeit hier genossen, eine Menge Spanisch gelernt und nette Leute getroffen. Der Abschied von Ana fällt mir schwer. Sie ist im Laufe der Zeit zu einer richtigen Freundin geworden. Ana geht es nicht anders. Den Tränen nahe nimmt sie uns das Versprechen ab, irgendwann einmal wiederzukommen. Bei unserer letzten Umarmung sage ich ihr, dass, wenn ich irgendwann eine Tochter bekommen sollte, sie Ana nennen werde.

Chichicastenango

Nach einem kurzen Abstecher zum Lago Atitlán, Guatemalas berühmten Vulkansee, kommen wir im Städtchen Chichicastenango, im Hochland Guatemalas an. In Chichi, wie es hier jeder nennt, erwartet uns eine völlig andere Seite Guatemalas. Die Stadt war im alten Königreich der Quiché ein wichtiges religiöses und politisches Zentrum. Im 16. Jahrhundert zerstörten die Spanier den alten Maya Tempel und bauten auf seinem Sockel die Kirche Santo Tomás. Bis heute wird der Ort des Tempels jedoch von Maya-Schamanen genutzt, die Weihrauch und Kerzen vor und in ihm anzünden und manchmal sogar Tieropfer darbringen. Die achtzehn Stufen der noch vom alten Maya-Tempel stammenden Treppe entsprechen den Monaten des Maya-Kalenders. Vor der Kirche sind die Vorbereitungen für den sonntäglichen Markt schon in vollem Gange. Träger schleppen Holzgerüste und Waren herbei. Überall wird gebaut und gewerkelt. Der Sonntagsmarkt von Chichicastenango gilt als der größte von Guatemala. Am nächsten Morgen können wir sehen warum. Die ganze Stadt ist ein einziges Gewühl. Heerscharen von Menschen schieben sich durch ein Labyrinth von Buden und Ständen. Der äußere, eher touristenorientierte Teil ist auf Schnickschnack, bunte Tücher und Souvenire ausgerichtet. Tief im Inneren ist hingegen alles zu finden, was

man als Einheimischer brauchen kann. Von Obst und Gemüse über Werkzeug und Klamotten bis hin zu CDs und Handys. An der ausgedehnten Fressmeile treffen sich alle - Verkäufer und Käufer, Einheimische und Besucher. Der Markt wird uns als eines der Highlights in Guatemala in Erinnerung bleiben. So lebendig wie hier hatten wir in den anderen Städten die bunte Maya-Kultur vergeblich gesucht.
Die Meldungen über die andauernde Gewalt im Lande und die Überfälle auf Touristen werden nicht weniger und so sind wir nach insgesamt sechs Wochen doch froh, die Grenze nach Honduras zu überschreiten.

Nicaragua

León
(aus Volkers Tagebuch)

Raus aus dem kühlen regnerischen Honduras, wo wir uns aufgrund des anhaltenden schlechten Wetters nur eine Woche aufgehalten haben, und rein ins heiße Nicaragua. Hier ist die Regenzeit scheinbar schon vorbei. Wir stehen am Grenzübergang und schwitzen in unseren langen Klamotten. Wir versuchen, verlässliche Informationen zur Grenzüberquerung zu bekommen. Laut Aussage der Einheimischen sollen es zwischen drei und fünf Kilometer zum Immigrationsoffice sein. Zu Fuß mit unseren Rucksäcken in der Mittagshitze? Lieber nicht. Die Rikschafahrer werden ihrem schlechten Ruf gerecht und kommen mit völlig abgedrehten Preisvorstellungen daher. Also erstmal was essen. Der Großteil der Meute gibt sich vorerst geschlagen und trollt sich. Wir haben die Gelegenheit das Treiben im Grenzort Las Manos in Ruhe zu beobachten. Die wenigen Reisenden, einheimisch oder Tourist, die hier ankommen, werden alle auf die gleiche derbe Art "begrüßt", wenn auch mit unterschiedlichen Preisen. Wir haben den letzten Bissen gerade verspeist, als ein einzelner Fahrer sein Glück versucht. Er willigt schließlich ein, uns für unsere letzten Lempira bis zum Busplatz auf nicaraguanischer Seite zu bringen. Am Grenzposten, der keine drei Kilometer, sondern maximal 500 Meter entfernt ist, eröffnet er uns, dass seiner Meinung nach die Fahrt hier zu Ende ist und er nun unser Geld haben wolle. Jetzt machen sich die vier Wochen Intensivsprachkurs bezahlt. Auf die Frage, welchen der so zahlreichen Busse wir denn hier nehmen sollen, wird er pampig. Zur Belohnung darf er sich ein Donnerwetter anhören, im feinsten subjuntivo natürlich. Hilfesuchend wendet er sich an den Grenzbeamten, der plötzlich gaaaanz dringend Akten zu bearbeiten hatte. Sein grienender Blick sagt deutlich: 'Na, bist du an die Falschen geraten?'. Grummelnd wendet er seine Rikscha und zieht ab. Der Beamte stellt unsere Papiere aus und wir überqueren die Grenze wie schon eini-

ge Male zuvor - allein und zu Fuß, die staubige Straße vor uns. Ein Viertelstündchen später haben wir die ersten Häuser auf nicaraguanischer Seite erreicht. Der Busjunge winkt uns schon von Weitem zu: „Schnell, wir fahren nach Chinandega. Springt auf, wenn ihr mitwollt, das ist der letzte Bus!"- "'Wir haben aber noch keine Córdoba, nur ein paar Dollar", erwidern wir. „Rein mit euch, das passt schon!" In Chinandega dasselbe Spiel. Hopp und los, der Bus nach León rollte schon, als wir aufsprangen.
In León lernen wir drei Bremer Fluglotsen kennen, die ihren Jahresurlaub in Nicaragua verbringen. Einer der Drei ist bereits zum zwölften Mal hier und fungiert als eine Art Reiseführer für seine beiden Freunde. Natürlich kennt er diverse Bars und Kneipen, die wir jetzt wieder bis spät in die Nacht nutzen können. Während in Guatemala und Honduras aus Sicherheitsgründen fast alle Leute nach 20 Uhr in ihren Häusern verschwunden waren, kann man hier noch bequem bis Mitternacht herumlaufen, essen und schnacken. Tagsüber ist León herrlich entspannt. Wir schlendern durch die Straßen, besuchen einige der dutzend Kirchen und erfahren viel über die Geschichte der Stadt. Die erste Universität des Landes wurde hier eröffnet und die FSLN (Sandinistische Nationale Befreiungsfront, die ehemalige Revolutionsbewegung und jetzt linke Partei) hat hier auch in schlechten Zeiten immer eine Hochburg. Und die Leoneser? Wer nicht arbeitet, irgendwelche Besorgungen macht oder sich die neuesten Hollywoodfilme aussucht, sitzt gemütlich im Schaukelstuhl, betrachtet das Treiben auf der Straße und genießt ein Gläschen Flor de Caña, den guten Rum Nicaraguas. Nur zwanzig Kilometer entfernt von León liegen die Strände Poneloya und Las Peñitas. Der Sand ist zwar dunkel und die Wellen eher zum Surfen als zum Schwimmen geeignet, trotzdem gefällt es uns hier. In der Hängematte liegen, viel Sonne, etwas Wind, die coole Studentenstadt gleich nebenan, was will man mehr? Reise beenden und hier niederlassen? War nur'n Scherz. Wir reisen erstmal weiter. Aber so könnte ein Platz zum Leben für uns aussehen. Touristisch noch nicht so stark erschlossen, aber auch keine Wüste, nicht mitten in der Stadt, aber alles in greifbarer Nähe. Vorerst geht's aber Richtung Süden, zu Leóns großem Rivalen - Granada.

Granada

Man hat ja so seine Vorstellungen, wenn man an ein bestimmtes Land denkt. Bei Nicaragua fielen mir als erstes extreme Hungerperioden, Care-Pakete und Krieg ein. Natürlich wusste ich durch unseren Reiseführer, dass die Zeiten des Krieges längst vorbei sind und das Land inzwischen als eines der sichersten in Zentralamerika gilt. Dennoch hatte ich keine wirkliche Vorstellung davon, was uns erwarten würde. Bereits in León war ich überrascht, wie

modern die Stadt ist, mit (für lateinamerikanische Verhältnisse) sauberen Straßen, großen Supermärkten und schönen Kirchen. Aber Granada setzt noch einen drauf. Ganz sicher hätte ich in einem Land, das nach Haiti als zweitärmstes Land in der westlichen Hemisphäre gilt, nicht mit einer Stadt wie dieser gerechnet. Granada ist DAS touristische Highlight Nicaraguas und Teil jeder Tour. Entsprechend viele Reisegruppen aus Europa und den USA treffen wir dort an. Die ersten kommen uns entgegen, als wir verzweifelt nach einem günstigen Zimmer suchen. In insgesamt sechs Pferdekutschen traben sie an uns vorbei, das Kaltgetränk in der Hand. Uns stehen die Schweißperlen auf der Stirn. Da, das nächste Hostel! "30 Dollar?" Nicht schon wieder. "Ja, schönes Zimmer. Wenn ich im Urlaub wäre, würde ich es nehmen." Aber so... Nach einer Stunde stehen wir vor Alfreds Pension. Der deutsche Auswanderer hat ein Herz für uns und gibt uns sein "normalerweise 25 Dollar"-Zimmer für vierzehn Dollar. Wir müssen für drei Nächte im Voraus bezahlen plus Luxussteuer. Und da wir mit der einheimischen Währung Córdoba und nicht mit Dollar zahlen, kommt noch ein Aufschlag drauf. Ach ja, und Dusche aus dem Eimer, Wasser läuft gerade nicht. Egal. Erschöpft lassen wir unsere Rucksäcke neben das Bett fallen.
In Granada gibt es alles, was das Touristenherz begehrt – nette Straßencafés, Top-Restaurants, zahlreiche Kneipen und unzählige Ausflugsmöglichkeiten. Die Schattenseiten sind Straßenkinder, die neben den Tischen stehen und darauf warten, dass man etwas zu essen oder zu trinken übrig lässt. Kein Mojito am Abend, bei dem man nicht daran erinnert wird, dass es Menschen gibt, denen es nicht annähernd so gut geht wie uns. Arm und Reich prallen hier extrem aufeinander. Das merken wir besonders an unserem zweiten Abend. Wir sitzen gerade mit einem Taco in der Hand auf einer Bank vor der Kathedrale als hinter uns auf einmal Festbeleuchtung angeht und Live-Mariachi-Musik erklingt. Erstaunt drehen wir uns um. Mitten im öffentlichen Parque Central wurde ein Open Air Barbecue aufgebaut. Eine Reisegruppe von ca. 20 Leuten, allesamt fein gekleidet, nimmt an den mit weißen Tischdecken gedeckten Tischen Platz. Drumherum stehen die Armen der Stadt und starren ungläubig, wie der Gruppe ein Steak nach dem anderen serviert wird. Einige versuchen sich zu nähern. Die Reisegruppe bekommt davon nichts mit, eigens engagierte Polizisten sorgen dafür, dass keiner einen Schritt zu weit geht.
Beim Bummel durch die Stadt kommen wir an einem riesigen, mehrstöckigen kolonialen Haus vorbei, das gerade restauriert wird. So ein Haus wollte ich schon immer mal von innen sehen! Einer der Bauarbeiter sieht unsere neugierigen Blicke und winkt uns rein. Wir können uns hier gerne umschauen, sagt er. Der Fussboden des Hauses ist komplett aus Marmor, die Decke wird von weißen Säulen gestützt. Eine riesige, geschwungene Treppe führt in

die oberen Stockwerke. Durch einen Gang gelangt man zu einem bepflanzten Innenhof mit eigenem Springbrunnen. Wow. Ich komme mir vor, wie in einem Südstaatenroman á la "Vom Winde verweht". So falsch liege ich dabei gar nicht, das Haus gehört einem Amerikaner, wie wir erfahren. Viele Ausländer kaufen hier Häuser, die Stadt ist gepflastert mit Immobilienbüros, die ihre neusten Angebote in großen Aushängen anpreisen. Nicht jeder sieht die Entwicklung mit Wohlwollen, denn die Einheimischen werden dadurch aus dem Zentrum an den Stadtrand gedrängt. "Aber was sollen wir machen", sagt ein Marktverkäufer, mit dem wir uns später darüber unterhalten, "das ist Business."
Durch Zufall treffen wir in Granada Lena wieder. Eine freudige Überraschung! Wir hatten sie zusammen mit ihrem Kumpel Jo in Guatemala auf einer Höhlentour kennengelernt. Eigentlich wollten wir uns erst kurz vor Weihnachten in Panama City wiedersehen, jetzt haben sich unsere Wege schon früher gekreuzt. Lena nimmt hier eine Woche Spanischunterricht. Zusammen mit ihr und den anderen Sprachschülern Petra, Landon und Raymond machen wir abends die Kneipen unsicher. Lena macht uns mit zwei Jungs aus El Salvador bekannt. Die beiden sind mit zehn Dollar und einer Gitarre unter dem Arm zu Hause gestartet. Sie wollen unterwegs singen und von den Einnahmen peu á peu bis nach Peru kommen. An einem Abend waren wir bei einem Konzert von ihnen dabei. Natürlich haben wir auch was in die Reisekasse getan. Soviel Mut muss belohnt werden! Ein paar Abende später überlegen wir, wo es als nächstes hingehen soll. Nachdem wir in Honduras so schlechtes Wetter hatten, wollen wir gerne hier nochmal an die Karibikküste. Nicaragua lockt im Osten mit zwei fantastischen Inseln – den Corn Islands. Lena und Landon haben auch Lust drauf, können sich aber nicht auf einen Abfahrtstag einigen. Petra und Raymond überlegen noch, ob sie sich anschließen. Bevor wir zwei uns an die Karibikküste aufmachen, wollen wir sowieso noch ein paar Tage zum Baden auf die Insel Ometepe, die im See 'Lago de Nicaragua' liegt. Wir verabschieden uns von den Vieren mit den Worten: "Wir sehen uns auf den Corn Islands!"

Bluefields

Bevor wir auf die Corn Islands fahren können, müssen wir erstmal nach Bluefields, eine kleine Hafenstadt im Osten Nicaraguas. Dort soll einmal die Woche - immer mittwochs - die Fähre auf die Inseln gehen. Wir hätten auch einen Direktflieger von der Hauptstadt Managua nehmen können. Aber der ist zum einen teuer und zum anderen würden wir die ganze Landschaft bis hin zur Westküste verpassen. Die lange Anfahrt schreckt uns nicht ab. Wir wollen ja mindestens zwei Wochen auf der kleineren der beiden Inseln -

Little Corn Island - bleiben. Dienstag früh um fünf klingelt der Wecker. Halb sechs sitzen wir im Bus nach Managua. In diesem Teil des Landes ist das Straßennetz gut ausgebaut, nach einer Stunde sind wir da. Mit dem Taxi müssen wir von einer Busstation zur anderen - einmal quer durch die ganze Stadt. Am Straßenrand liegen die Überreste der Demonstrationen vom Vorabend. Es waren Wahlen und Gerüchte über Wahlbetrug führten zu Ausschreitungen zwischen den Anhängern der konkurrierenden Parteien. Irgendwie sind wir froh, dass wir uns hier nicht länger aufhalten müssen. Zu unserem großen Glück steht bereits der nächste Bus abfahrbereit. Zwar nur nach Juigalpa und nicht wie geplant nach Rama, aber dann steigen wir eben nochmal um. Hauptsache raus aus der Hauptstadt. In Juigalpa kriegen wir direkt wieder Anschluss und mittags um zwölf sind wir in Rama. Super! Unser Reiseführer schreibt, dass wir für die Anreise nach Rama einen ganzen Tag brauchen würden. Jetzt sind wir schon da. Wenn das kein gutes Omen ist. Das Wetter wird zwar immer trüber je näher wir der Karibikküste kommen, aber das macht uns keine Sorgen. Die Inseln sind 70 Kilometer vom Festland entfernt, da kann es schon wieder ganz anders sein. In Rama hört die Straße auf. Die noch verbleibenden 90 Kilometer nach Bluefields kommt man jetzt nur noch über den Fluss. Die Preise für die Schnellboote, die die Strecke in anderthalb Stunden schaffen, sind sportlich. Aber die Alternative ist schwimmen. Abfahrtszeiten gibt es nicht, die Boote fahren ab, wenn sich 20 Leute gefunden haben, die mitfahren wollen. Wir sind Nr. 11 und 12. Es kann also noch eine Weile dauern. Macht nichts. Dann gehen wir eben erstmal im Comedor um die Ecke Mittag essen. Halb drei fährt das Boot, Punkt vier sind wir in Bluefields. Es ist, als wären wir in einem anderen Land angekommen. Der Hafen ist total überfüllt, die Menschen sind dunkel, fast schwarz. Sie schreien bunt durcheinander, in Creole, einer Sprache, die wir nicht verstehen. Mitten in der Menge zeigt ein Mann auf mich und sagt mit einem Akzent, der an jamaikanischen Reggae erinnert: "Hey you, I have a message for you!" Eine Nachricht, für mich? Von wem, will ich wissen. "I don't know, but your friends are waiting for you. I show you the hotel." Hmm... Wahrscheinlich nur ein Schlepper. Ich beschließe, ihn zu ignorieren. "Hey, wait wait!", ruft er mir hinterher und zeigt mir einen Zettel. Da stehen unsere Namen drauf 'Daniela und Volker'. Jetzt dämmert es mir, wahrscheinlich eine Nachricht von Lena! Sie sind schon hier! Wir folgen dem Mann zum Hotel und tatsächlich - Lena und Landon sind dort. Sie wollen auch morgen früh die Fähre nehmen. Bis gestern war Petra noch bei ihnen, erzählen sie. Sie habe heute allerdings den Flieger auf die Insel genommen. Die Absteige, in der sie gestern zusammen übernachtet haben, sei so furchtbar gewesen, dass sie keinen Tag länger in Bluefields bleiben wollte. Ich schaue mich um. Noch schlimmer als das hier? Mitten im Hafenviertel gelegen,

umgeben von lauter Betrunkenen würde ich unserem heutigen Schlafdomizil auf einer Skala von 1 bis 6 die Note 7 geben. Ich beiße die Zähne zusammen. Ist ja nur für eine Nacht. Und morgen wartet das Tropenparadies! Unsere Euphorie verfliegt, als sich die Gerüchte verdichten, dass morgen keine Fähre geht. Wegen zu hohem Wellengang soll die Abfahrt auf Donnerstag verschoben werden. Wir packen dennoch Mittwoch früh unsere Sachen und gehen zum Anleger. Vielleicht hat sich ja was geändert. Wir sind schließlich in Lateinamerika und da weiß man nie. Am Hafen das totale Chaos. Keiner weiß Bescheid. Selbst auf die Frage, wo denn das zuständige Ticket-Office ist, gibt es zehn verschieden Antworten. Nach einer Stunde geben wir auf und finden uns mit dem "Tal vez mañana" (vielleicht morgen) ab. Lena und Landon machen einen spontanen Ausflug zur Laguna de Perlas und Volker und ich suchen nach einem neuen Hotel. Wir finden was wirklich Nettes am anderen Ende des Ortes, legen erstmal unsere Füße hoch und schauen eine Weile ins örtliche Fernsehen. Etwas später machen wir einen Rundgang durch die 40.000 Einwohner Stadt.
Bluefields ist nach einem holländischen Piraten namens Blewfeldt benannt, der hier um 1700 sein Unwesen trieb. Wenn man heute durchs Hafenviertel geht, begegnet man immer noch ziemlich vielen zwielichtigen Gestalten. Alkohol- und Drogenkonsum scheinen hier an der Tagesordnung zu sein. Auf der Straße hören wir kaum Spanisch. Englisch und Creole sind die vorherrschenden Sprachen. Von der sonst so herzlichen Mentalität der Nicaraguaner ist hier nicht so viel zu spüren. Auch der Umgang untereinander ist eher rau. Je weiter man sich vom Hafenviertel entfernt, desto besser wird es. Die Familie unseres zweiten Hostels ist sogar ausgesprochen nett, wir dürfen u.a. in ihrer privaten Küche kochen. Dennoch macht Bluefields auf mich den Eindruck einer "vergessenen Stadt", abgeschnitten vom Rest des Landes mit frustriert wirkenden Menschen, denen es (inzwischen) egal zu sein scheint, was andere von ihnen denken. Schade. Denn eigentlich hat die Stadt das Potenzial zu einem netten Küstenort, einem interessanten Schmelztiegel der Kulturen, einem attraktiven Backpackerziel. Aber Investitionen in diesem Teil des Landes werden von der Regierung kaum getätigt. Bluefields gehört zur Autonomen Region Süd. Und diese liegt, nicht zuletzt durch die Unterstützung des 'Contra Wars' (Kampf der USA in den 80ern gegen die damalige Regierung), seit Jahrzehnten mit Managua im Clinch.
Bluefields, Donnerstag 9 Uhr: gleicher Ort, gleiches Spiel. Es geht keine Fähre. "Tal vez mañana." Vielleicht morgen, vielleicht aber auch erst nächste Woche. Überall nur Schulterzucken. Wir sind frustriert. Sollen wir noch länger auf eine Fähre warten, von der kein Mensch weiß, wann sie das nächste Mal fährt? Bluefields ist ja nun nicht gerade ein Urlaubsparadies. "Vielleicht sollten wir den Flieger nehmen", meint Volker. Lena und Landon sind

auch nicht mehr so abgeneigt, die höheren Kosten zu investieren. Ich bin nicht gerade begeistert, eine von diesen kleinen Propellermaschinen zu nehmen, gebe mich aber geschlagen. Ich habe auch keine Lust, hier noch länger festzusitzen.

Corn Islands

Donnerstag, 16 Uhr, Landung Flughafen Big Corn Island: Da ist ja Petra!! In der Abflugschlange? Oh nein, sie empfängt uns mit den Worten: "Die letzten Tage war nur schlechtes Wetter hier und jetzt haben sie einen Tropensturm angesagt! Kein Internet, kein Handyempfang, ich konnte euch leider nicht warnen!" Was??? Was ist denn mit der 'heiter bis wolkig'-Vorhersage aus dem Internet?? Es bleibt keine große Zeit für weitere Erklärungen. Weg ist sie, verschwunden im Flieger, der sie wieder zurück aufs Festland bringt. Der Wind bläst uns ins Gesicht und dann setzt auch noch der Regen ein. Wo ist das erträumte Tropenparadies? Wir versuchen, uns nicht runterziehen zu lassen. Der Regen wird schon wieder verschwinden! Im billigsten Hostel der Insel treffen wir viele andere Backpacker. Und sie haben Bier! Na also.
Heute ist der dritte Tag im Tropensturm. Das Wetter ist trübe und der Wind peitscht das Meer ans Ufer. Die Strände sind voll von angeschwemmtem Müll. Unglaublich, was der Mensch so alles ins Wasser schmeißt. Das Ufer reicht schon fast nicht mehr aus. An einigen Stellen geht der Müll bis auf die Straße. Weggeräumt wird er noch nicht. "Erst nach dem Sturm", sagt unsere Hostelbesitzerin. Niemand kann sagen, wie lange das schlechte Wetter noch anhält. "Am Wochenende soll es besser werden", sagten uns die Einheimischen. Heute ist Samstag und es ist keine Besserung in Sicht. "Das ist normal um diese Jahreszeit", sagt unsere Hostelbesitzerin und zuckt mit den Schultern. Ihr scheint es egal zu sein, dass ihr Haus voll von Backpackern ist, die ihr Geld für den Flug hierüber zusammengekratzt haben und nun jeden Tag sehnsüchtig aus dem Fenster schauen in der Hoffnung auf ein bisschen Sonne. Die Insel ist schnell abgelaufen, die wenigen Restaurants inzwischen ausprobiert. Volker nutzt ein Regenloch, um sich wenigstens ein Mal in die Fluten zu stürzen. Zum Ausgleich für das schlechte Wetter sind die Abende in unserem Hostel lustig. Jemand erzählt, dass letzte Woche eine Heidenaufruhr im Ort war. Die Leute haben zwischen dem ganzen Müll wie wild nach Kokain gesucht! Es ist ein offenes Geheimnis, dass die Corn Islands Anlaufpunkt für Drogenschiffe aus Kolumbien sind. Wenn ihnen die Polizeipatrouille in die Quere kommt, schmeißen sie ihre Ladung über Bord. Die kleinen weißen Päckchen werden dann nicht selten an die Ufer der Corn Islands gespült. Und wir haben uns schon gefragt, wovon die Einheimischen hier leben! Kleiner Scherz. Die meisten leben natürlich vom Tourismus und sind

sehr, sehr nette Menschen. Trotz der netten Gesellschaft fragen wir uns, wie lange wir auf gutes Wetter warten wollen. Das Essen ist teuer (fast das Doppelte wie auf dem Festland) und an eine Überfahrt nach Little Corn Island (unserem eigentlichen Ziel) ist aufgrund des hohen Wellengangs nicht zu denken. Ein paar Tage geben wir uns noch.
Tag 6 auf der Insel: Und täglich grüßt das Murmeltier. Der Himmel ist grau, der Wind pfeift uns um die Ohren und der Regen fängt an, durch unsere Decke zu tropfen. Unsere Bettlaken sind klamm und die gewaschene Wäsche trocknet nicht. Irgendwie haben wir keine Lust mehr zu warten. Lieber einen See mit Sonne als ein Tropenparadies im Regen. Wir nehmen den Flieger zurück, dann wieder das Boot von Bluefields nach Rama und schließlich den Bus nach Juigalpa. Lena und Landon fahren weiter nach León. Wir legen in Juigalpa einen Zwischenstopp ein und überlegen, wo wir die letzten zwei Wochen unseres Nicaragua-Aufenthaltes verbringen wollen.

Laguna de Apoyo

Wir haben uns für den blauen See Laguna de Apoyo entschieden, um - im Austausch für die verregnete Karibikküste - Sonne zu tanken und im Wasser zu planschen. Bei der Suche nach einer Unterkunft stoßen wir auf eine kleine Sprachschule, die gleichzeitig auch eine Forschungsstation ist. Jeffrey, ein amerikanischer Biologe, hat es sich zur Aufgabe gemacht, die Fischbestände in der Lagune und die verschiedenen Tierarten in den umliegenden Wäldern zu untersuchen. Gleichzeitig betreibt er auch ein Wiederaufforstungsprojekt. Bei der massiven Abholzung in Nicaragua eine sinnvolle Angelegenheit. Unterstützung bekommt er dabei von Volontären aus aller Welt. Drei von ihnen sind Frederick, Askar und Lea, die jeden Tag fleißig Erde in kleine Plastikbehälter schaufeln und sie danach mit Samen versehen. Die Arbeit der Drei erinnert uns an unser eigenes Vorhaben, zwischendurch als Volontäre tätig zu werden. Neben den drei Dänen sind noch die Französin Fanny, eine Sprachschülerin und der Amerikaner Kolby, ein Profi-Fotograph mit an Bord. Kolbys Leidenschaft gilt der Insektenwelt. Wann immer man eine Spinne an der Wand oder einen Käfer auf dem Fuß hat, muss man nur laut seinen Namen rufen und er kommt samt Kameraausrüstung angeflitzt, hoch erfreut über die neu entdeckte Spezies. Einmal ist er ganz begeistert und bezeichnet einen Käfer mit transparenten Flügeln als "das Model unter den Insekten". Es ist eben alles eine Sache der Perspektive. Die Tage sind ruhig. Wir schwimmen im See, lesen und spielen abends zusammen mit den anderen Karten. Es hätten mit die besten Tage in unserem Nicaragua-Aufenthalt werden können, wenn ich nicht seit Juigalpa Magenprobleme hätten, die sich hartnäckig halten. Lange Zeit hatte ich Ruhe, jetzt ist es mal wieder soweit…

Bananen-Zwieback-Diät und viel Trinken haben nicht geholfen und die Antibiotika, die ich dabei habe, schlagen auch nicht an. Es wird Zeit für einen Arzt. Für Managua ist es zu spät, wir müssen in drei Tagen das Land verlassen. Warten auf Testergebnisse und eine eventuelle Nachuntersuchung sind in der Hauptstadt daher nicht mehr möglich. Darum machen wir uns morgen auf zum nächsten guten Krankenhaus - in San José, Costa Rica.

Costa Rica

Endlich gibt es wieder Sonne und Strand im Doppelpack! Und das in einem Land, in das wir eigentlich gar nicht wollten. Unsere ursprüngliche Planung sah vor, von Nicaragua nach Ecuador zu fliegen. Jetzt stehen sowohl Costa Rica als auch Panama auf unserer Route. Wir wollen uns mit Lena und Jo zu Weihnachten in Panama treffen. Mal sehen, ob's klappt. Heute ist schon der 3. Advent und wir haben noch keine Nachricht von den beiden...
In der Hauptstadt San José lasse ich mir die passenden Antibiotika für meine Magenprobleme verschreiben. Im Anschluss suchen wir uns die billigste Unterkunft der Stadt. Das Hostel kostet zwar immer noch stolze sechzehn Dollar pro Nacht, aber alles andere im Low-Budget Bereich ist nur noch stundenweise zu kriegen. Im Hostel (oder sollten wir sagen "im Altenheim"?) haben wir einen äußerst amüsanten Abend mit einem 60 Jahre alten Nicaraguaner, einer 76jährigen Costa-Ricanerin und dem 81jährigen Eduardo, ebenfalls aus Costa Rica. Der Nicaraguaner kam wie wir nach San José, um sich im Krankenhaus behandeln zu lassen. Als er hört, dass wir aus Deutschland sind, springt er auf, krempelt beide Hosenbeine hoch und zeigt stolz auf seine Knie: "Son de Alemania!". (Die sind aus Deutschland!) Offensichtlich hat man ihm deutsche Knieprothesen eingesetzt. Von da an sind wir seine Freunde. Er erzählt uns seine gesamte Lebensgeschichte, inklusive der Tatsache, dass er während seiner Jugendzeit im gleichen Viertel wie Daniel Ortega gewohnt hat. "Der hat damals schon nur geklaut", ist sein trockener Kommentar zum jetzigen Präsidenten seines Landes. Ich weiß nicht mehr, wie wir von "Daniel Ortega" auf "Tiere" zu sprechen kommen, aber das ist der Punkt, an dem sich die 76jährige Costa-Ricanerin zu Wort meldet. Sie sei überzeugte Vegetarierin und könne nicht verstehen, wie andere Menschen Tiere essen können. Schließlich seien sie gottesgesandte Wesen und auf der Welt, um beschützt zu werden. So weit, so gut. Der Mensch, setzt sie fort, würde nicht erkennen, welch schlechtes Karma er auf sich ziehe, wenn er tierische Produkte konsumiere. Wie zum Beweis folgten dutzende Geschichten, in denen Menschen ums Leben kamen, weil sie Tiere verletzt, getötet oder schlicht gegessen haben. Ich muss etwas schlucken, als ich sehe, wie Volker genüss-

Oben links:
am Strand von Tulum,
Yucatan, Mexiko

Mitte links:
auf dem Vulkan Pacaya,
nahe Antigua,
Guatemala

Mitte rechts:
Maya-Frau in Cobán,
Guatemala

Links:
Weihnachten 2008
auf der Insel Bastimento,
Bocas del Toro, Panama

Ganz oben: Mitarbeiter eines Straßenrestaurants, Cartagena, Kolumbien

Oben links: historisches Viertel von Salvador da Bahia, Brasilien

Rechts: Strand 'Quarta Praia' auf der Insel Tinharé, Brasilien

lich in sein Mortadella-Brötchen beißt. „Nehmen wir uns doch die Tierwelt als Beispiel", sagt die alte Dame weiter, "fast alle Tiere fressen Pflanzen!" Ähm… Als würde sie unsere Gedanken erraten, fügt sie schnell hinzu: "Naja, bis auf die Löwen vielleicht. Aber denen hat ja auch noch niemand gezeigt, dass man auch Gemüse essen kann!" Das ist der Zeitpunkt, wo auch ich wieder in die Mortadellapackung greife. Um noch eins drauf zu setzen, meldet sich jetzt der 81jährige Eduardo zu Wort. Er behauptet steif und fest, schon mal zum Planeten "Ganimee" geflogen zu sein! Ich habe Schwierigkeiten, meinen Lachanfall zu unterdrücken und hätte mich fast an meinem Brötchen verschluckt, als Volker todernst fragt, wie es denn auf dem Planeten so sei. Begeistert von Volkers Interesse legt Eduardo los. Die Bewohner Ganimees seien engelsähnliche Wesen und empfangen nur wenig Besucher. Er könne von Glück sagen, dass er zu den Auserwählten gehöre. Der Boden auf Ganimee sei so heilig, dass alle zwischen 50 und 500 Meter über der Erde schweben. Manchmal kommen die Einwohner Ganimees auch zur Erde. Die Ankunft ihres UFOs würde sich immer durch eine orangene Wolke ankündigen! Ich muss gleich losprusten. Mit einem schnellen "Con permiso" (Gestatten Sie) verabschiede ich mich auf unser Zimmer und kringel mich vor Lachen. Volker kommt etwas später nach. Ich hätte das Wichtigste verpasst, sagt er. Er wüsste jetzt nämlich, wo die Haltestelle für die UFOs ist. Gleich um die Ecke, in der 7. Avenida!
Mit Ausnahme unserer unterhaltsamen Zimmernachbarn ist San José eine eher farblose Stadt und so halten wir uns auch nicht länger als nötig auf, sondern fahren Richtung Strand. Davon hat Costa Rica wirklich mehr als genug. Eine knappe Woche entspannen wir in dem kleinen Örtchen Samára an der Pazifikküste und genießen die tropische Sonne. Jetzt müssen wir uns allerdings sputen, dass wir rechtzeitig zu Weihnachten nach Panama kommen…

Panama

Kurz vor Weihnachten kommen wir auf der Insel Bastimento in Bocas del Toro, im Norden Panamas, an. Wie versprochen treffen dort pünktlich zum 24.12. unsere Reisefreunde Lena und Jo ein. Mit ihnen sind noch die Deutschen Michel, Markus und Yvonne angekommen. Eine lustige Runde, die sich bis zum Abend noch vergrößert. Mit insgesamt dreizehn Leuten aus aller Welt feiern wir in einem abgelegenen thailändischen Restaurant einen ausgelassenen Heiligabend. Für die nächsten zwei Tage sind sonnenbaden, schnorcheln und feiern geplant. Und dann kam alles ganz anders…
1. Weihnachtsfeiertag, 18 Uhr: Hektische Betriebsamkeit auf der Insel. Die Einwohner Bastimentos bereiten die Feierlichkeiten für den Abend vor. Wir

kommen gerade vom Strand und schnattern aufgeregt durcheinander. Fast wäre Gregorio, ein Belgier, in der starken Meeresströmung ertrunken. Er war zu weit raus geschwommen und hat es nicht mehr zurück ans Ufer geschafft. In seiner Panik trieb er immer weiter ab, während wir nur hilflos am Strand stehen und mit den Armen wedeln konnten. Schließlich kam ein Surfer zur Hilfe und paddelte auf seinem Brett mit aller Wucht gegen die starken Wellen an. Nach einer nervenaufreibenden halben Stunde hatte er Gregorio erreicht und brachte ihn sicher ans Ufer. Puhh, das war knapp. Eine Katastrophe an Weihnachten, das hätte gerade noch gefehlt! Froh, dass nichts passiert ist, machen wir uns an die Essensvorbereitungen. Ich habe gestern lauthals verkündet, dass wir "Fisch für alle" machen. Mit einem Grinsen hievt Volker den Sack Fische aus dem Kühlschrank unseres Hostels. "Das ist dann wohl meine Aufgabe", sagt er mit gespielter Resignation. "Du Armer", erwidere ich feixend und verspreche, dafür gleich das Gemüse aus dem Supermarkt zu holen. Ein paar Tomaten und zwei Peperoni. Volker geht zum Fische entschuppen auf den Bootssteg, der von unserer Freiluftküche aufs Wasser führt. Ich hole schnell das Geld aus dem Zimmer, mache die Tür zu und hänge das Schloss ein, an dem der Schlüssel baumelt. Eine Viertelsekunde überlege ich. Ach was, zuschließen brauch ich nicht. Vor unserer Tür sitzen unsere amerikanischen Nachbarn und Volker ist in Sichtweite. Der Supermarkt ist direkt gegenüber. Ich bin gleich wieder da.

Keine fünf Minuten später: Als ich zurück komme, sind die Amerikaner auf ihrem Zimmer. Volker sitzt immer noch auf dem Steg, mit dem Rücken zum Eingang. Unsere Tür steht sperrangelweit auf. "Volker, warst du auf dem Zimmer?" - "Nein, wieso?" Er kommt hoch. "Der Schlüssel liegt samt Schloss auf dem Bett und die Tür war zu, als ich gegangen bin", erwidere ich aufgeregt. Dann fällt mein Blick auf die aufgerissenen Seitentaschen von Volkers großem Rucksack. "Hier war jemand drin!" Ich renne zum Zimmer der Amerikaner. "Habt ihr jemanden gesehen?" Sie verneinen. Volker gibt in der Zwischenzeit Entwarnung. Es fehlt nichts. Gut, dass wir unsere Wertsachen immer in unsere kleinen Rucksäcke einschließen… Mein Blick fällt auf die leere Stelle in der Ecke. Das gibt's doch nicht! "Scheiße, mein kleiner Rucksack ist weg!!!!!" Meine Gedanken wandern zurück und auf einmal fällt es mir wie Schuppen von den Augen: Ich kriege die Eingangstür fast ins Gesicht, als ich vom Einkaufen zurück komme. Ein junger Schwarzer huscht an mir vorbei. Kann der nicht aufpassen? Und wieso hält der die Arme so komisch verschränkt? "Der Typ am Eingang!! Der hatte meinen Rucksack!!!" Ich weiß nicht, ob eine oder zwei Minuten oder nur 30 Sekunden vergangen sind zwischen der Situation an der Eingangstür und unserem Sprint nach draußen. Es war auf jeden Fall zu spät. Der Typ war bereits über alle Berge. Kopflos rennen wir durch die Straßen, fragen jeden, ob sie einen jungen Schwarzen mit einem blau-weißen Rucksack gesehen haben. Wir bekommen nur lallende Antworten. Im Dorf hat man schon reichlich auf Weihnachten angestoßen. Es interessiert niemanden, dass mir gerade meine gesamten wichtigen Sachen gestohlen wurden. Ich bin verzweifelt. Mein Geld, mein Reisepass, mein Führerschein, der Impfausweis, meine Kreditkarten, mein Handy, mein MP3-Player, mein Tagebuch, mein Adressbuch mit allen Reisebekanntschaften, die kompletten Foto-CDs ab Guatemala, Abschiedsgeschenke von zu Hause, Erinnerungen von unterwegs... alles ist weg!! Schluchzend falle ich Volker in die Arme, während um uns herum alles feiert. Deprimiert gehen wir zurück zum Hostel. Die anderen warten schon. Wir wollten ja jetzt zusammen essen. Gegenüber steht der Nachbar auf seiner Veranda. Wir starten einen letzten Versuch. Ja, er hat den Typen rauskommen sehen, sagt er und ja, er hatte einen Rucksack. Ich traue meinen Ohren kaum, als er uns auch noch einen Namen nennt! "Das war Ariel. Der ist dafür bekannt, dass er viel klaut. Geht zur Polizei, erstattet Anzeige!" Das machen wir. Markus und Michel kümmern sich in der Zwischenzeit um die Fische. Auf der Polizeistation erzählen wir, was passiert ist. Der Nachbar hatte uns gesagt, dass 'Ariel' direkt mit dem Boot in Richtung der Hauptinsel Bocas gefahren ist. Die Polizisten alarmieren die dortige Station und versichern, dass sie alles menschenmögliche tun, um ihn dort drüben festzunehmen. Ein kleines Fünkchen Hoffnung keimt in mir auf. Abends um zehn sitzen wir alle beim Essen. Die Stimmung ist nicht ganz so wie geplant. Yvonne, Markus, Michel, Lena und Jo versuchen mir Mut zuzusprechen. Volker hält mich immer noch tröstend im Arm. Vorsichtshalber hat er schon mal meine Kreditkarten sperren lassen. Wir können nur warten und hoffen, dass sie den Typen samt Rucksack auf der anderen Insel kriegen. Der Fisch riecht gut, aber Hunger habe ich keinen. Wortlos und mit Tränen in den Augen stocher ich auf meinem Teller rum.

Am Morgen des 26.12.: Wir stören die Polizisten beim Fernsehen. „Ach ja, 'Ariel'. Nein, es gibt noch keine Nachricht, aber die Polizisten drüben tun alles, was sie können." Schwups, dreht sich der Kopf wieder zur Flimmerkiste. Ob sie denn nicht mal auf der anderen Insel anrufen könnten, möchte Volker wissen. Jetzt gucken uns die beiden Polizisten an, als hätten wir sie gefragt, wann das nächste Raumschiff zum Mars geht. Anrufen?? Dann kommt einer der beiden auf die rettende Idee. Wir müssten ja sowieso rüberfahren, um eine Verlustanzeige für die Botschaft aufzugeben, das könnten sie hier nämlich nicht. Und bei der Gelegenheit könnten wir die Polizisten vor Ort auch gleich nach dem Stand der Dinge fragen. Damit war klar, dass die Seifenoper im Fernsehen wichtiger war als wir. Die Polizisten auf der Hauptinsel erweisen sich als genauso wenig nütze. Nur Ausreden, warum sie dieses oder jenes nicht machen können. Meine Verzweiflung wächst. So werde ich

meinen Rucksack nie wiederkriegen! Wir haben schon viel über die Polizei in Lateinamerika gelesen und gehört, aber diese Untätigkeit am eigenen Leibe zu spüren, ist wirklich frustrierend. Vor Wut steigen mir die Tränen in die Augen. Wir werden ins nächste Büro chauffiert, wo ich das Schreiben für die Botschaft kriegen soll, damit ich einen neuen Pass beantragen kann. Nachdem der Beamte auch nach dem dritten Versuch nicht in der Lage war, das Schreiben aufzusetzen, habe ich es ihm mit meinen eigenen Worten auf Spanisch diktiert… 11 Uhr morgens und ich bin fertig für den Tag. Zurück auf der Insel Bastimento überlegen wir, was wir tun können. Mit der Polizei können wir nicht rechnen. Unser Nachbar erinnert sich plötzlich nicht mehr, überhaupt jemanden gesehen zu haben und unser Hostelbesitzer schiebt ausschließlich mir die Schuld zu. Das ganze Dorf ist wie eine Mauer. Aber der Gipfel von allem ist, als wir auf der Straße hören, dass besagter Ariel gestern Abend eine Riesenparty geschmissen hat. Klar, von meinem Geld!! Ich könnte platzen! Dann hat Volker eine Idee. Wir bieten Geld. Geld?? "Ja, wir bieten 50 Dollar Belohnung für denjenigen, der den Rucksack wieder zurück bringt!" Hmm, einen Versuch wär's wert. Das Bargeld wird weg sein, aber vielleicht kriege ich die Dokumente und meine persönlichen Sachen wieder.
Am Abend des 26.12.: Inzwischen weiß das ganze Dorf von unserer Geschichte und auch von den 50 Dollar Belohnung für die Wiederbeschaffung meines Rucksacks. Gerüchten auf der Straße zufolge soll es nicht das erste Mal gewesen sein, dass aus unserem Hostel geklaut wurde. Ein Einwohner behauptet sogar, dass unser Hostelbesitzer die Hand aufhält und dann wegguckt, wenn Leute von außerhalb die Räumlichkeiten betreten. Wir wissen nicht, ob es stimmt, aber wohl fühlen wir uns hier nicht mehr. Zusammen mit den anderen ziehen wir in ein neues Hostel. Abends setzt der Tropenregen ein. Passend zu meiner Stimmung. Mal wieder können wir nur hoffen und warten, dass was passiert.
27.12.: Weihnachten ist vorbei und meine Sachen immer noch weg. Die anderen Backpacker versuchen zu helfen, aber herzaubern können sie meinen Rucksack natürlich auch nicht. Unser neuer Hostelbesitzer ist wie wir stinksauer auf die Polizei. Die drehen Däumchen, während dieser Ariel mal auf der einen, mal auf der anderen Insel gesichtet wird. "Das ist rufschädigend", sagt er, "wenn sich das rumspricht, kommt niemand mehr auf die Insel und ich kann mein Geschäft zu machen." Gut erkannt. Er stellt eigens eine Crew von jungen Männern zusammen, mit denen er sich "höchstpersönlich" um Ariel kümmern will. Ich frage lieber nicht nach, was das heißt. Ich bin einfach nur froh, dass sich nach zwei Tagen endlich mal jemand von den Einheimischen dafür interessiert, was uns passiert ist. Bis abends ist Ariel nicht aufzutreiben, dann taucht ein "Freund" von ihm bei uns im Hostel auf. Seine Nachricht: Wir könnten den Rucksack gegen die versprochenen 50 Dollar

Belohnung wiederhaben. Allerdings ohne das Geld (das ist ausgegeben), den MP3-Player und das Handy (die sind so gut wie verkauft). Außerdem möchte Ariel 25 Dollar extra "Risikozuschlag". Wenn wir nicht zustimmen, wird sich Ariel noch heute Abend samt Rucksack absetzen. Ich könnte vor Wut aus der Haut fahren, willige aber ein aus Angst, meine Sachen sonst nie wieder zu sehen. Der Typ verschwindet wieder in der Dunkelheit. Ich komme mir vor wie in einem schlechten Film. Jo sagt sofort zu, bei der Übergabe dabei zu sein, damit wir nicht alleine sind. In der Zwischenzeit versuchen wir unseren Hostelbesitzer zu erreichen. Vergeblich. Er geht nicht an sein Handy und auch im Dorf ist er nicht zu finden… Eine halbe Stunde später ist die Übergabe. Und tatsächlich! Ich halte meinen Rucksack wieder in den Händen!!! Zwar total durchnässt und zerfetzt, aber mit allen wichtigen Dokumenten und persönlichen Sachen. Einzig der kristallene Reiseengel, den ich zum Abschied von meiner Mutter geschenkt bekommen habe, fehlt. Ich werde sauer. "Wo ist der Engel?" will ich wissen. Der Typ zuckt mit den Schultern. "Hast du ein Telefon? Dann kannst du Ariel persönlich fragen." - "Ob ich ein Telefon habe???!!" Volker konnte mich gerade noch davon abhalten, dem Typen an den Hals zu springen. Jo beruhigt die Situation und gibt ihm die 50 Dollar "Belohnung". Ich habe mich geweigert, noch 25 Dollar "extra" zu zahlen. Der Typ zieht ab und der Spuk ist vorbei. Völlig fertig, aber glücklich zumindest den Großteil meiner Sachen wieder zu haben, gehen wir zurück ins Hostel. Was für ein Weihnachten. Eigentlich wollten wir jetzt mit den Anderen auf eine weitere Insel. Nach dem ganzen Trubel beschließen wir jedoch, Silvester ruhig zu verbringen. Wir verabschieden uns von Lena, Jo und ihren Freunden und fahren nach Panama City. In der Hauptstadt reservieren wir einen schönen Tisch in einem netten Restaurant und gucken mal einen Abend nicht aufs Geld. Um Mitternacht stoßen wir mit einem Kir Royal auf das neue Jahr an, bewundern dabei das Feuerwerk über dem Wasser und wünschen uns, dass das neue Jahr besser anfängt, als das alte geendet hat.

Am 3. Januar sieht die Welt wieder etwas bunter aus. Mein Rucksack ist gewaschen und genäht und unser Flug auf den letzten Kontinent unserer Reise steht an - Südamerika! Nach fast zwei Jahren Reise wollten wir eigentlich längst in Argentinien sein, den Abflug nach Afrika in Sicht. Aber wie so oft haben sich unsere Pläne geändert. Wir sind viel langsamer unterwegs als gedacht und müssen so wohl oder übel den Kontinent Afrika für diese Reise streichen. Wir haben aber auch gemerkt, dass es uns sehr viel besser gefällt, lange in einem Land zu verweilen und am Leben der Einheimischen teil zu haben als nur die Hot Spots abzuhaken. Zudem mögen wir die Freiheit, spontan auch ein neues, nicht geplantes Land in unsere Route mit aufzunehmen.

Kolumbien

Cartagena
(aus Volkers Tagebuch)

Kolumbien war mal wieder eines der Länder, die so gar nicht auf unserer Liste standen. Aber wer immer auch aus dieser Richtung kam, schwärmte von Land und Leuten. So wurden wir neugierig und haben unseren Flieger nicht wie geplant nach Ecuador, sondern nach Kolumbien, Cartagena gebucht. Die Stadt empfing uns mit bestem Wetter und total ausgebuchten Hostels. Überall hieß es nur "alles voll, vielleicht morgen". Von Weihnachten bis Ende Januar ist hier Ferienzeit und wer es sich von den 43 Millionen Kolumbianern leisten kann, fährt an die Karibikküste, meistens nach Cartagena. Nach drei Stunden Suche haben wir am Ende im Haus einer Kolumbianerin doch noch Glück. Ein Einzelzimmer ist das letzte, was frei ist. Natürlich mit Einzelbett und - Glasklo! Egal, nach fast zwei Jahren Backpackerreisen hat man sich an alles gewöhnt.
Nach Sonnenuntergang erwacht der Kirchplatz direkt vor unserem Haus zu vollem Leben. Klatsch und Tratsch, Domino und Schach, Skateboarden und Flirten. Das halbe Viertel, ob jung oder alt, versammelt sich hier, um seiner jeweiligen Lieblingsbeschäftigung nachzugehen. Stände mit Spießchen, Hotdogs und Säften sind in direkter Reichweite für die hungrigen und durstigen Kehlen. Von der Altstadt Cartagenas sind wir besonders begeistert. Hier finden wir fein herausgeputzte historische Bauten aus der Kolonialzeit sowie eine Menge Cafés und Kneipen. Hier tummeln sich auch die meisten Touristen. Außerhalb der alten Stadtmauern sieht das Leben anders aus. Dort stehen dürftig zusammengebaute Hütten und halb zerfallene Häuser für die annähernd eine Million Einwohner der Stadt. Die "caribeños", wie die Einheimischen genannt werden, sind zum großen Teil afrikanischer Abstammung und leben in meist ärmlichen Verhältnissen.
Nicht weit von Cartagena auf der Insel Barú liegt einer der traumhaftesten Strände, die wir auf unserer Reise gesehen haben – der Playa Blanca. Weiß, breit und ewig lang. Türkisfarbenes Wasser und Korallenriffe. Ein kleines, noch kaum verbautes Paradies und damit der perfekte Platz für uns. Wir schlafen in Hängematten und essen abends den von den Einheimischen frisch zubereiteten Fisch. Strom gibt es nur für ein paar Stunden und wenn wir duschen wollen, müssen wir uns vorher einen Kanister mit Süßwasser kaufen. Frisches Wasser ist auf der Insel extrem knapp und muss vom Festland per Boot hertransportiert werden. Da lernt man, wieder mit Ressourcen umzugehen. Einen kleinen Haken gibt es dennoch. Die traumhafte Idylle wird allerdings täglich zwischen 11 und 15 Uhr unterbrochen. Dann kommen die

Ausflugsboote mit den in- und ausländischen Tagestouristen aus Cartagena. Die Besatzungen von gezählten 35 Booten und Yachten bevölkern den Strand und feiern einen halben Tag Karibik. Die Restaurants drehen die Musik auf, um den Wünschen der partyhungrigen Gäste gerecht zu werden. Sehen und gesehen werden heißt hier die Devise. Der Herr von Welt zeigt stolz die neue Goldkette, während die Damen das Ergebnis der letzten Schönheits-OP präsentieren. Gegen 16 Uhr sind alle Boote wieder weg und im kleinen Paradies kehrt die Ruhe zurück.

Reisen zu Fünft

(aus Volkers Tagebuch)

Mein Geburtstag. Dani hat extra für mich ein Törtchen und eine Geburtstagskerze organisiert. Der Kuchen wird natürlich direkt am Morgen in Cartagena verspeist. Am Nachmittag wollen wir schon in Taganga, einem Fischerdorf in der Nähe des Nationalparks Tayrona, sein. Zur Feier des Tages nehmen wir den bequemen Tür-zu-Tür-Shuttle und nicht, wie üblich, den Chickenbus. Ein paar Stunden später liegen wir gemütlich mit einem Geburtstagsbierchen in der Hand in den Hängematten unseres Hostels mit Blick auf die Bucht von Taganga und warten auf Carsten und seine argentinische Freundin Maria. Die beiden sind mit einem Truck zu einer Amerika-Reise aufgebrochen. Per Mail hatten wir verabredet, uns in Kolumbien zu treffen. Mein Kumpel Rainer hat sich auch angekündigt. Er will seinen Urlaub in Kolumbien verbringen. Mit Carsten und Rainer habe ich früher zusammen in einer Firma gearbeitet. Wir haben uns ewig nicht gesehen. Es gibt viel zu feiern. Unser Wiedersehen, zwei Jahre Reisen und zwei Geburtstage, alles innerhalb einer Woche. Leider schaffen es Carsten und Maria nicht mehr bis zum Abend. Bei Einbruch der Dunkelheit sind sie noch gute drei Stunden von unserem Hostel entfernt und Nachtfahrten sollte man in Kolumbien aus Sicherheitsgründen eher meiden. Schade, so wird es leider nichts mit dem gemeinsamen Geburtstagsbier. Dani tröstet mich mit einem netten Abendessen zu zweit in einem kleinen Fischrestaurant. Aufgeschoben ist ja nicht aufgehoben!
Der nächste Morgen. Wir hören den Truck, bevor wir ihn sehen. Sie sind da! Fünf Jahre haben wir uns nicht gesehen! Auto betrachten und Stellplatz suchen muss warten, Willkommensbierchen und Quatschen hat erstmal Vorrang. Irgendwann wollen wir Carstens Riesen-Truck auf dem Parkplatz Hostels abstellen. Leider hatten wir bei der Reservierung des Stellplatzes ein paar Dinge nicht bedacht - der Untergrund ist zu uneben und die nächste Steckdose zu weit weg. Wir müssen nach einer neuen Möglichkeit suchen. Die Odyssee geht los. Tor zu klein, Einfahrt zu flach, Boden brüchig… Bei

einem anderen Hostel scheint alles zu passen. Es gibt sogar Strom und Wasser für das Auto. Leider stellt sich die Zufahrt zum Hostel als unpassierbar heraus. Zuerst fällt fast ein Bougainvillea-Strauch dem LKW zum Opfer, dann ist es die Stromleitung. Mit 3.30 Metern Höhe ist das Auto einfach zu groß. Vorsichtig setzen wir den Truck zurück. Ich liege obendrauf, umgeben von irgendwelchen Kabeln, die sich hinter der Fahrerkabine verfangen haben. Wir begutachten das angerichtete Chaos. Der Busch sieht aus wie ein gerupftes Huhn und die Stromleitungen bömmeln seltsam lose zwischen dem Haus und einem gegenüber liegenden Baum. Wir haben inzwischen eine Menge Aufmerksamkeit erregt. Die halbe Straße hat sich versammelt und betrachtet gespannt, was wir denn da so machen. Wir versuchen zwar noch die Kabel irgendwie wieder hochzuziehen, aber der Schaden ist nicht zu übersehen. Schneller als wir gucken können, stellen sich uns zwei Herren als „Hausbesitzer" und „Elektriker" vor und wollen den Schaden für die abgerissene Starkstromleitung ersetzt haben. Wir sind uns zwar sicher, dass diese alte, zerrissene Leitung nie funktioniert hat, nach einiger Diskussion zahlt Carsten aber dennoch zähneknirschend den geforderten Betrag. Nach insgesamt vier Stunden Suche finden wir schließlich einen geeigneten Parkplatz für das Gefährt. Und ich dachte, als Backpacker dauert die Zimmersuche lange! Rainer ist inzwischen auch gelandet und in Taganga eingetroffen. Am nächsten Morgen fahren wir zu Fünft in Carstens Truck zum Nationalpark Tayrona. Weißer Strand, Palmen und kleine, fast menschenleere Buchten – WOW!! Zwei Tage liegen wir im türkisblauen Wasser und lassen uns die Sonne auf den Bauch scheinen. Schade, dass wir nicht mehr Zeit haben, aber Rainer hat insgesamt nur eine Woche Urlaub und möchte noch die schöne Stadt Cartagena sehen und Carsten und Maria müssen sich um die Papiere für ihre Schiffspassage nach Costa Rica kümmern. Also zurück nach Cartagena! Hier treffen wir aus heiterem Himmel auf Marias Deutschlehrerin aus Mendoza, Argentinien. Sie ist vor wenigen Wochen ans Deutsch-Kolumbianische Kulturinstitut in Cartagena gewechselt. Was für ein Zufall! Zu sechst feiern wir abends Rainers 50. Geburtstag. Ein toller Abschluss unserer gemeinsamen Zeit in Kolumbien. Es war sehr schön, mal wieder bekannte Gesichter von zu Hause zu sehen, wenn auch nur für eine Woche.

Über die Berge nach Bogotá

Von Cartagena geht es mitten durch die Pampa bis ins kleine Örtchen Mompos. Erst mit dem Local Bus, dann mit dem Boot und schließlich mit zwei Kollektivtaxis über eine Schotterpiste, unterbrochen von einer weiteren Bootsfahrt, weil die einzige Brücke kaputt ist. Willkommen zurück im Backpackerleben! In Mompos erwartet uns gähnende Leere. Drückende 37 Grad

führen dazu, dass sich die paar Leute, die auf der Straße sind, im Zeitlupentempo bewegen. Was zur Hölle machen wir hier? Wir wollten mal was vom Hinterland Kolumbiens sehen. Wir hätten allerdings nicht gedacht, dass das „Hinterland“ so spannend ist wie ein Paar eingeschlafene Füße. Wir dösen im Schatten der Kirche vor uns hin. “Hey, how are you?”, ertönt es neben uns. Was? Haben wir da gerade Englisch gehört? Vor uns steht Gary, sichtlich erfreut, nicht mehr der einzige Ausländer im ganzen Ort zu sein. Seinem Redeschwall nach zu urteilen, hat er schon ein paar Tage lang mit niemandem mehr gesprochen. Etwas später wird klar warum. Er spricht kein Wort Spanisch. Wie ist er bloß bis hierher gekommen? Zusammen mit Gary geht es zwei Tage weiter über Giron und die kolumbianischen Berge bis nach San Gil. Die kleine Stadt wirbt mit “Ökotourismus” und “Abenteuertouren” um Touristen. Die zeigen sich hier bislang aber nur wenig. Dabei ist die Umgebung San Gils wirklich schön. Wer will kann raften, klettern, kayaken, paragliden… Wir entscheiden uns für eine Wanderung auf eigene Faust, picknicken an einem tollen Wasserfall und genießen die Aussicht auf die Berge. Gary muss bereits nach einem Tag weiter. Er will in Bogotá einen Flug in den kolumbianischen Teil des Amazonasgebietes nehmen und dann weiter nach Brasilien. Viel Glück!
Langsam müssen wir wieder unsere langen Klamotten aus dem Rucksack holen. Villa de Leyva, der nächsten Ort auf unserer Route, liegt schon auf 2.100 Meter Höhe. Das macht sich temperaturtechnisch bemerkbar. Dabei ist es nicht nur der kühle Wind, der uns fast vergessen lässt, dass wir in Kolumbien sind. Der Ort ist wie aus einer anderen Welt. Straßen aus Kopfsteinpflaster, Esel statt Autos, altes Kunsthandwerk, Maler… In dem Ort holen wir nochmal tief Luft, bevor es in die Millionenstadt Bogotá geht!

Bogotá
(aus Volkers Tagebuch)

Bogota ist, wie alle lateinamerikanischen Hauptstädte, die wir bis jetzt gesehen haben, groß, laut und hässlich. Im Gegensatz zum Rest des Landes sind die Leute hier auch hektischer, was sich besonders im Straßenverkehr zeigt. Wir sind zwar nur noch rund 500 Kilometer vom Äquator entfernt, trotzdem hat Bogotá das ganze Jahr über nur vierzehn Grad. Die Stadt liegt auf ca. 2.600 Meter Höhe. Wir sind nicht wegen (der eher raren) Sehenswürdigkeiten hergekommen, sondern weil wir uns Campingequipment für unseren Argentinienaufenthalt besorgen wollen. Unsere Pläne, weiter über Land zu reisen, haben wir kurzfristig umgeschmissen. Ein Blick auf unsere ursprüngliche Reiseplanung zeigt, dass wir längst am südlichsten Zipfel Südamerikas angekommen sein wollten. Wenn wir weiterhin in unserem derzeitigen Reise-

tempo reisen würden, kämen wir erst im Juli/August, also im argentinischen Winter dort an. So sehr mögen wir die Kälte nicht, daher haben wir uns spontan entschieden, bis ganz in den Süden von Argentinien nach Feuerland zu fliegen und von dort aus langsam wieder Richtung Norden zu reisen. Das erspart uns auch die bald kommende Regenzeit in Ecuador, Peru und Bolivien.
Das Einkaufen in Bogotá ist abenteuerlich. Auf der Jagd nach einem passenden Zelt haben wir gleich mehrere Stadtteile der 9 Millionen Metropole kennengelernt. Camping scheint hier eher unüblich zu sein und so dauert es auch eine ganze Weile, bis wir in Erfahrung bringen, wo wir was bekommen können. Letztendlich haben wir aber alle wichtigen Sachen gefunden und können die Stadt hinter uns lassen. Neun Tage haben wir noch bis unser Flieger geht. Solange wollen wir die Kaffeeroute im Westen des Landes erkunden.

Salento und der beste Kaffee der Welt

Mmhhh, es riecht nach Kaffee! Lili hat ihn gerade frisch aufgebrüht. "Dani, quieres una taza?" ruft sie durch die Tür. "Claro que sí!" Und ob ich eine Tasse köstlichen kolumbianischen Kaffees will! Gut gelaunt hüpfe ich aus dem Bett. Lili ist unsere Hostelbesitzerin und verwöhnt uns seit Tagen nach Strich und Faden. Morgens knusprige Weizenfladen mit Rührei und selbstgemachter Marmelade, abends frische Lachsforelle mit Gemüse. Lecker!! Eine gute Entscheidung, unsere letzten Tage in Kolumbien genau hier zu verbringen.
Das kleine Örtchen Salento liegt mitten in den Kaffeebergen Kolumbiens südlich von Medellín. Hier scheint die Zeit stehen geblieben zu sein. Männer mit Cowboyhüten treffen sich schon mittags zum gemütlichen Billardspiel, die Frauen halten Schwätzchen vor ihren kleinen Kunsthandwerksgeschäften und die paar ausländischen Touristen schlendern im Dreieck zwischen den Fruchsaftständen, dem "Sueño de Fresas" (ein Traum von Erdbeercreme) und den niedlichen Cafés. Um den Ort herum erstrecken sich riesige Kaffeeberge, dichte Nebelwälder, grüne Täler und klare Bäche. Das Wasser ist hier so gut, dass man es aus der Leitung trinken kann. Eine Seltenheit in Lateinamerika. Durch Lili lernen wir Don Elias, den Besitzer einer kleinen Kaffeefinca etwas außerhalb von Salento, kennen. Zusammen mit Bridgit, einer Ungarin, machen wir uns auf den Weg zu seiner Farm. Dort angekommen, staunen wir erstmal über Don Elias‘ Übernachtungsgast. Auf der Bank vor dem Haus sitzt tatsächlich Eal aus Israel! Das letzte Mal haben wir uns vor vier Monaten in Guatemala gesehen, als wir für eine Woche zusammen im Studentenhaus in Antigua gewohnt haben. Eal wollte mal auf einer richtigen Kaffeefarm schlafen und hat sich bis hierher durchgeschlagen. Eine freudige Überraschung!

Zu viert führt uns Don Elias über seine kleine Farm. Immer ein Witzchen auf den Lippen wirkt der 70jährige viel jünger als er eigentlich ist. Dabei ist das Leben der kleinen Kaffeeanbauer alles andere als leicht. Große Maschinen kann sich Don Elias nicht leisten und so ist fast alles Handarbeit - das Pflücken der Kaffeebohnen, das Trocknen, Rösten und schließlich das Mahlen. Unglaublich, wie viel Arbeit in einer einzigen Tasse Kaffee steckt. Manchmal dauert es Wochen, bis der fertige Kaffee in Säcken für ein paar Cent zum Markt getragen wird. Aber Don Elias ist guter Dinge. Jetzt, wo ein paar Touristen ins Land kommen, kann er Touren anbieten und seinen Kaffee direkt verkaufen, anstatt ihn zum Markt zu bringen, wo die Anderen die Profite machen.

Abends erzählt Lili Geschichten aus Zeiten Pablo Escobars. Uns stehen die Haare zu Berge! Der einstige Drogenbaron hatte jahrzehntelang das ganze Land in Schach gehalten. Nach seiner Ermordung zerfiel sein Imperium in verschiedene kleinere Kartelle, denen man aber auch heute besser nicht in die Quere kommt. Dennoch habe sich die Situation deutlich gebessert, so Lili. Heute kann man wieder sicher durch die Straßen gehen und in Ruhe leben. Zum Kokainanbau hat Lili eine eher pragmatische Einstellung: "Wir haben hier einfach das beste Klima", sagt sie mit einem Schulterzucken, "wäre es nicht Kolumbien, dann wäre es ein anderes Land und solange es die Abnehmer in Europa und in den Staaten gibt, solange wird es auch den Kokainanbau geben." Lili weiß um den schlechten Ruf Kolumbiens in der Welt. „Es ist leicht, mit erhobenem Zeigefinger dazustehen, wenn man im Wohlstand lebt", sagt sie. Den Bauern in den Dörfern sei kein Vorwurf zu machen, für sie ginge es ums nackte Überleben. Und mit ernstem Blick fügt sie hinzu: „Kein Wunder, dass sie Koka-Pflanzen anbauen. Für Bananen und Kaffee werden schon lange keine fairen Preise mehr gezahlt." Dann erzählt Lili aus ihrem Leben. Sie hat jung geheiratet. Ihre große Liebe. Voller Stolz berichtet sie, dass ihre beiden inzwischen erwachsenen Töchter an der Universität in Bogotá studieren. In ihrer Ehe hat sie nicht so viel Glück gehabt. Ihr Mann hat irgendwann angefangen zu trinken und sie über Jahre betrogen. Trotzdem fällt kaum ein schlechtes Wort über ihn. „Er ist der Vater meiner Kinder", sagt sie, „und sie sind das Beste, was mir in meinem Leben passiert ist." Und: "Gott hat es gut mit mir gemeint. Ich habe jetzt mein eigenes Leben, mein eigenes Hostel. Ich treffe Leute aus aller Welt. Und ich kann so viel Deko aufstellen, wie ich will." Sie zwinkert mit den Augen. Wir können nur ahnen, wie schwer es gewesen sein muss, in einer von Männern dominierten Gesellschaft ein eigenes Business aufzubauen.

Wir sitzen oft abends bei einem Glas Wein und erzählen. Die Tage in Salento vergehen und der Abschied fällt schwer. Lili ist eine von den Personen auf der Reise, bei denen ich mir wünsche, ich könnte mehr Zeit mit ihr verbringen. Ihr Temperament, ihre Lebensfreude, ihr Humor und ihr ungebrochener Optimismus haben mich stark beeindruckt. Sie ist eine Kämpferin, die sich durchbeißt, auch wenn es mal nicht so gut läuft. Als wir fahren, muss ich an Ana aus Guatemala denken, die genau wie Lili trotz widriger Umstände ihren Weg geht. Lili und Ana, zwei starke Frauen. Ich hatte Ana damals versprochen, meine Tochter nach ihr zu benennen, sofern ich irgendwann eine bekommen sollte. Ich glaube, ich nehme noch einen Namen hinzu.

Argentinien

Ushuaia - Feuerland

Wir sind am Ende der Welt angekommen! Über Lima und Santiago hat uns der Flieger in sechzehn Stunden nach Ushuaia, Feuerland gebracht. Der Name Feuerland stammt aus dem Jahre 1520, als der portugiesische Seefahrer Ferdinand Magellan von seinem Schiff aus nachts die Feuer der indianischen Urbevölkerung sah. So kurz vor der Antarktis ist der Sommer kurz und kühl. Maximal 15 Grad am Tag. In der Nacht rutschen die Temperaturen auf null Grad. Das ist nicht gerade unser Lieblingsklima, aber wir wollen ja auch nur eine Woche verweilen. Wir warten hier auf unsere Schlafsäcke, die meine Mutter vor ein paar Tagen in Deutschland losgeschickt hat. In der Zwischenzeit wollen wir die spektakuläre Umgebung der südlichsten Stadt der Welt erkunden. Die teilweise schneebedeckten Berge sind nur einen Steinwurf entfernt, die Gletscher sind zum Greifen nahe. Auf der anderen Seite der Stadt liegt der Beagle-Kanal, den einst Charles Darwin und Fitzroy mit ihrem Schiff durchquerten. Und nicht zu vergessen – die kleinen tapsigen Tierchen im Frack, die auf einer Insel nicht weit von Ushuaia leben. Ich liebe Pinguine! Und darum schließe ich mich auch als erstes einer Tour an, um sie in ihrer natürlichen Umgebung zu sehen. Volker hat aus irgendeinem Grund keine Lust und bleibt lieber im Hostel. Zwanzig Leute dürfen täglich auf die Isla Martillo, um Magellan- und Papúa-Pinguine hautnah zu beobachten. Von Oktober bis März kommen sie hierher, um sich zu paaren und ihre Kleinen aufzuziehen. Für den Rest des Jahres leben sie im Meer. Es ist Ende Februar und die Jungen sind bereits im Wasser. Die rund 2000 Pinguinpaare bleiben noch an Land, um ihr Federkleid zu wechseln, dann springen sie hinterher. Einige von ihnen schwimmen bis an die Küsten von Brasilien, bevor sie im argentinischen Frühling wieder herkommen. Viel kriege ich von den Erklärungen unseres Guides nicht mit, denn zum einen pfeift mir der Wind um die Ohren und zum anderen bin ich gerade damit beschäftigt, das circa zweihundertste Foto von den putzigen Tierchen zu machen. Ich kann einfach nicht genug von ihnen bekommen. Auf dem Rückweg von der Insel kommen wir an den für Feuerland typischen Bäumen vorbei. Durch den starken Wind sind sie völlig zerzaust und nur in eine Richtung gewachsen. Einige sind so vom Sturm gebeutelt, dass ihre Äste fast auf dem Boden liegen. Eine raue, aber schöne Natur hier am südlichsten Zipfel der Welt. In den nächsten Tagen fauchen die Regenstürme um die gut beheizten Zimmer unseres Hostels. Hoffentlich kommen unsere Schlafsäcke bald an, wir wollen schließlich nicht im Schnee zelten.

Drei Wochen später... Wir sind immer noch in Feuerland ohne Nachricht von unserem Paket. Zehn bis zwölf Tage sollte laut Angaben von DHL die Sendung von Deutschland nach Argentinien dauern. Am 13. Februar hatte meine Mutter das Paket in die Post gegeben. Heute ist der 11. März. Wo steckt es?? Die Auskunft des Kundencenters kommt prompt. Es handele sich bei diesen Angaben ja nicht um Tage, sondern um "Werktage". Aber selbst dann müsste das Paket längst da sein. Auf diesen Hinweis meinerseits empfiehlt mir das DHL-Kundencenter, mich für weitere Nachforschungen an die Argentinische Post zu wenden. Anbei wird mir noch eine internationale Paketnummer geschickt, die die Nachforschungen erleichtern soll. Ansonsten habe DHL damit nichts mehr zu tun. Sichtlich genervt über diesen „Kundenservice" versuchen wir allein herauszufinden, wo unser Paket geblieben ist. Auf der Argentinischen Post ist natürlich erstmal niemand zuständig. Unser penetrantes Auftreten führt schließlich dazu, dass doch jemand unsere internationale Sendungsnummer in den Computer eintippt. Ergebnis = Null. "Kein Wunder", sagt der Schalterbeamte nach näherem Hinschauen, "wir arbeiten ja auch mit ganz anderen Nummern als DHL." Inzwischen sind weitere Postbeamte hinzugekommen. Jeder hat seine eigene Theorie. Entweder ist das Paket noch gar nicht im Land, oder es liegt am Flughafen in Buenos Aires, oder am Zoll, oder, oder, oder... Aber nein, anrufen könnten sie dort nicht. Sie haben ja gar keine Telefonnummern und selbst wenn, das interessiere doch die Leute in Buenos Aires nicht, dass hier in Ushuaia dringend jemand sein Paket braucht. Neben mir steht ein Mädel aus Finnland. Sie wartet schon seit Weihnachten auf ihr Paket.

Es vergeht kein Tag, an dem wir nicht versuchen, Informationen über den Verbleib unseres Paketes einzuholen. Unsere Hostelbesitzer telefonieren sich für uns bis nach Buenos Aires durch. Allerdings ohne Erfolg. Niemand weiß irgendwas. Meine Mutter stellt in der Zwischenzeit einen offiziellen Nachforschungsauftrag in Deutschland. Bei Nachfragen im Callcenter nach dem Stand der Dinge bekommt sie die Antwort, dass wir uns zu gedulden hätten. Das kann schließlich dauern bei Millionen von Sendungen weltweit... Die Warterei ist frustrierend. Das Wetter wird immer schlechter und wir wissen bald nicht mehr, was wir machen sollen hier am Ende der Welt. Der nächste größere Ort ist 500 Kilometer entfernt, was zwischenzeitliche Rundreisen unpraktikabel und teuer machen würde. Um irgendetwas Sinnvolles zu tun, fragen wir in Ushuaia nach möglicher Voluntärsarbeit. Vielleicht Basiskenntnisse in Englisch unterrichten an öffentlichen Schulen? Eine Lehrerin hält das für eine gute Idee. An den öffentlichen Schulen gibt es kaum Englischlehrer und viele Eltern könnten sich private Englischstunden für ihre Kinder nicht leisten. Sie will auf jeden Fall mit ihrer Direktorin sprechen und uns dann zurückrufen. Wir hören nie wieder von ihr. Auch im Nationalpark hat man keinen Bedarf. Die Begründung: Es koste den zuständigen Betreuer zu viel Papierkram.

Zum Glück haben wir ein nettes Hostel und andere Backpacker um uns herum, mit denen wir einen Grillabend nach dem anderen machen. So können wir wenigstens ein paar Stunden am Tag unseren Frust über unser verschwundenes Paket vergessen. Die argentinischen Asados (Grillevents) sind Weltklasse. Mit größter Hingabe wird bereits nachmittags um fünf der Grill angezündet, auf dem dann mehrere Kilo Fleisch über Stunden vor sich hinbrutzeln. In der Zwischenzeit fließt jede Menge Rotwein und kleine Käse- und Wurstsnacks überbrücken das Warten aufs große Mahl. Gegessen wird dann meist erst zwischen 9 und 10 Uhr abends. Und da man ja anschließend noch verdauen muss, wird noch bis spät in die Nacht zusammen gesessen.

Bald müssen wir uns entscheiden, ob wir uns nicht einfach neue Schlafsäcke kaufen und weiterreisen, denn inzwischen übersteigen unsere Übernachtungskosten im Hostel den Wert unserer teuren Spezialschlafsäcke im Paket. So haben wir uns unseren Einstieg in Argentinien nicht vorgestellt. Wir wollen schon fahren, da ruft uns die Schalterbeamtin der Argentinischen Post in Ushuaia an - unser Paket ist in Buenos Aires eingetroffen. Juhuu!! Die Freude vergeht allerdings schnell, als wir hören, dass es jetzt aber nochmal um die zehn Tage dauern wird, bis das Paket in Ushuaia ist. Wie wir erfahren, hat die Argentinische Post keine Flieger und so kommt das Paket die 3.200 Kilometer über Land, wobei auch noch zwei Mal die chilenische Grenze passiert werden muss. Na prima. Wir fragen die Postbeamtin, ob wir nur das Pech haben, hier am Ende der Welt auf unser Paket zu warten oder ob es immer solange dauert. Nein, es würde in Buenos Aires immer mindestens eine Woche, meistens länger dauern, bis die Pakete von der Hauptpost freigegeben und auf den Weg gebracht werden. Damit erweisen sich die angegebenen Lieferzeiten von DHL als blanker Hohn, denn unter diesen Umständen kann eine Sendung nie innerhalb von 10 bis 12 Tagen beim Empfänger sein. Apropos DHL. Die haben sich auch nochmal gemeldet. Zwei Tage nach der Nachricht der Paketankunft in Buenos Aires und dem Eintrag des entsprechenden Datums unter "Sendungsverfolgung" auf der DHL-Internetseite bekomme ich eine Mail, in der mir mitgeteilt wird, dass die DHL-Mitarbeiter alles in ihrer Macht stehende getan haben, um an Informationen über den

Verbleib unseres Paketes zu kommen. Leider wüssten sie bis heute nicht, wo es ist. Als wäre das nicht schon peinlich genug, steht im Abschlusssatz, dass sie sich freuen würden, uns "bald wieder als zufriedene Kunden begrüßen zu dürfen". Wohl kaum.

Es ist Ende März. Fünf Wochen nach Abgabe unseres Paketes in Deutschland halten wir unsere Schlafsäcke in den Händen. Wir können's kaum glauben, nach einem Monat in Ushuaia können wir endlich weiterfahren! Wir machen ein großes Abschieds-Grillen in unserem Hostel und ziehen dann weiter Richtung Norden.

El Calafate - Südpatagonien

(aus Volkers Tagebuch)

Es gibt zwei Möglichkeiten, um von Feuerland nach El Calafate zu kommen. Entweder über Land per Bus, was zwei Grenzübergänge und achtzehn Stunden Fahrtzeit bedeutet oder in einer guten Stunde per Flieger. Leider ist die zweite Variante für uns Ausländer sehr teuer. Nach der Pesokrise 2002 hat die argentinische Regierung ein Zwei-Stufen-Preismodell eingeführt. So müssen Touristen u.a. bei Eintritten in Museen und Nationalparks das Doppelte bis Dreifache zahlen. Auch bei den Flügen gibt es unterschiedliche Preise. Einzig in für Touristen nicht so attraktive Orte, wie zum Beispiel das etwas weiter nördlich gelegene Rio Gallegos, bekommt man den Normalpreis. Das nutzen wir aus und nehmen den Flieger dorthin und anschließend den Bus ins nur noch vier Stunden entfernte El Calafate. Im Bus haben wir die vordersten Plätze mit tollem Rundumblick auf... Naja worauf eigentlich? Nichts! Auf der ganzen 320 Kilometer langen Strecke gibt es so gut wie keine Autos, keine Bäume, keine Berge, nur ein paar Büsche und ein einziges Dörfchen mit einer Handvoll Häusern. Ansonsten bis an den Horizont nur braune Steppe.

El Calafate ist ein Dorf, das nahezu ausschließlich vom Tourismus lebt. Hotels, Restaurants, Souvenirshops und Tourveranstalter bilden die Hauptstraße des Ortes. Wir suchen ein Hostel, von dem wir gelesen hatten, dass es einen wunderschönen Campingplatz mitten im Obstgarten habe. Als wir es finden, sehen wir, dass der erwähnte Garten aus ein paar zerrupften Bäumen, von Wind und Wetter stark mitgenommenen Gartenmöbeln und diversen Haufen Bauschutt besteht. Mangels Alternativen bleiben wir dennoch. Es stehen schon drei andere Zelte da, die sehr flach und zum großen Teil ins Gestrüpp gebaut sind. Bewohner sehen wir keine. Wir wundern uns, warum unsere Mitzelter nicht die schöne freie Fläche in der Mitte nutzen. Dann bleibt eben mehr Platz für uns. Neben den anderen Zelten sieht unseres aus wie eine Strandburg. Wir haben beim Kauf in Kolumbien neben dem Preis vor allem

auf den Komfort geachtet – groß und hoch. Grober Anfängerfehler, wie wir in der Nacht erfahren durften. Der Wind frischt stark auf und die Böen schlagen voller Wucht gegen unser Zelt. Es zerfetzt uns fast die Seitenwände. Während die Anderen gemütlich in ihren Schlafsäcken schlummern, versuchen wir, im Sturm unsere Heringe wieder in den Boden zu hämmern. Es ist uns eine Lehre. Am nächsten Morgen suchen auch wir mit unserem Zelt den Schutz der Bäume.
Unser Hauptgrund für den Besuch in El Calafate ist der 80 Kilometer entfernte Gletscher Perito Moreno. Er ist der bekannteste Gletscher im patagonischen Inlandeis. Öffentliche Verkehrsmittel für die Fahrt zum Gletscher gibt es nicht. Entweder schließt man sich einer Tour an oder man mietet sich ein Auto. Unsere Mitcamper, zwei Spanier und vier Argentinier waren bei ihrer Suche nach einem preiswerten Transportmittel auf Carlos aus Venezuela gestoßen. Er hat einen Van, in den wir alle acht reinpassen. Sechs Uhr morgens soll es losgehen. In typisch deutscher Manier stehen wir am nächsten Tag um fünf Minuten vor sechs abmarschbereit vor unserem Zelt. So gegen 6 Uhr 15 schauen die beiden Spanier mal raus. Kurz nach halb sieben schälen sich dann auch die Argentinier aus ihren Schlafsäcken. „Tranquilo, tranquilo!“ (Immer mit der Ruhe!) Mit einer Stunde Verspätung kommen wir am vereinbarten Treffpunkt an. Jetzt muss Carlos, unser Fahrer erstmal geweckt werden. Kurz vor der Abfahrt kommt auf einmal Hektik auf. Nein, unsere lateinamerikanischen Mitstreiter haben nicht auf die Uhr geguckt und gesehen, dass wir uns langsam sputen sollten, um noch vor den ganzen Reisebussen am Gletscher zu sein. Nein, der Mate fehlt! Die Argentinier haben ihr Teekraut im Zelt vergessen! Ein Ausflug ohne Mate? Unvorstellbar! Jetzt flitzen sogar die Lateinamerikaner.
Am Perito Moreno angekommen, sind wir schwer beeindruckt. Der Gletscher ist rund 14 Kilometer lang, 5 Kilometer breit und teilweise bis zu 60 Meter hoch. Er ist weltweit einer der wenigen Gletscher, die ständig wachsen - im Inneren bis zu zwei Meter täglich. Die Gletscherzunge trifft dabei in regelmäßigen Abständen alle paar Jahre auf die Ausläufer der Magellanes-Halbinsel und teilt dabei den Südteil des Lago Argentino vom Rest des Sees ab. Das Wasser kann nicht mehr abfließen, staut sich bis zu 30 Meter auf und spült, wenn der Druck zu groß wird, den Vorderteil des Gletschers weg. Vor uns bricht gerade ein hochhausgroßes Stück mit lautem Getöse ab. Wir haben unsere Kamera griffbereit und können das herrliche Naturschauspiel auf Video festhalten. Später zeigen wir es unserer argentinisch-spanischen Crew. Sie waren nämlich zu dem Zeitpunkt schon im Café – Mate trinken.

El Chaltén - Südpatagonien

El Chaltén ist die Trekkinghauptstadt Patagoniens. Wobei von "Stadt" eigentlich keine Rede sein kann. Im Sommer wohnen hier 1.800 Leute, im Winter schrumpft die Einwohnerzahl auf 500 zusammen. Trotzdem ist es einer der berühmtesten Orte in Patagonien. Hier am Fuße der Anden starten die besten Trekkingrouten des Landes. Die Highlights - die Berge Cerro Torre und Cerro Fitz Roy - gehören zu den meist fotografierten Motiven Argentiniens. Als wir in El Chaltén ankommen, ist von den Bergen allerdings nichts zu sehen. Dicke Wolken, Regen und Sturm empfangen uns und lassen unsere Trekkingpläne erstmal dahin schmelzen. Wir überlegen, ob es Sinn macht, unser Zelt aufzuschlagen. Es gibt leider nirgends ein geschütztes Plätzchen und so entscheiden wir uns am Ende doch fürs Dorm. Wir teilen unser Zimmer mit drei Israelinnen, die schon eine Lösung für das schlechte Wetter gefunden haben - Trinken bis der Arzt kommt.
Am nächsten Tag hat sich der Regen zum Glück verzogen. Während unsere israelischen Mädels ihren Rausch ausschlafen, starten wir unsere erste Tour zur Laguna Capri. Von dort aus soll man einen herrlichen Blick auf das Fitz Roy Massiv haben. Der Weg dorthin ist schön. Auch wenn uns der Wind heftig um die Ohren bläst, genießen wir die herrlichen Ausblicke auf die patagonischen Berge. Die Aussicht auf den 'Fitz Roy' bleibt uns jedoch verwehrt. Die Berge sind komplett im Nebel versunken. Auch am nächsten Tag bei der Wanderung zur Laguna Torre können wir die Ausmaße des zweiten Highlights 'Cerro Torre' nur erahnen. Wolken und Nieselregen empfangen uns nach drei Stunden Aufstieg. Am Nachmittag nimmt der Regen wieder zu und als wir abends klitschnass in unserem Hostel ankommen, sind wir froh, dass wir in unserem Zimmer die Heizung aufdrehen können. Als ich am Morgen des dritten Tages zum Bäcker gehe, um frische Brötchen zu holen, erlebe ich eine freudige Überraschung. Der 'Fitz Roy' schält sich aus den Wolken! Schnell laufe ich zurück zum Hostel. Wir schmeißen unsere eigentlichen Pläne für heute über den Haufen und machen uns nochmal auf den Weg zur Laguna Capri. Diesmal werden wir belohnt. Das Fitz Roy Massiv zeigt sich in seiner ganzen Schönheit!
Nach vier Tagen und 55 gelaufenen Kilometern planen wir unsere Weiterfahrt. Bevor wir den Nachtbus Richtung El Bolson nehmen, schauen wir uns noch den Canyon Rio de las Vueltas an. Der sechs Kilometer lange Wanderweg dorthin führt direkt an der Straße entlang. Links und rechts von uns die patagonische Steppe. Nicht gerade spannend. Das einzige Highlight sind ein paar Guanacas (patagonische Lamas), die an uns vorbeilaufen. Nach einer Stunde haben wir keine Lust mehr. Vielleicht nimmt uns ja eins der wenigen vorbeifahrenden Autos mit? Gesagt, getan. Daumen raus und ein paar Minu-

ten später sitzen wir im Lieferwagen eines argentinischen Bauarbeiters. Er setzt uns an der richtigen Stelle ab und wir können den Canyon bewundern. Naja, sagen wir 'Mini-Canyon', denn besonders groß war er nicht. Auf dem Rückweg hält dann tatsächlich wieder der gleiche Lieferwagen an! Lachend steigen wir ein und lassen uns zurück nach El Chaltén bringen. Die Zeit bis zu unserem Nachtbus überbrücken wir mit einem frisch Gezapften in einer kleinen, gemütlichen Mikrobrauerei, während es draußen bereits wieder stürmt.

Auf der Ruta 40 durch Patagonien

Die ersten Sonnenstrahlen blinzeln durch das Fenster. Wir sind seit rund acht Stunden unterwegs. Unser Bus fährt langsam eine nicht enden wollende Schotterpiste lang. Links und rechts karge Landschaften soweit das Auge reicht. Das ist also die berühmte Ruta 40, denke ich, während ich aus dem Fenster schaue. Sie reicht von Feuerland bis an die bolivianische Grenze. Das ist, in Kilometern gemessen, einmal quer durch Australien oder von Portugal bis nach Weißrussland. Die Ruta 40 ist auch die Straße, die Che Guevara 1952 zusammen mit seinem Kumpel Alberto Granada auf dem Motorrad entlang fuhr. Diese Reise wurde später unter dem Namen "Motorcycle Diaries" verfilmt. Seitdem scheint sich hier nicht viel verändert zu haben. Wir fahren erstmal nur ein 'kleines Stück' (insgesamt 30 Stunden) auf der Ruta von El Chaltén bis El Bolson. In der Ferne sehen wir Nandus (argentinischer Vogel Strauß) und Guanacas durch die patagonische Steppe laufen. Ich wünschte, ich könnte aussteigen und die unglaubliche Weite der Landschaft mit der Kamera festhalten. Aber der Bus zieht gnadenlos durch und so bleiben mir nur ein paar Schnappschüsse aus dem Fenster. Wir hatten ursprünglich über die Möglichkeit eines Autokaufs (ähnlich wie in Neuseeland) nachgedacht. Damit hätte man Patagonien und Straßen wie diese sicher nochmal ganz anders erleben können. Wir haben diese Idee aber wegen der nicht ganz so einfachen Kauf- und Verkaufsbedingungen in Argentinien wieder verworfen.

El Bolson - nördliches Patagonien
(aus Volkers Tagebuch)

Irgendwie hat es der Busfahrer geschafft, fast eine Stunde vor der geplanten Ankunftszeit in der Stadt zu sein. Es ist dunkel und kalt und der einzige Campingplatz, den wir finden, hat geschlossen. Und nun? Wir ziehen unseren Reiseführer zu Rate. Aha, nördlich der Stadt soll es ein nettes Hostel geben. Aber vier Kilometer zu Fuß zurücklegen? Als hätte man uns gehört, kommt

ein uralter Bus mit vereisten Scheiben angeknattert. Wir fragen den Busfahrer, ob er das Hostel "El Pueblito" kenne. „Jaja, springt rein, das liegt auf meiner Route." – „Hier ist es!" Ok, also aussteigen. Wir stehen mit Sack und Pack vor einem alten Tor. Alles ist finster. Bevor wir den Busfahrer fragen können, ob er sich sicher sei, ist er schon weitergefahren. Dani ist von der Idee, im Dunkeln auf einem fremden Waldgrundstück herumzulaufen überhaupt nicht begeistert. Da es aber keine Alternative gibt, mache ich mich auf die Suche nach dem Hostel, während Dani bei dem Gepäck bleibt. Und tatsächlich - mitten auf dem Gelände steht ein kleines Haus. Es ist niemand zu sehen, aber die Hintertür ist offen. Wir zögern kurz, dann gehen wir rein. Von oben sind Schlafgeräusche zu hören. Wir sind also nicht allein. Frierend setzen wir uns auf eine Holzbank und warten. Gut eine Stunde später taucht der Besitzer auf, sichtlich überrascht über unseren Besuch. Wir müssen sehr verfroren ausgesehen haben, denn bevor es um Zimmer und Betten ging, gab's erstmal heißen Kaffee und frisches, warmes Brot.
Wir fühlen uns im „El Pueblito" mehr wie in einem Homestay als in einem Hostel, was an der unglaublichen Herzlichkeit von Marcel, Julian und Manu liegt. Dennoch machen wir uns nach einer Woche wieder auf den Weg. Wir sind mit Klaus verabredet, einem ehemaligen Weltenbummler, der zusammen mit seiner Frau sechszehn Jahre auf dem Motorrad um die Welt gefahren ist. Ihr Buch haben wir lange vor unserer Abreise verschlungen. Durch ihre Internetseite wussten wir, dass sie sich in Patagonien niedergelassen haben und ab und zu Besucher empfangen, die ihnen beim Aufbau ihrer Farm helfen können. Auch wenn unsere Reise nicht annähernd so abenteuerlich ist wie die von Klaus und Claudia vor rund 20 Jahren, haben sie uns doch die Initialzündung gegeben, uns selbst auf den Weg zu machen. Wir sind neugierig, was aus den zwei Aussteigern geworden ist. Schon vor Beginn der Reise war für uns klar, dass, wenn wir eines Tages nach Argentinien kommen, die beiden gerne treffen möchten. Und tatsächlich, es klappt! Klaus und seine Kinder nehmen uns in Empfang. Claudia ist zu der Zeit leider gerade für einige Wochen in Deutschland, dennoch erfahren wir ein schönes Familienleben und lernen, was es bedeutet, als nahezu Selbstversorger auf einer riesigen Farm mitten in Patagonien zu leben.

Patagonien - Die Zeit auf der Farm

Wer hätte gedacht, dass ich mal so dreckige Finger haben werde, dass sie selbst nach drei Tagen intensiven Schrubbens nicht richtig sauber werden? Eins weiß ich jetzt - wer den ganzen Tag Nüsse aus der Schale puhlt, hat am Abend grüne Hände. Mir tut der Rücken weh vom Nüsse und Äpfel sammeln, Laub harken, Kartoffeln ernten, Schafsmist schaufeln und Beton spachteln. Ganz schön anstrengend so ein Tag auf der Farm, vor allem wenn man's nicht gewohnt ist. Trotzdem macht es ungeheuer Spaß. Klaus erklärt geduldig, was wir noch nicht wissen und beantwortet jede meiner neugierigen Reisefragen. Wir erfahren, dass es auch in Argentinien nicht ganz so leicht ist, sich als Ausländer eine Existenz aufzubauen. Hartnäckigkeit und viel Geduld scheinen Grundvoraussetzungen zu sein, um hier zu überleben. Der Lohn sind eine unglaublich schöne Landschaft, ein selbstbestimmtes Leben und der leckerste selbstgemachte Apfelsaft, den ich je getrunken habe. Ein paar Tage nach uns kommen noch zwei Leute an, Simone und Wolfi aus Bayern. Zu Siebt verbringen wir Ostern. Ich finde es etwas gewöhnungsbedürftig, im Herbst Ostereier zu suchen. In Argentinien sind die Jahreszeiten entgegengesetzt zu denen in Europa. Hier fallen im April die Blätter von den Bäumen und auf den hohen Bergen in der Umgebung liegt der erste Schnee. Trotz intensiven Suchens bleiben zwei Eier unentdeckt. Die werden dann wohl eingefrostet und nächstes Jahr vom Hund gefunden. Der größte Teil des Osterfestes besteht aus Essen. Wir schlemmen, was das Zeug hält. Jeder hat etwas vorbereitet, gekocht oder gebacken. Natürlich darf auch der leckere argentinische Rotwein nicht fehlen. Ein ähnliches Bild haben wir am selben Tisch exakt eine Woche später – an meinem Geburtstag. Eigentlich wollten wir zu dieser Zeit längst in Mendoza sein, aber mit Klaus, Wolfi, Simone und den Kindern ist es so nett, dass wir noch bleiben. Es wird ein wunderschöner Tag. Die Kinder haben mir kleine Geschenke gebastelt und Juan, der beste Freund der Familie, hat extra für mich eine Torte gebacken. Volker lässt es sich nicht nehmen und steuert noch einen selbstgemachten Apfelkuchen aus frisch gepflückten Äpfeln bei. Was für ein Schmaus! Der Tag bildet einen herrlichen Abschluss von drei schönen Wochen, die uns immer in Erinnerung bleiben werden.

Mendoza

Ich sitze mit T-Shirt und Flip Flops auf der Dachterrasse unseres Hostels und lasse mir die Sonne ins Gesicht scheinen. Endlich warm! Eintausendfünfhundert Kilometer nördlich von El Bolson gibt's noch sommerliche Temperaturen. Neben mir steht ein Teller frisch gepflückter Trauben aus unserem Innenhof. So lässt es sich leben! Schmunzelnd denke ich an unsere abenteuerliche Herfahrt zurück: Da Wolfi auf seinem Weg nach Buenos Aires teilweise die gleiche Strecke hat wie wir, bietet er uns an, uns ein Stück mitzunehmen. Das nehmen wir gerne an. Rund 600 Kilometer bis nach Neuquén im VW-Bus, das wird ein Spaß! Wir kommen gerade 80 Kilometer weit. Kurz vor Bariloche bleibt der Bulli stehen. Nur noch ein klägliches Stottern, wenn man den Zündschlüssel umdreht. Was kann das sein? Wolfi hat den Bus doch gerade erst gekauft! Eine halbe Stunde lang versuchen die Jungs, das Problem zu beheben, schrauben hier, putzen da... ohne Erfolg. Es nützt nichts, wir müssen den Bus bis nach Bariloche in die nächste Werkstatt schleppen lassen. An einer 200 Meter entfernten Tanke halten wir ein Auto an. Der Wagen ist voll besetzt mit einer argentinischen Familie. Sie sind auf dem Weg nach El Bolson. Dennoch bietet der Fahrer an, uns nach Bariloche zu schleppen. Vorher wollen sie sich den Bus aber nochmal anschauen. Keine zwei Sekunden nachdem die Argentinier die Motorhaube geöffnet haben, ertönt auch schon ein "Ah, yo sé." (Ich weiß.) Ein Griff und zack ist die Verteilerkappe draußen. Die Kontaktkohle (so habe ich es zumindest auf Spanisch verstanden) ist komplett abgenutzt. Deshalb ließ sich der Motor nicht mehr starten! "Tienen una pila?" Was? Warum wollen sie denn jetzt eine Batterie haben? Wir gucken mit großen Augen zu, als die Argentinier unseren Vorrat an Batterien aufbrechen. "Früher hatten die Batterien mal Kohle drin, die hätten wir vorübergehend einsetzen können", erklärt einer von ihnen, "aber die neumodischen Dinger von heute..." Fehlanzeige. Dann hat Wolfi die rettende Idee. "Ich habe noch einen Bleistift!" Ich muss lachen. Klar, wir fahren auf einem Bleistift nach Bariloche! Auch die Argentinier gucken skeptisch. Aber Wolfi lässt sich nicht abbringen, schnitzt das Holz vom Bleistift und schneidet die Kohlemine in ein passendes Stück. Alle drücken die Daumen, als er versucht zu starten. Beim zweiten Mal springt der Motor an. Ich fass es nicht! Wir können weiterfahren - dank Bleistift! Wir bedanken uns herzlich bei der argentinischen Familie und fahren zur nächsten Werkstatt nach Bariloche. Abends sitzen wir alle amüsiert bei einem großen Teller Spaghetti. Statt der geplanten 600 Kilometer nach Neuquén sind wir nur 120 Kilometer bis Bariloche gekommen. Aber wen stört's - schließlich haben wir jetzt eine Geschichte fürs Leben!

Der nächste Tag verläuft reibungslos. In Neuquén angekommen, trennen sich Wolfis und unsere Wege. Wolfi fährt weiter nach Buenos Aires und wir nehmen den Nachtbus nach Mendoza. In Mendoza gefällt es uns auf Anhieb. Und das nicht nur wegen der angenehmen Temperaturen. Die Leute sind relaxt, das Stadtbild sauber und grün. Eigentlich wollten wir hier zelten, aber es ist bereits Nebensaison und alle bewachten Zeltplätze sind geschlossen. Zum Glück finden wir ein kleines Hostel in der Innenstadt, das kaum mehr kostet als ein Zeltplatz. In Mendoza merkt man überall den italienischen Einschlag. Trattoria hier, Eisladen da und so viele Straßencafés, dass man sie gar nicht mehr zählen kann. Aber die Hauptattraktion von Mendoza sind die umliegenden Weinberge. Argentinischer Wein ist Weltklasse (so viel können wir nach zwei Monaten sagen) und der beste Wein kommt angeblich aus Mendoza. Nun, wir werden es in den nächsten Tagen bei der einen oder anderen Weinverkostung herausfinden. In diesem Sinne - Prost!

Oben: im Valle de Lobos, Feuerland, Argentinien

Mitte links: der Gletscher Perito Moreno, Südpatagonien, Argentinien

Mitte rechts: Papúa-Pinguin auf der Insel Martillo, Feuerland

Unten links: Trampen nach Barreal, Provinz San Juan, Argentinien

Oben links: die Anden, Provinz Mendoza, Argentinien

Oben rechts: Puente del Inca, Provinz Mendoza

Mitte: “Tal des Mondes”, Nationalpark Ischigualasto, Argentinien

Unten links: Straßenmusiker in Buenos Aires, Argentinien

Unten rechts: Haus im Sträßchen 'Caminito', Stadtteil La Boca, Buenos Aires

Uspallata, Inca del Puente & Aconcagua

Die Landschaft in der Region um Mendoza ist atemberaubend. Ich bin begeistert von den unendlich langen, hohen und kargen Felsketten, deren Farbe sich ändert, je nachdem wie die Sonne steht. Die Anden. Für mich zeigen sie sich hier von ihrer schönsten Seite. Die Berge rund um das kleine Örtchen Uspallata sind denen des Himalayas so ähnlich, dass hier der Film "Sieben Jahre in Tibet" mit Brad Pitt gedreht wurde. Bis auf ein kleines Cafe, in dem noch ein paar alte Requisiten aus der Drehzeit stehen, erinnert aber nicht mehr viel an den einstigen kurzzeitigen Glamour des Ortes. Die Dorfbewohner von Uspallata haben ihren eigenen Rhythmus. Siesta ist von 13 bis 17 Uhr und an der Supermarktkasse kann man gerne schon mal 'ne halbe Stunde warten. Schließlich muss mit der Person vor einem erstmal der neueste Klatsch und Tratsch ausgetauscht werden. Auf dem Campingplatz sind wir die Einzigen. Der Besitzer hat bereits die Warmwasserzufuhr abgestellt. Nebensaison halt. Wenigstens lässt er abends noch die Straßenlaterne leuchten. Sonst müssten wir unsere Spaghetti im Lichte des Mondes kochen… Die Tage sind kurz. Nach Einbruch der Dunkelheit wird es ziemlich frisch und wir tun gut daran, uns schnell in unsere Schlafsäcke zu kuscheln und sie bis obenhin zuzuziehen. Dafür ist es tagsüber herrlich warm. Die Sonne strahlt und wir machen uns auf zu einer Tour durch die Berge. Trotz guter Mountainbikes haben wir ganz schön zu kämpfen. Die zehn Kilometer lange, stetig ansteigende Schotterpiste auf 2.000 Meter Höhe lässt uns regelmäßig nach Luft japsen. Aber es lohnt sich! Die Ausblicke sind gigantisch. Am Berg "Cerro de los siete colores" machen wir Rast. Wir sitzen im Schatten und lauschen. Nichts. Kein einziges Geräusch. Nicht mal ein Vogelzwitschern. Hier oben in den Bergen herrscht absolute Ruhe. Was für ein Traumplatz. Es fällt uns schwer, dort wieder wegzufahren. Aber der Gedanke daran, unsere eiskalte Dusche möglichst noch vor Sonnenuntergang zu nehmen, lässt uns wieder in die Pedale treten.

Von Uspallata wollen wir nach Puente del Inca, nahe der chilenischen Grenze. Wir haben gehört, dass man im nördlichen Teil von Argentinien ganz gut trampen kann und bei einem Blick auf unser Budget ist die Entscheidung schnell gefallen. Flux ein Schild gemalt und an den Straßenrand gestellt. Nach zwanzig Minuten haben wir Glück. Ein Truckfahrer aus Mendoza nimmt uns mit. Er ist auf dem Weg nach Valparaíso, einer Hafenstadt in Chile. Auf unsere Frage, was er denn geladen hat, antwortet er schulterzuckend: "Ehrlich gesagt, habe ich keine Ahnung. Ich fahre die Strecke seit zwanzig Jahren drei Mal die Woche, da gucke ich nicht mehr so genau auf die Papiere." Wenn es mich interessiert, könne ich aber gerne nachschauen. Schmunzelnd drückt er mir seine Unterlagen in die Hand. Neugierig wie ich

bin, gucke ich natürlich nach: 1.960 Paletten Wein in Pappkartons gehen mit dem Schiff von Valparaíso nach Tahiti! Unser Fahrer scheint die Abwechslung auf seiner Tour zu genießen. Munter erzählt er von seiner Arbeit und wie sich die Berge auf der Strecke nach Chile je nach Jahreszeit verändern. Wir hören ihm gerne zu und genießen dabei die Rundumsicht von seinem Fahrerhäuschen. Anderthalb Stunden später kommen wir in Puente del Inca an. Wir fühlen uns wie in eine andere Welt zurückversetzt. Zeitmaschine an und 200 Jahre zurückgedreht. Das kleine Dorf mitten in den Anden wirkt wie aus einem Wild West Roman entsprungen. Kleine, zum Teil aus Holz gebaute Häuser, ein kleiner Marktplatz und eine alte Bahnstation ist alles, was es zu sehen gibt. Auf 2.700 Meter Höhe ist es nachts schon zu kalt zum campen und so entscheiden wir uns für zwei Übernachtungen im Hostel. Wir haben die Auswahl zwischen einer ehemaligen Lagerhalle und der alten Post. Wir nehmen die Post. Die Hauptattraktion des Ortes ist die gleichnamige Brücke: Puente del Inca. Sie ist aus einer Kombination aus Gletschereis und Mineralablagerungen entstanden und schillert in den verschiedensten Beige-, Ocker-, Braun- und Orangetönen. Unterhalb der Brücke sind noch die Überreste eines alten Thermalbades zu sehen, das Anfang des 20. Jahrhunderts gebaut, dann aber durch Schnee- und Eismassen zerstört wurde.
Von Puente del Inca machen wir uns zu Fuß auf in den Nationalpark Aconcagua. Der Aconcagua ist mit seinen 6.960 Metern der höchste Berg außerhalb des Himalayas. Eigentlich wollten wir hier eine Trekkingtour machen. Aber der Park ist aufgrund der Nebensaison für Touren schon geschlossen und so werden wir das wohl auf unsere Zeit in Bolivien verschieben müssen, wo es ähnlich hohe Berge geben soll. Hätten wir in Feuerland nicht so lange auf unsere Schlafsäcke warten müssen, hätten wir es noch geschafft. Aber auch ohne Trekkingtour können wir sagen - die Anden sind spektakulär und gerade in dieser Region einmalig!

Barreal, San Augustin & Das Tal des Mondes
(aus Volkers Tagebuch)

Da das mit dem Reisen per Anhalter nach Puente del Inca recht gut geklappt hat, wollten wir uns von Uspallata quer durch die Pampa bis nach Barreal durchschlagen. Dani hatte uns wieder ein Schild gemalt und so standen wir in der Mittagshitze, in der Hoffnung, dass uns jemand mitnimmt. Leider hatten wir nicht bedacht, dass der 1. Mai auch in Argentinien ein Feiertag ist. Für uns bedeutete das, dass kaum Trucks unterwegs waren. Die Fahrer der Privatautos lasen zwar aufmerksam unser Schild, fuhren aber trotzdem weiter. Ein Fahrradfahrer kam vorbei und meinte grienend, dass Dani bei ihm mitfahren könne, das Gepäck und ich müssten aber hierbleiben. Latinos! Eine halbe Stunde später hielt ein uralter Kleinlaster vor unserer Nase an. Er kenne zwar den Ort Barreal nicht, aber wenn der auf der Strecke nach San Juan läge, könnten wir gern aufspringen. Auf der Ladefläche saßen schon drei Leute. Ein Vater mit seinem Sohn, die bei Mendoza eingestiegen sind und Sergio, der zu Fahrer und Beifahrer gehörte und seit Neuquén hinten saß. Die Stadt liegt mehr als 1.000 Kilometer südöstlich von hier! Der arme Kerl, aber wenigstens konnte er auf einem Klappstuhl sitzen. Von der Ladefläche aus hatten wir eine tolle Rundumsicht auf die Anden. Rechts die Ausläufer der Precordillera und links die hohen Gipfel. In Barreal, einem kleinen verschlafenen Dorf, das wie eine Oase aus der Landschaft hervorstach, stiegen wir völlig verstaubt vom Laster. Lucas, der Pizzaboy, wie er sich mir vorstellte, schüttelte auf meine Frage, wo denn der Campingplatz sei, nur mit dem Kopf. „Viel zu weit. Ihr müsst 26 Blöcke zurück. Aber geht doch zu Pablo. In seinem Hostel ist sicher Platz für euer Zelt." Gesagt, getan. Super! Wir konnten unsere 'Strandburg' im Schatten gleich neben den Hängematten aufbauen. Unsere Idee, nur ein bis zwei Tage hierzubleiben, haben wir direkt über den Haufen geworfen. Zu schön waren der kleine Ort, die unberührte Natur und die Ruhe.

Der nächste und zugleich letzte Stopp auf unserer Reise über die Dörfer in der Region um Mendoza war San Augustin. Es war auch gleichzeitig eines der verpenntesten Nester überhaupt. Die Siesta dauerte hier unter der Woche bis zu fünf Stunden, samstags hatte nur der Kiosk geöffnet, sonntags gar nichts. Da der Ort der beste Ausgangspunkt für Besuche im Nationalpark Ischigualasto ist, gingen wir davon aus nicht allzu lange verweilen zu müssen. Aber Pustekuchen! Hier war die Nebensaison so schwach, dass beide im Ort ansässigen Tourveranstalter und wir zwei Tage nach anderen Leuten gesucht haben, um einen Transport zu organisieren. In diesem Teil Argentiniens waren nur wenige Ausländer unterwegs und die Einheimischen hatten keine Urlaubszeit. Irgendwann trafen wir aber doch noch zwei Spanier, die dasselbe Ziel hatten. Bekannt ist der Nationalpark Ischigualasto unter dem Namen „Valle de la Luna" (Tal des Mondes). Diesen Namen trägt das Tal zu Recht. Nur wenige Pflanzen können sich in dieser Region behaupten. Das ganze Areal sah aus wie eine karge Mondlandschaft. Niederschläge gibt es, wenn überhaupt, nur im Januar und Februar. Die Temperaturen erreichen im Sommer tagsüber bis zu 60 Grad, während nachts das Thermometer bis auf minus 10 Grad fallen kann. Entstanden ist das Tal durch die Auffaltung der Anden. Die Gebirgskette hat diese Region vom Einfluss des Pazifiks abgeschnitten, was einen sehr radikalen Klimawandel zur Folge hatte. Vor 100 bis 230 Millionen Jahren war das Gebiet dicht bewachsen und von verschiedenen Dinosaurierarten bevölkert. Zahlreiche Fossilienfunde, die wir in den Felsen sehen konnten, belegen das. An anderen Stellen des Nationalparks haben

Zeit, Wind und die seltenen Niederschläge die Felsen zu verschiedenen Formen erodiert. Mit ein wenig Fantasie konnten wir unter anderem die Sphinx, Pilze und ein riesiges auftauchendes U-Boot erkennen. Da gerade Vollmond war, sind wir nachts nochmal in den Park gegangen. Jetzt fühlten wir uns wirklich wie auf einem anderen Planeten. Die Landschaft war noch bizarrer als tagsüber. Glücklicherweise war es trotz des Wüstenklimas nicht so kalt, so dass wir die Stille und den großartigen Ausblick auf das Tal im Mondschein und bei klarem Sternenhimmel ausgiebig genießen konnten.

Córdoba

Es gibt Stationen, die hätte man lieber auslassen sollen. Acht Stunden östlich von San Augustin liegt Córdoba, eine Studentenstadt, die mit kolonialem Flair wirbt. Da haben wir mal wieder Lust drauf - abends ein wenig Kneipenbummeln, tagsüber durch die Stadt schlendern und in einem der zahlreichen Hostels mit anderen Reisenden quatschen. Soweit die Theorie. Als wir in der Stadt ankommen, müssen wir feststellen, dass sie laut und hektisch ist. Und das koloniale Flair? Naja. Ein paar vereinzelte alte Bauten. Aber sonst? Grünflächen, gemütliche Straßencafés, entspannte Studentenatmosphäre? Fehlanzeige. In unserem Hostel sind fast ausschließlich Anfang 20jährige, die wenig zu erzählen, aber viel zu trinken haben. Bis in die frühen Morgenstunden ist an Schlaf nicht zu denken. Wo wir nach unserer Nachtfahrt doch eigentlich zeitig ins Bett gehen wollten… Irgendwann ist Ruhe und wir schlafen ein. Am nächsten Morgen verspüre ich ein unangenehmes Jucken auf der Haut. Entsetzt starre ich auf die roten Quaddeln auf meinen Armen. Bettwanzen!! Ich springe aus den Laken. Jetzt sehe ich, dass auch meine Beine mit roten Bläschen überseht sind. Oh nein! Ich könnte im wahrsten Sinne des Wortes aus der Haut fahren. Es juckt wie die Hölle! Wir wechseln sofort das Hostel. Volker, der aus irgendeinem mir unerfindlichen Grunde von den Bissen verschont geblieben ist, kommt nicht umhin, seine Witze zu machen. Ich finde das Ganze nur bedingt lustig und schlucke ein für den Notfall mitgebrachtes Antihistaminikum gegen die Schwellungen.
Zwei Tage später wollen wir raus aus der Stadt, in den Nationalpark "Quebrada del Condorito". Hier soll man fast eine Garantie haben, Kondore in freier Natur zu beobachten. Die riesigen Andenvögel mit einer Flügelspannweite von fast drei Metern wollen wir auf jeden Fall sehen! Die Hostels in Córdoba bieten Touren zum Nationalpark für 150 Peso pro Nase an "Eintritt inklusive". Auf unsere Nachfrage, ob man auch alleine hinfahren könne, bekommen wir die Antwort: "Nein, das ist viel zu kompliziert. Ihr müsst mindestens drei verschiedene Busse nehmen!" Irgendwie können wir das nicht so ganz glauben und fragen am Terminal nach. Und siehe da - es gibt

einen Direktbus für 30 Peso hin und zurück. Und einen Eintritt gibt es nicht! Nach zwei Stunden Bus fahren und vier Stunden laufen im Nationalpark stehen wir am Aussichtspunkt. Die Sonne strahlt, aber das Tal, in dem die Kondore nisten, ist mit einer dichten Wolkendecke zugedeckt. Nicht ein einziger Vogel ist zu sehen! Wir warten noch eine ganze Weile, aber der Nebel und die Wolken bleiben wo sie sind. Wir trösten uns damit, dass wir zum Glück nicht das Geld für die Tour ausgegeben haben und außerdem ja auch noch in Bolivien oder Peru nach diesen einzigartigen Tieren Ausschau halten können.
Heute Abend nehmen wir den Nachtbus nach Uruguay. Nicht, dass wir jetzt die Nase voll hätten von Argentinien. Im Gegenteil. Wir wollen noch den Norden sehen und natürlich die Stadt des Tango - Buenos Aires. Jetzt müssen wir aber erstmal außer Landes. Unser Drei-Monats-Visum läuft in ein paar Tagen ab. Zwei bis drei Wochen wollen wir in Uruguay verweilen, bevor es wieder zurück nach Argentinien geht.

Uruguay

Montevideo

Unsere Lust auf Neues hat während der gesamten Zeit unseres Reisens nie abgenommen und so freuen wir uns auf Uruguay. Es ist schön, mal wieder das Land zu wechseln, vor allem, wenn man so feudal hinchauffiert wird. Unser Nachtbus hatte wirklich alles zu bieten, was man sich wünschen kann. Dabei hatten wir den billigsten Anbieter genommen. Die Gesellschaft ließ sich aber nicht lumpen - fast waagerecht zurückstellbare Sitze, Fußlehnen, Flachbildfernseher, kuschelige Decken und ein Kissen, damit das königliche Köpfchen auch angenehm ruhen kann. Zum Abendessen wurden heiße und kalte Speisen serviert und zur Krönung des Ganzen gab es im Anschluss noch für jeden ein Glas Sekt. Am nächsten Morgen wurden wir mit frischem Kaffee geweckt. Und da wir die Sitze ganz vorne oben im Doppelstockbus hatten, gab's den Panoramablick auf den Sonnenaufgang noch gratis dazu. So lässt es sich reisen! Unsere erste Station ist die Hauptstadt Montevideo. Hier leben rund 1,5 Millionen Uruguayaner. Die übrigen 2 Millionen verteilen sich auf den Rest des Landes, das ca. halb so groß wie Deutschland ist. Laut unserem Reiseführer gilt Uruguay als sicherstes Land Südamerikas, mit einer geringen Korruption und einer stabilen Wirtschaft. Umso mehr wundert es uns, dass in Montevideo viele Häuserfassaden heruntergekommen sind, Menschen auf den Straßen oder in Bretterbuden schlafen und uns das Gefühl beschleicht, dass man in einigen Straßen nach Einbruch der Dunkelheit besser nicht mehr langlaufen sollte. Die Plätze in der Innenstadt sind zugegebe-

nermaßen sehr schön. Auf dem Plaza de la Independencia, der mit Palmen und kolonialen Bauten umsäumt ist, findet gerade die Wanderausstellung "United Buddy Bears" der deutschen Unternehmer Klaus und Eva Herlitz statt, die 2002 zum ersten Mal in Berlin gezeigt wurde. Mehr als 140 Bärenstatuen, jede von einem Künstler aus einem anderen Land bemalt, werben für Völkerverständigung und Frieden auf der Welt. Damals in Berlin haben wir die Ausstellung nicht gesehen. Jetzt freuen wir uns, ein bisschen Heimat auf uruguayanischem Boden zu haben. Auf dem Plaza de la Independencia können wir auch sehr schön das für das Land typischste Bild sehen - den Mate-Tee trinkenden Uruguayaner. Das bittere Heißgetränk wurde schon im 16. Jahrhundert als "Trank der Götter" von den Inkas konsumiert. Der Tee wird aus den Blättern des immergrünen Matestrauches – einer Stechpalmenart – gewonnen und gilt unter anderem als guter Kaffeeersatz, da das enthaltene Koffein langsamer und dosierter an den Organismus abgegeben wird und somit eine länger anhaltende Wirkung zeigt. Die Uruguayaner scheinen diesem Getränk noch mehr verfallen zu sein als die Argentinier. Wo sie auch hingehen, der Mate-Tee ist immer dabei: morgens auf dem Weg zur Arbeit, am Kiosk, auf dem Spielplatz, beim Shoppen, auf der Baustelle… Mich wundert, warum noch niemand auf die Idee gekommen ist, Tragetaschen für die Thermoskannen zu verkaufen. Das ist doch unpraktisch, immer mit den Dingern im Arm. Volker hat eine einfache Erklärung. "Dann müssten sie ja mit beiden Händen arbeiten", sagt er augenzwinkernd.
Wirklich aufregend ist Montevideo nicht und auch die Unterkünfte im Low-Budget-Bereich sind eher bescheiden. Daher fahren wir bereits nach zwei Tagen weiter. Ziel ist der kleine Küstenort Punta del Diablo, in dem wir eine Woche verweilen. Bei unserer Ankunft ahnen wir noch nicht, wie sehr uns der recht unscheinbare Ort mit den langen Stränden später in Erinnerung bleiben wird.

Colonia del Sacramento

Die kleine Hafenstadt Colonia wurde 1680 von portugiesischen Einwanderern gegründet und war einst ein berüchtigtes Schmugglerzentrum. Viele der alten Häuser sind noch erhalten, weshalb die Stadt von der UNESCO zum Weltkulturerbe erklärt wurde. Im Gegensatz zu den anderen Orten Uruguays ist hier auch zum Winteranfang noch einiges los. Tagestouristen aus Argentinien sowie Reisende aus aller Welt schlendern durch die Straßen aus Kopfsteinpflaster, fangen an den Außentischen der Cafés die letzten Sonnenstrahlen ein oder genießen am Ufer des Rio de la Plata den Blick aufs Wasser. An sonnigen Tagen kann man von hier aus bis nach Buenos Aires schauen, das rund 50 Kilometer entfernt ist. Wir haben gerade im Supermarkt fürs Abend-

essen eingekauft, als hinter uns jemand unsere Namen ruft. Wolfi!! So eine Überraschung! Aber wollten er und Simone nicht längst in Brasilien sein? Wollten sie, aber es gab Probleme an der Grenze mit ihrem Bus. Angeblich wäre irgendetwas mit den Papieren nicht in Ordnung und so wurde der Bus kurzerhand vom argentinischen Zoll konfisziert. Sie hoffen, dass sich die Dinge bei ihrer Rückkehr aus Uruguay irgendwie regeln lassen. Eigentlich wollten sie morgen wieder zurück, aber da wir zufällig im selben Hostel abgestiegen sind, bleiben sie noch einen Tag. Am nächsten Abend zaubern wir zusammen ein leckeres, typisch deutsches Essen: selbst gemachte Semmelknödel mit Blumenkohl, Bohnen und Fleisch. Dazu ein kühles Bier. Außer für mich. Ich trinke heute ausnahmsweise lieber Wasser.
Ganze zwölf Tage haben wir in Uruguay verbracht. Dann beschließen wir, dahin zu fahren, wo die Action ist. Nach Buenos Aires! Einen Monat lang wollen wir in der Stadt des Tangos leben.

Rückkehr nach Argentinien

Buenos Aires

“Die Stadt, die niemals schläft”, “Stadt des Tango”, “Paris des Südens”… Buenos Aires hat viele Namen und alle treffen sie den Nagel auf den Kopf. Die zehn Millionen Metropole ist genauso so, wie wir sie uns vorgestellt haben - europäisch, lebendig, ein wenig versnobt, geschäftig, weltoffen und voller Musik. Entsprechend sind die Einwohner der Hauptstadt. Die “porteños” (Hafenstädter), wie sie auch genannt werden, stehen in krassem Gegensatz zu den Leuten im Rest des Landes. Kein Wunder, dass immer wieder Witze übereinander gemacht werden. Der porteño an sich belächelt gerne seinen Landsmann außerhalb der Stadtgrenzen. Schließlich habe man ‘in den Provinzen’ kaum Kultur und schon gar keinen Tango. Zudem würde alles immer auf “mañana” (morgen) verschoben werden. Umgedreht wird über die Hauptstädter gespottet, dass sie ihr Geld nur für Shoppen, Schönheitschirurgen und Psychiater ausgeben. Außerdem würden sie im Urlaub dem Rest des Landes mit ihrer Ungeduld auf die Nerven gehen. Natürlich sind das Stereotype. Aber ein Fünkchen Wahrheit konnten wir auf beiden Seiten schon beobachten.
Nach zwei Wochen Buenos Aires haben wir die meisten Highlights der Stadt gesehen - die historischen Gebäude des Zentrums, die zwanzigspurige Straße des 9. Juli mit dem riesigen Obelisk in der Mitte, der mit Parks und feinen Boutiquen gefüllte Stadtteil Palermo und das Arbeiterviertel La Boca mit seinen bunten Häusern im Sträßchen “Caminito” und dem Stadion der Boca Juniors (Diego Maradona hat hier einst gespielt). Am meisten gefällt uns

jedoch unser Stadtteil - San Telmo, ein Künstlerviertel und DER Platz für Tango in Buenos Aires. Über eine Mitwohnzentrale hatten wir im Voraus ein Apartment gemietet. Für umgerechnet 500 Euro gehören uns jetzt einen Monat lang 40 Quadratmeter auf zwei Etagen inklusive Dachterrasse mit Blick über die Stadt. Direkt gegenüber ist der San Telmo Markt mit Obst-, Gemüse-, Antik- und Trödelständen. Unsere unmittelbare Nachbarschaft ist geprägt von alten Häuserfassaden, unzähligen Cafés, Galerien und kleinen Designerstuben. In fast jeder Straße machen Aushänge Werbung für Tangostunden oder Tangoshows. In einem kleinen Café um die Ecke haben kürzlich Familien den ersten öffentlichen Tangoauftritt ihres Nachwuchses gefeiert. Die Steppkes waren zehn bis zwölf Jahre alt und haben getanzt, als hätten sie schon im Laufstall damit angefangen. Natürlich haben wir auch schon unsere erste Tangostunde hinter uns. Eins können wir sagen - es ist viel schwieriger als es aussieht! Von wegen 'sich einfach nur über die Tanzfläche schieben'. Nachdem Volker und ich es nach einer halben Stunde geschafft hatten, uns nicht mehr auf die Füße zu treten, kam unser argentinischer Tanzlehrer auf uns zu und sagte: "So, und jetzt versuchen wir mal zu tanzen und nicht zu marschieren." Nun ja, wir geben die Hoffnung nicht auf. Vielleicht versuchen wir es das nächste Mal mit anderen Schuhen als mit unseren Trekkingboots.

Die Iguazú-Wasserfälle im Norden Argentiniens

Wir hatten schon viel von ihnen gehört und etliche Bilder gesehen. Dennoch standen wir mit offenem Mund vor diesem einzigartigen Naturschauspiel. Die Wasserfälle von Iguazú gehören zweifelsohne zu den beeindruckendsten Erlebnissen auf unserer Reise. Eingebettet in eine fast unberührte Urwaldlandschaft stürzen die Wasserfälle auf rund drei Kilometern bis zu 80 Meter in die Tiefe. Dabei machen sie einen ohrenbetäubenden Lärm. Das genaue Gegenteil dazu sind die in der Nebensaison ruhigen Wanderwege, auf denen wir bunte Vögel, Schmetterlinge und kleine Reptilien gesehen haben. Angeblich soll es hier auch Jaguare, Pumas und Kaimane geben. Die haben sich uns aber nicht gezeigt. Die einzigen größeren Tiere, die wir gesehen haben, waren ein paar vorwitzige Nasenbären, die hauptsächlich damit beschäftigt waren, den Touristen die Sandwiche aus den Rucksäcken zu klauen. Die Iguazú-Wasserfälle sind vor Millionen von Jahren durch eine vulkanische Eruption und tektonische Verschiebung der südamerikanischen Kontinentalplatte entstanden. So kommt es, dass es an manchen Stellen aussieht, als wäre der Iguazú-Fluss in der Mitte „auseinandergebrochen". Je nach Jahreszeit kann man zwischen 150 und 300 einzelne Wasserfälle sehen. Manchmal sind es nur kleine Rinnsale, dann wieder gewaltige Kaskaden. Am sogenannten „Teufelsrachen", eine der beeindruckendsten Stellen, stürzen 13.000 Kubikmeter Wasser pro Sekunde in die Tiefe. Nach vier vollen Monaten ein faszinierender Abschluss unserer Argentinienreise!

Brasilien

Mit dem Ringbus über die Grenze

Es ist mal wieder eine von vielen Planänderungen auf unserer Reise. Nach den Herbst- und Wintermonaten in Argentinien lechzen wir nach Sonne, Wärme und Strand. Und so kommt es, dass wir anstatt wie geplant nach Bolivien zu fahren, einen Abstecher nach Brasilien machen. Von Puerto Iguazú auf argentinischer Seite geht es mit dem Ringbus ins zehn Kilometer entfernte Foz do Iguacú auf brasilianischer Seite. Dort angekommen sind wir erstmal geschockt über die Preise. Das Hostelzimmer ist nur halb so groß, aber doppelt so teuer wie in Argentinien. Egal, es ist ja nur für eine Nacht. Morgen geht es mit dem Flieger nach Salvador da Bahia. Die Hafenstadt, die noch zwei Flugstunden nördlich von Rio de Janeiro liegt, lockt mit warmen Temperaturen und schönen Stränden.
Am nächsten Tag. Pünktlich halb neun stehen wir am Flughafen. Leider ist vom Flieger weit und breit nichts zu sehen. "Wettertechnische Verspätung" steht auf der Anzeigetafel. Draußen ist dichter Nebel. Man kann die Hand kaum vor den Augen sehen. Da können wir wohl nichts anderes tun als warten. Zwei Stunden später kommt die Info vom Bodenpersonal. Unser Flieger fällt aus. Vielleicht kommen wir mit dem nächsten mit. Gegen 13 Uhr ziehen die Wolken auf. Und siehe da, wir bekommen zwei Plätze in der nächsten Maschine. Fünf Stunden später als geplant, kommen wir schließlich in Salvador an. Es ist 19 Uhr und bereits dunkel, weshalb wir uns lieber ein Taxi zum Hostel nehmen. Man muss ja nicht abends mit seinem ganzen Gepäck durch eine brasilianische Großstadt latschen. Unser Hostel kann nicht weit sein, nur ein paar Straßen, laut Stadtplan. Unser Taxifahrer bringt es trotzdem fertig, uns eine halbe Stunde durch die Gegend zu kutschieren. Entweder hat er heute noch nichts verdient oder er kennt sich wirklich nicht aus. Im Hostel angekommen, müssen wir feststellen, dass unser für Brasilien gesetztes Tagesbudget mal gerade für ein Bett im 12er-Dorm reicht. Wow, sowas habe ich noch nie gesehen. Vier Doppelstockbetten, jeweils 3-etagig, auf engstem Raum. Zum Glück sind nur fünf Betten belegt… Die Strapazen sind vergessen, als wir abends zum ersten Mal durch die Straßen schlendern. Hier herrscht Leben pur. Die Temperaturen sind tropisch, die Menschen freundlich und ausgelassen. Samba-Musik, duftende Köstlichkeiten an Straßenständen und frischgepresste Fruchtsäfte, an die 20 verschiedenen Sorten. Ich glaube, wir sind am richtigen Ort!

Salvador da Bahia

Salvador ist neben Rio de Janeiro Brasiliens größte Touristenmetropole. Gleichzeitig ist es die "schwärzeste" Stadt des Landes. Zwei Drittel aller Einwohner sind Afrobrasilianer. Durch den Mix von europäischen und afrikanischen Religionen, Traditionen und Kulturen hat Salvador ein ganz besonderes Flair. Leider zieht sich wie in allen brasilianischen Großstädten auch um Salvador ein breiter Speckgürtel von Favelas (brasilianische Elendsviertel), in denen Hunderttausende in menschenunwürdigen Verhältnissen leben. In Pelourinho, dem historischen Viertel von Salvador, ist von der Armut nicht viel zu sehen. Koloniale Bauten, kleine Gassen aus Kopfsteinpflaster, Künstlerstuben und Souvenirshops, nett angelegte Plätze mit Springbrunnen und herrliche Ausblicke auf den Hafen und das Meer lassen Urlaubsstimmung aufkommen. Viele Ausländer sehen wir nicht. Der Juli ist der Monat, in dem hauptsächlich die Einheimischen reisen.
Die Einwohner Salvadors fallen uns vor allem durch ihre Hilfsbereitschaft auf. Mitten im Zentrum treffen wir auf einmal auf eine Straße, die wie ausgestorben ist. Instinktiv bleiben wir stehen. "Ich weiß nicht, ob wir hier weiter gehen sollten", sage ich gerade zu Volker, als hinter uns jemand ruft. Ich drehe mich um und sehe, wie ein junger Brasilianer energisch in die andere Richtung zeigt. Wir verstehen nicht, was er sagt, aber seine Zeichen sind eindeutig. Als wir den Rückzug antreten, hebt er den Daumen und lächelt. Wahrscheinlich hat er uns gerade Bargeld und Kamera gerettet. An anderer Stelle kommt uns ein älterer Mann zu Hilfe. Wir haben uns mal wieder die Zeit genommen, ein paar Karten zu schreiben und stecken sie stolz in den dafür vorgesehenen Briefkasten. Die Karten wären nie zu Hause angekommen, wenn uns der ältere Brasilianer nicht darauf aufmerksam gemacht hätte, dass der Briefkasten unten nur mit einem Draht verschlossen ist, den jeder jederzeit öffnen kann. Er zeigt uns dann auch prompt einen "sicheren" Kasten für unsere Post.
Wir finden es schade, dass wir bis auf ein "obrigado" (danke) kaum mit den Einheimischen kommunizieren können. Zwar können wir das Portugiesisch auf dem Papier lesen, da aber die Aussprache komplett anders ist, verstehen wir auf der Straße kein Wort. Nach zwölf Monaten in spanischsprachigen Ländern kommen wir uns jetzt wieder vor wie blutige Anfänger. Zurück im Hostel gibt es eine freudige Überraschung. Wir treffen auf Mary und Steven, ein englisch-irisches Pärchen, das wir vor vier Monaten in Ushuaia (Argentinien) kennengelernt haben! Während wir uns langsam durch Argentinien durchgearbeitet haben, sind die beiden in derselben Zeit durch Uruguay, Paraguay, Bolivien, Peru und Brasilien gereist. Jetzt stehen sie kurz vor dem Heimflug und wollen eine Woche lang an den Stränden von Salvador ent-

spannen. Wir haben viel zu erzählen. Freudestrahlend berichtet Steven, dass er Mary unterwegs einen Heiratsantrag gemacht hat. Den Ring dafür hatte er schon in England gekauft und ihn dann 267 Tage heimlich bei sich getragen, bis er schließlich an einem von ihm ausgesuchten Platz in Peru die Frage aller Fragen stellte. Nach drei Tagen in Salvador wollen wir auch an den Strand. Statt an die Stadtstrände zu fahren, zieht es uns jedoch auf eine vorgelagerte Insel. Dort soll es keine Autos, dafür aber kilometerlange Buchten geben, mit Kokosnusspalmen soweit das Auge reicht. Das klingt genau richtig!

Ilha Tinharé - Morro de Sao Paulo
(aus Volkers Tagebuch)

"Ich lieg am Strand, mit einem eiskalten Getränk in meiner Hand..." Schade, heute ist schon unser letzter Tag auf der Insel Tinharé. Bald werden wir keine Caipirinhas mehr im Schatten einer Palme schlürfen. Zweieinhalb Wochen haben wir es uns hier richtig gutgehen lassen. Gemacht haben wir eigentlich nicht viel. Dem Kommen und Gehen der Gezeiten zuschauen, im badewannenwarmen Wasser planschen, leckerstes Seafood essen und die vorbeiflanierenden Brasilianer betrachten. Da wir gerade am Ende der Regenzeit sind, gießt es ab und zu wie aus Eimern. Macht aber nichts. Denn erstens klart es meistens innerhalb kurzer Zeit wieder auf und zweitens ist unsere Anlage urgemütlich. Außerdem kommen kurz vor oder nach dem Regen häufig die Affen vorbei. Sie turnen auf der Stromleitung herum, bis sich das Wetter ändert. Dann verschwinden sie wieder im schützenden Dschungel, der uns von drei Seiten umgibt. Da es auf der Insel keine Autos gibt, ist entweder tagsüber die Kutsche oder abends der Trecker unser Fortbewegungsmittel. Bis zum Dorf sind es circa 30 Minuten über ausgewaschene Wege. Obwohl eigentlich alles auf den Tourismus ausgelegt ist, hat sich Morro de Sao Paulo seinen Charme bewahrt. Die Einwohner sind superfreundlich und herzlich. Auffallend ist auch, dass es keine Bettler gibt. Es scheint, als ob jeder irgendeiner Beschäftigung nachgeht. An den Stränden und im Ort liegt kein Müll rum. All diese Dinge sind weder in Brasilien noch im Rest von Lateinamerika alltäglich. Die beim Betreten der Insel zu entrichtende Kurtaxe wird offensichtlich sinnvoll für die Gemeinschaft verwendet und füllt nicht die Brieftasche irgendeines Beamten. Auf der Ilha Tinharé merken wir wieder einmal, was uns am besten gefällt. Sonne, Meer, ein paar Palmen und gutes Essen. Wie ging der Song von Farin Urlaub weiter? "...die Sonne scheint mir auf den Bauch - so geht's doch auch." Schade, dass man das nicht für immer haben kann. Oder doch?

Zurück nach Deutschland

26. Juli 2009: Ich kann's nicht fassen. Wir sitzen im Flieger nach Hause. Zweieinhalb Jahre Weltreise sind tatsächlich vorbei! Ich bin ein bisschen wehmütig. Es war eine unglaublich tolle Zeit mit unvergesslichen Erlebnissen. Wie die Packesel werden wir am Kölner Hauptbahnhof ankommen. In den letzten Wochen unserer Reise haben wir ordentlich Geschenke gekauft. Schließlich kann man ja nach so einer Reise nicht mit leeren Händen nach Hause kommen.
Aber wieso fliegen wir eigentlich schon wieder zurück? Wir wollten doch noch nach Bolivien, Peru und Ecuador. Unsere Reisekasse hätte noch mindestens vier Monate gereicht... Es ist etwas Unerwartetes, aber zugleich Erfreuliches dazwischen gekommen. Ich bin im dritten Monat schwanger! Herausgefunden haben wir es in Punta del Diablo, einem kleinen Küstenort in Uruguay. Gerade als wir uns für ein einmonatiges Voluntärsprojekt in Bolivien entschieden hatten und unsere weitere Reiseroute entlang der Anden planten. Wir waren völlig perplex und glücklich zugleich, als wir auf den eindeutig verfärbten Streifen des Schwangerschaftstestes starrten. Und nun? Meine Befindlichkeit hatte sich in den Wochen darauf schlagartig geändert. Bleierne Müdigkeit und latente Ganztagesübelkeit ließen meine Motivation sinken, wie geplant durch die bolivianischen Berge zu ziehen. Ich war froh, mir in unserer Wohnung in Buenos Aires regelmäßig die Decke über den Kopf ziehen zu können. So haben wir unsere Pläne letztendlich komplett über Bord geworfen und uns dazu entschieden, die verbleibenden Länder auf ein anderes Mal zu verschieben und stattdessen unsere Reise an einem warmen und entspannten Ort in Brasilien ausklingen zu lassen. Und im deutschen Sommer statt im November nach Hause zu kommen, hat ja auch seine Vorteile. Meine Gedanken schweifen zu dem, was uns in Deutschland erwartet. Eine Menge Papierkram, soviel ist sicher. Das Finanzamt wartet auf Steuererklärungen für drei Jahre. Dann die Wohnungssuche. Hoffentlich finden wir schnell was. Zentral und günstig (schließlich haben wir ja kein Auto mehr), gar nicht so einfach in Köln. Volker schiebt alle Zweifel beiseite. "Ach, das wird schon." Wird es wahrscheinlich auch. Zum Glück können wir erstmal bei Freunden wohnen. Der Gedanke an Freunde und Familie lässt mich ganz hippelig werden vor Aufregung. Ich freu mich total, endlich alle wiederzusehen!
Wenn wir in Deutschland sind, wird Volker vermutlich vorübergehend wieder in den Aktienhandel einsteigen. Das wird nach der ganzen Zeit ein ziemlicher Spagat werden. Ich weiß, dass er nicht gerade scharf drauf ist, aber was soll man machen. Von Luft und Liebe allein werden wir nicht leben können. Als Schwangere kann ich mir die Bewerbungen wohl schenken. Daher werde

ich meine Zeit vor allem mit dem anfallenden Papierkram, der Wohnungseinrichtung, Geburtsvorbereitungskursen und viel Recherchearbeit zum Thema "dauerhafter Auslandsaufenthalt" verbringen. Vielleicht werde ich sogar ein Buch über unsere Reise schreiben. Nur eines ist relativ sicher: Unsere Rückkehr nach Deutschland wird nur temporär sein. Wir wollen irgendwann wieder los, unsere Reise dort fortsetzen, wo sie aufgehört hat und unseren Traum vom eigenen Hostel wahrmachen. Dann zu dritt.

***

Epilog

Ein Jahr später in Köln. Da! War das nicht das erste Krabbeln? Ich hab es genau gesehen, wie du deinen ersten Fortbewegungsversuch gemacht hast! Auch wenn du jetzt wieder laut meckerst, weil es dir nicht schnell genug geht. Nur Geduld kleine Lili, es dauert nicht lange, dann kannst du die ganze Welt auf deinen eigenen Füßen erkunden! Sechs Monate bist du jetzt alt und ein Jahr ist es her, dass wir wieder deutschen Boden betreten haben.

Es war nicht einfach, eine Wohnung zu finden. In Buenos Aires hatte es gereicht, eine Kaution zu hinterlegen. Hier gaben Bewerberbögen darüber Auskunft, dass wir nicht über einen festen Job verfügen und keinen Vorvermieter haben. Weltenbummler sind zwar interessant, aber als zukünftige Mieter nicht so gefragt. Nur durch die Empfehlung einer guten Bekannten haben wir am Ende doch noch etwas Passendes gefunden. Während ich mit dickem Bauch die Wände unserer Wohnung gestrichen habe, nahm Volker seine erneute Selbständigkeit als Aktienhändler in Angriff. Manchmal wäre er fast zusammengebrochen unter dem Berg von Formularen.
In Deutschland ist alles wie immer und doch irgendwie anders. Die Leute haben noch weniger Zeit als vor unserer Reise. Oder kommt es uns nur so vor? Die große Clique gibt es nicht mehr, inzwischen kocht jeder mehr oder weniger sein eigenes Süppchen. Karriereziele, Pekip-Kurse und Reihenendhausplanungen... Irgendwie passt das nicht zu uns und zu dem Leben, das wir in den letzten Jahren geführt haben. Wir müssen einsehen, dass wir nicht mehr mit jedem aus unserem ehemaligen Freundes- und Bekanntenkreis auf einer Wellenlänge liegen. Vermutlich haben wir uns doch mehr verändert, als wir dachten.
Wir versuchen, uns ein paar Dinge von der Reise zu bewahren. Keinen Fernseher in der Wohnung, dafür abends in Ruhe ein Gläschen Wein. Nicht zu sehr im Voraus planen, sondern die Dinge auf uns zukommen lassen. Gar nicht so einfach in einem Land, in dem alles nach Termin geht. Es dauert nicht lange und ich habe sogar für meine privaten Verabredungen einen Kalender. Wir sind glücklich mit unserer kleinen Familie, aber irgendwo, ganz tief im Innern, keimt langsam wieder das Fernweh auf. Neulich kam eine Mail von Tobi, er ist wieder in Indien, am Kudle Beach und denkt an unsere gemeinsame Zeit. Sofort war sie wieder da, die Sehnsucht nach Freiheit, Unbeschwertheit, die Neugier auf Neues, die Lust auf Leben!

Du hebst den Kopf und lächelst. Ob du später wohl genauso viel Spaß am Reisen haben wirst wie wir? Ich hoffe es. Ich habe nämlich schon ein Buch gekauft: „Travel with children“.

Anhang

Reiseübersicht

Malaysia	17. Januar bis 23. Februar 2007
Thailand	23. Februar bis 24. März 2007
Laos	24. März bis 18. April 2007
Kambodscha	18. April bis 18. Mai 2007
Vietnam	18.Mai bis 17. Juni 2007
China	17. Juni bis 07. August 2007
Tibet	07. August bis 09. September 2007
Nepal	09. September bis 13. Oktober 2007
Indien	13. Oktober 2007 bis 08. Februar 2008
Neuseeland	13. Februar bis 15. April 2008
Indonesien	15. April bis 29. Mai 2008
Iran	31. Mai bis 26. Juni 2008
Barcelona	26. Juni bis 08.Juli 2008
Kuba	08. Juli bis 06. August 2008
Mexiko	06. August bis 11. September 2008
Guatemala	11. September bis 30. Oktober 2008
Honduras	30. Oktober bis 06. November 2008
Nicaragua	06. November bis 07. Dezember 2008
Costa Rica	07. Dezember bis 22. Dezember 2008
Panama	22. Dezember 2008 bis 03. Januar 2009
Kolumbien	03. Januar bis 20. Februar 2009
Argentinien	20. Februar bis 16. Mai 2009 & 27. Mai bis 01. Juli 2009
Uruguay	16. Mai bis 27. Mai 2009
Brasilien	01. Juli bis 25. Juli 2009

Equipment

Gepäckliste (für 2 Personen)

- 2 große Rucksäcke
- 2 Tagesrucksäcke
- 2 warme Schlafsäcke
- 2 Inletts (auch als leichte Sommerschlafsäcke nutzbar)
- kleine Taschenlampe, 4 Teelichter, Feuerzeug
- Moskitonetz
- Digitalkamera inkl. Aufladekabel
- 2 Handys inkl. Aufladekabel
- Adapter
- Weltempfänger
- Nageletui inkl. Pinzette, Nähzeug
- kleine Vorhängeschlösser
- flache Geldgürtel
- reißfeste Leine, kleine Schrauben/Nägel
- Ohrstöpsel
- Taschentücher, Sagrotan-Tücher
- Schweizer Taschenmesser
- 1 Alu-Becher und 1 Löffel

- kleine Gesellschaftsspiele für unterwegs
- Reiseliteratur
- Wörterlisten für den asiatischen Raum, 1 kleiner Bildsprachführer
- Reisepässe, Flugtickets, Impfausweise
- internationale Führerscheine
- Kopien aller Dokumente
- EC- und Kreditkarten, kleiner Bargeldbestand in US-Dollar
- Passfotos für Visaformalitäten
- Fotos von der Familie
- Postkarten aus der Heimat
- Reiseapotheke mit allen wichtigen Medikamenten
- Micropur zur Wasserreinigung
- Erste-Hilfe-Set
- Verhütungsmittel
- Malariatabletten, Insektenschutzmittel
- Pfefferspray, Trillerpfeifen
- Regenhüllen für die Rucksäcke
- 2x wasserdichte Wanderschuhe, Sommerschuhe
- 1 Sonnencreme, 2 Sonnenbrillen, 2 Kopfbedeckungen
- in kleinen Reisepackungen: Duschgel, Haarwaschmittel, Bodylotion
- Reinigungstücher, Einwegrasierer
- 2 Zahnbürsten, Zahnpasta
- Rei in der Tube
- 2 Regenjacken
- 2 winddichte Fleece-Pullover
- 2 leichte Schals
- 2 Jeans, 2 Funktionshosen
- 4 kurze Hosen, 1 Rock, 1 Pareo
- 4 Langarmshirts, 10 T-Shirts
- 2 Schlaf-Shirts
- Bikini, Badehose
- Unterwäsche, Socken (z.T. Funktionskleidung)
- 2 große und 2 kleine Handtücher

Länderfazits

(Hinweis: Die Länderfazits beziehen sich auf die Zeit unseres Reisens. Für die aktuelle politische Situation habt bitte einen Blick auf die Seiten des Auswärtigen Amtes.)

Fazit Malaysia:

Malaysia ist ein fantastisches Reiseland, ein echter Geheimtipp! Die Landschaft ist vielfältig und abwechslungsreich, die Städte quirlig, aber dennoch sicher und die Inseln traumhaft. Wer wilde Tiere sehen möchte, ist in den Ländern Afrikas sicher besser aufgehoben, wer aber unberührten Dschungel und einen unvergleichlichen Mix der Kulturen erleben möchte, ist hier genau richtig. Und wer Zeit und Geduld mitbringt, sich mit den öffentlichen Verkehrsmitteln fortzubewegen, kommt vergleichsweise günstig über die Runden. Einschränkend ist zu erwähnen (wenn auch von uns nicht als wirklicher Nachteil empfunden), dass das Bier sehr teuer ist, an manchen Orten gar kein Alkohol ausgeschenkt wird und dass man sich in einigen, stark islamisch geprägten Ecken des Landes der Kultur in Form von Benehmen und Kleidung anpassen muss. Vielleicht ist auch das ein Grund dafür, dass Malaysia (noch) vom Massentourismus verschont geblieben ist.

Fazit Thailand:

Thailand ist das Land des Lächelns und das Land der unbegrenzten Möglichkeiten! Hier gibt es alles - Pauschaltourismus vom Allerfeinsten und (noch) fast unentdeckte Flecken für richtiges Robinson-Crusoe-Feeling. Wir haben im Laufe der Reise festgestellt, dass man vorher gut überlegen muss, wo man hin möchte, sonst weiß man am Ende gar nicht, was man zuerst machen soll. Das Angebot an kulturellen, sportlichen, naturverbundenen und just-for-fun Aktivitäten ist riesig und so wurde auch unser Budget mehr strapaziert als geplant. In Thailand gibt es alles zu kaufen, was das Herz begehrt und man muss auf europäischen Standard, wenn man ihn möchte, hier nicht verzichten. Unser Fazit: Das große Abenteuer erlebt man in Thailand vielleicht nicht mehr, aber ein schönes Einstiegsland für Südostasien ist es allemal!

Fazit Laos:

Wer nach Laos reist, braucht eine Menge Geduld und lässt sein deutsches Verständnis für Pünktlichkeit und Sauberkeit am besten gleich zu Hause. Die Laoten nehmen es in ihrer entspannten Art mit vielen Dingen nicht so genau. Ist man etwas länger im Land, merkt man, dass dies schlicht Teil einer völlig anderen Mentalität und nur in den wenigsten Fällen böse gemeint ist. Laos beginnt erst langsam, es seinen Nachbarländern gleich zu tun und sich dem Tourismus zu öffnen. Fließendes Wasser, Strom und gute Straßenverhältnisse sind vielerorts noch Mangelware. Es ist nun mal ein Land, das zu den ärmsten der Welt gehört. Laos hat kein Meer und keine Traumstrände wie Malaysia oder Thailand, dafür wunderschöne Wasserfälle. Auch die Vielzahl an kulturellen Highlights, mit denen andere Länder Asiens aufwarten können, wird man in Laos nur zum Teil finden. Das Besondere an Laos ist vielmehr der hautnahe Kontakt mit den Einheimischen. Hier kann man noch Asien pur erleben!

Fazit Kambodscha:

Unser Reiseführer hatte Recht: "A mix of heaven and hell." Besser kann man Kambodscha gar nicht beschreiben. Wir sind hier mit bitterster Armut konfrontiert worden, haben über die Schrecken der Khmer Rouge erfahren und unglaubliche Geschichten über die derzeitige Korruption im Lande gehört. Auf der anderen Seite haben wir in Kambodscha die mit Abstand freundlichsten Menschen auf unserer Reise getroffen. Wir haben uns zu jeder Zeit, an jedem Ort sicher und willkommen gefühlt. Die Backpacker und Hotels haben einen überraschend hohen Standard und die Kambodschaner tun alles, um einem den Aufenthalt so angenehm wie möglich zu machen. Angkor Wat ist natürlich das Highlight des Landes! Aber es ist mindestens genauso ein Erlebnis, als Sozius auf dem Moped durch Phnom Penh oder die Landschaften außerhalb der Städte zu fahren. Ein schönes Land zum Reisen!

Fazit Vietnam:

Vietnam ist ein schönes Fleckchen Erde, dass man aufgrund der vorhandenen Infrastruktur bequem und sicher auch in seinem Jahresurlaub bereisen kann. Wir hatten hier eine tolle Zeit und sind entgegen unserer Erwartungen (aufgrund der Erzählungen Anderer) vielen freundlichen und hilfsbereiten Menschen begegnet. Die Landschaft ist beeindruckend, insbesondere das Mekong-Delta und die Halong Bay. Mit ein paar Worten der Landessprache kann man die Preise extrem senken und fast jedem Vietnamesen ein Lächeln ins Gesicht zaubern. Unsere Reisetipps für Vietnam lauten: 1.) Nicht von schlechten Geschichten verunsichern lassen und trotzdem hinfahren. 2.) Unbedingt die Warnungen in den Reiseführern in Bezug auf Diebstähle und kleine Straßenbetrügereien ernst nehmen, sonst erlebt man die schlechten Geschichten von Punkt eins. 3.) Sich auf eine etwas andere Mentalität als in den anderen Ländern Südostasiens einstellen. Die Vietnamesen haben eine "ruppigere" Herzlichkeit als ihre Nachbarn und machen gern Geschäfte.

Nicht zuletzt aus diesem Grund haben sie es geschafft, in den meisten Orten des Landes einen vergleichsweise hohen Standard zu schaffen, den man dann als Tourist ja auch wieder gerne genießt. Passionierte Individualtouristen müssen allerdings ein paar Einschränkungen hinnehmen, da viele Orte nur auf organisiertem Wege zu erreichen sind. Eigene Unternehmungen bedeuten in der Regel mehr Trouble und höhere Kosten. Abenteurer suchen sich also besser ein anderes Land in Südostasien oder machen - wie wir - einfach Pause und erholen sich.

Fazit China & Tibet:

China ist so ein unglaublich riesiges Land, mit so vielen unterschiedlichen Landschaften, Orten und Kulturen, dass es schwer fällt, ein allgemeines Reise-Fazit zu schreiben. Wir müssen hier stark differenzieren. Besonders gefallen hat es uns in den Orten Dali, Yangshuo und Dazhai. Nicht nur wegen der schönen Landschaften, sondern vor allem deswegen, weil die Landbevölkerung wesentlich freundlicher und offenherziger uns gegenüber war als die Menschen in den Städten. Zu Peking, Xian und Chengdu können wir nach unseren Erfahrungen nur sagen - Sehenswürdigkeiten anschauen und dann schnell wieder weg. Einzige Oase in Chengdu war der nicht chinesisch geführte Backpacker, in dem wir uns als Low-Budget-Reisende (also die mit wenig Geld in der Tasche) wirklich willkommen fühlten. Ansonsten scheint es, als würde man in China am liebsten nur organisiert reisende Gruppen sehen, die man bequem an den Missständen des Landes vorbeiführen kann. Ein heißer Tipp für alle, die hierher reisen wollen - tut's nicht in der Hochsaison (Juli/August) oder ihr werdet erdrückt von der Masse an inländischen Touristen.
Tibet ist einzigartig. Es gibt kaum ein anderes Land, das uns derart fesselte und dessen Menschen uns so berührt haben. Das Hochplateau ist ein Juwel und auf unserer Reise ganz weit oben auf der Liste der beeindruckendsten Erlebnisse. Wer das ursprüngliche Tibet erleben möchte, sollte sich allerdings beeilen. Lhasa sieht an vielen Stellen schon aus wie jede x-beliebige chinesische Stadt und es steht zu befürchten, dass der Rest des Landes diesem Muster folgen wird.

Fazit Nepal:

Nepal hat uns positiv überrascht. Eigentlich war es für uns schlicht das "Durchgangsland" zwischen Tibet und Indien, dabei hat es eine Menge zu bieten. Die Landschaft reicht von subtropischen Wäldern über Reisfelder bis hin zu atemberaubenden Berglandschaften. Dazu kommt ein schöner Mix der

Kulturen. Buddhistische und hinduistische Einflüsse sind hier genauso zu finden wie Riten des Schamanismus und der Glaube an Naturgötter. Und bei der Anzahl der Festivals, die es in Nepal gibt, sind die Chancen groß, dass man während seines Aufenthaltes mindestens eins mitnimmt. Ein kleiner Wermutstropfen sind die immer wiederkehrenden Aktionen von Maoisten, die für Touristen zwar nicht lebensbedrohlich, aber trotzdem unangenehm sein können. Straßen- und Ausgangssperren verzögern gelegentlich die Weiterreise, für bestimmte Maoistengebiete braucht man spezielle "Permits" und auch Geldforderungen von Touristen beim Überschreiten der von Maoisten festgelegten "Grenzen" sind nicht selten. Vor allem für die kleinen Leute hoffen wir, dass das Land seine politische Situation in den Griff bekommt und die Touristenzahlen wieder steigen. Nepal ist ein wahres Trekkingparadies. Die Auswahl ist so groß, dass man gar nicht weiß, wo man zuerst hingehen soll. Das und die Freundlichkeit der Menschen werden uns mit Sicherheit nochmal in dieses Land kommen lassen.

Fazit Indien:

Vier Monate Indien. Was können wir sagen? Der Norden ist rauer als der Süden (nicht umsonst wird von vielen Reiseführern der Süden als Einstieg empfohlen). Im Vergleich zum Süden tritt im Norden die Armut deutlicher zutage, die Menschen scheinen wesentlich konservativer und in alten Strukturen und Traditionen verhaftet. Im Norden empfanden wir das Leben auf der Straße hektischer und die Rikschafahrer, Straßenverkäufer und Schlepper deutlich hartnäckiger. Im palmendurchsetzten Süden hingegen stellt sich leicht Urlaubsfeeling ein. Traumstrände, bunte Tempel, entspannte Menschen (und indische Frauen, die Motorrad fahren!) lassen einen leicht vergessen, dass man sich nach wie vor in einem Entwicklungsland befindet, in dem längst noch nicht alle Menschen Zugang zu Wasser und Strom haben. Kulturell gesehen hat unserer Meinung nach jedoch der Norden die Nase vorn. Buddhistische, hinduistische und muslimische Einflüsse, Jain- und Sikh-Religion bilden einen bunten Mix und mit jedem einzelnen Bundesstaat sieht und erlebt man etwas komplett Neues. Überhaupt ist Indien mehr ein Kontinent als ein Land. So hat zum Beispiel der südindische Bundesstaat Tamil Nadu mit dem nordindischen Bundesstaat Punjab genauso viel gemein wie Italien mit Finnland.
Im Vergleich zu anderen asiatischen Ländern ist in Indien alles nochmal eine Nummer heftiger: der Verkehr noch chaotischer, die Menschen noch lauter, der Dreck noch größer, die Musik noch schriller, die (Bollywood-)Filme noch verrückter, die Farben noch bunter, die Kinder noch aufgeweckter, die Landschaft und Kultur noch abwechslungsreicher, Arm und Reich noch wei-

ter auseinander… Die Gegensätze in diesem Land sind enorm.
Können wir Indien als Reiseland empfehlen? Objektiv betrachtet kann man sagen: Von den Bergen des Himalaya im Norden bis zu den Traumstränden im Süden ist landschaftlich alles dabei. Das Essen ist - vor allem für Vegetarier und Meeresfrüchteliebhaber - unschlagbar. Nur die Unterkünfte lassen im Low-Budget-Bereich (verglichen mit dem Standard in Südostasien) etwas zu wünschen übrig. Was die kulturellen Highlights angeht, kommt Indien bei uns direkt nach Tibet! Subjektiv gesehen müssen wir allerdings sagen: In keinem anderen Land Asiens haben wir derartige Höhen und Tiefen erlebt. Manchmal war Indien ein Traumreiseland und manchmal hätten wir am liebsten den nächsten Flieger raus genommen. Den weitläufigen Spruch "India - you love it or you hate it, there's nothing between" (Indien - du liebst es oder du hasst es, dazwischen gibt es nichts) können wir nicht bestätigen. Wir sind vielmehr immer wieder zwischen beidem hin- und hergeschwankt. Wir wurden von dreisten Indern angegafft, verfolgt oder sogar begrabscht und am selben Abend von der gastfreundlichsten indischen Familie aufgenommen, die man sich vorstellen kann. In einem Restaurant hatten wir die freundlichsten Kellner der Welt, im nächsten versucht man uns abzuziehen, indem die Getränke auf einmal doppelt so viel kosten sollen, wie auf dem Menü angegeben. Wir sind nach einer langen Zugfahrt mit netten Leuten und angenehmen Gesprächen noch nicht ganz ausgestiegen, da stürzen sich mehrere Rikschafahrer gleichzeitig auf uns. Wir kommen von einem leckeren Essen auf der Dachterrasse eines Restaurants zurück und sehen Menschen vor unserem Hotelzimmer halbtot auf der Straße liegen… Wir könnten noch eine ganze Weile solche Gegensätze aufzählen. Die Frage ist daher nicht 'Ist Indien ein schönes Reiseland?', sondern eher 'Hält man das ständige Wechselbad der Gefühle aus?' Indien hat uns viel abverlangt. Nicht umsonst brauchten wir eine über einmonatige Pause am Strand. Indien ist eine Welt für sich. Aber eine Welt, die es sich unserer Meinung nach auf jeden Fall zu entdecken lohnt.

Fazit Neuseeland:

Neuseeland ist berühmt für seine unglaublich schönen Landschaften. Und das zu Recht. So viel unberührte und wohlbehütete Natur. Oft stellte sich bei uns auch eine Art Déjà-vu ein: "Guck mal, Strände wie in Malaysia" oder "Berge wie in Tibet" oder schlicht "Wald wie in der Eifel". In Neuseeland scheinen sich auf kleinster Fläche die verschiedensten Landschaften unserer Erde widerzuspiegeln. Das Schönste für uns war jedoch neben den Landschaften, dass es hier so unendlich viel Platz gibt. Oft waren wir auf dem Highway kilometerlang allein und wo immer wir Rast machten, war der einzige

“Krach” das Vogelgezwitscher in den Bäumen. Es war genau die Ruhe und Entspannung, die wir nach einem Jahr Asien gesucht haben.
Knapp zwei Monate sind wir mit unserem Blue Hope durchs Land gereist, sind viele Seitenwege gefahren und haben an die 6000 Kilometer zurückgelegt. Besonders angenehm fanden wir, dass wir jederzeit überall stehen bleiben und übernachten konnten. Bis auf eine einzige Ausnahme (in den Catlins) sind wir stets freundlich begrüßt und mit offenen Armen empfangen worden. Unsere Entscheidung, ein Auto zu kaufen statt zu mieten, erwies sich als richtig. Wir sind damit unterm Strich deutlich günstiger gefahren. Allerdings muss man einschränkend sagen, dass sich das erst ab einem Aufenthalt von zwei Monaten lohnt, anderenfalls verschenkt man sich durch den Kauf und Wiederverkauf und dem damit verbundenen Aufwand wertvolle Urlaubstage.

Fazit Indonesien:

Mit einem Satz: Wir sind froh, dass wir unsere Route geändert und statt Australien Indonesien besucht haben! Das Land hat es in unserem subjektiven Ländervergleich weit nach oben geschafft. Das Einzige, was wir bereuen, ist, dass wir nicht noch mehr Zeit eingeplant haben, um die Vielseitigkeit der Landschaft zu erkunden und Kontakte mit den Einheimischen zu knüpfen. Wir hatten einige Einladungen, länger zu bleiben, gegen Kost und Logis ein paar Stunden Englisch zu unterrichten. Ein Angebot, das wir bei einem nochmaligen Besuch sicher annehmen würden. Unser persönliches Highlight war, neben Gili Meno (dem Paradies auf Erden!), die Insel Sumatra, auch wenn uns die Busfahrten manchmal den letzten Nerv gekostet haben. Aber wie heißt es doch so schön - erst die Arbeit, dann das Vergnügen.

Fazit Iran:

Der Iran ist ein tolles Land zum Reisen. Viel moderner als wir dachten und viel sicherer als uns Massenmedien weis machen wollen. Das “Gefährlichste” in diesem Land ist das Überqueren der Straße (Ampeln werden kategorisch ignoriert). Ansonsten läuft man nur noch Gefahr, von der Freundlichkeit der Menschen erschlagen zu werden. Einzig in den Grenzregionen sollte man eine gewisse Vorsicht walten lassen, was aber mehr an der instabilen Sicherheitslage der Nachbarländer als am Iran selbst liegt.
Naturfreunde werden hier vielleicht nicht so auf ihre Kosten kommen. Die Landschaft ist, zumindest in den Regionen, in denen wir waren, recht eintönig. Dafür kann der Iran mit einer unglaublichen Kultur aufwarten. Uralte Städte und Dörfer, Paläste und Moscheen lassen einen aus dem Staunen

kaum rauskommen. Das eigentliche Highlight des Landes sind jedoch die Menschen. Die Gastfreundschaft der Iraner ist beispiellos und einzigartig auf unserer gesamten Reise. Natürlich, müssen wir einschränkend sagen, haben wir nur einen kleinen Teil des Landes gesehen. Wir waren nicht in den Hochburgen der Mullahs oder an extrem konservativen Orten, wo man uns vielleicht etwas anders begegnet wäre. Wir sind vor allem mit jungen, weltoffenen Leuten in Kontakt gekommen, die sich nichts sehnlicher wünschen, als dass sich nach der nächsten Wahl die strengen islamischen Regeln lockern.

Fazit Kuba:

Dani: 'Die Dinge ändern sich', war der meist gesagte Satz von mir in Kuba. Es ist landschaftlich immer noch das Karibikparadies, das ich kenne. Aber die Leute sind anders. Zumindest ein großer Teil. Wir hatten einige nette Begegnungen und Gespräche ohne monetäre Hintergedanken mit liebenswerten Menschen, die uns immer in Erinnerung bleiben werden. Leider waren das die Ausnahmen, nicht die Regel. Für uns als Reisende hatte das zur Folge, dass wir uns oft vorkamen wie ein wandelnder Geldautomat und nicht wie jemand, der willkommen ist, Land und Leute kennenzulernen. Nicht gerade förderlich ist zudem die von der Regierung gewollte strikte Trennung von Touristen und Kubanern. Es ist im Vergleich zu vor ein paar Jahren schwierig geworden, als Ausländer lokale Transportmittel zu benutzen oder in einheimischen Restaurants zu essen. Umgekehrt ist es den Kubanern teilweise verboten, an bestimmte Touristenstrände zu gehen. Diese Barriere scheint sich in den Köpfen manifestiert zu haben.
Fazit? Mit einem gefüllten Geldbeutel kann man hier sicher nach wie vor einen tollen Karibikurlaub verbringen. Als Backpacker würde ich mir aber inzwischen lieber ein anderes Land in Lateinamerika suchen.

Fazit Mexiko/Yucatan:

Schön wie immer! :)

Fazit Guatemala:

Wir sonnenverwöhnten Reisenden hatten es in Guatemala nicht ganz so leicht. Täglich ab 12 Uhr setzte der Regen ein und es wurde kalt. Herbstwetter wie in Deutschland. Also Regel Nr.1 – wer nach Guatemala will, sollte außerhalb der Regenzeit fahren. Unser Sprachkurs in Guatemala war super und verglichen mit anderen Ländern (wie z.B. Mexiko) unschlagbar günstig. Unsere Highlights waren, neben unserer Zeit in Antigua, die Maya-Stätten von Tikal und der Ort Chichicastenango. Mit den Menschen sind wir jedoch nicht so recht warm geworden. Außerhalb unserer Bekanntschaften in Antigua kamen uns die meisten Menschen sehr ernst, verschlossen und wenig an einem Gespräch mit Ausländern interessiert vor. Die Tatsache, dass viele Touren (z.B. Bergbesteigungen, Wanderungen um den See, Fahrten in abgelegenere Dörfer) aus Sicherheitsgründen nur in Gruppen, mit Guide oder Touristenpolizei möglich waren, trägt ebenfalls dazu bei, dass Guatemala für uns kein Reisefavorit geworden ist. Wir möchten dieses Land nicht missen, die farbenfrohe Maya-Kultur war es allemal wert, hierher zu reisen. Aber sollten wir später noch einmal in der Region Urlaub machen, würden wir wahrscheinlich den "großen Bruder" Mexiko vorziehen.

Fazit Honduras:

Unser Aufenthalt in Honduras betrug genau eine Woche. Was allerdings weniger an Land und Leuten lag, sondern mehr an dem ungemütlichen Wetter. Unser geplanter Aufenthalt an der Karibikküste fiel im wahrsten Sinne des Wortes ins Wasser und auch an den anderen Orten mochten wir aufgrund von Regen und Kälte nicht lange verweilen. Zwar hatten wir immer noch um die 15 bis 18 Grad, aber die luftig mediterrane Bauweise lateinamerikanischer Hostels führte dazu, dass wir Tag und Nacht unsere gesamten langen Klamotten anhatten, was auf die Dauer nicht so angenehm war. Trotz allem empfanden wir die Atmosphäre im Land entspannt und bei anderem Wetter wären wir sicher auch länger geblieben.

Fazit Nicaragua:

Nicaragua hat uns super gefallen. Es war Lateinamerika pur - mit Sonne, Musik und gutem Rum. Die Menschen waren freundlich und entspannt, sowohl uns gegenüber als auch untereinander (Ausnahme Managua). Gut, könnte man sagen, das alles hat man in anderen Ländern der Region auch. Das Besondere an Nicaragua ist allerdings, dass es touristisch noch nicht so erschlossen ist. Tourgruppen haben wir eigentlich nur auf der Strecke Granada - Ometepe gesehen. Und verglichen mit anderen Ländern waren auch nicht wirklich viele Rucksackreisende unterwegs. Wenn man es geschickt anstellt, könnte man hier einen Monat im Land herumreisen und kaum einen anderen Ausländer sehen. Die (aktuelle) Sicherheitslage lässt es auch zu, dass man Dinge individuell und ohne Tour oder Guide macht. Der Aktivurlaub ist leicht zu füllen - Trekking in einem der Nationalparks, Vulkanbesteigungen, Kayaken, Mountainbiken, Schnorcheln, Tauchen (vorausgesetzt man hockt nicht im Tropensturm auf den Inseln)… Man kann aber auch so faul sein wie wir in diesem Monat und seine Zeit mit Stadtbummeln oder Faulenzen am See verbringen. Wie auch immer, eins können wir sagen - Nicaragua ist ein Backpackerparadies und unser absoluter Geheimtipp!

Fazit Costa Rica & Panama:

Wir waren in beiden Ländern mehr oder weniger auf der Durchreise, mit dem hauptsächlichen Ziel, Weihnachten zusammen mit Reisefreunden in Panama zu verbringen. Wir haben nur wenige Orte gesehen und können daher natürlich nur einen kurzen Eindruck wiedergeben. Jeweils zwei Wochen haben wir in Costa Rica als auch in Panama verbracht und wie so oft hätten wir deutlich länger bleiben können. Landschaftlich sind sich die Länder sehr ähnlich, beide locken mit Traumstränden an der Küste und Vulkanen und Dschungel im Landesinnern. Costa Rica ist gegenüber Panama jedoch deutlich weiter entwickelt. Der Tourismus, vor allem mit Besuchern aus den USA, boomt hier seit Jahren. Die "Backpacker" sind hier vor allem australische und amerikanische Surfer. Das spiegelt sich auch in den höheren Preisen wieder. Wer jetzt auf unsere Ausgabenrechnung schielt, dem sei gesagt, dass wir in Panama nur deswegen mehr Geld ausgegeben haben, weil wir einerseits beklaut wurden (grrr…) und andererseits dort unser ausgiebiges Weihnachts- und Silverstermenü zu Buche schlagen.
Trotz unserer negativen Erfahrung auf der Insel Bastimento, hatten wir überlegt, unseren Aufenthalt in Panama zu verlängern. Das Land hat uns trotz allem gefallen. Es sind noch nicht wirklich viele Reisende unterwegs und die Minderheiten im Landesinneren, auf dem San Blas Archipel oder am Rande des Darien machen Panama kulturell sehr interessant. Wir haben uns dann aber doch entschieden, das Land wie geplant zu verlassen, einfach um in Südamerika noch genügend Zeit zu haben. Vielleicht kommen wir nochmal her. Unser zusammenfassender Eindruck: Costa Rica - für einen gemütlichen Urlaub, Panama - für noch ein bisschen Abenteuer. Surfer: beide Länder, je nach Portemonnaie.

Fazit Kolumbien:

Manche Länder haben einfach einen schlechten Ruf. Kolumbien gehört mit Sicherheit dazu. Nicht ohne Grund natürlich. Guerilla- und Drogenkriege, Entführungen und mafiöse Zustände auf den Straßen ließen das Land nicht gerade zum Touristenhighlight werden. Aber die Dinge ändern sich. Man wird als Tourist lange nicht mehr „von der Straße weg entführt". In Bezug auf Kriminalität gelten grundsätzlich dieselben Regeln wie in anderen lateinamerikanischen Ländern auch. Das man die von Rebellen besetzten Gebiete

meidet, sollte selbstverständlich sein. Unbestritten ist auch, dass nach wie vor Kokain angebaut wird, in einigen Regionen des Landes, in die man als Reisender besser nicht seine Nase steckt. Solange es aber (vor allem in den reichen Industriestaaten dieser Welt) die Nachfrage nach dem weißen Pulver gibt, wird sich das auch nicht ändern.
Für uns hat sich Kolumbien von einer anderen Seite gezeigt. Wir waren beeindruckt von der Gastfreundschaft der Kolumbianer, ihrer Ruhe und Gelassenheit und dem unglaublich höflichen Umgang untereinander. Jeder Einzelne schien uns zeigen zu wollen 'Schaut her, wir sind nette Menschen und ihr seid hier mehr als willkommen!'. Auch landschaftlich ist Kolumbien ein Traum. Dabei haben wir längst noch nicht alles gesehen. Wegen mangelnder Infrastruktur bzw. nicht vorhandener Ausrüstung unsererseits haben wir die Wüste an der Grenze zu Venezuela und die schneebedeckten Berge im Osten ausgelassen. Das werden wir aber mit Sicherheit irgendwann nachholen. Unser Fazit: Für jeden, der ein paar Worte Spanisch spricht und Lateinamerika mag, ist Kolumbien ein absolutes Muss!

Fazit Argentinien:

Argentinien in drei Worten: unglaublich beeindruckende Landschaften! Von den einsamen Bergen und Lagunen in Feuerland über die unbeschreibliche Weite Patagoniens und den majestätischen Anden in der Region um Mendoza bis hin zu den Wasserfällen von Iguazú ist das Land eine einzige Ansammlung von Naturhighlights. Von den Argentiniern selbst waren wir nicht ganz so eingenommen. Uns fehlte ein bisschen die lateinamerikanische Fröhlichkeit, die wir aus anderen Ländern kennen. Bis auf wenige Ausnahmen hatten wir den meisten Spaß mit anderen Reisenden oder deutschen Auswanderern, die sich in Argentinien niedergelassen haben. Unser Fazit: Wir können das Land jedem, der Spaß am Wandern in unberührter Natur hat, wärmstens empfehlen. Für lateinamerikanische Herzlichkeit würden wir allerdings lieber wieder in den Norden des Kontinents fliegen.

Fazit Uruguay:

Eingequetscht zwischen den Riesen Argentinien und Brasilien wird Uruguay als Reiseland oft 'übersehen'. Es kann weder mit großen Touristenattraktionen noch mit hohen Bergen, tiefem Dschungel oder tropischen Stränden aufwarten. Würde nicht ab und zu mal eine Palme am Straßenrand stehen, könnte man meinen, man fahre durch Norddeutschland. Auch die Mentalität der Uruguayaner ist eher norddeutsch. Sie machen nicht so ein Palaber wie die Argentinier, sondern warten erstmal ab, wer sich ihnen da nähert. Einmal angesprochen, geben sie aber gerne Auskunft. Fragen wir nach dem Weg, kommen wir unter zehn Minuten nicht weg. Es muss erstmal geklärt werden, wo man herkommt, wo man schon überall war und wie das Wetter wird. Hier hat man Zeit. Außerhalb der Städte sind die Lebensbedingungen sehr einfach. Dennoch wirken die Menschen zufrieden. Was braucht man mehr als einen stets gefüllten Mate-Becher und ein gemütliches Schwätzchen im Schatten der Bäume? Uruguay ist sicher nicht das aufregendste Reiseland der Welt, aber bestimmt ein entspannter Platz zum Leben.

Fazit Brasilien:

Kein wirkliches Backpackerland, was die Preise angeht (zumindest nicht in der Region, wo wir waren), aber ausgesprochen schön, mit traumhaften Stränden und netten Einwohnern. Für uns ein toller Abschluss unserer Reise!

Die abgedrehtesten Gerichte auf unserer Reise

Tested by Volker

Frosch-Schenkel:
Stand in einem kleinen Restaurant in Mui Ne (Vietnam) auf der Speisekarte - angerichtet in einer feinen Chili-Pfeffer-Erbsensauce. Sehr lecker! Es ist zwar eigentlich nur an den Hinterbeinen was dran, aber das Fleisch ist wirklich gut. Geschmacklich ist es schwer zu beschreiben, vielleicht irgendwo zwischen Ente und Kaninchen. Von zwei Fröschen nebst Beilagen wird man übrigens satt. Fazit: Ich kann gut nachvollziehen, dass Frosch in französischen Feinschmeckerlokalen angeboten wird.

Frittierte Heuschrecken:
Hat mir ein Taxifahrer in Bangkok geschenkt. Der Anblick war gewöhnungsbedürftig und es hat schon Überwindung gekostet, die in den Mund zu stecken. Aber Kakerlaken und Maden sehen schlimmer aus und DIE probiere ich nicht! Die Heuschrecken waren stark mit Maggi Würzmischung bestreut, so dass man kaum noch Eigengeschmack erkennen konnte. Fazit: Nichts, was man unbedingt haben muss.

Gekochtes Hühnerblut:
Diese "Köstlichkeit" war in einem Hühnchen-Curry in einem Café in Phnom Penh (Kambodscha). Erst Tage später haben wir herausgefunden, dass es sich nicht, wie ursprünglich angenommen, um das zarteste Stück Leber aller Zeiten, sondern um Blut in Topfenform handelte. Im Supermarkt konnte man das fertig kaufen. Fazit: Der Geschmack war gut, aber wissentlich würde ich es dennoch nicht wieder essen.

Gebratene Seeschlange:
Wieder in Phnom Penh, diesmal auf dem Markt als Snack gekauft. Die kleinen schwarzen Schlangen sahen aus wie übergroße Haribo-Schnecken. Geschmacklich waren sie nicht gerade der Himmel auf Erden. Gummiartig, zäh, fischig. Irgendwie wie alter, zu lange gebratener Fisch. Fazit: Kein Genuss.

Hund:
Es ist kein Witz, die stehen in Vietnam und China neben Ratten und Katzen auf der Speisekarte. Ich muss wohl nicht erwähnen, dass wir auf eine Kostprobe verzichtet haben. Zum Glück gilt das Fleisch dieser Tiere in Vietnam als Delikatesse und ist entsprechend teuer. Daher muss man keine Angst haben, dass es einem in der Garküche an der Ecke untergejubelt wird.

Budget

30 Monate um die Welt (für 2 Personen):

Alle Reisekosten inklusive Inlandsflüge (in China, Indonesien, Argentinien & Brasilien) und internationale Flüge (jeweils one way: Deutschland → Malaysia, Indien → Neuseeland, Neuseeland → Indonesien, Indonesien → Iran, Iran → Spanien, Spanien → Kuba, Kuba → Mexiko, Panama → Kolumbien, Kolumbien → Argentinien, Brasilien → Deutschland):

41.358,- Euro

private Auslandskrankenversicherung:

5.216,- Euro

= 46.574,- Euro

Unsere Ausgaben aufgeschlüsselt nach Ländern (jeweils für 2 Personen):

Malaysia (1 1/2 Monate):	780,- €
Thailand (1 Monat):	710,- €
Laos (1 Monat):	535,- €
Kambodscha (1 Monat):	687,- €
Vietnam (1 Monat):	633,- €
China & Tibet (3 Monate):	4.284,- €
Nepal (1 Monat):	790,- €
Indien (4 Monate):	2.455,- €
Neuseeland (2 Monate):	3.012,- €
Indonesien (1 1/2 Monate):	1.050,- €
Iran (1 Monat):	752,- €
Barcelona (2 Wochen):	1.260,- €
Kuba (1 Monat):	1.263,- €
Mexiko (1 Monat):	1.030,- €
Guatemala (1 1/2 Monate):	2.261,- €
Honduras (1 Woche):	270,- €
Nicaragua (1 Monat):	1.084,- €
Costa Rica (2 Wochen):	543,- €
Panama (2 Wochen):	593,- €
Kolumbien (1 1/2 Monate):	1.709,- €

Argentinien (4 Monate):	4.236,- €
Uruguay (2 Wochen):	446,- €
Brasilien (1 Monat):	2.180,- €

Wie hoch die Ausgaben in den einzelnen Ländern sind, hängt natürlich davon ab, wie viel man sich in dem jeweiligen Land neben den essentiellen Dingen wie Unterkunft, Essen und Fahrtkosten an "Luxus" gönnt. So haben wir zum Beispiel versucht, unsere Ausgaben für organisierte Touren und Souvenire auf ein Minimum zu beschränken. Gerade am Anfang haben wir auch viel gespart und dafür gegen Ende der Reise (vor allem in Brasilien) nicht mehr ganz so auf den Cent geschaut. In Guatemala haben wir während unseres Reisens einen einmonatigen Sprachkurs gemacht und in großen Ländern wie Argentinien oder China auch mal einen Inlandsflug gebucht. Die oben stehenden Angaben können daher nur als grobe Richtwerte für andere Backpacker gesehen und nicht eins zu eins übertragen werden.

Verglichen mit allen Reisenden, die wir unterwegs getroffen haben, würden wir sagen, dass wir mit unseren monatlichen Ausgaben im unteren Drittel lagen. Es geht natürlich auch noch günstiger, wenn man z.B. ausschließlich im Zelt schläft oder die kostenlosen Übernachtungsmöglichkeiten von "Couchsurfing" nutzt oder unterwegs arbeitet oder gegen Kost und Logis bei Hilfsprojekten mitmacht oder "wwooft" (willing workers on organic farms), oder, oder, oder… Grundsätzlich gilt - je schneller man reist, desto teurer wird's. Auch die Länderauswahl spielt eine große Rolle. Wer in sechs Monaten um die ganze Welt will, wird unweigerlich mehr ausgeben als jemand, der dieselbe Zeit nur in Asien verbringt. Wir können jedem Rucksackreisenden (ob für kurz oder lang) nur raten - nehmt euch Zeit! Fahrt mit den lokalen Transportmitteln, esst die einheimische Küche und verweilt ab und zu für länger als zwei Tage an einem Ort. Die Eindrücke, die man auf diese Weise bekommt, sind unbezahlbar! Denn wie heißt es so schön: Reisen ist sehr viel mehr als die Aneinanderreihung von Urlauben.

☺

Herstellung und Verlag:
Books on Demand GmbH, Norderstedt
ISBN 978-3-8423-6920-7